DIREITO AMBIENTAL

Doutrina, Casos Práticos e Jurisprudência

DIREITO AMBIENTAL

Doutrina, Casos Práticos e Jurisprudência

BELINDA PEREIRA DA CUNHA

Copyright © 2011 Belinda Pereira da Cunha

Publishers: Joana Monteleone/ Haroldo Ceravolo Sereza/ Roberto Cosso
Editor assistente: Vitor Rodrigo Donofrio Arruda
Projeto gráfico: Vinícius G. Machado dos Santos
Assistente de produção: Patrícia Jatobá U. de Oliveira
Revisão: Laudizio Correia Parente Jr.
Capa: Patrícia Jatobá U. de Oliveira

CIP-BRASIL. CATALOGAÇÃO-NA-FONTE
SINDICATO NACIONAL DOS EDITORES DE LIVROS, RJ

C977c

Cunha, Belinda Pereira da
DIREITO AMBIENTAL: DOUTRINA, CASOS PRÁTICOS E JURISPRUDÊNCIA
Belinda Pereira da Cunha
São Paulo: Alameda, 2011.
418p.

Inclui bibliografia
ISBN 978-85-7939-025-8

1. Direito ambiental – Brasil. 2. Proteção ambiental – Brasil. I. Título.

10-0879.
CDU: 349.6(81)

017863

ALAMEDA CASA EDITORIAL
Rua Conselheiro Ramalho, 694, Bela Vista.
CEP 01325-000 – São Paulo – SP
Tel. (11) 3012-2400
www.alamedaeditorial.com.br

SUMÁRIO

INTRODUÇÃO 13

1. DIREITO AMBIENTAL 15

1.1 No Brasil: princípios gerais e proteção constitucional 15

1.1.1 Princípio do direito à sadia qualidade de vida 20

1.1.2 Princípio do acesso equitativo aos recursos naturais 22

1.1.3 Princípio do usuário-pagador e do poluidor-pagador 25

1.2 Princípio da precaução e da prevenção 28

1.3 Proposta de codificação no direito italiano e algumas considerações sobre a comunidade europeia 36

2. O CÓDIGO DE DEFESA DO CONSUMIDOR APLICADO À TUTELA DO DIREITO AMBIENTAL 49

2.1 Sistema da responsabilidade civil objetiva no direito ambiental e no Código de Defesa do Consumidor 52

2.2 Possibilidades de equiparação da coletividade e das vítimas de acidentes de consumo e sua correlação com os danos ambientais 61

3. DANO COLETIVO À SAÚDE NO DIREITO BRASILEIRO: CONCEITO E CLASSIFICAÇÃO 65

3.1 Dano: lesão e ameaça a direito 70

3.2 A jurisprudência e a classificação do dano patrimonial, moral e estético 83

3.3 Dano biológico: aplicação no direito italiano   94

3.4 Dano ambiental   103

4. POSSIBILIDADE DE RECUPERAÇÃO E REPARAÇÃO   109
DO MEIO AMBIENTE

4.1 Poluição   109

4.2 Responsabilidade solidária na cadeia de fornecimento: 119
outros produtos alcançados pela contaminação

4.3 Critérios para efetiva reparação do dano à saúde   122

5. A DECLARAÇÃO RIO-92: A AGENDA 21   127

6. MODELOS DE CASOS   145

6.1 Ocorrências de vazamento de óleo e petróleo no Brasil   145

6.1.1 Caso contaminação Shell Paulínia   170

6.2 Ocorrências fora do Brasil   180

6.2.1 Relatório do Greenpeace UK   180

6.2.2 O episódio das Ilhas Shetland   181

6.2.2.1 Mamíferos marinhos nas Ilhas Shetland   181

6.2.2.2 Pássaros em risco nas Ilhas Shetland   182

6.2.3 Os principais danos causados pelo óleo   182

6.2.4 Os possíveis impactos a longo prazo   184

6.2.4.1 Amoco Cadiz   184

6.2.4.2 Urquiola   184

6.2.4.3 Exxon Valdez 185

6.3 Os impactos do óleo na saúde humana 190

6.4 O uso de dispersantes em derramamentos de óleo 193

6.5 Transporte rodoviário e desastres com navios-tanques 193

6.6 As pescarias no litoral de Shetland 194

6.7 Os impactos ambientais nos vazamentos de óleo no Golfo Pérsico 194

6.8 Absorção ao meio ambiente 196

6.9 O impacto sobre Golfo-Biota 199

6.10 Os impactos das técnicas de limpeza 200

7. CONSIDERAÇÕES CONCLUSIVAS 207

REPERTÓRIO DE JURISPRUDÊNCIA 211

BIBLIOGRAFIA 405

AGRADECIMENTOS 417

Dedico este trabalho

À minha filha Ana Luísa Pereira da Cunha Abrahão, esperança de um meio ambiente com qualidade de vida para todos.

À minha avó Miquelina Lessi, árvore resistente e centenária de nossa família.

À minha mãe, Izabel Lessi, mulher de coragem, estímulo de minha luta e crescimento profissional.

Aos meus amados irmãos Belisa, Marcelo e Fernanda, amigos de sempre.

A João Vinícius, Giovana Teresa e Júlia, meus queridos sobrinhos, alegria de sempre em nossas vidas.

A Titan e Magnélia Franco da Rocha, sempre companheiros.

Para meu pai Josephino Pereira da Cunha (*in memorian*), o advogado que conheci primeiro, saudades de sempre...

Além disso, não precisamos correr sozinhos o risco da aventura, pois os heróis de todos os tempos a enfrentaram antes de nós. O labirinto é conhecido em toda a sua extensão. Temos apenas de seguir a trilha do herói, e lá, onde temíamos encontrar algo abominável, encontramos um deus. E lá, onde esperávamos matar alguém, mataremos a nós mesmos. Onde imaginávamos viajar para longe, iremos ter ao centro da nossa própria existência. E lá, onde pensávamos estar sós, estaremos na companhia do mundo todo.

Joseph Campbell – *A saga do herói*. O poder do mito, 1996.

INTRODUÇÃO

Os Direitos Humanos e o Meio Ambiente ocupam lugar de destaque na reflexão científica da modernidade, culminando o desenvolvimento tecnológico e o aumento demográfico verificado de forma crescente nas últimas décadas nas questões que vêm tangenciando as maiores preocupações que envolvem a sadia qualidade de vida sobre a terra.

Sob o enfoque coletivo, a saúde humana ganha maior relevância, na medida em que sua proteção jurídica tem como objeto a vida humana em todos os seus aspectos, abarcada como bem coletivo em sentido lato.

No que se refere ao dano à saúde, que também possa decorrer do dano ao meio ambiente, a proposta doutrinária versa sobre a proteção da vida humana, distinguindo-a do tratamento do meio ambiente sadio a ser preservado, tendo, todavia, como direta consequência, sua proteção, em razão dos danos ecológicos sofridos ambientalmente.

Quanto a esses danos ambientais, ressalta-se a ocorrência acelerada dos acidentes ecológicos nos países desenvolvidos economicamente, como por exemplo vazamentos químicos, sejam por terra, mar ou ar, que causam sérias lesões ao meio e à vida, em todos os sentidos.

A partir do aspecto ambiental, a saúde humana será abordada sobretudo coletivamente, merecendo destaque a proteção civil, distinta daquela meramente patrimonial ou moral, independentemente da funcionalidade do órgão ou parte do corpo humano que tenha sido atingido.

Trata-se de uma proteção chamada biológica pelo direito italiano, que procuraremos distinguir com a finalidade de restituir o quanto possível a vida humana lesada ou ameaçada em sua incolumidade.

Para compreensão do tema, entendemos que é primordial chamar atenção para o que fez a Constituição Federal de 1988, em harmonia com o Código de Proteção e Defesa do Consumidor e com a lei da Política Nacional do Meio Ambiente, ao abarcar os direitos e garantias fundamentais do cidadão e os meios de defesa desses interesses sob o aspecto coletivo e individual.

Nesse sentido, os princípios da precaução e da prevenção, presentes nos estatutos legais referidos, hão de ser aplicados nas questões ambientais e nas questões de proteção de direitos, na jurisdição civil, como nos propusemos.

A fim de se atingir a proteção da vida e do meio ambiente é primordial o estudo e aplicação dos conceitos e princípios constitucionais, para poder evitar a ocorrência de lesões ao direito material propriamente dito, que podem deparar-se com a possibilidade da difícil reparação esbarrar na inocuidade de todo um sistema de proteção.

Com referência à proteção ao meio ambiente e consequentemente ao direito ambiental, deveremos observar a importância do controle extrajudicial e da tutela preventiva desses direitos.

Essas mesmas questões de peso e medida relevantes devem ser garantidas, atingindo o interesse difuso de tantos envolvidos, merecendo tratamento correlato da sociedade, do julgador, do administrador, do Estado, considerando-se a necessidade e interesse do transporte marítimo de substâncias perigosas e dos derivados do petróleo, a título de investigação casuística e, ainda, de outras ocorrências como o lançamento de dejetos químicos em nosso território.

Nessa breve introdução esboçamos nossos pensamentos a respeito da necessidade da compreensão do direito ao meio ambiente sadio, o que compreende o direito à vida e à qualidade de vida sadia, encartada entre os direitos coletivos, no momento e na medida em que devem ser aplicados e respeitados, levando-se em conta, necessariamente, a internalização dessa realidade.

1
DIREITO AMBIENTAL

Em nossos dias, os estudos do direito ambiental representam parte da preocupação social acerca do tema, que se reflete no ordenamento jurídico brasileiro do que se chama de movimento ambientalista, que ganha espaço e relevância a partir de seus laços "na realidade humana que o produz e alimenta", apoiado em bases científicas e que envolvem as ciências ciências naturais, políticos, economistas, sociólogos e profissionais do direito.[1]

1.1 No Brasil: princípios gerais e proteção constitucional

Nas décadas de 70 e 80 a preocupação com o meio ambiente ganhou relevância em todas as áreas, vindo a proteção jurídica a despertar a consciência e a importância do tema, chamando a atenção das autoridades públicas para o problema da degradação e destruição ambientais.[2]

Explica José Afonso da Silva que a exigência da proteção jurídica do meio ambiente é decorrente da situação "sufocante" de degradação da qualidade de vida[3] que se pode detectar em vários fatores como o esgotamento de recursos de água potável, desaparecimento das espécies, destruição da camada de ozônio, multiplicação dos

---

1 Antônio Herman V Benjamin (Coord.), *Dano ambiental: prevenção, reparação e repressão*. São Paulo: RT, 1993, p. 10.
2 José Afonso da Silva, *Direito urbanístico brasileiro*. São Paulo: RT, 198, p. 436.
3 *Idem, Ibidem*.

depósitos de lixo tóxico e radioativo, efeito "estufa", erosão de solos férteis, devastação do patrimônio ecológico, artístico e cultural.[4]

Assim é que com a Constituição Federal de 1988 o direito ao meio ambiente, tomado como bem difuso a ser protegido, veio expressamente assegurado no art. 225 ao prever o direito de todos ao "meio ambiente ecologicamente equilibrado, bem de uso comum do povo e essencial à sadia qualidade de vida, impondo-se ao Poder Público e à coletividade o dever de defendê-lo para as presentes e futuras gerações".[5]

Não pouparam esforços os legisladores constituintes ao frisarem que se trata de bem comum de toda humanidade, para as presentes e futuras gerações, além de sua essencialidade, atribuindo ao Poder Público o dever de defender e preservar o meio ambiente, com o objetivo de evitar outra situação que possa modificar o equilíbrio do meio ambiente e da qualidade de vida sadia.

Defende Celso Antonio Pacheco Fiorillo que foram estabelecidas três concepções fundamentais no âmbito do direito ambiental, com a previsão do art. 225: o direito ao meio ambiente ecologicamente equilibrado como bem de todos, o estabelecimento da natureza jurídica dos bens ambientais como sendo de uso comum do povo e essencial à sadia qualidade de vida, e impor como dever do Poder Público e da coletividade a defesa e preservação dos bens ambientais para as presentes e futuras gerações.[6]

---

4   Benjamin, *op. cit.*, p. 11-12.
5   Gianpaolo Poggio Smanio, "A tutela constitucional do meio ambiente". *Revista de Direito Ambiental*. São Paulo: nº 21, 2002, p. 286-90.
6   Celso Antonio Pacheco Fiorillo, "A ação civil pública e a defesa dos direitos constitucionais difusos". *Ação civil pública* – lei 7.347/85 – Reminiscências e reflexões após dez anos de aplicação. São Paulo: RT, 1995. p. 185.

A proteção e a preservação ao meio ambiente, insculpidas em nossa Constituição, estão em consonância com a declaração sobre o ambiente humano realizada na Conferência das Nações Unidas de Estocolmo, que assim prevê:

> O homem tem o direito fundamental à liberdade, à igualdade e ao desfrute de condições de vida adequadas, em um meio ambiente de qualidade tal que lhe permita levar uma vida digna, gozar de bem-estar e é portador solene de obrigação de proteger e melhorar o meio ambiente, para as gerações presentes e futuras. A esse respeito, as políticas que promovem ou perpetuam o *apartheid*, a segregação social, a discriminação, a opressão colonial e outras formas de opressão e de dominação estrangeira permanecem condenadas e devem ser eliminadas. Os recursos naturais da terra, incluídos o ar, a água, o solo, a flora e a fauna e, especialmente, parcelas representativas dos ecossistemas naturais, devem ser preservados em benefício das gerações atuais e futuras, mediante um cuidadoso planejamento ou administração adequados. Deve ser mantida e, sempre que possível, restaurada ou melhorada a capacidade da terra de produzir recursos renováveis vitais. O homem tem a responsabilidade especial de preservar e administrar judiciosamente o patrimônio representado pela flora e fauna silvestres, bem assim como o seu hábitat, que se encontram atualmente em grave perigo, por uma combinação de fatores adversos. Em consequência, ao planificar o de-

senvolvimento econômico, dever ser atribuída importância à conservação da natureza, incluídas a flora e a fauna silvestres.[7]

Portanto o direito ambiental é um sistema de proteção jurídica dos bens e interesses relacionados ao conceito de meio ambiente, ou seja, que dizem respeito à vida e à saúde dos seres vivos e do seu hábitat.[8]

Assim trata nossa Constituição Federal da vida, da saúde e das relações humanas com esses bens, tendo por referência a preservação do planeta e das espécies, sobretudo a humana, relacionando-os ao meio ambiente, abrangendo, além da proteção propriamente dita, os princípios que norteiam todas essas relações, como se depreende dos arts. 5º, LXXIII, 20; II, 23, 24, 91; § 1º, III, 129; III, 170; VI, 173; § 5º, 174; § 3º; 186, II, 200; VIII, 216; V, 220; § 3º II, 231; § 1º, além do próprio 225.[9]

A partir da função de lei fundamental destinada à Constituição Federal, à qual cabe traçar "o conteúdo e limites da ordem jurídica",[10] tendo-o feito quanto ao meio ambiente com a proteção referida, também decorrem suas garantias ao bem ambiental difuso, estabelecidas constitucionalmente como verdadeiras regras quanto à sua preservação.[11]

---

7 Conferência das Nações Unidas, Suécia, junho de 1972.

8 Maria Isabel de Mato Rocha."Reparação de danos ambientais". *Revista de Direito Ambiental*. São Paulo, nº 19, p. 130, 1999.

9 *Idem, Ibidem*. E, no mesmo sentido: Belinda Pereira da Cunha. "Antecipação da tutela no Código de Defesa do Consumidor". *Tutela individual e coletiva*. São Paulo: Saraiva, 1999. p.49 e 55.

10 Édis Milaré. *Direito do ambiente*, Editora Revista dos Tribunais, 2ª edição, 2001, p. 227.

11 Gianpaolo Poggio Smanio, *op. cit.*, explica que a nomenclatura foi dada por Raul Machado Horta em seus Estudos de Direito Constitucional.

Tais regras referem-se à defesa do meio ambiente, ao conferir ao cidadão, por meio da ação popular, legitimidade para sua propositura, tendo por objeto anular ato lesivo ao meio ambiente, dispondo com isso da "mais ampla garantia de proteção ambiental, uma vez que qualquer cidadão pode pleitear em juízo a defesa do meio ambiente".[12]

A segunda, refere-se à defesa por meio do inquérito civil e da ação civil pública, atribuindo ao Ministério Público a promoção de ambos os instrumentos, visando à proteção do meio ambiente, com o dever constitucional de zelar pela sua proteção, conforme art. 129, III.

Encontra-se, assim, balizada a proteção ambiental pelos princípios constitucionais e legais do meio ambiente, bem como por aqueles norteadores da política nacional do meio ambiente, insculpida no art. 225 da CF.[13]

São assim chamados de princípios globais aqueles do art. 225, vale dizer, da política do meio ambiente:

I) obrigatoriedade da intervenção estatal (*caput* e § 1º);
II) prevenção e precaução (*caput* e § 1º, IV, com exigência de EIA/Rima);
III) princípio da informação e da notificação ambiental (*caput* e § 1º; VI);
IV) educação ambiental (*caput* e § 1º; VI);
V) participação (*caput*);
VI) poluidor pagador (§ 3º);
VII) responsabilidade das pessoas física e jurídica (§ 3º);
VIII) soberania dos Estados para estabelecer sua política ambiental e de desenvolvimento com cooperação internacional (§ 1º, art.

---

12 *Idem, Ibidem*. Nesse mesmo sentido as lições de: Celso Antonio Pacheco Fiorillo; Marcelo Abelhas Rodrigues; Rosa Maria Andrade Nery. *Direito processual ambiental brasileiro*. Belo Horizonte: Del Rey, 1996, p. 30.

13 *Ibidem*.

225, c/c normas constitucionais sobre distribuição de competência legislativa);

viii) eliminação de modos de produção e consumo e da política demográfica adequada;

ix) princípio do desenvolvimento sustentado referente ao direito das integrações (*caput*).

São tratados como princípios constitucionais e legais do meio ambiente o da obrigatoriedade da intervenção estatal, art. 225, *caput* e § 1º, e art. 2º, da lei 6.938/81; e o da prevenção e da precaução, expresso igualmente no art. 225 da CF, *caput*, e § 1º, IV, e também, art. 2º da lei 6.938/81.

Referentemente à obrigatoriedade da intervenção estatal, o Poder Público tem o dever de defender e preservar o meio ambiente, assegurando, todavia, sua efetividade, vale dizer, deve realizar a preservação efetiva e não meramente formal, no sentido de promover a ação governamental com o fim de manter e defender o equilíbrio ambiental e a qualidade sadia de vida.

Além disso, como "alicerce ou fundamento do direito", os princípios gerais que informam o direito ambiental brasileiro têm também apoio em declarações internacionais, expressando Paulo Affonso Leme Machado que tais princípios estão formando e orientando a geração e a implementação deste ramo do direito, como sistema de proteção ao bem ambiental.[14]

1.1.1 Princípio do direito à sadia qualidade de vida

Leciona o professor como princípios gerais: 1. Princípio do direito à sadia qualidade de vida, destacando a Conferência das Nações Unidas

---

14 Paulo Afonso Leme Machado, *Direito ambiental brasileiro*, 10ª ed. São Paulo: Malheiros, 2002, p. 45.

sobre Meio Ambiente, na Declaração de Estocolmo de 1972; assegurado, também, na sessão de Estrasburgo, em 04.09.1997, ao afirmar que "todo ser humano tem o direito de viver em um ambiente sadio".[15]

Não se trata meramente de viver ou conservar a vida, mas sim de perseguir a qualidade de vida, o que se traduz no trabalho feito, anualmente, pela Organização das Nações Unidas (ONU), ao elaborar a "classificação dos países em que a qualidade de vida é medida, pelo menos, em três fatores, que são a saúde, educação e produto interno bruto".[16]

Muito precisa, em nosso entendimento, a assertiva do professor Paulo Affonso ao expressar que "a saúde dos seres humanos não existe somente numa contraposição a não ter doenças diagnosticadas no presente".[17] E, quanto a isso, pretendemos nos ocupar mais detidamente quando tratarmos do dano à saúde, sob o enfoque da proteção legal assegurada pela Constituição, que alcança não somente a lesão, propriamente dita, mas, também, a ameaça, portanto a exposição a fatores que possam colocar em risco a incolumidade da saúde humana.

---

15 Referimos anteriormente à Declaração de Estocolmo de 1972 sobre o meio ambiente, sendo aqui salientado por Paulo Affonso Leme Machado que "o homem tem direito fundamental a 'adequadas condições de vida, em um meio ambiente de qualidade' (Princípio 1)". Quanto à sessão de Estrasburgo, destaca o autor: "A tendência preponderante dos membros do Instituto foi a de considerar o direito a um meio ambiente sadio como um direito individual de gestão coletiva", referindo o relator da oitava Comissão de Meio Ambiente, Luigi F. Bravo. *Ibidem*, p. 45-6.

16 *Idem, Ibidem.*

17 "Leva-se em conta o estado dos elementos da natureza – águas, solo, ar, flora e fauna e paisagem – para se aquilatar se esses elementos estão em estado de sanidade e de seu uso advenham saúde ou doenças e incômodos para os seres humanos." Explica que essa ótica influenciou a maioria dos países e, em sua Constituição passou a existir a afirmação do direito a um ambiente sadio. *Ibidem,* p. 46.

Nesse sentido, o Dec. 3.321/99 promulgou o Protocolo Adicional à Convenção Americana sobre Direitos Humanos em Matéria de Direitos Econômicos, Sociais e Culturais, chamado "Protocolo de São Salvador", concluído em 17.11.1988, que prevê em seu art. 11: "1. Toda pessoa tem direito de viver em ambiente sadio e a dispor dos serviços públicos básicos; 2. Os Estados Partes promoverão a proteção, preservação e melhoramento do meio ambiente". É a mesma a expressão do Tribunal Europeu de Direitos Humanos, que decidiu no caso López Ostra, no sentido de que "atentados graves contra o meio ambiente podem afetar o bem-estar de uma pessoa e privá-la do gozo de seu domicílio, prejudicando sua vida privada e familiar".[18]

1.1.2 Princípio do acesso equitativo aos recursos naturais

O princípio do acesso equitativo aos recursos naturais parte do direito de todos ao bem ambiental, vale dizer, "bem de uso comum do povo", explicado a partir da sua utilização propriamente dita, ou da sua não utilização, sob o aspecto de sua preservação ou prevenção da escassez, presente ou futura, como é o caso da água em nossos dias.

Tem relação direta com o Princípio 1 da Declaração do Rio de Janeiro de 1992, que assegura o aspecto antropocêntrico da proteção e acesso desses recursos, nestes termos: "Os seres humanos constituem o centro das preocupações relacionadas com o desenvolvimento sustentável. Têm direito a uma vida saudável e produtiva em harmonia com a natureza".

O conceito de sustentabilidade é encontrado, entre outros, no pensamento do professor italiano Enzo Tiezzi – a quem tivemos a honra de assistir em palestras e entrevistas pessoais, no Seminário de Ecologia e Sustentabilidade, promovido pelo Instituto de Hidrobio-

---

18 *Ibidem*, p. 47

logia de Roma, em setembro de 2001, em Sabaudia – que desta forma procuraremos sintetizar:[19]

> Chega-se ao conceito de sustentabilidade junto ao das relações entre as atividades humanas, sua dinâmica e a biosfera, com suas dinâmicas geralmente mais lentas. Estas relações devem ser tais a ponto de permitirem que a vida humana continue, que os indivíduos possam satisfazer suas necessidades, que as diversas culturas humanas possam desenvolver-se, mas em tal modo que as variações havidas da atividade humana na natureza estejam dentro de certos limites, como o da não destruição do contexto biofísico global.
>
> Se conseguirmos chegar a uma "economia de equilíbrio sustentável", como indicado por Daly, as futuras gerações poderão ter ao menos as mesmas oportunidades que teve nossa geração. Em outras palavras, a relação entre economia e ecologia, ainda em grande parte a constituir-se, passa da estrada do equilíbrio sustentável.[20]

---

19 O professor Enzo Tiezzi é ordinário de física-química na Universidade de Siena, tendo dado sua contribuição no campo da ressonância magnética, estando empenhado na defesa do meio ambiente. Publicou vários livros e participou da comissão e das discussões sobre o desenvolvimento sustentável na Organização das Nações Unidas.

20 Enzo Tiezzi; Nadia Marchettini. *Che cos'è lo sviluppo sostenibile? Le basi scientifique della sostenibilità e i guasti del pensiero unico*. Roma: Donzelli, 1999, p. 39-42.

Como leciona Paulo Affonso Leme Machado:

> O homem não é a única preocupação do desenvolvimento sustentável. A preocupação com a natureza deve também integrar o desenvolvimento sustentável. Nem sempre o homem há de ocupar o centro da política ambiental, ainda que comumente ele busque um lugar prioritário. Haverá casos em que para se conservar a vida humana ou para colocar em prática a 'harmonia com a natureza' será preciso conservar a vida dos animais e das plantas em áreas declaradas inacessíveis ao próprio homem. Parece paradoxal chegar-se a essa solução do impedimento do próprio acesso humano que, afinal de contas, deve ser decidida pelo próprio homem.[21]

Bem compreendemos o caráter antropocêntrico de nossa Constituição Federal que, ao instituir a política nacional do meio ambiente, destacou a qualidade de vida sadia e a igualdade da acessibilidade dos recursos naturais, o que não desnatura a importante ressalva feita pelo mestre ambientalista, uma vez que restringir e/ou impedir o acesso têm o caráter de preservar e conservar a vida do planeta e, consequentemente, a vida humana.

Nesse sentido, há a preocupação permanente quanto à utilização dos recursos no planeta, tendo sido realizada a Convenção para a Proteção e Utilização dos Cursos de Água Transfronteiriços e dos Lagos Internacionais, em Helsinque, em 1992, ratificada até 1998 por 23 países.[22]

---

21 Machado, *op. cit.*, p. 47-8.

22 A Convenção de Helsinque preconiza em suas disposições gerais que "os recursos hídricos são gerados de modo a responder às necessidades de

Ainda a Convenção sobre os Usos dos Cursos de Águas Internacionais para Fins Distintos da Navegação prevê que:

> Os Estados do curso de água utilizam, em seus territórios respectivos, o curso de água internacional de modo equitativo e razoável. Em particular, um curso de água internacional será utilizado e valorizado pelos Estados do curso de água com o objetivo de chegar-se à utilização e às vantagens ótimas e duráveis – levando-se em conta os interesses dos Estados do curso de água respectivos – compatíveis com as exigências de uma proteção adequada do curso de água.[23]

Quanto ao uso do bem ambiental em nossa legislação nacional, a lei 9.433/97 prescreve em seu art. 11 que "o regime da outorga de direitos de uso de recursos hídricos tem como objetivos assegurar o controle quantitativo e qualitativo dos usos da água e o efetivo exercício dos direitos de acesso à água".

1.1.3 Princípio do usuário-pagador e do poluidor-pagador

Inspirado na teoria econômica, propriamente no que se chama de "vocação redistributiva do direito ambiental", os custos "externos" do processo produtivo – ou como explica Édis Milaré, "o custo resultante dos danos ambientais"-, devem ser levados em conta ao ser calculado o custo

---

geração atual sem comprometer a capacidade das gerações futuras de satisfazer suas próprias necessidades". *Ibidem*, p. 49.

23 *Ibidem*, p. 50.

da produção da obra ou planta, a fim de serem suportados sob o aspecto econômico diante das consequências causadas ao meio ambiente.[24]

Nesse sentido, Michel Prieur afirma que esse princípio "visa imputar ao poluidor o custo social da poluição por ele gerada, engendrando um mecanismo de responsabilidade por dano ecológico abrangente dos efeitos da poluição não somente sobre bens e pessoas, mas sobre toda a natureza"–, é o que chama da "internalização de custos externos".[25]

Explica Paulo Affonso Leme Machado que o resultado seria o de gerar o uso dos recursos naturais sob duas formas, ou seja, mediante pagamento e gratuitamente, sendo que o "uso poluidor e a necessidade de prevenir catástrofes, entre outras coisas, podem levar à cobrança do uso dos recursos naturais".[26]

Encontra-se, todavia, centrado entre nós o princípio de que tratamos na Lei da Política Nacional do Meio Ambiente, art. 4º, VII, ao prescrever a imposição ao usuário da contribuição pela utilização de recursos ambientais com fins econômicos e a imposição ao poluidor e ao predador da obrigação de recuperar e/ou indenizar os danos causados, independentemente da existência de culpa.

Não significando o princípio que "a poluição deverá ser tolerada mediante um preço", mas revelando seu caráter inibitório e preventivo da provocação dos danos ao meio ambiente, sendo agasalhado pela Declaração de 1992, do Rio de Janeiro, em seu princípio 16, prevendo que:

---

[24] O autor cita o professor francês Michel Prieur e também Ramón Martín Mateo, no sentido da "correção das deficiências apresentadas pelo sistema na economia de cunho liberal". Milaré, *op. cit*, p. 116.

[25] *Ibidem*.

[26] Machado, *op. cit.*, p. 50 e ss.

> As autoridades nacionais deveriam procurar fomentar a internalização dos custos ambientais e o uso dos instrumentos econômicos, tendo em conta o critério de que o que contamina deveria, em princípio, arcar com os custos da contaminação, tendo devidamente em conta o interesse público e sem distorcer o comércio nem as inversões internacionais.[27]

De outro lado, o princípio do usuário-pagador significa que o "utilizador do recurso deve suportar o conjunto dos custos destinados a tornar possível a utilização do recurso e os custos advindos de sua própria utilização", tendo por objetivo "fazer com que estes custos não sejam suportados nem pelos Poderes Públicos, nem por terceiros, mas pelo utilizador", não justificando a imposição de taxas que tenham por "efeito aumentar o preço do recurso a ponto de ultrapassar seu custo real, após levarem-se em conta as externalidades e a raridade".[28]

Leciona Paulo Affonso Leme Machado que o princípio do usuário-pagador contém também o princípio do poluidor-pagador, obrigando o poluidor a pagar a poluição que puder causar ou já houver causado, acabando o uso gratuito dos recursos naturais por representar "um enriquecimento ilegítimo do usuário", ficando onerada a comunidade que não usa o recurso ou utiliza-o em menor escala.[29]

Trata-se, em nosso entendimento, do dever de pagar pela potencialidade de lesão que possa ser causada ao ambiente, o que inclui a saúde humana, bem como a lesão propriamente dita e efetivada, em razão da responsabilidade objetiva decorrente da teoria do risco, envolvendo não

---

27 Milaré, p. 116 e ss.
28 Henri Smets, *Apud* Machado, p. 51.
29 *Ibidem*.

somente o poluidor causador, mas também os Poderes Públicos que detêm a responsabilidade sobre a fiscalização e autorização sobre qualquer atividade que possa alcançar o bem ambiental.

1.2 Princípio da precaução e da prevenção

A política nacional do meio ambiente baseia-se, sobretudo, na preocupação com a interligação e sistematização das questões ligadas ao meio ambiente, nacional e internacional, evitando-se a fragmentação e antagonismo de leis esparsas.[30]

Instituída pela lei 6.938/81, a política nacional tem como objetivos:

i) a compatibilização do desenvolvimento econômico-social com a preservação da qualidade do meio ambiente e do equilíbrio ecológico e a preservação dos recursos ambientais;

ii) a utilização racional dos recursos com vistas à sua disponibilidade permanente – art. 4º, I e VI.

De relevante importância nesta política pública, a avaliação dos impactos ambientais encontra-se inserida no art. 9º, III, entre os instrumentos da política nacional do meio ambiente, recepcionada constitucionalmente pela Carta de 1988, art. 225, I e IV, tendo sido o Brasil o primeiro país do mundo a exigir o Estudo Prévio de Impacto Ambiental para a realização de uma obra ou atividade merecedora deste estudo.

Pretende-se com isso assegurar a efetividade do direito ao meio ambiente ecologicamente equilibrado, o que é de incumbência do Poder Público, diante da instalação de atividade ou obra potencialmente causadora de significativa degradação do meio ambiente, para o que se exige o chamado Estudo Prévio de Impacto Ambiental, como já referimos.[31]

---

30 *Ibidem.*

31 CF/88, art. 225; e *Ibidem.*

O Estudo Prévio de Impacto Ambiental deve ser anterior à autorização da obra e/ou atividade, não podendo ser concomitante nem posterior à obra ou à atividade, ou seja, deve dar-se necessariamente antes da realização ou início do funcionamento de planta industrial ou atividade que possa sugerir qualquer degradação ambiental ou, ainda, apresentar dúvida quanto à realização segura da mesma, sob o enfoque do meio ambiente, o que inclui a saúde humana.[32]

Não obstante a realização do Estudo Prévio de Impacto Ambiental, pode-se ainda exigir a cada licenciamento um novo estudo, que deve ser requerido pelo Poder Público, por intermédio de procedimentos a serem definidos por lei.[33]

A Constituição Federal estabelece a diferenciação para o Estudo Prévio de Impacto Ambiental no que se refere à instalação da obra e ao funcionamento de atividade, podendo ainda ser exigido o estudo para uma e para outra, diante da possibilidade de degradação do meio ambiente, e o "mínimo exigido pela Constituição, não proíbe maior

---

32 Nesse sentido, a ação civil pública proposta pelo IDEC e Greenpeace, a fim de obrigar a empresa Monsanto a realizar e apresentar o Epia e a análise de riscos à saúde humana no Brasil, antes de desenvolver aqui o plantio e cultivo dos grãos geneticamente modificados de milho e soja.

33 Deve o Poder Público exigir: o procedimento instituído por lei – a CF/88 determina a utilização de processo legislativo para a realização de lei ordinária, ou seja, "na forma da lei" quer dizer na forma do que se fizer constar da lei, desde que esteja de acordo com o *mens legis* do art. 225 da CF. A ausência de lei especial que determine o procedimento do Epia não obsta sua realização, que permanece exigível na Constituição Federal, tratando-se de negativa de vigência à Constituição a não realização do estudo sob o argumento de não haver sido determinado procedimento legal específico para o estudo que se deva realizar.

exigência da lei ordinária, não podendo haver abrandamentos das exigências constitucionais".[34]

Há ainda que ser ressaltada a importância da publicidade do Estudo Prévio de Impacto Ambiental, devendo ser informado o conteúdo do estudo ao público, "o que transcende o conceito de torná-lo meramente acessível", cabendo ao Poder Público publicá-lo, ainda que resumidamente, em órgão de comunicação adequado.

O Estudo Prévio e a avaliação de impacto consistem em noções que se completam com os preceitos da Constituição Federal e da lei ordinária, notadamente das Leis 6.803/80 e 6.938/81, tendo por função emitir a avaliação do projeto, necessariamente, com o que se dá aplicação e efetividade ao princípio da precaução.

Há que se notar ainda que outras análises, mesmo aprofundadas, não cumprem o papel do Estudo Prévio de Impacto Ambiental, devendo ser seus consultores competentes na sua realização e elaboração do respectivo laudo, bem como independentes para analisar os riscos possíveis diante da obra ou atividade.[35]

Com muita propriedade referiu o professor Paulo Affonso Leme Machado a chamada "crise da perícia", que se reflete na confusão entre perícia e promoção da técnica examinada, vale dizer, situação em que os peritos são levados a defender um projeto em vez de avaliá-lo verdadeira e tecnicamente.[36]

A aplicação do Estudo Prévio de Impacto Ambiental atende a necessidade da utilização de procedimento de prévia avaliação

---

34 STF: apenas a Lei Federal seria apta a excluir hipóteses de incidência do aludido preceito geral (ADIn 1.086-SC – rel. Min. Ilmar Galvão) hipótese em que o art. 182, § 3º, da Constituição de Santa Catarina havia dispensado o EIA, tendo o STF suspendido a eficácia do referido parágrafo. Machado, op, cit.

35 Conferência de Paris, em 1998.

36 Machado, *Op. cit.*

diante da incerteza do dano, bem como de apontar o grau de perigo e a extensão do risco.[37]

De acordo com a Resolução 1/86 do Conama, o Estudo Prévio desenvolverá a análise dos impactos ambientais do projeto e de suas alternativas, por meio da identificação, previsão da magnitude e interpretação da importância dos prováveis impactos relevantes, discriminando os impactos positivos e negativos, diretos e indiretos, imediatos e a médio e longo prazo, temporários e permanentes, bem como seu grau de reversibilidade, propriedades cumulativas e sinérgicas, distribuição dos ônus e benefícios sociais.

Assim é que o estudo prévio ou relatório de viabilidade ocupam importante papel na avaliação de riscos, não se tratando de mera análise de viabilidade. Nesse sentido decidiu, acertadamente, o TRF da 5ª Região, Pernambuco: "O Relatório de Viabilidade Ambiental não é idôneo e suficiente para substituir o EIA e respectivo relatório" (ApCív. 5.173.820/CE – rel. Min. José Delgado).

As normas gerais, quanto ao Estudo Prévio de Impacto, de competência do Conama encontram-se encartadas na lei 6.938/81, art. 8º, I, estabelecendo normas e critérios para o licenciamento de atividades efetiva ou potencialmente poluidoras.

Referidas normas e critérios podem ser específicos, se forem destinados aos órgãos federais, e gerais, se destinados aos órgãos estaduais e municipais, não invadindo, todavia, a autonomia dos Estados, tendo a União – a quem cabe estabelecer normas gerais, conforme art. 24, § 1º, CF – e os Estados competência concorrente para legislar sobre a proteção do meio ambiente, nos termos do art. 24, VI, da CF.

Determina a Resolução 1/86 do Conama, em seu art. 6º, IV, que o Estudo Prévio de Impacto Ambiental deverá conter a elaboração do programa de acompanhamento e monitoramento dos impactos positi-

---

37 *Ibidem.*

vos e negativos, indicando fatores e parâmetros a serem considerados na realização da obra ou atividades analisadas.

O programa de monitoramento será elaborado pelo Estudo Prévio de Impacto Ambiental, sendo que a realização do monitoramento será feita somente após o licenciamento, que não está compreendida no Estudo, que deve ser prévio ao licenciamento.

Pode ser verificado nos países alienígenas a relevante importância do licenciamento como na legislação italiana, consistindo na avaliação de impacto ambiental, que deverá conter o plano de prevenção dos danos ao ambiente e de monitoramento; no Chile, em que no prazo de 120 dias, deverá ocorrer ou não o licenciamento, com a Comissão regional ou nacional do meio ambiente pronunciando-se sobre o EIA ou solicitando esclarecimentos, retificações ou ampliações nesse prazo; no Paraguai, no prazo de 90 dias, o projeto será aprovado ou rejeitado, após o exame do Estudo de Impacto Ambiental.

Entre nós, o Estudo Prévio de Impacto Ambiental é documento único de análise de degradação potencial e significativa do meio ambiente, decorrente do exercício de atividades ou instalação de obras.[38]

De acordo com a Resolução 279/2001 do Conama, art. 1º, o relatório ambiental simplificado deve abranger linhas de transmissão de energia elétrica, gasodutos e oleodutos, usinas termoelétricas e usinas hidroelétricas "de pequeno potencial de impacto ambiental".

Encontramos, ainda, referência quanto aos curtos prazos concedidos para o licenciamento ambiental, o que tem sido considerado "inaceitável", sob o argumento de que "a proteção ao meio ambien-

---

38 TRF-5ª Região: "A elaboração de EIA, com o relatório ambiental, constitui exigência constitucional p/licenciamento de atividades". Leciona o professor Paulo Affonso Leme Machado: "O procedimento consagrado pela CF é complementado pela leg. infrac., que organiza uma série de atos e etapas de comportamentos, cujo cumprimento ou descumprimento terão como consequência o êxito ou o fracasso do objetivo fundamental da diminuição do dano ambiental". *Op. cit.*

te não é o que causa a dificuldade no fornecimento de energia", sendo o estudo rápido incompatível com o sistema de sua proteção, conforme assegurado pela Constituição Federal.[39]

A metodologia utilizada para análise prévia, em aplicação ao princípio da precaução, com a análise de danos, "pretende possibilitar o aprofundado exame da natureza do impacto", por meio de um "sistema de ampla participação do público, para que não se escondam os aspectos que possam vir a degradar o meio ambiente".[40]

O princípio da precaução consiste em evitar o dano ambiental, merecendo análise prévia e meticulosa quanto à possibilidade de sua ocorrência. Leciona Paulo Affonso Leme Machado que o "dano potencial não vem carimbado e com traços gritantes, demandando análise meticulosa para identificá-lo, indicar suas consequências e apontar, sem subterfúgios, os meios de o impedir ou reduzir. Na dúvida, emprega-se o princípio da precaução e deve-se escolher a metodologia que a Constituição Federal previu, vale dizer a realização do Estudo Prévio de Impacto Ambiental".[41]

Assim é que o princípio da precaução compreende a "concepção de evitabilidade e prevenção do dano ambiental", "não se trata de proteção contra o perigo ou contra o simples risco"; combatendo-se o evento propriamente dito – poluição, acidentes, vazamento – o recurso natural poderá ser desfrutado com base na duração de seu rendimento, levando-se em consideração, todavia, que é findável.

---

39 Nesse sentido, parece incompatível com o próprio sistema constitucional de proteção ao meio ambiente elaborar-se o EIA/Rima somente se o impacto for considerado relevante.

40 Conforme Paulo Affonso Leme Machado. Ex.: transgênicos.

41 Inconstitucionalidade, art. 6º da Res. 279/2001 e art. 8º, § 3º, MP 2.148-2: fixam o prazo de 60 dias para licenciamento. Machado, *Op. cit.*

Aplicando-se tal princípio, os riscos devem ser minimizados, tendendo-se à sua eliminação, sendo os perigos proibidos, para o que se "requer a redução da extensão, da frequência ou da incerteza do dano".[42]

Segundo Michel Prieur, o princípio da precaução visa, assim, à durabilidade da sadia qualidade de vida das gerações humanas e à continuidade da natureza existente no planeta, devendo, todavia, ser visualizada em relação às gerações presentes como o direito que as gerações futuras têm ao meio ambiente.[43]

O princípio de que tratamos foi, ainda, acolhido pela Declaração do Rio de 1992, em seu Princípio 15 que tem por objetivo proteger o meio ambiente, devendo ser amplamente observado pelos Estados de acordo com sua capacidade, quando houver ameaça de danos sérios ou irreversíveis e, diante da ausência de absoluta certeza científica, não devendo ser utilizado como razão para postergar medidas eficazes e viáveis economicamente para prevenir a degradação ambiental".

A oportunizar medidas irreversíveis, a aplicação efetiva do princípio enseja para as atividades e/ou obras a serem implantadas cautela antecipada, com o intuito de se prevenis contra os danos que possam ser temidos, evitando-se um perigo iminente ou possível, caracterizando-se, assim, "pela ação antecipada diante do risco ou do perigo".[44]

As semelhanças entre o princípio da precaução e da prevenção consistem essencialmente em que, para o primeiro, diante das atividades humanas, se dois comportamentos são tomados, ou se privilegia a prevenção do risco, vale dizer, se não se sabe que coisa sucederá, não se deve agir, ou se privilegia o risco e a aquisição de conhecimento a

---

42 O princípio da precaução foi introduzido expressamente no direito brasileiro em 1981; esse princípio estava presente no direito alemão há três décadas.

43 Michel Prieur, Unimep, abril de 2002.

44 Paulo Affonso Leme Machado: é o mundo onde há a interrogação (França).

qualquer preço, ou seja, se não se sabe que coisa acontecerá, pode-se agir e, dessa forma, no final, saber-se-á o que fazer".[45]

O princípio da prevenção consiste no dever jurídico de evitar a consumação de danos ao meio ambiente, de indicar o quer fazer nos casos em que os efeitos sobre o meio ambiente de uma determinada atividade não sejam plenamente conhecidos sob o plano científico.

Nesse sentido, a prevenção de dano da Convenção da Basileia sobre o Controle de Movimentos Transfronteiriços de Resíduos Perigosos e seu Depósito de 1989 expressa que:

> A maneira mais eficaz de proteger a saúde humana e o meio ambiente dos perigos que esses resíduos representam é a redução ao mínimo de sua geração em termos de quantidade e/ou potencial, determinadas a proteger, por meio de um controle rigoroso, a saúde humana e o meio ambiente contra os efeitos adversos que podem resultar da geração e administração de resíduos perigosos e outros resíduos (...).[46]

O princípio da prevenção encontra previsão de sua aplicação na lei 6.938/81, art. 2º, ao estabelecer que a política nacional do meio ambiente observará como princípios a "proteção dos ecossistemas, com a preservação das áreas representativas" e "a proteção das áreas ameaçadas de degradação".

---

45 De acordo com o professor Tullio Scovazzi – Dir. Internacional Milão, em Conferência realizada no Brasil em setembro de 2002, Unimep, Piracicaba, São Paulo.

46 Prevenir: agir antecipadamente; para que haja ação é preciso que se forme o convencimento do que prevenir; para prevenir é preciso predizer.

Assim é que não seria possível proteger sem aplicar medidas de prevenção, entre as quais destaca Paulo Affonso Leme Machado: a) identificação e inventário das espécies animais e vegetais de um território, quanto à conservação da natureza e à identificação das fontes contaminadoras das águas e do mar, quanto ao controle da poluição; b) identificação e inventário dos ecossistemas, com elaboração de um mapa ecológico; c) planejamentos ambiental e econômico integrados; d) ordenamento territorial ambiental para a valorização das áreas de acordo com a sua aptidão; e) Estudo de Impacto Ambiental.[47]

Os meios a serem utilizados na prevenção dos riscos têm correlação com o Princípio 8 da Declaração do Rio de 1992, "a fim de conseguir-se um desenvolvimento sustentado e uma qualidade de vida mais elevada para todos os povos", devendo os Estados "reduzir e eliminar os modos de produção e de consumo não viáveis e promover políticas demográficas apropriadas".[48]

1.3 Proposta de codificação no direito italiano e algumas considerações sobre a comunidade europeia

Historicamente encontramos no direito italiano referências no sentido ao dano à saúde, aquele que poderia produzir consequências patrimoniais ou pessoais, tendo-se sempre julgado ressarcível com referência à classificação patrimonial do dano. Entretanto, para as consequências pessoais – sofrimento, dor –, os ressarcimentos vinham estimados somente para quem era atribuído o ressarcimento por dano moral.

---

47 Machado, *op. cit.*

48 Prevenção: não é estática, necessita de reavaliações para influenciar a formulação de novas políticas ambientais, das ações dos empreendedores e das atividades da Administração Pública, dos legisladores e do Judiciário.

Eram, todavia, poucos e isolados os casos de pronunciamentos que atribuíam o ressarcimento das lesões à saúde propriamente ditas, vale dizer, a prescindir das consequências morais ou patrimoniais.[49]

Referentemente ao dano à saúde como dano ressarcível, tomado historicamente pelo direito italiano, todavia, entre o dano moral, encontramos que por longos anos a lesão à saúde constituiu-se um dano puramente moral.

Na Itália, a matéria ambiental já se encontra em proposta de codificação, reunindo a legislação sobre a proteção e uso da água, agricultura, alimentos, animais, áreas protegidas, ar atmosférico, armas nucleares, bens ambientais e culturais, biodiversidade e modificações genéticas, bosques e florestas, caça, dano ambiental, defesa do solo, edificação e urbanística, energia (produção, consumo e economia), flora e vegetação, poluição magnética, ambiente e segurança do trabalho, pesca, prevenção e redução integrada da poluição, lixo, risco de acidentes relevantes, rumores, substâncias perigosas, instrumentos voluntários de política ambiental, entre outros.

Referentemente à proteção da água, tomada como bem ambiental, o Dec.-lei 490, de 29.10.1999, apresenta texto único das disposições legislativas em matéria dos bens culturais e ambientais, a norma do art. 1º da lei 352, de 08.10.1997. Encontram-se, assim, dispostos no título II, capítulos I a III, respectivamente, os bens paisagísticos e ambientais quanto à sua individuação, gestão dos bens e sanções penais e administrativas.

Há, ainda, por força da Deliberação Cipe 137, de 21.12.1999, artigo único, um programa de ação nacional de proteção da água, adotado para ações nacionais pela luta contra a seca e desertificação, segundo as linhas aprovadas pelo Congresso Nacional para luta contra a desertificação, de 22.07.1999.

---

49 Marco Rossenti, *Il danno da lesione della salute* – Biologico, patrimoniale, morale. Padova: Cedam, 2001, p. 35.

Por intermédio da 6ª Comissão de Desenvolvimento Sustentável foi instituído um grupo de trabalho que deliberou, em 05.08.1998, sobre a luta contra a seca e desertificação integrado por representantes do Congresso Nacional.

A exigência de tutelar o ambiente fez nascer uma normativa de proteção, que ocorreu até certo ponto tardiamente na Itália, quando já haviam iniciado gravíssimos processos de destruição. Basta recordar que a Constituição italiana não contém nenhuma referência expressa ao conceito de ambiente, limitando-se aos aspectos da saúde, da paisagem e da segurança social.[50]

Dos estudos de Gianfranco Amendola podemos identificar as quatro fases históricas da legislação social. A primeira vai dos anos 30 até a metade dos anos 60, compreendendo as noções de "ambiente" e "poluição", que não resultam relevantes por si só, mas são consideradas somente com referência aos outros objetos de tutela, sendo exemplo típico a lei sobre a pesca de 1931, a qual proíbe atirar na água materiais, perturbar ou matar os peixes. O que se pretende é a proteção da *ittiofauna*, ou seja, os peixes e não propriamente a pureza da água, tendo em vista os reflexos econômicos que podem comportar a sua destruição.

Não se deve, consequentemente, poluir a água, podendo derivar um dano ao patrimônio ictiológico e ao patrimônio econômico do país. Exemplos análogos podem atingir muitos outros campos, como elétrico, da saúde e público.

No ano de 1966 aparece a primeira lei contra a poluição, que se ocupou da poluição do ar atmosférico provocada pela indústria, pelo aquecimento e o tráfego de veículos.

O segundo período vai de 1966 a 1987 e, paralelamente, marca o primeiro passo da Comunidade Econômica Europeia na criação

---

50 Gianfranco Amendola, "Direito e ambiente na Itália e na Europa". *Codice commentato e giurisprudenza – Acqua, rifiuti, ária, rumore*. 2ª ed. Roma: EPC, 1997.

de numerosas leis; em 1976, a Lei Merli, sobre poluição da água; em 1982, o DRP 915, sobre lixo; em 1985, a Lei Galasso em defesa do ambiente-paisagem, etc. Em 1986 nasce oficialmente o Ministério do Ambiente, e a esta ampla produção legislativa do Estado sucede, no mesmo ano, uma análoga produção de leis ecológicas regionais, resultando assim nos atos do Ministério do Ambiente foram promulgadas 239 leis regionais ao estatuto ordinário com uma distribuição geográfica muito variada.

É oportuno precisar que grande parte dessas leis tem como objeto a despoluição (72% da legislação ecológica); trata-se consequentemente de leis que em boa parte não foram aplicadas, sobretudo pela carência de estrutura pública e dos aparatos de controle.

O terceiro período vai de 1987 a 1993 e pode ser chamado de período de "poluição da lei": o legislador em vez de enfrentar de uma vez por todas – o que parece ser o verdadeiro problema – a aplicação da norma, reage com uma frenética atividade de produção legislativa.

São feitas as leis no mesmo setor, sem levar em conta as leis já existentes e sem algum desenho orgânico de base: advém para as diretivas da CEE sobre a avaliação do impacto ambiental nas águas destinadas ao uso alimentar, sobre a poluição atmosférica da indústria, sobre as atividades de risco, por exemplo.

Considera-se ainda pior quando se legisla "de emergência", como no DPR 915, de 1982, sobre o lixo, prorrogado e renovado em 1987 com a lei 441, totalmente esquecido – provavelmente porque nunca aplicado – utilizado no momento de emergência pelo governo, que se vale do Dec. – lei 397, de 09.09.1989, que se apresenta substancialmente com nove palavras repetidas que representam, em boa parte, o quanto prescrito e emanado em 1982 e em 1987, porém nunca antes aplicado.

A isso acrescenta-se a forte tendência do Ministério do Ambiente a legislar com decretos administrativos, em contraste com o processo legislativo das leis propriamente ditas, tanto assim que boa parte dessas leis vêm anuladas (por exemplo, entre tantas, em tema de matéria-prima secundária, linha mestra para a poluição atmosférica, poluição acústica etc.)

Não é certo que a Corte Constitucional justifique-se com a ignorância das leis por parte dos cidadãos, tornando-a uma desculpa válida no caso da validação dessas leis, uma vez que as próprias normativas encontram-se muito confusas.

O Dec. leg. 33, de 27.01.1992, com o qual o governo italiano aplica as sete diretivas sobre derramamento de substâncias perigosas, é o carro-chefe de incompetência e confusão, com risco de eliminar a pouca certeza adquirida em 15 anos de aplicação da Lei Merli.

O quarto período, ainda em curso, começou em novembro de 1993, quando o governo Ciampi iniciou uma longa série de decretos-leis sobre concessões que, para ajudar o recurso econômico, vem eliminar, o quanto possível, os vínculos e as sanções penais previstas nas leis de tutela ambiental.

É sob esta ótica que o contraste com a norma comunitária se converte na Lei Merli, riscando todos os setores da descarga civil e do esgoto público, elaborando-se a categoria dos resíduos depositados pelo lixo industrial recuperável, conforme normativa do setor, reabrindo seus termos para boa parte das indústrias. O Dec. leg. 22, de 22.02.1997, sobre o lixo, é resultado deste período.

A situação na Comunidade Europeia, encontra-se em parte análoga à da Itália, sendo a inaplicabilidade da normativa o verdadeiro problema, colocando-se em evidência, a cada ano, as relações da Comissão sobre a aplicação do direito comunitário.

Resultou de particular interesse o propósito de um estudo aprofundado seguido pelo advogado e deputado francês Jacques Vernier no âmbito da Comissão de Ambiente no Parlamento europeu.

Tal fato parte da constatação de que a aplicação do direito comunitário em campo ambiental permanece em todos os Estados-membros;

Não obstante, os Estados-membros mostraram empenho jurídico formal no ato de adoção de tais instrumentos, seja pelo que se refere à correta transposição jurídica dos testes e à aplicação concreta dos mesmos.

A causas não são analisadas com atenção: este não é o momento para sofismar sobre este trabalho importante; parece suficiente recordar que ele divide as causas em seis partes.

A primeira dessas causas é aquela atinente ao direito comunitário, ligada ao funcionamento das instituições comunitárias; a segunda diz respeito às de ordem econômica – entre estas a de favorecer os empreendedores nacionais, fazer prevalecer a vontade da dimensão econômica sobre a ambiental e a falta de incentivos econômicos e fiscais –; as causas sociológicas em países onde não existe uma forte consciência ecológica; as causas administrativas e políticas nos Estados-membros; e por fim, as causas judiciárias, advindas da posição negativa de algumas jurisdições nacionais no confronto do direito comunitário.

Quanto à desaplicação das leis e da ilegalidade institucional, explica Gianfranco Amendola que a primeira causa de desaplicação das leis de tutela ambiental deve ser imputada ao comportamento do legislador e da administração pública. Trata-se de ilegalidade definida como "institucional" e que não se refere somente à Itália.

A desaplicação das leis ambientais satisfaz todas as forças políticas; para aqueles que não as queriam por agirem corretamente significa que tais leis, em sentido inibitório, não mereceriam aplicação.

Assim, muitas leis já nascem "calibradas" por não serem aplicáveis, quando, por exemplo, atribuem a sua operatividade real a sucessivos atos e decretos governamentais, que não serão aprovados, ou, ainda, quando no mesmo quadro, os decretos aplicáveis estão em absoluto contraste com a lei base.

Outra importante causa de desaplicação é a presença de preceitos privados de sanção sobretudo se considerarmos que, periodicamente, lhes são prestados salvo-condutos – e várias anistias que terminam por premiar aqueles que não são adequados à lei.

Ainda outra causa de desaplicação da lei de tutela ambiental, diremos assim, é "estrutural", sendo considerada como fator principal: a total e generalizada inadequação das estruturas administrativas, que deveriam gerir a aplicação das leis de tutela ambiental e que são regionais.

A autorização – ou pelo menos as atividades potencialmente poluidoras sobre o território – referente à normativa ambiental comunitária baseia-se na obrigação preventiva, no sentido de inibir os riscos, para todas as atividades potencialmente nocivas que possam ser implantadas.

Assim, se os entes prepostos não funcionam e se não for verificadas a possibilidade de essas atividades ser autorizadas e com quais cautelas, chega-se a um impasse: ou se proíbe ou se autoriza tudo. A Itália, em regra, escolheu a segunda via, recriando um silêncio-assentimento para o qual, após o transcurso do tempo da demanda de autorização, sem que haja resposta, o requerente é considerado autorizado tecnicamente a relizar o que pretendia originalmente sem seer submetido a nenhum tipo de controle.

É evidente que, nessa medida, toda a normativa de tutela torna-se evasiva, propriamente porque sua aplicação não vai além da apresentação do papel, sendo, portanto, destituída de eficácia. Ela acaba tendo um caráter meramente formal, sem compromisso com o conteúdo da atividade do ponto de vista dos riscos que possa efetivamente oferecer das suas consequências ao meio ambiente e ao ser humano.

Interessante notar a crítica encontrada acerca da inutilidade e ineficiência do modo de agir da administração pública italiana em face da legislação ambiental, o que foi condenado pela Corte Europeia de Justiça em duas sentenças até então proferidas.

Quanto a isso, noticia-se que no setor de poluição da água, por exemplo, a grande maioria das indústrias italianas descarrega dejetos com autorização tácita do governo, ou seja, sem qualquer avaliação preventiva da autoridade pública.

Nesse mesmo âmbito, o fenômeno da competência se encontra diante de um quadro confuso de atribuições de competência institucional, que consente a cada autoridade proclamar-se competente no momento do exercício do poder e de atribuir a responsabilidade a outras instâncias no momento da apuração dessas atribuições – como exemplo, a lei 142 sobre autonomia local misturou de modo irremediável as competências dos municípios e dos estados (*comuni* e *provincia*) sobre o ambiente.

Uma primeira conclusão encontrada, ainda nos idos de 1997, seria a de que a Itália passa por uma "situação dramática", na Itália, refletindo um longo momento de simplificação do setor, que acaba consentindo, por meio da notificação e silêncio-assentimento, o exercício de atividades potencialmente nocivas para o ambiente, sem ao menos um mínimo controle público preventivo.

Ainda quanto à reunião das leis ambientais – o que também abarca os decretos e atos normativos na Itália e na Comunidade Europeia –, após 15 anos de esforços dirigidos à elaboração desta compilação legislativa que já se apresenta em sua 12ª edição, Stefano Maglia e Maurízio Santaloci revelam a sua intenção de fixar ao menos três estruturas do Código do Ambiente: a internet, a revista do meio ambiente ea Associação Nacional dos *Experts* Ambientais (ANEA), que em poucos meses poderá ser considerado o ponto de referência e de formação para consultores e técnicos ambientais.[51]

---

51 Stefano Maglia; Maurízio Santoloci. *codice dell' ambiente*. Illustrato con il commento, la giurisprudenza ed il formulario. 12ª ed. Piacenza: La Tribuna, 2001, p. 9-15.

Revelam os autores que:

> Uma visão limitada e míope, concentrada sobre a fórmula singular da poluição e sobre a modalidade de intervenção, não é prenúncio de bons resultados. A interdisciplinaridade, competência e prevenção são palavras de ordem do desenvolvimento sustentável no novo milênio.[52]

Destaca Fausto Giovanelli que a mais importante novidade contida na 12ª edição do Código do Ambiente é o decreto legislativo sobre a água, que não se constitui em texto único, mas uma lei organizada a substituir e renovar a histórica Lei Merli, com uma visão mais moderna e uma filosofia de tutela mais eficaz, que parte do corpo hídrico antes mesmo que do controle da descarga dos dejetos poluentes.[53]

Foi, ainda, considerado de difícil individuação, em um único código todas as normas sobre o ambiente. Os operadores do setor tiveram um papel indispensável na criação do Código do Ambiente, documento essencial para orientar-se a sociedade e o Poder Público sobre uma tema difícil e de rápida evolução.[54]

---

52 *Ibidem.*

53 *Presentazione del Presidente della Comissione Ambiente al Senato*, p. 11-2: "È fallita clamorosamente la Conferenza dell'Aja, mettendo a nudo tutte le debolezze del mezzo di Kyoto sul controllo delle emissioni in atmosfera. In compenso un autunno particolarmente tempestoso ha reso chiaro ai governanti, così come all'uomo della strada, che l'effetto serra non è purtroppo um concetto metafisico e si impogono quindi misure molto serie".

54 *Ibidem.*

Após estas considerações, daremos destaque à reunião legislativa proposta pelo Código Ambiental italiano, no que se refere à questão da água, elencada nos termos seguintes.

Primeiramente, o Programa de ação nacional adotou a ação nacional pela luta contra a desertificação, segundo a linha mestra aprovada pela Comissão Nacional que defende essa causa, em 22.07.1999.

Foi instituído junto à 6ª Comissão de Desenvolvimento Sustentável um grupo de trabalho no âmbito da estrutura de suporte da deliberação de 05.08.1998, de número 79, integrado pelos representantes da Comissão Nacional pela Luta Contra a Desertificação.

Os Ministérios do Tesouro e Programação Econômica, do Ambiente, Indústria, Transportes, Trabalhos Públicos, Pesquisa Científica, Políticas Agrícolas e Florestais, Exterior, Comércio Exterior, transmitiram à Comissão de Desenvolvimento Sustentável o quadro das reservas alocadas sobre o balanço ordinário de qualquer administração, referentes à proteção do solo, gestão sustentável das reservas hídricas, redução do impacto das atividades produtivas, reequilíbrio territorial, informação, formação e pesquisa, e programas de intervenção nas áreas vulneráveis do território nacional e nos países em vias de desenvolvimento, segundo a prioridade da política de cooperação.

Verifica-se, ainda, a adoção de padrões e metodologias mais idôneas ao conhecimento, prevenção à mitigação dos fenômenos de desertificação nas áreas vulneráveis e atingidas por esse fenômeno.

Há também a predisposição da contribuição italiana ao programa de ações regionais do norte do Mediterrâneo, à segurança adequada e à coparticipação do trabalho de coordenação dos grupos de desenvolvimento sustentável.

É de se notar que a coleta dos resíduos do solo, de forma homogênea, sobre todo o território nacional, com base na atividade do Observatório Nacional Regional ou em outros escritórios com encargo análogo, tem relação estrita operativa com o escritório europeu do solo.

É relevante a proibição de 03.12.1999 da atividade de cultivo de hidrocarboneto líquido ou gasoso dentro das doze milhas náuticas da linha da costa marítima, compreendendo o mar entre o paralelo que passa pela foz do rio Tagliamento e o paralelo que passa pela foz do ramo de Goro do rio Pó.

Na mesma legislação, no programa do Ministério do Ambiente, na região do Vêneto, referente aos concessionários do título minerário, foram individuados os jazigos mais distantes da costa cuja exploração pode ser autorizada, com procedimento ordinário, numa primeira fase experimental de cultivação, sendo definidas as redes de monitoramento não adotadas na atividade de extração, nas suas modalidades.

Foi ainda instituída uma comissão técnico-científica de elevada qualificação, composta de três representantes do Ministério do Ambiente, três representantes da região do Vêneto e um presidente nomeado pela mesma, com o dever de definir a rede de monitoramento da atividade experimental, referida anteriormente, e de verificar, anualmente, a atualização dos modelos do concessionário do título numerário, os resultados das atividades de monitoramento e as condições de prosseguimento das atividades de cultivo estabelecidas.

O cultivo das ulteriores sementes pode ser autorizado subordinadamente ao êxito positivo do cultivo experimental referido no art. 2º da lei de 03.12.1999, mediante a estipulação de um novo acordo de programa.

O desenvolvimento do cultivo experimental nos locais mais distantes deve, consequentemente, respeitar as seguintes condições: a) antes do início das atividades de cultivo deve ser predisposta uma rede de monitoramento de alta precisão, em correspondência à linha da costa e da longa linha transversal a essa, com posicionamento prévio de uma adequada rede geodética a ser verificada periodicamente.

Assim é que antes de serem iniciadas as atividades de cultivação devem ser efetuadas, a cargo do Comissário do Direito Minerário, e verificadas pela Comissão já referida, a simulação modelística, segundo o cenário conservativo, mediante os modelos mais avançados disponíveis. Tal simulação deverá levar em conta os efeitos cumulativos não considerados na extração, bem como o complexo dos mesmos.

Estará a cargo da Comissão fixar as modalidades de monitoramento durante a fase experimental de cultivação, individuando o número e a posição dos eventuais poços de pesquisa e extração geognóstico. O monitoramento deverá ser de modo tal a descrever as características geomecânicas e hidrológicas dos extratos, compreendidos entre o fundo marinho e o geocimento.

Em correspondência ao limite de seis milhas náuticas da costa, simuladas para o cenário conservativo por meio da aplicação dos modelos, a ser controlada pelo sistema de monitoramento, não deverá superar um centímetro em dez anos, valores em proximidade dos quais as atividades de cultivação devem ser interrompidas. O monitoramento deve prosseguir por todo o tempo de duração da cultivação e, por no mínimo, dez anos após o início da sua exploração.

O Ministro do Ambiente e a região de Vêneto, a cada dois anos contados do início da experimentação, procedem a uma verificação do estado de atuação do acordo do programa supradefinido, também sobre a base de uma relação da Comissão técnico-científica, que fornece os modelos de simulação, atualizados com os dados experimentalmente obtidos, por meio das atividades de monitoramento. Nos termos do acordo, o ministro do Ambiente e a região de Vêneto podem decidir se consideram concluída a fase de experimentação ou se prosseguem com a verificação a cada dois anos.

2

O CÓDIGO DE DEFESA DO CONSUMIDOR APLICADO À TUTELA DO DIREITO AMBIENTAL

Extraímos das lições de Nelson Nery Junior que o Código de Defesa do Consumidor e a Lei de Ação Civil Pública constituem verdadeiro diploma processual coletivo em nossos dias, posto que deles deveremos lançar mão para a tutela dos direitos materiais tomados em seu aspecto coletivo em sentido amplo, o que vem confirmado pelo art. 90 da lei 8.078/90.[1]

Por isso, o Código de Defesa do Consumidor será aplicado juntamente com a Lei de Ação Civil Pública para as outras questões compatíveis com o sistema dos princípios gerais que regem as relações de consumo tuteladas pelo próprio Código.

É o que se observa quanto à tutela do direito ambiental, em razão do art. 117 do próprio Código do Consumidor, que introduziu o art. 21 na Lei de Ação Civil Pública, ampliando a abrangência desta lei, além de determinar sua aplicação a todos os interesses difusos e coletivos, como se observa no art. 110 do CDC.[2]

---

[1] "Compatibilidade. As normas do CPC e da LACP são aplicáveis às ações individuais e coletivas fundadas no CDC, desde que não sejam incompatíveis com o microssistema do CDC. Caso contrarie dispositivo expresso do CDC ou seu espírito, a norma do CPC ou LACP não pode ser aplicada." Nelson Nery Junior; Rosa Maria Andrade Nery. *Novo Código Civil e legislação extravagante anotados*. São Paulo: RT, 2002, p. 799.

[2] Nesse sentido, expressa-se a professora Ada Pellegrini Grinover: "Diga-se, antes de mais nada, que a figura não se limita à defesa dos consumidores, mas se estende ao âmbito da lei da ação civil pública, agora ampliado a todo e qualquer tipo de interesse ou direito: é certo que o art. 89, CDC, expresso

Assim é que a ação civil pública passa a abarcar, por força do Código do Consumidor, a tutela das questões ambientais, mas não somente no sentido de reparar pecuniariamente ou das obrigações de fazer ou não fazer, por força da condenação prevista em seu art. 3º, indo além, para atingir a todas as espécies de ações capazes de tutelar adequada e efetivamente os interesses e direitos protegidos pelo Código, como prevê seu art. 83.[3]

Além da aplicação simultânea sob o aspecto da tutela do direito, ou seja, as questões ambientais, as relações jurídicas de consumo e de outros direitos coletivos em sentido lato que podem ser tutelados pela ação civil pública e pelo Código do Consumidor, vamos encontrar situação semelhante no aspecto material propriamente dito da aplicação desses direitos.

Trata-se, isso sim, de um sistema muito próximo de proteção de direito material, tal a similitude encontrada nos respectivos "núcleos" do bem da vida a ser protegido em cada uma das situações que possam ser vislumbradas. É o que ocorre com o meio ambiente, com as relações de consumo tomadas em uma sociedade de massa, com os interesses coletivos *lato sensu*,[4] com o patrimônio histórico, paisagístico, urbano, entre outros.

Nesse sentido, encontraremos na lei 6.938/81 o mesmo sistema de responsabilidade civil de natureza objetiva para as questões que en-

---

nesse sentido, foi vetado; mas o veto foi ineficaz, porquanto permaneceu íntegro o art. 117, do CDC, que introduziu novo artigo à LACP (art. 21) (...)". Ada Pellegrini Grinover. "Ações ambientais de hoje e de amanhã". In: Antônio Herman V Benjamin. (Coord.). *Dano ambiental:* prevenção, reparação e repressão. São Paulo: RT, 1993, p. 250-256.

3 *Ibidem*, p. 256.
4 Nos referimos a bens e interesses coletivos em sentido amplo para expressar os interesses difusos, coletivos *stricto sensu* e individuais homogêneos, nos termos do *caput* do art. 81 do CDC.

volvam o meio ambiente, o que também se verifica para os interesses protegidos pelo Código de Defesa do Consumidor.[5]

A própria Constituição Federal, como lecionam os professores Nelson Nery Junior e Rosa Maria de Andrade Nery, ao conferir proteção ao meio ambiente, não alterou a "sistemática da responsabilidade objetiva da lei 6.938/81, que foi, portanto, integralmente recepcionada pela nova ordem constitucional".[6]

Tal construção legal, diante desses argumentos, parece não merecer maior relevância, posto que a tutela ambiental encontra vasta proteção, a partir mesmo da Lei Maior, vale dizer, a própria Constituição Federal assegurou o direito ao meio ambiente, recepcionou o sistema da responsabilidade civil de natureza objetiva da lei 6.938/81, além das previsões de EIA/Rima, da lei 9.508/98, da Carta de 1992, de Convenções e Tratados, todos atendendo, além das leis específicas, a tutela referida.

Nos próprios manuais e tratados que se debruçam há anos sobre o tema não poderíamos, *ab initio*, encontrar justificativa plausível para a aplicação do Código de Defesa do Consumidor às questões ambientais se não fosse pela aplicação conjunta estabelecida

---

5 Nesse sentido, expressam Nelson Nery Junior e Rosa Maria de Andrade Nery: "Em 1984 proferimos conferência em Uruguaiana-RS sobre o tema da responsabilidade civil pelo dano ambiental, onde foram levantados alguns problemas que, àquela época, a matéria suscitava, notadamente em face da então recente Lei de Política do Meio Ambiente (lei 6.938/81), que prevê o regime da responsabilidade objetiva para reparação desses danos". "Responsabilidade civil, meio ambiente e ação coletiva ambiental". In: Antônio Herman V Benjamin. *Dano ambiental. op. cit.*, p. 278-307.

6 *Ibidem*, p. 279.

para a parte processual, em que é utilizado complementarmente à Lei de Ação Civil Pública.[7]

Todavia aqui nos ocuparemos da relevância que possa ter a aplicação do Código de Defesa do Consumidor às questões materiais dos direitos ambientais. Nesses casos ainda se identificam indivíduos que, na condição de usuário e consumidor se vê exposto à prática que podem, além de comprometer sua qualidade de vida sadia, tomada em sua dimensão ambiental, atingi-lo no âmbito dos acidentes de consumo, muitos deles desencadeados a partir dos chamados danos ambientais.

Ora, a própria definição de poluição encontrada na lei 6.938/81, art. 3º, III, *a*, estabelece a relação própria de que tratamos, ou seja, entre o direito ambiental e os direitos básicos do consumidor, referindo-se à "degradação da qualidade ambiental resultante de atividades que direta ou indiretamente prejudiquem a saúde, a segurança e o bem-estar da população".

A lei 8.078/90 preocupa-se com a saúde e segurança do consumidor, expressando entre os direitos básicos, no art. 6º, I, a "proteção da vida, saúde e segurança contra os riscos, provocados por práticas no fornecimento de produtos e serviços considerados perigosos ou nocivos", reiterando-o especificamente como tema da seção I, do capítulo IV, que trata da qualidade de produtos e serviços, prevenção e reparação dos danos, e da proteção à saúde e à segurança.

2.1 Sistema da responsabilidade civil objetiva no direito ambiental e no Código de Defesa do Consumidor

A lei 6.938/81, assim como a Constituição Federal e o Código de Defesa do Consumidor, atribui o sistema da responsabilidade civil objetiva

---

[7] Nesse sentido Paulo Affonso Leme Machado, Édis Milaré e Antônio Herman Benjamin.

àquele que causar dano ao meio ambiente, em razão dos princípios que regem as questões ambientais e, antes de tudo, por se tratar de um bem indivisível, portanto difuso, que pertence a todos indistintamente.

Sendo assim, individualmente não se pode esperar a tutela difusa do meio ambiente, sendo, no dizer de Nelson Nery Junior, inclusive, quanto à demanda dos danos ambientais, carecedor de legitimidade aquele que pretenda fazê-lo dessa maneira.[8]

Entende o citado professor que, individualmente, pode-se pretender responsabilizar o causador dos danos ambientais desde que haja afetação no patrimônio pessoal do ofendido, podendo, nesse caso, ser a pretensão fundamentada na questão do ilícito extracontratual do art. 159 do c/c em vigor, na hipótese de abuso de direito pelo mau uso da propriedade, no caso do art. 14, § 1º, da Lei do Meio Ambiente, e, com base nas regras de responsabilidade civil objetiva do Código de Defesa do Consumidor, caso se trate de relação de consumo.[9]

É certo que acreditamos tratar-se precipuamente de hipótese de responsabilidade civil de natureza objetiva a que busca todo aquele atingido pela hipótese de dano, sob a tutela da lei 6.938/81 ou sob a hipótese de proteção do Código do Consumidor.

Todavia, pretendemos inserir uma proposta de tratamento doutrinário entre os danos ambiental, patrimonial, à imagem e moral, a fim de buscar-se a proteção desses mesmos direitos materiais apontados, e também reparar os malefícios causados e na iminência de serem causados à saúde da pessoa humana.

Quanto a isso, além da possibilidade de o indivíduo ser reparado em sua afetação patrimonial, mesmo em decorrência dos danos ambientais sofridos, também esperamos que possa ser reparado se

---

8   Nery; Nery. *Responsabilidade civil.*
9   *Idem*, p. 279-80.

afetado em sua incolumidade física ou psíquica, o que será mais adiante desenvolvido.

Explica Adalberto Pasqualotto que "pela primeira vez, uma Constituição abordou a questão ambiental, traçando diretrizes administrativas e fincando as pilastras do seu regime jurídico".[10] É sob essa ótica que pretendemos que os danos causados à saúde humana sejam reparados propriamente como tais, vale dizer, a partir da interpretação sistemática da Constituição, da Lei do Meio Ambiente e do Código de Defesa do Consumidor, considerado o direito à vida e à qualidade de vida sadia como bens maiores, protegidos reiteradamente em nosso ordenamento jurídico, inclusive, como direito ao meio ambiente e direito básico do consumidor.

Como fundamento da obrigação de reparar, no campo do direito ambiental, a responsabilidade civil persiste em sua natureza objetiva, ainda que não ocupe a classificação decorrente da teoria do risco.

Significa dizer que, ainda que não se enquadre entre as atividades que ofereçam potencial perigo, que se justifique assumir, *jure et de jure*, a responsabilidade pelos danos causados a terceiros, existem, ainda, situações que não se situam na "órbita do risco", induzindo, porém, seus agentes a uma posição tratada pela doutrina de "virtual responsabilidade objetiva".[11]

Justifica-se, todavia, para essas situações não encontradas entre aquelas de risco o que se chama de presunção de culpa, trazendo, segundo Pasqualotto, a consequência da inversão do ônus da prova em benefício do demandante,[12] ou seja, para aquele que foi alcançado pelo dano ambiental.

---

10 Adalberto Pasqualotto. "Responsabilidade civil por dano ambiental: considerações de ordem material e processual". In: Benjamin, *op. cit.*, p. 444-69.

11 *Ibidem*, p. 446.

12 *Ibidem*.

Nesse ponto, poderemos vislumbrar a intersecção entre o direito ambiental e o direito do consumidor sob o aspecto da responsabilidade civil, notadamente em duas situações: reconhecendo a proteção do indivíduo que deve ser reparado sob o aspecto biológico, porque foi atingido pelo dano ambiental, e, também, para a reparação pelo dano ambiental sofrido, caso indivíduo tenha sido alvo de lesão ou ameaça, tem o direito, como consumidor, de ser ressarcido conforme previsto pelo art. 17 do CDC, de que nos ocuparemos no próximo item.

Assim é que, do ponto de vista de direito ambiental, notadamente quanto à natureza jurídica da responsabilidade civil, definiu o ordenamento positivo, pela relevância do bem a ser tutelado, que fosse decorrente da teoria do risco, de forma direta ou indireta, o consequente dever de reparar o dano causado, sendo, portanto, objetiva.

É o que se depreende da própria lei 6.938/81, que instituiu a Política Nacional do Meio Ambiente, que também mereceu igual tratamento pelas leis anteriores, como a que instituiu a Política Nacional de Saneamento, lei 5.318/67; a que criou a Secretaria Especial do Meio Ambiente, Dec. 73.030/73, atualmente substituída pelo Ibama; o Dec.-lei 1.413/75, que dispôs sobre o controle da poluição provocada por atividades industriais.

Igualmente é o que se verifica no Dec. 79.437/77, que promulgou a Convenção de Bruxelas sobre a poluição decorrente de derramamento de óleo, que atribui responsabilidade objetiva ao proprietário do navio causador do dano. Aplicando a convenção, o Tribunal de Justiça de São Paulo reconheceu em decisão unânime a 3ª Câm. Cível em 07.04.1987, reconhecendo a responsabilidade objetiva do proprietário do navio que causou vazamento e derramamento de óleo no porto de Santos, sendo irrelevante o fato de já se encontrar poluído o local.[13]

---

13 *Ibidem*, p. 450. Também menciona o professor a lei 6.453/77, que determina a responsabilidade objetiva para o operador de instalação nuclear em decor-

Segundo Édis Milaré, a reparação ambiental "funciona através das normas de responsabilidade civil, que por sua vez funcionam como mecanismos simultaneamente de tutela e controle da propriedade", pressupondo prejuízo a terceiros, possibilitando a reparação do dano, segundo a lei 6.938/81, para os fins de recomposição do *status quo ante* ou a indenização pecuniária.[14]

Busca, com isso, o legislador, a imposição de um "custo ao poluidor", procurando cumprir os objetivos de dar uma resposta econômica aos danos sofridos pela vítima, e "dissuadir comportamentos semelhantes do poluidor ou de terceiros".[15]

Ressalta que o dano ambiental impõe reparação integral,[16] de acordo com os arts. 14, § 1º, da lei 6.938/81, e 225, § 3º, da CF, além de ser de difícil reparação, posto que afeta a uma "pluralidade difusa de vítimas, mesmo quando alguns aspectos particulares da sua danosidade atingem individualmente certos sujeitos".[17]

De tal disposição, considerado o bem material a ser protegido, decorre a lógica da natureza jurídica objetiva da responsabilidade civil do causador do dano ambiental, considerando, como fazemos no Código do Consumidor, *o mens legis et legislatoris*, insculpido em seu art. 6º, VI, ou seja, para ser integral e efetiva a reparação não se há de buscar a discussão do comportamento do agente ou dos meios econômicos a limitá-lo em suportar os danos causados.

---

rência de dano causado por acidente nuclear; também o Dec. 79.367/77, que dispôs sobre normas e padrão de potabilidade da água; a lei 6.453/77 dispôs sobre responsabilidade civil e criminal por atividades e danos nucleares.

14 Milaré, *op. cit.*, p. 420.
15 Édis Milaré baseia-se na doutrina italiana de Nicolò Lipari. *op. cit.*, p. 425.
16 *Ibidem*, p. 426.
17 A essa pluralidade chama de "pulverização de vítimas"; *Ibidem*. p. 423.

É, por isso, objetiva a responsabilidade, mesmo nos termos da Constituição Federal, art. 225, mas não enseja discussão. A responsabilidade objetiva, fundada na teoria do risco da atividade, requer tão-somente o estabelecimento do nexo causal entre o evento e o dano, configurando a mera assunção do risco, em razão direta de haver sido provocado o resultado.[18]

Ensina Paulo Affonso Leme Machado que, ao ser consagrado como um dos objetivos da política nacional do meio ambiente, a "imposição ao poluidor e ao predador da obrigação de recuperar e/ou indenizar os danos causados" estabelece o sistema da responsabilidade objetiva no direito ambiental.[19]

Ainda que assim não fosse, é expressa, no art. 14, § 1º, da lei 6.938/81, a responsabilidade do poluidor pelos danos causados ao meio ambiente e aos terceiros afetados por sua atividade, independentemente da existência de culpa, não deixando dúvida o legislador quanto ao que pretendeu expressar com "a integral reparação dos danos causados ao ambiente", vale dizer, que é preciso buscar a inteira e real reparação, portanto, não se há de pensar na apuração da conduta subjetiva do agente, prevalecendo sobre esta o risco da atividade praticada.

Trata-se, como explicou José de Aguiar Dias, de "situação desejável a do equilíbrio, onde impere a conciliação entre os direitos do homem e seus deveres para com seus semelhantes", devendo prevalecer o interesse da coletividade, quando houver eventuais conflitos.[20]

Considerada a atividade poluente como uma "apropriação dos direitos de outrem", tomada pelo poluidor, "representando um confisco do direito de alguém em respirar ar puro, beber água saudável e viver com tranquilidade",[21] não se há de apreciar a "subjetividade

---

18 Nesse sentido: Pasqualotto, *op. cit.*, p. 454; e Milaré. *op. cit.*, p. 429.

19 Milaré. *op. cit.*, p. 314.

20 Machado. *op. cit.*, p. 314.

21 *Ibidem*.

da conduta do poluidor, mas a ocorrência do resultado prejudicial ao homem e seu ambiente", orientando-se a responsabilidade, atualmente, para os objetivos que sejam de direito, tais como a utilidade social e a justiça.

É sob esse mesmo sistema e, quiçá, pelas mesmas razões que se encontra regido o Código de Defesa do Consumidor, pela responsabilidade civil de natureza objetiva, o que já se vê expresso no citado Código, entre os direitos básicos do art. 6º, VI.

Leciona Nelson Nery Junior que a responsabilidade civil objetiva no Código de Defesa do Consumidor trata-se de sistema geral estabelecido pela norma, sujeitando-se toda indenização derivada da relação de consumo ao seu regime, salvo quando o Código expressamente dispuser em contrário, o que assumirá, portanto, neste último caso, regime de exceção.[22]

Do ponto de vista da relação jurídica de consumo, como referimos anteriormente, consiste em requisito de obrigatoriedade de segurança para os produtos que ingressem no mercado de consumo, inclusive entre os direitos básicos do consumidor, encartados no art. 6º, I, do Código, que assegura a "proteção da vida, saúde e segurança contra os riscos provocados por práticas no fornecimento de produtos ou serviços considerados perigosos ou nocivos."[23]

Assim é que o art. 8º e seguintes do Código do Consumidor, analisados sob o aspecto de cunho preventivo da norma, têm caráter cogente e coercitivo dentro da sistemática legal de proteção ao consumidor, tomadas as questões relacionadas à saúde e à segurança entre as mais relevantes suscitadas pela disciplina de proteção dos direitos de que tratamos.[24]

---

22 Nery; Nery. *op. cit.*, p. 725.

23 James Marins. *Responsabilidade da empresa pelo fato do produto*. São Paulo: RT, 1993, p. 116.

24 *Ibidem*. Nesse sentido Calais-Auloy e Stiglitz citados por James Marins.

Interpretada como manifestação inequívoca do direito à vida, internacionalmente reconhecida entre os textos do direito constitucional moderno, a inclusão da proteção da saúde e segurança dos consumidores reafirma o dever do Estado em estabelecer a fiscalização eficaz da responsabilidade civil dos fabricantes pelos danos causados por seus produtos aos consumidores.[25]

Encontra Lucan na previsão do art. 8º, *caput*, do CDC, quanto aos riscos à saúde e à segurança dos consumidores, conteúdo patrimonial "abrangendo o patrimônio dos consumidores, além de sua integridade física e psíquica".[26]

Quanto ao alcance do dano, pretendemos nos ater, mais adiante, no eventual conteúdo patrimonial do dano à saúde, tratado entre nós como dano patrimonial ou moral sem a análise específica do dano à saúde humana, que consiste na preocupação de nosso trabalho e que ensejará exame específico.

Nota-se, assim, que tanto o Código do Consumidor como a política nacional do meio ambiente como um todo – na Constituição Federal e em leis especiais – assumem como regime jurídico para a responsabilidade civil, diante de danos causados aos bens especificamente protegidos, a teoria do risco da atividade que ocupa o papel, nas lições de Nelson Nery Junior, de "postulado fundamental da responsabilidade civil ensejadora da indenização dos danos causados ao consumidor".[27]

---

25 M. A. Parra Lucan. *Daños por productos y protección del consumidor*. Barcelona: Bosch, 1990, p. 27.

26 "En este sentido, el concepto 'seguridad' sería más amplio que el de 'salude el de 'seguridad física', y equivaldría a una garantía global de adequación de los productos a las legítimas expectativas de los consumidores." *Op. cit.*, p. 28 e 29.

27 Nelson Nery Junior, "Os princípios gerais do Código Brasileiro de Defesa do Consumidor". *Revista de Direito do Consumidor*, São Paulo, nº 3, 1992, p.56.

Chegamos ao ponto central e comum desses dois sistemas de proteção dos respectivos ramos do direito coletivo *lato sensu*: o direito ambiental e o direito do consumidor têm como eixo a responsabilidade civil por danos causados aos bens respectivamente tutelados que a "simples existência da atividade econômica no mercado, exercida pelo fornecedor, já o carrega com a obrigação de reparar o dano causado por essa mesma atividade".[28]

E o fato de estarmos citando esse sistema de responsabilidade objetiva, nas expressões terminológicas do Código de Defesa do Consumidor – embora pudéssemos meramente substituí-las na mesma proporção do que fosse terminologicamente adequado nas questões do direito ambiental –, dá-se em razão de pretendermos aqui demonstrar o grande número, senão a possível totalidade de situações em que o dano ambiental atinge o lesado, também em sua esfera de consumidor/usuário, propiciando, em muitos casos, a responsabilização civil ao seu causador, como fornecedor de produtos ou serviços, com base no Código do Consumidor.

Embora sugira certa retórica acadêmica a questão que se nos apresenta, entendemos que possa assumir efetividade no campo da aplicação do direito, diante de danos causados ao meio ambiente, em razão da dificuldade de atingir-se a reparação integral em situações em que aquele que cooperou para com a ocorrência do dano não assumisse a posição de poluidor, mas de outra feita não lhe pudesse ser tirada a posição de "fornecedor".

A isso se coadunam, por inteiro, as lições de Nelson Nery Junior, no tocante à responsabilidade civil no Código do Consumidor, ao explicar que embasada entre os direitos básicos do art. 6º, VI; de outro lado, regula expressamente somente dois tipos de responsabilidade, ou seja, pelos acidentes de consumo e pelos vícios do produto ou serviço.[29]

---

28 *Ibidem*.

29 *Ibidem*, p. 58.

Exatamente quanto à questão da responsabilidade decorrente dos acidentes de consumo, correlata às vítimas do evento, também abarcadas pelo conceito de consumidor, por equiparação, no art. 17 do CDC, é que nos ocuparemos adiante, a fim de resguardar os direitos dessas vítimas, inclusive quando decorrer de danos causados ao meio ambiente, em que possam ser alcançadas e que, por alguma razão, a responsabilização dos causadores possa não atingi-las efetiva e integralmente.

2.2 Possibilidades de equiparação da coletividade e das vítimas de acidentes de consumo e sua correlação com os danos ambientais

A expressão do art. 17 do CDC revela o alcance do conceito de consumidor por equiparação, preocupando-se em atingir as vítimas do que se chama acidente de consumo, o que significa dizer que "todas e quaisquer vítimas do evento danoso são também consideradas consumidores, gozando das garantias estabelecidas no CDC".[30]

A essa equiparação chama Maria Antonieta Zanardo Donato de "novo âmbito de tutela do consumidor", vale dizer, basta ser vítima do acidente de consumo, do evento danoso, para ser alcançado pelo sistema de proteção do Código do Consumidor, passando a ser desprezível o fato de tratar-se ou não de consumidor final, de haver participado da relação de consumo ou não.[31]

Para que seja equiparada a consumidor, é suficiente ser a vítima seja atingida "em sua esfera jurídica pelos efeitos do acidente de consumo, interessando à perquirição que ora se almeja o conhecimento de

---

30 Luiz Antonio Rizzatto Nunes. *Comentários ao Código de Defesa do Consumidor* – Direito material (arts. 1º a 54). São Paulo: Saraiva, 2000, p. 211.

31 Maria Antonieta Zanardo Donato. *Proteção ao consumidor, conceito e extensão*. São Paulo: RT, 1994, p. 195.

que a pessoa foi atingida em sua incolumidade físico-psíquica ou em sua incolumidade econômica".[32]

No que toca à extensão do conceito de consumidor, relativamente à coletividade de pessoas, expressa Luiz Antonio Rizzatto Nunes que o parágrafo único do art. 2º amplia a definição do seu *caput*, equiparando ao consumidor a coletividade de pessoas que possam ser de alguma maneira afetadas pela relação de consumo.[33]

Assim é que, sendo a norma do art. 2º analisada conjuntamente com a expressão do art. 17, teremos a proteção sob dois aspectos; o primeiro refere-se apenas à coletividade de pessoas que possam ser atingidas, pessoas essas determináveis ou indetermináveis; já sob o segundo aspecto, o legislador preocupou-se com a afetação dessas pessoas, tomadas coletivamente ou não, sob o aspecto de haverem sofrido algum dano decorrente.

A seção a que pertence o art. 17, explica Rizzato Nunes, está inserida naquela da responsabilidade civil objetiva, vale dizer, responsabilidade pelo fato do produto ou do serviço terem sido os causadores do acidente de consumo.[34]

A isto associa a responsabilidade pelo mesmo regime, que tem seu fornecedor em reparar qualquer dano causado àqueles ou à coletividade exposta, que tenham efetivamente sofrido uma lesão decorrente da

---

32 *Ibidem*.

33 Rizzatto Nunes. *op. cit.*, p. 88.

34 Comenta o autor que, na queda de um avião, todos os passageiros – consumidores do serviço – são atingidos pelo evento danoso – acidente de consumo – originado pelo do serviço da prestação do transporte aéreo. Se o avião cai em área residencial, atingindo a integridade física ou o patrimônio de outras pessoas (que não tinham participado da relação de consumo), estas, são, então, equiparadas ao consumidor, recebendo todas as garantias legais instituídas no Código de Defesa do Consumidor. *Ibidem*, p. 88-9.

colocação no mercado de produto ou serviço, independentemente de serem ou não consumidores para os fins de sua utilização.

Entende a doutrina que se trata de verdadeira consagração de conceito ampliado de consumidor, partindo-se do alicerce básico do art. 2º, alcançando-se as demais, como ocorre na própria disposição do art. 17, que pode vir a atingir terceiros estranhos à relação de consumo.[35]

Nosso entendimento é, sobretudo, a respeito do que sejam esses direitos que podem ensejar a intervenção daqueles que não façam parte da relação jurídica propriamente dita, sem ocuparem a tradicional posição de "terceiro". Certamente, estamos tratando de direitos difusos, assim compreendidos aqueles que podem atingir uma coletividade de pessoas indeterminadas e indetermináveis, ligadas por relação de fato, como define o art. 81, I, do CDC, assim considerados outra categoria, protegida constitucionalmente e que mereça especial compreensão.

Como bem assevera Flávia Piovesan, "enquanto os direitos civis e políticos apresentam caráter individual, os direitos econômicos e sociais são direitos de natureza coletiva, que implicam uma prestação positiva do Poder Público".[36] Transita-se, com isso, para a "ideia de entes coletivos, que transcendem o indivíduo, como novos personagens e novos sujeitos de direitos".[37]

Sob o aspecto da compatibilização dos direitos, sobretudo a partir dos respectivos regimes jurídicos a que se submetem, ensina com

---

35 Maria Antonieta Zanardo Donato. *Op. cit.*, p. 196.

36 Flávia Piovesan; *et al. Direito, cidadania e justiça*. "A atual dimensão dos direitos difusos na Constituição de 1988". São Paulo: RT, 1995, p. 113-24.

37 Norberto Bobbio explica os novos personagens citando a família, as minorias étnicas, toda a humanidade em seu conjunto, como direitos à sobrevivência. *Ibidem*, p. 115.

toda primazia Nelson Nery Junior que estamos na era do "diálogo das fontes" do sistema europeu, não havendo mais lugar para tratarmos de conflito de normas, mas sim, da realização dos direitos, a partir da principiologia a que estejam submetidos, visando precipuamente sua aplicação finalística e, portanto, a efetividade da proteção do direito material a ser tutelado.[38]

---

[38] Palestra proferida no I Ciclo Palestras de Direitos e Coletivos, na PUC-SP, em 29.10.2002.

3

DANO COLETIVO À SAÚDE NO DIREITO BRASILEIRO: CONCEITO E CLASSIFICAÇÃO

O conceito de saúde, em sentido amplo, é explicado pela Organização Mundial da Saúde (OMS) como o completo bem-estar físico e social e não apenas ausência de doença, destacando a professora que já na Antiguidade, Hipócrates, considerado o pai da medicina, estava convencido de que "a saúde implicava uma harmonia do homem com a natureza", que considerava a saúde "o equilíbrio entre os diversos componentes do organismo, o equilíbrio entre os diversos organismos e o equilíbrio destes organismos com o meio ambiente", sendo que o bem-estar, segundo o cientista, dependia tanto de fatores internos quanto de fatores externos.[1]

No mesmo sentido, já na Idade Média, Paracelsus mostrou a relação existente entre certas doenças físicas e certas profissões, com o meio ambiente, esclarecendo que algumas doenças estavam diretamente relacionadas determinadas profissões ou que algumas doenças se relacionavam imediatamente ao meio ambiente.[2]

Sob o aspecto jurídico, notadamente quanto à proteção da pessoa humana e ao dano a que possa submeter sua saúde, leciona Yussef Said Cahali que o dano biológico e o dano à saúde podem ser visualizados no Código Civil de 1916, art. 1.538, ao prever que "no caso de ferimen-

---

1 Disponível em: http://www.dhnet.org.br/educar/redeedh/bib/dallari.3htm.
2 "No Brasil, hoje, a saúde é um dos direitos humanos do povo brasileiro. Como garantir o direito à saúde do povo brasileiro? Nós ouvimos que a saúde é um direito complexo, envolve o direito a completo bem-estar físico, o direito ao completo bem-estar social e o direito a não ficar doente." Rede Brasileira de Educação em Direitos Humanos – Direito à Saúde.

to ou ofensa à saúde, o ofensor indenizará o ofendido das despesas do tratamento e dos lucros cessantes até o fim da convalescença, além de lhe pagar a importância da multa no grau médio da pena criminal correspondente", podendo tal pena ser duplicada se resultar do ferimento "aleijão ou deformidade", nos termos de seu § 1º.[3]

O autor reconhece, todavia, a perplexidade com que foi tratado o tema, chegando a estabelecer no projeto do novo Código que no caso de lesão ou outra ofensa à saúde, o ofensor deverá indenizar o ofendido as despesas do tratamento e dos lucros cessantes até o fim da convalescença, com o que se vale das lições de Sessarego para classificar o dano em subjetivo e objetivo, sendo o primeiro o que atenta contra o sujeito de direito, como os danos à pessoa; já o segundo seria o que incide sobre as coisas, conhecido como dano patrimonial, com incidência econômica; "o que não significa que, em certas circunstâncias, não possam carecer dessa significação específica, como nos casos dos bens de afeição".[4]

Para que se possa entender como dano à saúde humana, faz-se necessário o enquadramento do conceito de saúde, vale dizer, do direito à saúde, no ordenamento jurídico brasileiro, a partir dos preceitos e garantias constitucionais.

Nesse sentido, comentamos em estudo anterior que "os direitos e interesses que demandam dos direitos coletivos são direitos sociais entre os quais encontram-se as relações de consumo, das quais defluem os direitos do consumidor, que são direitos advindos em consequência do desenvolvimento (...)".[5]

---

3 Yussef Said Cahali, *Dano moral*, 2. ed. São Paulo: RT, 1998, p. 185 e ss.

4 *Ibidem*, p. 186.

5 Belinda Pereira da Cunha. *Acesso à justiça*: efetividade e tutela no Código de Defesa do Consumidor. Dissertação (Mestrado). São Paulo: PUC, 1998, p. 105.

Assim é que não foi por acaso que a Constituição Federal assegurou entre os direitos e garantias fundamentais, capítulo II, "dos direitos sociais", art. 6º, que os: "são direitos sociais a educação, a saúde, o trabalho, o lazer, a segurança, a previdência social, a proteção à maternidade e à infância, a assistência aos desamparados, na forma desta Constituição".

Elevou, assim, o legislador constituinte à categoria de garantia constitucional os direitos sociais, entre os quais o direito à saúde, do qual não possa prescindir qualquer indivíduo, independentemente de ato de vontade do sujeito de direito.

Sob o enfoque coletivo, *lato sensu*, tais direitos "abarcam como objeto da tutela, ou seja, de sua proteção, o bem da vida, o que envolve as condições de vida, a qualidade de vida, a saúde, a segurança, o trabalho, a informação, a educação, o meio ambiente equilibrado, todos assegurados constitucionalmente".[6]

A valorização da vida, como bem maior, é indubitavelmente presente em nossa Constituição Federal, "compatível com as necessidades de uma época, em que com tudo e por tudo, faz-se urgente a preservação do meio ambiente, da qualidade de vida sadia, da saúde, do trabalho, da educação, informação, das condições gerais do meio a que se submete o ser humano, sua incolumidade física e psíquica, enfim, da vida e das suas relações como um todo".[7]

Tratou a Constituição da saúde, em seu art. 6º, entre os direitos sociais, bem como no título VIII, nos arts. 196 a 201, no art. 225, capítulo

---

6 "Relacionam-se a essas garantias, a ordem social insculpida no Título VIII da Constituição, que em seu Capítulo VI, art. 225, assegura a todos o direito ao meio ambiente equilibrado, relacionando-o à qualidade de vida, portanto à vida". *Ibidem*.

7 "Nessa medida, sob o aspecto metaindividual, o legislador constituinte, preconizou a defesa do bem da vida, referindo-se às relações de consumo, o que se efetiva com a defesa da incolumidade física e psíquica do consumidor." *Idem*, p. 106.

vi, do meio ambiente, dentre os capítulos da Ordem Social,[8] definindo a saúde "como direito de todos e dever do Estado, garantido mediante políticas sociais e econômicas que visem à redução do risco de doença e de outros agravos e ao acesso universal igualitário às ações e serviços para sua promoção, proteção e recuperação".[9]

Entre os princípios constitucionais refletidos no Código de Defesa do Consumidor também encontra-se em relevo a proteção à saúde, encartada no capítulo II, nos direitos do consumidor, que contém a previsão da política nacional das relações de consumo, expressando seu art. 4º a proteção à dignidade, à saúde e à segurança, proteção aos interesses econômicos e melhoria da qualidade de vida, o que inclui o meio ambiente, tendo resguardada sua proteção entre a proibição das cláusulas abusivas quanto à matéria ambiental no art. 51, xiv, atendendo a Constituição Federal em seus arts. 129, v, 129, iii, 170, vi, 177, 216, v, e 225.[10]

Referentemente à saúde, como serviço público a ser prestado adequadamente, trouxe o Código de Proteção e Defesa do Consumidor, a previsão nos arts. 4º, vii, 6º, x, e 22, que se harmoniza com o que foi recepcionado constitucionalmente quanto à saúde como garantia fundamental, dever do Estado, a ser afiançado mediante políticas sociais e econômicas.

---

8 "Também advém constitucionalmente a elevação a direitos sociais, aqueles à educação, saúde, trabalho, lazer, segurança (repetindo o *caput* do art. 5º), maternidade, infância, e assistência aos desamparados na forma da Constituição." *Ibidem*, p. 106.

9 Cf, art. 196, Título viii – Da Ordem Social, Capítulo. ii, seção ii – Da Saúde.

10 A correlata previsão constitucional está nos arts. 1º, iii (dignidade da pessoa humana), 5º, *caput* (direito à vida, à saúde e à segurança), V (imagem atributo), x (invioláveis a vida privada, a honra e a imagem das pessoas), 6º *caput* (saúde e segurança). Conforme tabela inserida em nosso estudo dissertativo (vide anexo no final da obra).

É certo que encontrar as referências sobre o que seja o direito à saúde é algo plausível em nosso ordenamento jurídico, bem como no ordenamento alienígena; todavia, a definição de saúde propriamente dita parece não ser algo tão relacionado ao direito, em razão da dificuldade em acessar o tema em sentido mais amplo.

Quanto a isso, Marco Rossetti explica que "o direito à saúde encontra-se consubstanciado na própria pretensão de que o estado de saúde não seja alterado", recordando a Declaração Universal dos Direitos do Homem, art. 25, que assegura a cada indivíduo "vida suficiente a garantir a saúde e o bem-estar de sua família, com especial atenção à sua alimentação, vestiário, habitação, tratamento médico e serviços sociais necessários".[11]

No mesmo sentido, refere o autor italiano a Declaração sobre a promoção dos direitos dos pacientes na Europa, de 28.03.1994, de Amsterdã – muito embora tal ato não se constitua num acordo internacional, mas sim explica um ato interno de organização internacional – que estabelece: "Cada um tem direito à integridade física e mental e à segurança da própria pessoa".[12]

Entre nós, reiteramos, encontra-se a saúde assegurada como "política social que vise à redução do risco de doença e outros agravos",[13] além de encontrar-se abarcada na política nacional das relações de consumo, como direito à incolumidade física e psíquica, tomada em sua tutela individual e coletiva, bem como os fundamentos e objetivos da política nacional do meio ambiente.

A lei 6.938/81 prevê em seu art. 2º, *caput*, como objetivo da política nacional a preservação, melhoria e recuperação da qualidade ambiental propícia à vida, visando assegurar condições ao desen-

---

11 Cunha, *Op. cit.*, p. 175-79.

12 "Dichiarazione sulla promozione dei diritti dei pazienti in Europa", art. 1.3. *Op. cit.*, p. 179.

13 Art. 196 da Constituição da República.

volvimento, aos interesses da segurança nacional e à proteção da dignidade da vida humana.

Além da inclusão do conceito de saúde, assegurada como garantia fundamental, uma vez que preservar e melhorar a qualidade ambiental propícia à vida abarca o conceito de vida sadia, o conceito de saúde também atinge a proteção da dignidade da vida humana, pois sem essas condições mínimas o conceito constitucional de dignidade estaria seriamente resvalado.

Nessa dimensão, a aplicação do princípio da dignidade da pessoa humana encontra-se ligada ao direito à saúde, na medida em que o termo saúde pretender alcançar condições do bem-estar humano, como trataremos adiante. Sendo assim, o alcance da dignidade da pessoa humana como princípio constitucional há de ser compreendido como "mínima aplicação do princípio estabelecido na Constituição Federal e, desse modo, nos parece que ao se observar os pontos citados, se estaria obedecendo ao princípio da dignidade da pessoa humana, constituindo-se em um norte para a interpretação constitucional e para a própria atividade legislativa".[14]

3.1 Dano: lesão e ameaça a direito

Ao tratarmos do conceito de dano, considerado o ramo do direito em estudo, estaremos diante do sistema da responsabilidade que se possa atribuir a quem caiba o dever de, ao menos, procurar recuperar ou reparar a lesão ou ameaça que foi causada.

Trata-se da ampliação do conceito de dano, a fim de incluir-se, além da lesão já ocorrida, também a ameaça ao direito ou ao interesse

---

14 Eduardo Martines Junior. "A educação como direito fundamental do ser humano no Brasil". *Revista de Direito Social*, Porto Alegre, nº 6, ano 2, 2002, p. 77-120,

da coletividade, envolvendo, assim, o que se passou a chamar dos direitos coletivos tomados em seu sentido amplo.

Nesse sentido, a concretização da lesão torna-se dispensável para os fins da caracterização do dano, bem ainda a identificação ou individuação do seu causador, bastando a possibilidade da ocorrência, vale dizer, a ameaça ao direito em razão de uma atividade ou comportamento adotado.

Esses conceitos, hoje recepcionados constitucionalmente a partir da tutela do direito diante da sua lesão ou ameaça, além do alcance moral de sua proteção, merecem revisão e reflexão daqueles tradicionalmente positivados ou mesmo interpretados por nossos julgadores.

Das lições de Alvino Lima extrairemos as explicações atuais para a realidade e necessidade do sistema da responsabilidade civil objetiva, a que nos referimos no primeiro capítulo de nosso trabalho, como regra dos direitos coletivos em sentido lato, propriamente, no direito ambiental e nas relações jurídicas de consumo que merecerem a aplicação do Código de Defesa do Consumidor.[15]

> O entrechoque, entretanto, cada vez mais crescente de interesses, aumentando as lesões de direitos em virtude da densidade progressiva das populações e da diversidade múltipla das atividades na exploração do solo e das riquezas; a multiplicação indefinida das causas produtoras do dano, advindas das invenções criadoras de perigos que se avolumam, ameaçando a segurança pessoal de cada um de nós; a necessidade imperiosa de se proteger a vítima, assegurando-lhe a

---

15 Alvino Lima, *Culpa e risco*. 2ª ed., 2ª ed. revista e atualizada por Ovídio Rocha Barros Sandoval. 2ª tiragem. São Paulo: RT, 1999, p. 113-16.

reparação do dano sofrido, em face da luta díspar entre as empresas poderosas e as vítimas desprovidas de recursos; as dificuldades, dia a dia maiores, de se provar a causa dos acidentes produtores de danos e dela se deduzir a culpa, à vista dos fenômenos ainda não bem conhecidos na sua essência, como a eletricidade, a radioatividade e outros, não podiam deixar de influenciar no espírito e na consciência do jurista. Era imprescindível, pois, rebuscar um novo fundamento à responsabilidade extracontratual, que melhor resolvesse o grave problema da reparação dos danos, de molde a se evitarem injustiças que a consciência jurídica e humana repudiavam. Dentro do critério da responsabilidade fundada na culpa não era possível resolver um sem-número de casos, que a civilização moderna criara ou agravara; imprescindível se tornara, para a solução do problema da responsabilidade extracontratual, afastar-se do elemento moral, da pesquisa psicológica, do íntimo do agente, ou da possibilidade de previsão ou de diligência, para colocar a questão sob um aspecto até então não encarado devidamente, isto é, sob o ponto de vista exclusivo da reparação do dano. O fim por atingir é exterior, objetivo, de simples reparação, e não interior e subjetivo, como na imposição da pena. Os problemas da responsabilidade são tão somente os problemas de reparação de perdas. O dano e a reparação não devem ser aferidos pela medida da culpabilidade, mas devem emergir do fato causador da lesão de um bem jurídico, a fim de se manterem incólumes os interesses em jogo, cujo desequilíbrio é manifesto, se ficarmos dentro dos estreitos limites de uma responsabilidade subjetiva.

No mesmo sentido José de Aguiar Dias preceitua que

culpa e risco são títulos, modos, casos de responsabilidade civil. Não importa que a culpa conserve a primazia, como fonte da responsabilidade civil, por ser o seu caso mais frequente. O risco não pode ser repelido, porque a culpa, muitas vezes é, sob pena de sancionar-se uma injustiça, insuficiente como geradora da responsabilidade civil.[16]

---

16 José de Aguiar Dias. *Da responsabilidade civil*. 10. ed. Rio de Janeiro: Forense, 1995, p. 15. O autor apresenta uma síntese do pensamento francês, quanto à necessidade de adoção da responsabilidade, independentemente da existência de culpa: "A lei deixa a cada um a liberdade de seus atos; ela não proíbe senão aqueles que se conhecem como causa direta do dano. Não poderia proibir aqueles que apenas trazem em si a virtualidade de atos danosos, uma vez que se possa crer fundamentalmente que tais perigos possam ser evitados, à base de prudência e habilidade. Mas, se a lei os permite, impõe àqueles que tomam o risco a seu cargo a obrigação de pagar os gastos respectivos, sejam ou não resultados de culpa. Entre eles e as vítimas não há equiparação. Ocorrido o dano, é preciso que alguém o suporte. Não há culpa positiva de nenhum deles. Qual seria, então, o critério de imputação do risco? A prática exige que aquele que obtém proveito de iniciativa lhe suporte os encargos, pelo menos a título de sua causa material, uma vez que essa iniciativa constitui um fato que, em si e por si, encerra perigos potenciais contra os quais os terceiros não dispõem de de-

Não foram em vão os esforços do autor ao demonstrar as teorias francesa e alemã que informam, inclusive, outros fundamentos, como o da repartição do dano; a obra de Alvino Lima destaca a responsabilidade civil do Estado, atualizada pelo professor Nelson Nery Junior.[17]

Neste sentido, Alvino Lima reproduz o entendimento de Esmein, que sintetiza o fundamento da teoria do risco nos seguintes termos:

> Toda pessoa que, para atingir um fim qualquer, emprega meios que podem fazer correr um risco, oferecer um perigo, seja para ela própria, seja para outros, deve tomar a seu cargo a responsabilidade do dano que pode ser causado. Desde que tenha os proveitos da empresa, módicos ou consideráveis, deve sofrer as perdas inerentes aos processos empregados. E isso, ainda mesmo que tenha tomado todas as precauções desejadas, desde que não foi caracterizada uma culpa, seja da vítima, seja de um terceiro. Se o acidente é unicamente inevitável, é que ele constitui um risco inerente à empresa, uma consequência necessária de fato do processo utilizado. Aquele que obtém uma vantagem ao empregar este meio do qual normalmente aufere proveito, deve sofrer as consequências do acidente sobrevindo. Ele deve conhecer bem o processo ao qual recorreu, auferindo vantagens e os inconvenientes. Se se enganou em seus cálculos ou se os maus

---

fesa eficaz. É um balanceamento a fazer. A justiça quer que se faça inclinar o prato da responsabilidade para o lado do iniciador do risco".

17 Alvino Lima, *A responsabilidade civil pelo fato de outrem*. 2ª ed. revisada e atualizada por Nelson Nery Junior. São Paulo: RT, 2000, p. 182-91.

resultados que ele devia prever se realizaram, a perda deve ficar a seu cargo.[18]

Prossegue, ainda:

> O fato de constituírem exceções a um princípio secular não é a demonstração de que a teoria do risco surge pela imposição das novas exigências e necessidades sociais, como uma verdade incontestável? O aumento, dia a dia, destas leis de exceção não vai enfraquecendo o princípio geral, de modo a tirar-lhe a primazia nos casos concretos julgados pelos tribunais? A criação destas leis não constitui a demonstração real da impotência da culpa para a solução do problema da responsabilidade? E, consequentemente, a confirmação de que não existe, atualmente, um só princípio capaz de regular satisfatoriamente o problema?
>
> Mas, considerando a essência das coisas, que vem a ser uma legislação de exceção no problema árduo e vasto da responsabilidade extracontratual? Porventura, o problema não é uno, indivisível, consistindo em saber quando a ação danosa do homem, fora do contrato, está sujeita à reparação por parte do seu autor?
>
> Se considerarmos, portanto, toda a legislação de um país, encontraremos soluções diversas para o mesmo problema, sob a in-

---

18 *Ibidem*, p. 181.

fluência de dois princípios fundamentais que visam à mesma finalidade. Devemos convir, portanto, em que não é possível proclamar-se a unidade de fundamento da responsabilidade extracontratual. (...)"[19]

No ordenamento jurídico brasileiro, a responsabilidade civil objetiva surge ao lado da teoria subjetiva, sendo esta regra geral de nosso sistema civil, no corpo do próprio Código Civil de 1916, como nos arts. 1.519 e 1.520, parágrafo único, 1.528 e 1.529, que dispõem sobre a responsabilidade pelo fato das coisas, bem como em outros textos legais do início do século que já se fundamentavam na corrente objetiva, como a legislação sobre acidentes de trabalho do Dec. 3.724/19, com muitas alterações, que todavia não modificaram o sistema da responsabilidade objetiva, para os acidentes de que trata; a legislação sobre transportes aéreos, inaugurada com o Código Brasileiro do Ar (Dec.-lei 483/38), passando igualmente por várias modificações até a entrada em vigor do Código Brasileiro de Aeronáutica (lei 7.565/86);[20] e ainda a lei 2.681/12 que estatui que as estradas de ferro respondem pelos danos causados aos seus passageiros e aos proprietários marginais que sofrerem danos pela exploração de suas linhas.

---

19 *Ibidem*, p. 260.

20 Quanto a isso sustenta Andrea Salazar: "Sobre a referida lei, cabe mencionar que autores diversos sustentam sua derrogação frente o Código de Defesa do Consumidor que desde 1991 regula as relações de consumo, abarcando inclusive aquelas decorrentes de empresas aéreas e consumidores". A este respeito, vide o brilhante estudo de Claudia Lima Marques, "A responsabilidade do transportador aéreo pelo fato do serviço e o Código de Defesa do Consumidor – antinomia entre norma do CDC e de leis especiais", *Revista de Direito do Consumidor*, São Paulo, nº 3, set.-dez, 1992, p. 155-97.

Igualmente, a responsabilidade civil do Estado é regida pela doutrina do risco desde a Constituição Federal de 1946, art. 196, o que não foi modificado pelas Constituições que a sucederam, mantendo-se a Carta de 1988 na expressão da responsabilidade objetiva do Estado, conforme prescrito no art. 37, § 6º.

Como já referimos e no mesmo sentido, o art. 21, XXIII, *c*, da CF mantém o sistema da responsabilidade civil objetiva para a ocorrência dos danos nucleares; também o art. 225, § 3º, impõe o dever de reparar os danos causados ao meio ambiente.[21]

É o que encontramos na expressão dos mais recentes textos legais como o da Lei da Política Nacional do Meio Ambiente, lei 6.938/81, o Código de Defesa do Consumidor, lei 8.078/90, e a Lei Antitruste, lei 8.884/94, todas voltadas para a defesa coletiva dos direitos em sentido amplo, assegurando a responsabilidade civil objetiva em caso de danos verificados ao meio ambiente, ao consumidor e à ordem econômica.

Quanto ao dano propriamente dito, constatamos a existência de três teorias no que se refere à perquirição da responsabilidade civil, sobretudo em razão da ocorrência de causas sucessivas; a primeira é a da equivalência das condições; a segunda da causalidade adequada; e, a terceira, a dos danos diretos e imediatos ou da relação causal imediata.

Para a teoria da equivalência das condições ou teoria da condição *sine qua non* – elaborada inicialmente pelo jurista alemão Von Buri, no

---

21 Refere-se aqui, ao Estado, compreendendo as pessoas jurídicas de direito público e as de direito privado prestadoras de serviços públicos. No mesmo sentido o art. 37, § 6º, tampouco faz tal ressalva e não há quem questione seu fundamento objetivo. E, por fim, a melhor doutrina sinaliza no mesmo sentido, como ensinam Nelson Nery Junior e Rosa Maria de Andrade Nery, para quem a Constituição Federal de 1988 "em nada alterou a sistemática da responsabilidade objetiva da lei 6.938, de 31.08.1981, que foi, portanto, integralmente recepcionada pela nova ordem constitucional", p. 279.

direito penal, depois desenvolvida pela doutrina civilista – é considerada toda causa e qualquer circunstância que haja concorrido para produzir o dano.

Explica Agostinho Alvim que a equivalência resulta de que, suprimida uma delas, o dano não se verificaria, vale dizer, para a imputação da responsabilidade é preciso que o ato praticado pelo ofensor se dê como condição, sem a qual o dano não se pudesse verificar.[22]

Para a teoria da causalidade adequada, somente as condições por si só e necessariamente capazes de produzirem o dano são tidas como causas e, na hipótese de se verificar o dano em razão de outra(s) circunstância(s) acidental(is), não se está diante da causa apropriada. Para esta segunda teoria, não há responsabilidade do agente pela morte da vítima, quando não se tratar de uma causa adequada a produzir o efeito verificado, o que parece se apresentar em solução oposta àquela sugerida pela teoria primeiramente referida.

A terceira teoria, dos danos diretos e imediatos, denominada por Agostinho Alvim como "teoria da relação causal imediata", requer uma relação de causa e efeito direta e imediata entre a inexecução da obrigação e o dano.[23]

Entre nós, dentre as teorias apresentadas, o Código Civil brasileiro adotou a do dano direto e imediato, como se depreende do seu art. 1.060 – "Ainda que a inexecução resulte de dolo do devedor, as perdas e danos só incluem os prejuízos efetivos e os lucros cessantes por efeito dela direto e imediato", que explica que:

---

22 Agostinho Alvim. *Da inexecução das obrigações e suas consequências.* 2ª ed. São Paulo: Saraiva, 1955, p. 368.

23 *Ibidem.* Para Carlos Roberto Gonçalves, nessa teoria "o agente primeiro responderia tão-só pelos danos que se prendessem a seu ato por um vínculo de necessariedade. Pelos danos consequentes das causas estranhas responderiam os respectivos agentes" (...) "não se indenizam esperanças desfeitas, nem danos potenciais, eventuais, supostos ou abstratos".

Suposto certo dano, considera-se causa dele a que lhe é próxima ou remota, mas, com relação a esta última, é mister que ela se ligue ao dano, diretamente. Ela é causa necessária desse dano, porque a ela ele se filia necessariamente; é causa exclusiva, porque opera por si, dispensadas outras causas. Assim, é indenizável todo dano que se filia a uma causa, ainda que remota, desde que ela lhe seja causa necessária, por não existir outra que explique o mesmo dano. Quer a lei que o dano seja o efeito direto e imediato da inexecução.[24]

Convém ressaltar que a reparação de um dano futuro é possível, como admitem Planiol, Ripert e Esmein, que "possa ser ressarcido um prejuízo, ainda não positivado, se a sua realização é desde logo previsível pelo fato da certeza do desenvolvimento atual, em evolução, mas incerto no que se refere à sua quantificação"; ou, ainda, "se consistir na sequência de um fato danoso atual, como seria o caso do dano causado a uma pessoa, implicando sua incapacidade para o trabalho".[25]

Das lições de Ulrich Beck[26] temos que "um dos aspectos significativos das sociedades actuais é que geram riscos que não podem ser limitados no tempo ou no espaço e não são calculáveis ou contabilizáveis".

> "Assiste-se, pois, actualmente à transição de uma sociedade industrial para uma socieda-

---

24 Segundo Agostinho Alvim, "é a teoria do Código de Napoleão, adotada pelo nosso e por outros Códigos". *Ibidem*, p. 370-80.

25 *Traité pratique de droit civil*, v. 6, nº 544.

26 *Risk society and the provident state*. Sage: Londres, 1995.

de de risco, o que resulta, essencialmente, do desmoronamento de sistemas estáveis de segurança e de compensação de danos baseados na calculabilidade do risco. Passa-se, assim, para um paradigma de incerteza. Na verdade, o conceito de risco (identificável) pressupõe a possibilidade de conhecer o sistema e ser capaz de quantificar e prever os factores implicados. Já a ideia de incerteza está associada ao conhecimento de alguns parâmetros do sistema, mas com impossibilidade de conhecimento quantitativo dos factores determinantes.[27]

A atual sociedade de risco pode ser constatada no elenco de alguns casos, verificados para fins de estudos da responsabilidade civil,[28] como o da contaminação de pessoas, de alimentos e do meio ambiente em decorrência do acidente da usina nuclear de Chernobyl, na União Soviética, e o acidente em Goiânia a partir de uma cápsula de Césio-137 que resultou em mortes e lesões a um grande número de pessoas. O caso da talidomida, medicamento consumido especialmente na Europa por gestantes, no final dos anos 50 e início dos anos 60, provocou graves deformidades no feto e no nascituro.

---

27 José de Sousa Cunhal Sendim. *Responsabilidade civil por danos ecológicos* – Da reparação do dano através de restauração natural. Coimbra: Coimbra Ed., 1998, p. 231.

28 Alguns dos exemplos foram extraídos de Sergio Cavalieri Filho, "*O direito do consumidor no limiar do século xxI*". In: Congresso Mineiro De Direito Do Consumidor, 3; Congresso Brasileiro, 5, Belo Horizonte, *Anais...* Belo Horizonte, 2000; e quanto aos danos nucleares os exemplos são de Caio Mario da Silva Pereira (*op. cit.*, p. 49).

Em relação à certeza ou não da ocorrência do dano leciona Agostinho Alvim que haveria de se dar a reparação, até porque "nem sempre há certeza absoluta de que certo fato foi o que produziu determinado dano, o que bastaria para fins de responsabilidade, em razão do grau elevado de probabilidade".[29]

Assim é que, além de ser a culpa presumida, se for o caso, há também de se presumir o próprio nexo de causalidade entre o evento e o dano, como explica Henri de Page.[30]

Referentemente aos aspectos dos riscos e ocorrência dos danos em nossa sociedade atual, pedimos vênia para discordar, ao menos em parte, das lições de José de Sousa Cunhal Sendim, que explica os riscos das sociedades atuais, sociedades de risco, caracterizando esses riscos pela impossibilidade de sua limitação no tempo e no espaço, bem como pela inexistência de meios de se calculá-los ou contabilizá-los.

Entendemos, de outra feita, que devemos afastar a hipótese de não se poder calcular ou contabilizar tais danos, que em nosso pensamento também abarca o conceito de risco, para atacá-los no sentido de não se deixar de fixar em qualquer hipótese – principalmente naquelas que envolvam dano biológico, ou seja, à saúde – o valor ou o comportamento em que se possa converter, desde que aferível, o correspondente ao dano (lesão e ameaça), causado.

Assim, o professor Nelson Nery Junior, ao tratar dos "princípios reguladores da responsabilidade civil no Código de Proteção e Defesa do Consumidor, traz preciosa contribuição para o estudo do tema:

> O Código adotou a teoria do risco da atividade como postulado fundamental da res-

---

29 Alvim, *Op. cit.*

30 Citado por Caio Mario da Silva Pereira. In: *Instituições do Direito Civil*, 4ª ed. Rio de Janeiro, 1995.

ponsabilidade civil ensejadora da indenização dos danos causados ao consumidor. A simples existência da atividade econômica no mercado, exercida pelo fornecedor, já o carrega com a obrigação de reparar o dano causado por essa mesma atividade. A responsabilidade é, portanto, objetiva (arts. 12 e 18). Não é necessário que tenha agido com culpa, tampouco que sua atividade esteja autorizada pelo órgão competente do poder público, ou, ainda, que tenha havido caso fortuito ou força maior. Apenas e tão-somente as circunstâncias mencionadas no CDC em *numerus clausus* como causas excludentes do dever de indenizar é que efetivamente podem ser invocadas pelo fornecedor a fim de eximi-lo desse dever. Esse sistema é semelhante ao já existente no Brasil para o dano causado ao meio ambiente (art. 14 da lei 6.938/81), que não admite o caso fortuito e a força maior como causas de exclusão da responsabilidade civil. Como o sistema do CDC, no que respeita à responsabilidade civil, é o da responsabilidade objetiva, deve ser aplicado a toda e qualquer pretensão indenizatória derivada de relação de consumo (...)

(...) Isto porque o fundamento da indenização integral do consumidor, constante do art. 6º, VI, do CDC, é o risco da atividade, que encerra em si o princípio da responsabilidade objetiva praticamente integral, já que insuscetível de excluir do fornecedor o dever de indenizar mesmo quando houver caso fortuito ou força maior. Como consequência, todo e qualquer dano ocasionado ao consumidor, seja ele derivado do contrato ou extracontratual, de publicidade enganosa ou abusiva, é indenizável de forma integral sob o regime da responsabilidade objetiva.[31]

3.2 A jurisprudência e a classificação do dano patrimonial, moral e estético

Deparamos com importante esforço doutrinário e jurisprudencial, ao tentar-se definir o que é dano moral, valendo-se, inclusive, da lesão ao nome, à imagem e, ainda, ao buscar a reparação de dano sofrido, prevalecendo, na grande maioria dos casos, o modelo norte-americano que aplica o caráter punitivo da indenização.

Em que pese o entendimento de nossos tribunais, primeiro, acerca da "impossibilidade de reparação" pelo dano moral sofrido diante da perda, por exemplo, da vida da pessoa humana, ou ainda, da dificuldade de fixação do valor em pecúnia a ser pago, a título indenizatório, em razão de dano moral, acreditamos que se pensar em perda irreparável, para os fins que tratamos, é algo que tende a condenar o lesado e congelar o *status quo* adquirido após a lesão, sob a tênue justificativa de que não haveria como reparar.

Em seara jurídica, *maxima venia*, devemos sempre procurar reparar, sob o aspecto civil, e punir, sob o aspecto penal, as práticas e condutas rechaçadas pela lei, pelos bons costumes e também pela ética. Nesse diapasão, não se há de relegar à situação de irreparável as maiores e piores lesões sofridas, tanto mais quando tratamos dos direitos difusos e coletivos, que buscam a proteção do bem maior, de garantias constitucionais refletidas no direito material que mereça a tutela específica, vale dizer, sob o aspecto das relações jurídicas de consumo do Código

---

31 Nery, *op. cit.*, p. 56-61.

de Defesa do Consumidor, ou ainda do direito ambiental, da criança e do adolescente e assim por diante.

Verificamos verdadeiros esforços, em nossos julgados, em reconhecer o direito à saúde diante da classificação encontrada civil e constitucionalmente para o dano, vale dizer, sua esfera patrimonial e moral. Resta-nos que, diante da lesão ocorrida, debatendo-se entre o dano moral e a possibilidade de ressarcimento, temos verificado, na situação de acolhimento para reconhecer o dano, certa variação entre o enquadramento moral e patrimonial, como no exemplo abaixo.[32]

Trata-se de agressão de motorista a passageiro, em transporte coletivo, que representando a indignação dos demais reclamou do excesso de velocidade, sofrendo por isso, "agressão física violenta e covarde levada a efeito pelo motorista de 25 anos contra um senhor de 65 anos, atingindo-o na face com os pés, causando-lhe lesões incontestes e que resultaram em apenação transacionada no Juizado Especial Criminal".[33]

Entendeu o douto julgador que "um dos escopos da fixação do dano moral é seu caráter exemplar, *in casu* de notável efeito pedagógico, tendo em vista a natureza do serviço prestado e a população atendida diuturnamente, o que, recebendo a devida divulgação, revela expressivo caráter intimidatório difuso entre os diversos motoristas do setor", resultando provido o apelo da parte autora, para fixar a indenização em 300 (trezentos) salários mínimos e para majorar os honorários advocatícios para 20% do valor da condenação.

---

32 "Responsabilidade civil – Empresa de transporte – Ato ilícito praticado por preposto – Agressão física – Passageiro de ônibus – Lesão corporal – Responsabilidade objetiva – Dano moral – Indenização fixação do valor" (10.ª Câm. Cível –ApCív 2001.001.10335 –rel. Des. Luiz Fux – j 07.11.2001).

33 *Ibidem*.

Entendemos que a saúde foi reparada a título de dano moral e, se requerido fosse o dano patrimonial, versaria sobre a questão das despesas experimentadas por aquele que sofreu a lesão ou, ainda, sobre a projeção social do lesado, passando ao largo da possibilidade de indenização pelo dano sofrido pela saúde humana.

Outro entendimento jurisprudencial encontramos no acórdão: REsp 297007-RJ (2000/0142893-4), DJ 18.03.2002, p. 256, que tem como relator o Min. Ruy Rosado de Aguiar, referente ao pedido de indenização por queimaduras sofridas, com lucros cessantes e pedido de dano moral, em decorrência de acidente ocorrido em sala de aula durante experimento com álcool, orientado pela professora, causando sérias queimaduras em aluna pequena.

O resultado obtido com a ação, em grau de recurso especial, foi o de falta de prova da efetiva diminuição na renda dos pais da vítima, o que não permitiu o exame desse ponto do recurso especial; quanto aos juros a serem pagos pelo autor material do ilícito são contados na forma do art. 1.544 do c/c e, por força do recurso houve a elevação da indenização do dano moral de 200 para 700 salários mínimos, consideradas as circunstâncias da espécie, sendo 400 salários mínimos para a vítima e 150 para cada um dos pais. A condenação deve incluir todas as intervenções que se fizeram necessárias durante a tramitação do demorado processo e das que devam ser feitas no tratamento das sequelas deixadas pelo acidente, ainda que não possam ser desde logo definidas em número e em valor, o que ficará para a liquidação de sentença. Conforme a perícia, a natureza das lesões exige constantes e periódicas intervenções, até sua definitiva consolidação.

Como se vê, a indenização procura aproximar-se da reparação do dano, todavia, em seu aspecto moral e patrimonial, chegando a se confundir com o impacto causado à saúde humana, decorrente da lesão sofrida e, quanto a isso, pretendemos nos referir à materialidade procurada na lesão ou ameaça a direito ao tentar-se repará-las.

Como bem assevera Eduardo Martines Junior,

> todos os direitos e garantias fundamentais possuem uma clara e direta ligação com o princípio da dignidade da pessoa humana, dando a equívoca impressão de que se esgotam no art. 5º e, mais especificamente, nas disposições ligadas ao ser humano e sua relação com o Estado. Todavia, também no art. 6º vamos encontrar desdobramentos do princípio enfocado, pois ninguém tem existência digna sem educação, saúde, moradia, proteção à maternidade e à infância, dentre outros.[34]

Ao tratarmos da proteção jurídica em face do dano moral ou estético, devemos levar em conta, sobretudo, o aspecto constitucional da vida humana, assim compreendida sua incolumidade física e psíquica.

Referentemente à classificação doutrinária, acolhida por nossos tribunais, do chamado dano estético, julgou o Tribunal de Justiça do Rio Grande do Sul em ApCív 587007451, rel. Luiz Melíbio Uiracaba Machado, sobre a responsabilidade civil dos médicos no tratamento estético, julgando que as clínicas de estética firmam com seus clientes contrato de resultado e, em casos de reclamação de

---

[34] Prossegue o professor no sentido de que: "Essas disposições constitucionais vêm complementadas pelas leis ordinárias e no caso da criança e do adolescente, essa complementação vem pelo Estatuto da Criança e do Adolescente – lei 8.069/90, com especial ênfase à dignidade nos arts. 15 a 18". Martines Junior, *op. cit*,.Estamos de acordo com tal afirmação e, por analogia, também aplicaremos o Código de Defesa do Consumidor e a Lei da Política Nacional do Meio Ambiente às questões que envolvam os interesses a que visam tutelar. *Op. cit.*

ressarcimento de danos, relevando o fato de ter sido dada a atenção devida ao problema originário, sendo as obrigações profissionais de tratamento adequado.

Entendeu, assim, o tribunal gaúcho que "quem sofre danos em sua saúde tem direito a buscar os melhores hospitais e os melhores médicos para se curar à custa do autor do dano e, assim mesmo, ainda não recebe a compensação devida pelo sofrimento físico e psíquico que lhe foi imposto" (TJRS – 3ª Câm. Cív. – ApCív 587007451, rel. Des. Luiz Melíbio Uiracaba Machado – j. 26.03.1987)

No mesmo sentido foi o julgamento da lavra dessa corte, entendendo o dano estético como lesão de alcance material e moral, na medida em que decorre do sentimento de desgosto, tristeza, constrangimento vivenciado por aquele que sofreu a lesão física permanente.[35]

Assim é que na classificação de dano patrimonial e moral, para o que se chama de dano estético, encontramos, na maioria dos

---

35 Indenização – Valor – Redução – Capacidade Funcional – Custas Processuais – Honorários Advocatícios. "Acidente de trânsito. Atropelamento. Despesas médico-hospitalares e com medicamentos. Plano de saúde. Dano estético. Critérios de fixação. Sendo o plano de saúde de cobertura parcial, todas as despesas excedentes, pagas pela vítima, devem ser ressarcidas, a título de dano material, inclusive as relativas ao custeio de medicamentos. O dano estético decorre do sentimento de desgosto, tristeza, constrangimento vivenciado por quem sofre a lesão física permanente, independentemente da posição sócio-econômico-cultural da vítima ou de haver ou não redução da capacidade laborativa, bem como de sequelas funcionais. O *quantum* indenizatório deve ser estabelecido buscando não só a compensação do sofrimento experimentado pela vítima, mas também a capacidade econômica do causador, de forma a garantir a utilidade do processo e da condenação evitando-se tanto o enriquecimento, de um lado, como a insolvência, de outro. A condenação às custas e honorários deve corresponder aos decaimentos. Apelação parcialmente provida" (TJRS – 11ª Câm. Cív. – ApCív 70000250803 – rel. Des. Roque Miguel Fank – j. 16.08.2000).

casos, lesão à integridade física ou psíquica que possa decorrer inclusive da alteração estética consequente do dano. É o que temos verificado nas decisões de nossos tribunais, como a resultante da apelação cível que levou a cabo a ação de indenização, por erro médico, em que se constatou erro na avaliação diagnóstica, em razão de ter sido ministrado medicamento causando a perda da visão de um dos olhos da autora, sendo determinado a pensão de dois salários mínimos até que a menor atinja 65 anos de idade e despesas com tratamentos futuros.[36]

---

36 "Indenização. Erro médico. Ação ajuizada contra médico-assistente e hospital, no qual o primeiro atua, como credenciado pelo Inamps. Erro de avaliação diagnóstica, que se prolonga após segunda internação. Se bem que acometida a pequena paciente, de síndrome rara e de difícil identificação diagnóstica, tal circunstância não torna a conduta do médico-assistente escusável. Erro inicial, consistente em ministrar medicamento "gardenal", sem prévia avaliação neurológica, sobre a necessidade do medicamento, o qual se mostrou, finalmente, como a causa determinante da síndrome, que resultou na perda de um dos olhos da autora (evisceração) e quase cegueira, na outra vista. Estabelecida a relação de causa e efeito direta entre a ação do agente e o dano sofrido pela menor, agravada a imperícia, pela negligência no retardamento ou demora de encaminhamento da autora a centro especializado, onde ocorreu o diagnóstico correto. Condenação que se mantém, inclusive, do hospital, em forma solidária. A alegação deste último, sobre não pertencer o médico ao seu corpo clínico, restou indemonstrada, ainda que, expressamente, oportunizada tal prova. A despeito da ausência de prova de culpa, própria ou autônoma, do hospital, por negligência de seus prepostos, ou por qualquer outro tipo, prevalece, no caso, a culpa objetiva ou mesmo, a culpa *in eligendo*, de seus prepostos. Irrelevância de ser, ou não, o médico funcionário ou celetista da entidade hospitalar, ou, até que não seja remunerado pelo hospital, e sim do Inamps. Médico credenciado. Ocorrência de verdadeira subrrogação de preposição. Parcelas indenizatórias deferidas. Reembolso, por despesas efetuadas; indenização por dano estético mantida a condenação, neste particular, inclusive, no

Procuramos demonstrar que a classificação entre dano patrimonial, moral e estético tem toda ela resultado na condenação pecuniária, sem prejuízo de eventualmente sequer existir outro meio, em muitos dos casos, que se pudesse obter outro tipo de solução para a possível reparação da lesão ou ameaça sofrida. Então, o dano estético, que se possa confundir com dano à saúde, inclusive, pode ter merecido a cisão doutrinária, também considerado o ordenamento positivo em nossos dias, entre o dano caracterizado em sua esfera material ou moral.[37]

---

tocante aos valores arbitrados" (TJRS – 6ª Câm. Cív. – ApCív. 595133661 – rel. Des. Paulo Roberto Hanke – j. 06.02.1996).

[37] "Acidente do trabalho. Indenização de direito comum. Perda da visão do olho direito. Culpa do empregador. Dano material e moral. Requisitos da responsabilidade civil de direito comum. A responsabilidade civil do empregador exige a prova acerca da conduta culpável, do dano e do nexo causal entre ambos. A aferição da conduta utiliza um padrão médio, objetivo, do *bonus pater familiae*, mas não pode se afastar, tampouco, de critérios subjetivos incidentes. E maior a cobrança de condutas elevadas daqueles que detém condições para tanto, pelo conhecimento dos dados implicados, especialmente no caso de empresas, quanto aos seus serviços essenciais ou complementares. Dano físico ou material. Pensão a ser paga mensalmente, proporcional a invalidez parcial e permanente do autor. 30% do salário que percebia à época do acidente. Dano moral. Dano *in re ipsa*, quando se trata de perda de capacidade funcional. Dano estético. Cicatriz corneana não configura dano estético, porque não causa repulsa. Quantificação da indenização. Arbitramento pelo magistrado, com base no art. 1.553 do c/c, levando em consideração tanto o caráter compensatório como o caráter inibitório-punitivo da indenização. Fixação desta a partir do interesse-tipo ferido e da produção doutrinária e jurisprudencial, mediante critérios aí estabelecidos, tanto relativos às partes e circunstâncias do fato, como tendo por parâmetros condenações em casos assemelhados, dentro do bom senso e da razoabilidade. Sucumbência recíproca. Apelação e recurso adesivo providos em parte" (TJRS – 9ª Câm. Cív.– ApCív. 70005158613 – rel. Des. Rejane Maria Dias de Castro Bins – j. 04.12.2002).

Nos julgamentos proferidos pelo Tribunal de Justiça do Estado de São Paulo, mesmo no que se refere aos danos decorrentes de acidente de trabalho, verificou-se a condenação por dano moral, entendendo-se que "são cumuláveis as figuras do dano moral e estético, já que o último não cuida de modalidade do primeiro, tampouco e por aquele englobado. "Constituição de capital. Exegese dos arts. 602 e 20, § 5º, do CPC. Cirurgia plástica estético-reparadora. Direito a ampla reparação, na exegese dos arts. 1.538 e 1.539 do c/c brasileiro. Dano moral quantificação. Avaliadas as circunstâncias do caso concreto, mostra-se razoável indenização no valor equivalente a 100 salários mínimos, o que encontra ressonância em entendimentos jurisprudenciais e doutrinários para casos análogos."[38]

É interessante, todavia, notar que já se julgou em ação de indenização a possibilidade, como referimos, de cumulação do dano moral e estético, ressaltando-se possível a cumulação dos danos, ainda que decorrentes do mesmo sinistro, se identificáveis as condições justificadoras de cada espécie, julgando-se "improcedentes, todavia, tanto a dobra quando também já deferido o ressarcimento pelo dano esté-

---

No mesmo sentido os julgados da lavra do egrégio Tribunal de Justiça do Rio Grande do Sul, em que se cumula entre dano moral e material o chamado dano estético, avaliando o dano estético somente a partir da perda da capacidade laboral da vítima do evento.

38 "Responsabilidade civil. Ação de reparação de dano moral cumulada com dano estético. Furacão negro Dakron. Produto colocado no mercado na finalidade do desentupimento de pias e ralos domésticos. Consumidora que, não obstante a adoção das precauções regulares, vem a sofrer intensa queimadura química, com a consequência de lesões que justificam cirurgia estético-reparadora. Produto perigoso. Produtos e serviços que apresentem periculosidade exagerada, de modo a não advertirem suficientemente o consumidor (*unreasonably dangerous*) não devem ser colocados no mercado de consumo. Inteligência do art. 10 do CDC. Dano moral. Dano estético. Apelo parcialmente provido" (TJRS – 9ª Câm. Cív. – ApCív. 70003095759 – rel. Ana Lúcia Carvalho Pinto Vieira – j. 27.11.2002).

tico, sob pena de configuração de *bis in idem*, como a extensão, por analogia, do acima citado dispositivo legal ao dano moral, eis que são taxativas as hipóteses de incidência da dobra".[39]

Reconhecendo a natureza jurídica objetiva da responsabilidade civil do Estado na área da saúde, julgou acertadamente o Tribunal de Justiça do Rio Grande do Sul, ao entender que o erro médico havido no exame de angiografia cerebral, além de demonstrar que o procedimento foi realizado sem a cautela de serem testadas as suas condições de tolerância, resultando em ficar a vítima tetraplégica, representa responsabilidade objetiva do Estado, a teor do art. 107 da Constituição

---

39 "Civil e processual. Ação de indenização. Acidente de veículos. Perda de braço. Dano estético e moral. Cumulação. Possibilidade. Lucros cessantes. Dobra. Decisão *extra petita* não configurada. Incabimento quando já deferido o dano estético. *Bis in idem*. c/c, art. 1.538, § 1º. Aplicação analógica inviável em relação ao dano moral. No mesmo sentido REsp 241087-RJ (1999/0111197-8), DJ 18.12.2000, p. 185, rel. Min. Carlos Alberto Menezes Direito (1108): Ementa: Indenização. Atropelamento por ônibus. precedentes da Corte.
a. Não viola nenhum dispositivo de Lei Federal a determinação do acórdão recorrido sobre a possibilidade de inclusão do acidentado em folha de pagamento, comprovada a idoneidade financeira da empresa ré.
b. Já decidiu a Corte que é possível acumular o dano estético e o dano moral oriundos do mesmo fato, no caso, atropelamento de que decorreu a amputação de uma perna.
c. Tratando-se de responsabilidade extracontratual, aplica-se a Súmula 54 da Corte.
d. Não se justifica a intervenção da Corte no valor fixado pelas instâncias ordinárias para o dano estético e o dano moral, se não se configura como abusivo ou desproporcional.
e. Os honorários, no caso, inc*idem* sobre o somatório das prestações vencidas mais um ano das vincendas, mais as verbas do dano moral e do dano estético.
f. Recurso especial conhecido e provido, em parte" (REsp 248869-PR (2000/0015269-2 – rel. Min. Aldir Passarinho Junior (1110) – DJ 12.02.2001, p. 122, *RSTJ* 148/435.

de 1969, que agasalhou a teoria do risco administrativo, sendo "(...) cumuláveis as indenizações por dano material e dano moral, oriundos do mesmo fato" (Súm. 37 do STJ). Interessante, todavia, notar que a condenação da ré ao pagamento de dano moral compreende a reparação por dano estético, com a inaplicabilidade do art. 461, § 3º, do CPC, por não se cogitar, na espécie, de obrigação de fazer.[40]

Assim é que o dano estético, assim classificado, acaba por traduzir o dano moral que possa representá-lo, em razão das alterações estéticas havidas na lesão sofrida, não representando uma espécie do gênero dano, propriamente dita. Além disso, vê-se afastada a obrigação de fazer que, independentemente do caso, parece não expressar o meio de reparação dos danos estéticos ou moralmente havidos, sendo certo a preferência pela fixação pecuniária, geralmente tímida e mitigada, mesmo tratando-se de aspectos físicos ou imateriais da saúde humana.[41]

---

40 TJRJ – 1ª Câm. Cív. – AC 2975/97 (Reg. 060198, Cód. 97.001.02975-RJ) – rel. Des. Amaury Arruda de Souza – j. 14.10.1997.

41 No mesmo sentido julgado: 11013140 "Responsabilidade civil – Acidente de trânsito Responsabilidade civil – Dano moral – Dano estético – Atropelamento – Pensão – Indenização por dano moral e material – Atropelamento de moradora da região, que se encontrava próxima de sua casa, situada junto à estrada, por caminhão que, na contramão de direção, procurava ultrapassar outros veículos – Concessão de pensão e indenização por dano moral. Honorários fixados sobre o valor das prestações vencidas e sobre o capital constituído para garantir o cumprimento da obrigação. Age com manifesta culpa o motorista que ingressa na contramão de direção objetivando a ultrapassagem de veículos parados, sem consideração às condições do lugar, vindo a atingir a vítima nas proximidades de sua residência. São cumuláveis a indenização por dano material e a indenização por dano moral. O bem-estar, a saúde e a vida são valores que quando ameaçados ou violados geram sofrimento moral. Em se tratando de responsabilidade extracontratual, os honorários têm por base o valor da condenação (art. 20, § 5º, do c/c)" (TARJ – 4ª Câm. – Ac 132/94 (reg. 803-2, cód. 94.001.00132) – rel. Juiz Carlos Ferrari – j. 03.03.1994 – ementário

TACRJ 31/94, ementa 37539). E julgado: 17003164 "Responsabilidade civil do Estado – Disparo de arma de fogo – Responsabilidade objetiva do Estado – Incapacidade para o serviço – Dano moral – Dano estético – Indenização – Ação indenizatória – Procedimento comum ordinário. Jovem, com 12 anos de idade, em 1988, alvejada, na cabeça, por projétil de arma de fogo disparado durante tiroteio, na via pública, entre integrantes da polícia militar e meliantes. Vítima, no momento do fato, sendo transportada, no tráfego normal da cidade, em automóvel conduzido por seu cunhado. Sequelas graves à saúde da ofendida, tornando-lhe incapaz, definitivamente, para o trabalho, sem condições de ambulação, necessitada, permanentemente, de um acompanhante, para ajudar nos seus afazeres habituais do quotidiano, e portadora de danos estéticos, como informado pela prova pericial. Sentença de improcedência da ação. Apelo da autora. Tiroteio em plena rua, durante horário e em local de grande afluxo de pessoas, de que participa elementos da polícia militar estadual, e que provoca graves ferimentos em vítimas inocentes, não deve ser considerado procedimento no estrito cumprimento de dever legal, caso fortuito ou de força maior. O Estado, incumbido da segurança pública, no meio social, responde, objetivamente, pelos atos dos seus servidores que colocam em risco a incolumidade das pessoas em lugares públicos, quando, por qualquer motivo, não sejam executados com a perfeição necessária e causem prejuízos a terceiros, a quem deveria proteger. Indenização devida à pessoa vitimada, por danos materiais e morais provocados em razão de operação militar conduzida de maneira culposa. Recurso provido, para se julgar como procedente o pedido inicial. Voto vencido confirmatório da decisão recorrida" (TJRJ – 6ª Câm. Cív. –Ac. 5316/96) (Reg. 180897, Cód. 96.001.05316-Capital) – rel. Des. Ronald Valladares – j. 08.05.1997)

3.3 Dano biológico: aplicação no direito italiano

Antes mesmo de abordarmos o tema do dano biológico, em que pretendemos centrar nosso estudo do ponto de vista da responsabilidade civil, para alcançarmos a efetividade do direito material a ser protegido, devemos tratar da responsabilidade pelo dano causado à saúde ou à segurança do consumidor, entendendo-o ora como espécie correspondente, ora como uma sua decorrente.

A par de perseguirem os direitos do consumidor a inocuidade dos produtos e serviços, agindo na prevenção dos danos que o consumo puder provocar à saúde do público consumidor,[42] é operativo o reconhecimento dos direitos essenciais do consumidor, consagrados pelas Nações Unidas: a proteção à saúde, à segurança e aos interesses econômicos, ressarcimento dos danos, acesso à informação e educação para o consumo, liberdade de constituir grupos ou organizações, direito de fazer ouvir suas opiniões nos processos de adoção de decisões que os afetem.[43]

A Constituição Nacional argentina foi modificada, incorporando à primeira parte de seu art. 42 que "os consumidores e usuários de bens e serviços têm direito, nas relações de consumo, à proteção de sua saúde, segurança e interesses econômicos; a uma informação adequada e verdadeira, à liberdade de escolha, e a condições de tratamento isonômico e digno", consagrando em primeiro lugar o direito à proteção à saúde e à segurança do consumidor.[44]

---

42 Assim é a previsão da Diretiva das Nações Unidas de 1985: "(...) proteção dos consumidores frente aos riscos para a saúde e segurança" – art. 3º, I.

43 Luis O. Andorno. "Responsabilidad por daño a la salud o la seguridad del consumidor". In: Atílio Aníbal Alterni; Roberto M. Löpez Cabana (Coords.). *La responsabilidad*. Buenos Aires: Abeledo-Perrot, 1995, p. 479-88.

44 Na Constituição argentina "isonomia é sinônimo de equidade". *Op. cit.*, p. 480.

Como assevera o professor argentino Luis Andorno, "(...) a proteção à saúde e segurança das pessoas constitui o piso mínimo de defesa das mesmas, o que as permite gozar dos demais direitos", pelo que é natural que esteja consagrado de modo expresso o direito à proteção ao bem da vida, vale ressaltar, saúde e segurança do consumidor.[45]

No mesmo sentido e direção, o Código de Proteção e Defesa do Consumidor vigente em nosso País assegura a saúde, segurança e incolumidade física e psíquica do consumidor e, portanto, do indivíduo – tomada a tutela, inclusive, em seu alcance coletivo *lato sensu* – entre seus direitos básicos.

A ideia de dano biológico, ou dano à saúde, não nasce no direito italiano, inspirando-se, na verdade, na experiência francesa de *dommage physiologique*, com critérios de valoração centrados no chamado *calcul au point*.

Todavia, é reconhecido que a experiência italiana é mais aprofundada na reflexão sobre os elementos a serem computados para a indenização das vítimas e seus cálculos. A experiência italiana de dano à saúde desenvolveu-se nos últimos 20 anos, fruto de um confronto entre os juízes e estudiosos da saúde e do direito.

O importante esforço das Cortes Constitucionais, de Cassação e dos juízes de primeira instância, chamados "juízes de mérito", aplicando o princípio constitucional de direito do indivíduo à saúde, mediante a regra do pleno ressarcimento do dano, consequente à lesão de tal direito, é obtido somente em parte a realizar o ambicioso projeto que originalmente pretendeu excluir a intervenção legislativa.[46]

Obteve pleno êxito a operação de credibilidade da figura de dano à saúde, como figura prioritária, autônoma, com respeito à

---

45 *Ibidem*, p. 481.

46 Francesco D. Busnelli. Il danno alla salute; un'esperienza italiana; un modello per l'Europa?". *Rivista di Responsabilità civile e previdenza*, 2000, p. 851-67.

figura de dano emergente, lucro cessante, dano moral, sobre o perfil da responsabilidade.[47]

O critério de avaliação do dano à saúde traçado pela Corte Constitucional é idôneo, moderando uniformidade pecuniária de base e flexibilidade na adequação à peculiaridade do caso concreto.[48]

É, todavia, considerado "totalmente desaparecido", pode-se dizer ausente, a utópica crença inicial de formar-se uma jurisprudência capaz de dar o que se chama de "uniformidade pecuniária de base".[49]

Quanto a isso, entre nós, parece tratar-se de certa homogeneidade que pudesse ser encontrada em nossos julgados, de qualquer instância ou tribunal, sob o aspecto da aplicação do entendimento da base pecuniária para fins de fixação dos valores indenizatórios.

A referência feita a uma jurisprudência chamada pela doutrina italiana de "anárquica" – na qual um juíz singular conservava-se árbitro na afirmação de seu critério pessoal de avaliação –, vem seguida de uma jurisprudência que obedece os critérios de avaliação resultantes de diversas tabelas entre si consideradas, adotadas pelos tribunais.[50]

Trata-se do ponto de confluência entre o setor da responsabilidade civil e o da segurança social: era indispensável uma intervenção do legislador para adequar ao novo princípio o sistema normativo das indenizações dos danos derivados dos infortúnios do trabalho, individuando-os no ressarcimento do dano à saúde, melhor, indenização do dano biológico.[51]

Da parte da Corte Constitucional italiana, foi claro e reiterado o convite ao legislador para proceder a reforma idônea do sistema de

---

47 *Idem*, p. 852.

48 Conforme julgado 184, da Corte Constitucional italiana, de 14.07.1986. BUSNELLI, Francesco D. *Op. cit.*

49 *Ibidem*.

50 *Idem, ibidem*.

51 *Idem, ibidem*.

seguros a apresentar uma plena e integral garantia para o dano biológico, decorrente do infortúnio do trabalho.[52]

Assim é que, na Itália, o dano biológico está se tornando "uma figura normativa do dano", tanto no setor previdenciário ou securitário, quanto naquele da responsabilidade civil.[53]

Ora, ao dedicar a lei de 17.05.1999 um artigo inteiro à definição de dano biológico, não o fez por acaso, pretendendo o legislador a regulamentação, mesmo em via experimental, visando aos fins do seguro contra os infortúnios do trabalho, enquanto espera, na verdade, a definição de caráter geral do dano biológico e dos critérios para a determinação dos respectivos ressarcimentos.

Com o advento do Dec.-lei 38, de 23.02.2000, são duas as normas do ordenamento jurídico italiano que trazem a definição de dano biológico; primeiramente, o art. 55 da lei 144, de 17.05.1999, que estabelece:

> Na espera da definição de caráter geral de dano biológico e dos critérios para a determinação do relativo ressarcimento, o presente artigo define, em via experimental, para os fins da tutela de seguro obrigatório, contra o infortúnio advindo do trabalho e das doenças profissionais, sendo dano biológico a lesão contra a integridade psicofísica, suscetível da valoração médico-legal, da pessoa humana. As

---

52 Corte Constitucional italiana Decisão 356, de 18.07.1991.

53 Nesse sentido, a lei 144, de 17.05.1999, delega, no art. 55, ao governo, a providência, no prazo de nove meses, de reordenar a normativa que disciplina o Inail – Companhia de Seguros e Previdência do Governo italiano –, impondo princípios e critérios diretivos, a previsão no objeto do seguro contra os infortúnios advindos do trabalho e das doenças profissionais; no âmbito do sistema de indenizações, uma idônea cobertura e avaliação do dano biológico.

prestações para o conforto do dano biológico são determinadas na medida independente da capacidade de produção da renda do lesado.[54]

Encontramos na doutrina italiana como principais características do dano biológico: a existência de uma lesão à integridade psicofísica; a possibilidade de se estimar a existência e a gravidade da lesão segundo regras e princípios médico-legais; e a irrelevância da renda do lesado para os fins da liquidação do ressarcimento.[55]

Resta saber – e parece problemático ao Estado – estabelecer que o art. 13 do Dec.-Legislativo 38/2000 seja aplicável somente no campo dos infortúnios trabalhistas, ou se possível decorrer uma norma de valor geral, que faça referência ao dano à saúde, que não seja causado exclusivamente por infortúnio advindo do trabalho.

A favor dessa tese restritiva pode-se observar que o art. 13 do referido decreto disciplina somente as relações concernentes aos seguros obrigatórios geridos pelo Instituto de Resseguros (Inail) – e para as demais em via experimental, até o momento em que seja aprovada uma disciplina geral no tema do dano à saúde.[56]

Mesmo não sendo afastada a hipótese de aplicação da definição do art. 13, do Dec.-legislativo 38/2000 no campo da responsabilidade civil, não aparece tal norma suscetível de aplicação analógica enquanto a disciplina sobre seguro obrigatório contra os infortúnios no trabalho constitui um *corpus* das normas especiais referentes à ordinária disciplina da responsabilidade civil.

Com o Dec. – legislativo 70, de 28.03.2000, foram editadas pela primeira vez no ordenamento jurídico italiano normas sobre o tema da

---

54 Rossetti, *op. cit.*, p. 208 e ss.

55 *Ibidem.*

56 *Ibidem*, p. 209.

liquidação do dano à pessoa de modesta identidade, estabelecendo o decreto, em seu art. 3º, uma definição geral de dano à saúde: "Por dano biológico se entende a lesão à integridade psicofísica da pessoa, suscetível de avaliação médico-legal; é ressarcível independentemente da sua incidência sobre a capacidade de produção de renda do lesado".

O professor Guido Alpa explica a possibilidade de ressarcimento decorrente do dano biológico que venha a ser fatal e, considerando a morte sofrida pelo lesado em decorrência do dano, a indenização será recebida pelos sucessores da vítima.[57]

Refere o professor italiano ao modelo de dano biológico chamado "compromissório" que difere do "modelo negativo", para o qual ocorre depauperamento do patrimônio psicofísico, resguardando o prosseguimento da própria vida, não sendo possível o ressarcimento do dano à saúde caso sobrevenha a morte; neste caso, ocorrerá, eventualmente, o ressarcimento do dano moral e patrimonial aos herdeiros decorrentes da lesão ao crédito alimentar.[58]

Para o chamado "modelo positivo" trata-se de argumentação lógica e prática; leciona a doutrina italiana: "Se o bem a ser tutelado é a saúde ou a vida, e se se pode ressarcir a lesão causada à saúde, por que não liquidar coisa alguma quando a lesão é de tal gravidade, destruindo o bem da saúde, atingindo a morte?". Vale dizer, se o bem lesado é tutelado, liquidar coisa alguma no caso de ser destruído este bem, significaria negar que o bem é tutelado.[59]

O modelo compromissório foi proposto pelo Tribunal de Gênova em decisão mais recente, considerado o período compreendido entre o evento lesivo e a morte da vítima; nesta difícil ocorrência, que pode ser mais

---

57 Guido Alpa; Paolo Zatti. *V2. ed Il danno biologico*. Padova: Cedam, 1993. p. 96.

58 *Ibidem*, p. 97.

59 Nesse sentido pronunciou-se a Corte de Apelação de Roma, com a sentença de 13.05.1992. Alpa. Zatti. *op. cit.*

ou menos ampla – alguns meses ou alguns instantes – há lesão à saúde e por isso, dano biológico.

Para melhor se compreender a novidade da proposta italiana e, no dizer de Guido Alpa, "o problema real ou fictício aberto com esta", deve-se percorrer os anos de 74 a 76, em que o mesmo modelo genovês encontrava-se em via de aperfeiçoamento.[60]

Assim é que os primeiros pronunciamentos do Tribunal de Gênova registraram, de modo claro, o conflito entre dois modelos interpretativos do mesmo fenômeno, que assumiu por definição o nome de "dano biológico". Ambas orientações – uma mais restritiva e outra mais liberal – guardam a perspectiva de uma progressiva ampliação da área do dano ressarcível.

Ocorre que a contemporaneidade dos pronunciamentos e a semelhança de algumas argumentações empregadas nas suas respectivas motivações poderiam, ao contrário, causar o equívoco de terem as duas questões origem comum, e que suas soluções adviriam de princípio idêntico. A mesma Corte, talvez desviada da ordem de remessa da primeira questão, tratou na motivação da sentença sobre o "dano biológico" e também sobre as regras do dano moral; mas o equívoco se dissolve ao se observar imediatamente que o dano não patrimonial foi reclamado enquanto se indicava em que modo a lesão do dano biológico deveria ser quantificada.[61]

Yussef Cahali refere em sua obra sobre o dano moral, distinção feita por Sessarego entre o dano biológico e o dano à saúde, sendo o dano biológico aquele que faz direta alusão, de modo objetivo, a uma lesão provocada à integridade psicossomática da pessoa, afetando, quanto

---

60 *Ibidem*, p. 9.

61 *Ibidem*, p. 23 e ss. "Um tratado unitário sobre os dois pronunciamentos terminaria, de um lado, por sacrificar o perfil da tutela à saúde, em vantagem da antiga questão sobre o ressarcimento do dano moral; de outro lado, endossaria a construção doutrinária que põe no mesmo plano 'dano biológico' e 'dano moral', enquanto a sentença nº 88 de 1979 seguiu direção diversa".

a isso, a normal eficiência do sujeito, o que se faz patente por meio de atos ordinários, cotidianos e comuns da existência pessoal, devendo este dano, por sua característica, ser apreciado por médico-legista. Já o dano à saúde "compromete por inteiro o modo de ser da pessoa; representa um *déficit* que atinge o bem-estar integral do sujeito, derivado da ação do dano biológico; sua apreciação compete normalmente ao juíz, com base nos informes proporcionados pelos médico-legistas sobre a entidade e o alcance do dano biológico produzido".[62]

No direito espanhol localizamos a mesma dificuldade em distinguir entre os danos morais aqueles indenizáveis devido à força de trabalho que tinha a vítima, daqueles que focam nas lesões físicas sofridas pela vítima. Nesse sentido, preocupou a professora Elena Vicente Domingo com as consequências não pecuniárias do dano corporal, procurando separar nitidamente a figura dos danos corporais, colocando-o como centro de atenção, para depois esgotar o estudo de suas consequências.[63]

Acreditamos que, assim como em nosso ordenamento jurídico, encontra-se no direito espanhol a discussão doutrinária acerca da identidade própria do dano corporal, que em nosso estudo assumirá, assim como no direito italiano, as características de "dano biológico".

Significa dizer que, no estudo monográfico sobre o dano corporal – ou dano à saúde –, ressalta-se a reparabilidade do dano em si mesmo e a completa problemática que decorre de sua reparação, suas consequências pecuniárias e não pecuniárias.[64]

No que toca às consequências pecuniárias – dano emergente e lucro cessante – "encontramos oculto o dano corporal, isto é, a incapacidade

---

62 Carlos Fernández Sessarego. *Apud* Cahali. *Op. cit.*, p. 185 e ss.

63 Elena Vicente Domingo. *Los danos corporales: tipologia y valoración*. Barcelona: Bosch, 1994, p. 15.

64 *Ibidem*, p. 14 e ss.

funcional ou a sequela decorrente (...)"; a importância do dano corporal era norteada em errôneo paralelismo com o direito do trabalho, ao limitar a capacidade para o trabalho, vale dizer, tendo por base o lucro cessante, pela renda que deixasse de ser auferida.[65]

A exceção a esta regra geral se dá com as pessoas sem rendas reais, vindo a confirmar a ideia sustentada, também pela doutrina espanhola, de que o dano corporal em seu sistema carece de proteção suficiente, pois nestes casos se tem em conta a sequela deixada, por ser a única referência da existência de um dano real e certo que se tem a reparar.

Assim é que a preocupação com o dano à saúde, dano biológico, ou o prejuízo psicológico, já identificada principalmente na Itália e França, é também referida pela expressão "injustiça" do dano, que em geral parece destinada a todo o tipo de danos, encontrada no art. 2.059 do c/c espanhol, e de outro lado restringida no mesmo ordenamento, quanto à reparação do dano moral, para aqueles danos derivados de delito.[66]

Todavia, a evolução para os danos corporais adveio, em certa medida, da contribuição negativa recebida do dúbio senso normativo dos danos patrimoniais e morais, este último restringido por influência dos critérios utilizados no campo penal.

O dano corporal é valorado, em princípio, segundo o método utilizado no sistema tradicional, identificando-se a incapacidade funcional e laboral do lesado; a grave consequência resultante deste método é que o valor da "integridade da pessoa variava segundo fosse sua capacidade de rendas, admitindo que as pessoas valem segundo ganham". Seria o mesmo que se admitir que "o preço do dano corporal se calcu-

---

65 *Ibidem*, p. 16.

66 A professora Elena Domingo menciona sua já reiterada crítica à restrição, quase unânime na doutrina, citando, ainda, Alpa-Bessone quanto à "progressiva elasticidade e extensão da injustiça do dano a novos interesses". *Ibidem*, p. 82.

lava atendendo as medidas de suas ganâncias, com o que se confunde o dano à saúde com a incapacidade laboral".[67]

A partir daí, foram repensados os métodos valorativos para se apurar os danos havidos à saúde humana, levando-se em conta os tipos de efeitos derivados do mesmo dano, ou seja, aqueles estritamente patrimoniais e os morais.

Com origem italiana, os estudos partiram da previsão constitucional, no início dos anos 80, na tutela dos direitos à saúde, como direito fundamental do indivíduo e interesse da coletividade, consagrados pela sentença emanada da Corte Constitucional, em 1981, tratando-se de direito patrimonial, absoluto e de ressarcimento autônomo.

3.4 Dano ambiental

Pudemos encontrar interessante distinção na doutrina entre o que seja poluição, dano e crime ambiental, estabelecendo suas diferenças e semelhanças; a poluição é considerada "categoria geral" dividida em três elementos: a poluição em sentido estrito, o dano ambiental, e crime ambiental. A primeira é uma "alteração das condições ambientais que deve ser compreendida negativamente, isto é, ela não é capaz de alterar a ordem ambiental". "As suas repercussões sobre a normalidade do ambiente são desprezíveis e, por isto, não são capazes de transtorná-la".[68]

---

[67] Neste sentido além da professora espanhola Elena Domingo, os professores italianos estudados Alpa-Bessone, Franzoni e Bessone-Ferranda. *Ibidem*.

[68] Paulo de Bessa Antunes. *Dano ambiental*: uma abordagem conceitual. Rio de Janeiro: Lumen Juris, 2000, p. 180-1. Prossegue o autor: "A poluição, em sentido estrito, é portanto, um acontecimento irrelevante. A sua presença como fato do mundo físico não chega a fazê-la ingressar no mundo jurídico". "É importante, no entanto, que ela seja compreendida em relação ao ambiente dentro do qual se insere. O fato de que uma fonte de

Quanto à poluição em sentido estrito, considerada até certo ponto "desprezível", explica Bessa Antunes que "todos aqueles que tenham contribuído, individualmente, para que a sua poluição desprezível – portanto, não punível – tenha sido fator de contribuição para a ocorrência de dano ambiental, são solidariamente responsáveis, na medida de suas participações".[69]

Como bem esclarece o autor, "a mensuração da parcela de cada um é extremamente difícil, quiçá, impossível", razão pela qual do nosso ponto de vista, se se trata de solidariedade, não haveria como responder cada qual com a parcela de sua contribuição, tratando-se, isso sim, da responsabilização *in totum* pelo dano causado.

O dano ambiental é, na classificação do autor, como "a poluição que, ultrapassando os limites do desprezível, causa alterações adversas no ambiente", ressaltando que é "a consequência gravosa ao meio ambiente de um ato ilícito"; conclui, todavia, que "não se pode confundir os danos que prejudicam a saúde com aqueles que afetam as condições estéticas do meio ambiente".[70]

No nosso entendimento, *maxima venia*, o dano ambiental ainda que não implique, diretamente, em dano à saúde propriamente dito, dele acabará decorrendo referido dano, em maior ou menor grau, ainda que tardiamente, tanto mais considerada a cadeia natural que se forma a partir dos ecossistemas de nosso planeta, ou seja, rios, mares, serras, montanhas, ar atmosférico, oceanos.

---

poluição seja quantitativamente desprezível não é o suficiente para que seu titular não esteja incidindo na prática de dano ambiental, pois é a capacidade de suporte do ambiente que deve ser levada em consideração e não a emissão em si." "A existência de inúmeras fontes de poluição desprezíveis pode, de fato, constituir-se em dano ambiental."

69 *Ibidem*.
70 *Ibidem*, p. 182.

José Rubens Morato Leite estuda algumas definições de dano ambiental como: " (...) é a lesão de interesses juridicamente protegidos", ou ainda, "(...) que dano é toda ofensa a bens ou interesses alheios protegidos pela ordem jurídica. O interesse, nesta concepção, representa a posição de uma pessoa, grupo ou coletividade em relação ao bem suscetível de satisfazer-lhe uma necessidade".[71]

Extrai o autor dessas definições que "dano abrange qualquer diminuição ou alteração de bem destinado à satisfação de um interesse", o que significa que as reparações devem ser integrais, sem limitação quanto à indenização, devendo compreender os danos patrimoniais e extrapatrimoniais.[72]

Quase sempre esbarrando, por assim dizer, na dicotomia patrimonial e extrapatrimonial do dano, encontramos em maciça doutrina, a referência ao chamado "dano estético", como aquele que possa acarretar um "enfeamento", decorrente de modificação permanente ou duradoura na aparência externa de uma pessoa causando-lhe humilhação, desgosto e dor moral.[73]

Quanto ao alcance coletivo do dano moral, refere José Antonio Remédio melhor doutrina, *maxima venia*, sustentando a possibilidade de afirmar sua existência, seja no tocante à tutela dos interesses sociais, ecológicos, seja do aspecto de proteção dos interesses da pessoa

---

71 José Rubens Morato Leite. *Dano ambiental:* do individual ao coletivo extrapatrimonial. São Paulo: RT, 2000, p. 97. O autor cita, respectivamente, a definição de dano ambiental de Sérgio Severo e Mário Júlio de Almeida.

72 *Ibidem*, p. 98.

73 José Antonio Remédio, *et al. Dano moral. Doutrina, jurisprudência e legislação*. São Paulo: Saraiva, 2000. Citam os autores definição de Teresa Ancona Lopes, Carlos A. Ghersi e Artur Marques da Silva Filho.

jurídica, pleiteando indenização por dano moral no caso de ser atingida toda uma categoria profissional.[74]

Interessante notar, referem os autores que "doutrinariamente, citam-se como exemplos de dano moral coletivo aqueles lesivos a interesses difusos e coletivos como: dano ambiental (que consiste na lesão ao equilíbrio ecológico, à qualidade de vida e à saúde da coletividade), a violação da honra de determinada comunidade (a negra, a judaica etc.) através de publicidade abusiva e o desrespeito à bandeira do País (o qual corporifica a bandeira nacional)".[75]

Parece-nos certo que, do ponto de vista constitucional e infraconstitucional, a previsão de reparabilidade do dano causado, no aspecto patrimonial e extrapatrimonial, encontra-se expressamente assegurada, vale dizer, a Constituição Federal assegura a indenização por dano patrimonial ou moral, entre os direitos e garantias, individuais e coletivos, insculpidos como cláusula pétrea, em seu art. 5º.

Encontramos, ainda, no art. 1º da LACP, as disposições sobre as ações de responsabilidade de que trata essa lei, estabelecendo que os danos morais e patrimoniais a serem reparados compreendem os danos causados ao meio ambiente, ao consumidor, a bens e direitos de valor artístico, histórico, turístico, paisagístico, a qualquer outro interesse difuso ou coletivo e por infração à ordem econômica.

No mesmo sentido, encontramos dispositivo de proteção a esses direitos fundamentais no Código de Defesa do Consumidor, assegurando entre os direitos básicos, do art. 6º a efetiva prevenção e reparação de danos patrimoniais e morais, individuais e coletivos, causados ao consumidor.

---

74 Limongi França; Carlos Augusto de Assis; Carlos Alberto Bittar Filho. *Apud Ibidem*, 34-5.

75 Opinião de José Antonio Remédio, *et al.* e Responsabilidade civil? teoria e prática. 3ª ed. atualizada por Eduardo C.B.Bittar e Carlos Alberto Bittar Filho, respectiovamente. Rio de Janeiro: Forense Universitária. 1999, *op. cit.*, p. 35.

Igualmente, o Estatuto da Criança e do Adolescente tem como objetivo legal o desenvolvimento moral, físico e social, físico e moral, punindo todo atentado em contrário à criança e ao adolescente, assegurando-lhes o direito à integridade física, psíquica e moral.[76] Tais direitos fundamentais encontram-se, antes de tudo, assegurados e elevados à categoria de garantias constitucionais, também como princípio isonômico, em seu art. 5º.

Assim é que a construção doutrinária traduz a expressão legal, vale dizer, a divisão do dano em patrimonial e moral, com o desdobramento do dano moral em ambiental, paisagístico, afetação traduzida à integridade física e psíquica, ou qualquer outro interesse coletivo *stricto sensu*.

Como já também se acenou entre nós, em data muito menos recente, vem construindo a doutrina e a legislação italiana fundamentação para a responsabilidade civil em caso de dano à saúde, propriamente dito, assim compreendido como dano físico, psíquico, portanto, à integridade física e psíquica, devendo constituir-se em outra categoria específica e que não permita a confundibilidade com os danos morais em sentido estrito.

Nesse sentido, o próprio reconhecimento quanto à existência e reparação do dano moral, antes de ser recepcionado pela Constituição Federal de 1988, mesmo não encontrando ainda previsão legal expressa, teve indenização assegurada por muitas decisões de nossos tribunais, atendendo ao pedido de reparação diante de sua ocorrência.

Nas questões atinentes ao meio ambiente, verificou-se em ação civil pública a condenação por dano ecológico resultante da edificação em morro litorâneo, com desaterro do local, em função das obras, a alcançar patrimônio estético, turístico e paisagístico, julgando-se tais direitos merecedores de tutela jurídica, a teor da Lei Federal 7.347/85.[77]

---

76 Nesse sentido, aponta José Antonio Remédio, *op. cit.*, p. 36.

77 "Impossibilidade de autorização administrativa preponderar sobre legislação federal – Necessidade de preservação do meio local – Progressiva deterioração deste que não justifica sua maior desproteção – Ação pro-

Interessante, todavia, notar que entre nós o instrumento da ação popular permite ao cidadão, tomado individualmente, poder por esse meio buscar a defesa do meio ambiente, com alcance evidentemente difuso, fugindo à regra dos legitimados autônomos, podendo fazê-lo com exclusividade, por força do Código de Defesa do Consumidor e da Lei de Ação Civil Pública.

Nesse sentido, destaca Édis Milaré a ação popular que teve por objeto os danos ambientais causados ao parque estadual de Vila Velha, visando a erradicação de obras existentes na região dos arenitos.[78]

De outra maneira não haveria de ser, sendo certo que a ação popular tem hoje características inovadoras, podendo-se considerar o primeiro instrumento a legitimar o cidadão, individualmente, na tutela dos direitos coletivos em sentido lato, nas suas hipóteses de cabimento, alargadas para as questões atinentes ao meio ambiente.[79]

Assim considerada ação constitucional corretiva, para as situações, inclusive, em que o dano causado ao meio ambiente admite a correção, tanto mais considerado o aspecto da ameaça ao direito, abarcado pelo conceito de dano juntamente com a lesão, não se haveria de restringir a hipótese de cabimento da ação popular, por se haver de alargar os caminhos para a defesa das questões ambientais, se possível agindo preventivamente.

---

cedente – Condenação da ré a abster-se de utilizar o alvará, bem como a reparar o dano – Recurso provido" (ApCív 157.725-1– Guarujá – rel. Marco César – j. 20.02.1992).

78 Trata-se de ação popular proposta por João José Bigarella e outros contra o Estado do Paraná e a Paranatur – Empresa Paranaense de Turismo, julgada procedente pelo Juíz Antonio Gomes da Silva, da Vara da Fazenda Pública da Comarca de Curitiba. *Milaré, op. cit.*, p. 666-75.

79 Nesse sentido: Celso Antonio Pacheco Fiorillo. *Os sindicatos e a defesa dos interesses difusos no processo civil brasileiro*. São Paulo, 1995; José Carlos Barbosa Moreira. *Temas de direito processual civil*. 1ª série; Belinda Pereira da Cunha. *op. cit.*; Milaré, *op. cit.*

4

POSSIBILIDADE DE RECUPERAÇÃO E REPARAÇÃO DO MEIO AMBIENTE

4.1 Poluição

O conceito de poluição, no sentido amplo, exprime a "mudança indesejável no ambiente, geralmente a introdução de concentrações exageradamente altas das substâncias prejudiciais ou perigosas, calor ou ruído".[1]

Como situação indesejável, a poluição geralmente reflete os resultados da atividade humana, podendo, ainda, referir-se a "erupções vulcânicas e a contaminação de um corpo de água por animais mortos ou, por exemplo, os excrementos de animais são também poluição".[2]

José Renato Nalini procura tratar a poluição a partir do comportamento da humanidade e das intervenções humanas que compromete o ambiente, mais do que aprimorá-lo. Explica que o tema da poluição tornou-se recorrente e central à preservação da vida, atingindo inúmeras formas de degradação, abarcando, inclusive, o conceito de miséria.[3]

---

1   Henry Art. *Dicionário de ecologia e ciências ambientais.* São Paulo: Melhoramentos, 1998, p. 419.
2   *Ibidem.*
3   José Renato Nalini. *Ética ambiental.* Campinas: Millenium, 2001, p. 107.

Considerada a mais evidente, a poluição ambiental "é aquela que atinge o ar, as águas, o solo, espraiando-se depois para maltratar os sentidos, notadamente sob a forma de poluição visual e acústica".[4]

O comprometimento do ar resulta de causas humanas, decorrentes do gasto de energia em razão, inclusive, do aumento demográfico, visto que "o uso acelerado de combustíveis fósseis polui o ambiente".[5]

"A poluição da água afeta as pessoas em todo o mundo", é o que afirma o Relatório de Desenvolvimento Humano da Organização das Nações Unidas. As preocupações em relação aos efeitos químicos e minerais tóxicos, como os pesticidas e chumbo, sobre a água potável, nos países industrializados, são sérias e bem fundadas, mas seus efeitos parecem pequenos, comparados ao mal-estar generalizado provocado pela simples contaminação dos esgotos nos países em desenvolvimento.[6]

Nos países industrializados, os fertilizantes utilizados em excesso provocam graves problemas de poluição da água e, ao longo dos anos, "os nitratos de campos fortemente adubados infiltram-se nas reservas de águas subterrâneas", sendo que quase um quarto de água subterrânea na Europa ocidental e do leste atingem níveis de contaminação acima do máximo permitido pela União Europeia.[7]

Os nutrientes desses referidos fertilizantes são lavados da terra, fluindo para lençóis de águas terrestres e para o mar, provocando a proliferação de algas tóxicas. Interessante é que os fertilizantes são menos problemáticos nos países em desenvolvimento, apesar de se

---

4   *Ibidem.*

5   José Renato Nalini. *Op. cit.*, p. 108.

6   Richard Jolly (Coord.). *Relatório de Desenvolvimento Humano 1998.* Lisboa: Trinova, 1998, p. 68 e ss. Publicado para o Programa das Nações Unidas para o Desenvolvimento. Edição em língua portuguesa.

7   *Ibidem.*

ter encontrado nitratos no fornecimento de água em cidades como São Paulo e Buenos Aires.[8]

Nos países industrializados, um terço das águas dos esgotos é descarregado sem tratamento, pois, geralmente, os rios estão mais limpos. Nos países em desenvolvimento, quase 30% da população não têm acesso à água potável e quase 60% não têm acesso ao saneamento básico; mais de 90% da água das chamadas águas residuais são descarregados, sem tratamento, nos rios, lagos e águas costeiras.[9]

A poluição da água medida por poluentes orgânicos e sólidos suspensos é mais grave na Ásia e na África e, como resultado desta poluição, as doenças transportadas pela água, como diarreia, disenteria, parasitas intestinais e hepatite proliferam nos países em desenvolvimento, sobretudo entre a população mais carente.

A pesca, um das principais fontes de subsistência das pessoas mais pobres em determinados países fica prejudicada pelos esgotos e pelos poluentes derramados nos rios e mares, sendo estimado que cerca de 100 milhões de pessoas pobres dependem da pesca para toda, ou parte, de sua subsistência.[10]

O sistema de controle da poluição no Estado de São Paulo, considerada sua grandeza econômica e industrial, revelou o Brasil como pioneiro na montagem de uma configuração institucional e legal, visando o controle de poluição e preservação ambiental, como declarou a Companhia de Tecnologia de Saneamento Ambiental (Cetesb), em 1992.[11]

---

8   *Ibidem.*

9   *Ibidem.*

10 Esta estimativa pode estar alterada na mesma proporção do crescimento demográfico verificado desde 1998, ou ainda se foi maior o crescimento da pobreza, resultando em depósito de materiais que afetam a pesca nesses países, como é o nosso caso.

11 Lineu Rodrigues Alonso. "Desenvolvimento, controle da poluição e meio ambiente." *São Paulo em Perspectiva, Desenvolvimento e Meio Ambiente.* São Paulo: Seade, vol. 6, jan.-jun. 1992, p. 82 e ss.,

Entre essas ações, no Estado de São Paulo, foram relatados alguns programas, como o de "despoluição do Rio Tietê", que compreende: a elevação do nível de coleta de esgotos, com a ampliação da rede até atingir 80% da população atendida na capital, e 50% dos demais municípios da região metropolitana de São Paulo; aumento da capacidade de tratamento dos esgotos urbanos, com a instalação de novas estações de tratamento de esgotos, chegando a 80% do volume gerado; intervenções em 1.200 indústrias da região metropolitana, consideradas as mais significativas, objetivando o tratamento de seus efluentes líquidos.[12]

Ressalta-se, ainda, o programa de "controle de poluição do ar em Cubatão", além "do controle da poluição do ar devido às emissões veiculares", "controle de locais contaminados por deposição de resíduos", sendo relatadas as ações já tomadas no sentido desses programas e de controle da poluição como: identificação dos locais contaminados, tendo sido encontradas sete áreas até o momento;[13] apresentação pela indústria, para cada local contaminado, de um plano de remoção, acondicionamento, transporte, tratamento, disposição final dos resíduos; remoção do material contaminado e armazenamento em local protegido; instalação pela indústria de incinerador para a queima dos resíduos removidos, com capacidade de 50 toneladas por dia; isolamento e monitoramento das áreas contaminadas e do local do armazenamento; ações junto às municipalidades e comunidades para evitar a aproximação e o acesso de pessoas nas áreas contaminadas.[14]

Encontramos em trabalho realizado pelo governo do Estado do Rio de Janeiro, por intermédio da Secretaria de Estado de Meio Ambiente, uma avaliação da qualidade das águas costeiras do Estado, que visa contribuir para a integração da gestão de bacias hidrográficas com a

---

12 *Ibidem*, p. 87-8.

13 *Ibidem*.

14 *Ibidem*, p. 92.

dos sistemas estuários e zonas costeiras do Estado, tratando-se de uma das Diretrizes Gerais de ação dentro da Política Nacional de Recursos Hídricos, instituída com a lei 9.433, de 08.01.1997, notadamente em seu Capítulo III, art. 3º, VI.[15]

Desastres ocasionados pelo ser humano causam impactos no sistema de abastecimento de água, o que pode originar uma séria poluição das fontes de água, por exemplo, e ameaças para a saúde pública. Algumas dessas falhas podem ser: derramamento de substâncias químicas, enchentes, incêndios, explosões ou ruptura de tubulações, sendo que o tipo e a intensidade dos desastres ocasionados variam consideravelmente.[16]

Entre os problemas ambientais regionais, são identificados a poluição do ar e a chuva ácida que causam danos óbvios para a saúde, a vegetação e as propriedades, fazendo com que a maioria dos países industrializado, para controlar a fonte de emissão de poluentes. O controle das emissões reduziu a maioria dos poluentes mais importantes, incluindo partículas de fumaça, dióxido de enxofre e monóxido de carbono.[17]

Problemas ambientais locais, como o lixo municipal, resíduos industriais químicos e o rejeito de substâncias químicas tóxicas, agravam ainda mais o problema da poluição em nosso planeta, a partir de nossa cidade, Estado e País. O que em uma geração anterior poderia ser

---

15 Helder Costa. Projeto Planagua Sema/GTZ de Cooperação Técnica Brasil-Alemanha, do Governo do Estado do Rio de Janeiro, Secretaria de Estado de Meio Ambiente. *Uma avaliação da qualidade das águas costeiras do Estado do Rio de Janeiro*. Rio de Janeiro: Fundação Estudos do Mar (Femar), 1998.

16 "A água em situações de emergência." Organização Pan-Americana da Saúde – Repartição Sanitária Pan-Americana, Escritório Regional para as Américas, Escritório Regional para Europa, Organização Mundial da Saúde.

17 Consumo Sustentável. Consumers International. Programa das Nações Unidas para o Desenvolvimento. Trad. Admond Ben Meir. São Paulo: Secretaria do Meio Ambiente, IDEC, CI, 1998.

considerado "comum" como resíduos tóxicos despejados de "forma simples e barata", ou seja, "os sólidos lançados ao solo e os líquidos aos rios, poços, ou também ao solo", passou a ser fator preocupante e sujeito às leis de controle da poluição.[18]

Nesse sentido, as leis de controle da poluição são tidas como verdadeiro estímulo a outros métodos poluentes quem têm por objetivo desfazer desses detritos, como o armazenamento em poços profundos, em tanques ou *containers*, incineração, "enterro controlado" em aterros específicos para lixos perigosos, e lançamento ou queima no mar, podendo todos eles causar poluição local potencialmente séria, caso possa o lixo escapar do lugar armazenado.[19]

De outro lado, as atividades cotidianas dos agricultores propiciam, lamentavelmente, um alto índice de contaminação por agrotóxico, como os problemas que têm sido relatados sobre a contaminação de Barbacena, em Minas Gerais, cujos números não foram revelados; todavia é sabido que em mais de 60% dos casos conhecidos foi detectado um nível de contaminação superior ao autorizado pelo Ministério da Agricultura.[20]

Do ponto de vista jurídico a problemática da poluição é vista com profundo temor, em escala brutal, principalmente se considerada a poluição industrial em sua forma mais grave, em razão da natureza do projeto, da sua localização, dos ingredientes químicos e de como estes serão manipulados, podendo ser fatal à vida, e cujos danos poderão atingir as gerações futuras; felizmente os tribunais já se manifestam no sentido de coibir esses abusos.[21]

---

18 *Ibidem*, p. 32-41.

19 *Ibidem*.

20 Programa *Globo Rural*, de 03.11.2002.

21 Roberto Durço. "A problemática da poluição." *Revista do Ministério Público, Justitia*, nº 100, 1º trimestre 1978, p. 19.

O próprio solo, "pouco a pouco, principalmente na periferia dos grandes aglomerados humanos, mais parece fonte de doença e inquietação" em decorrência dos agentes poluentes. A "degradação da cobertura vegetal" é um dos mais graves aspectos da poluição dos solos, sendo indispensável atentar para a problemática que cada dia assume maiores proporções, como a da aplicação não segura dos defensivos agrícolas, dos pesticidas e inseticidas.[22]

Referentemente à poluição das águas, os poluentes atingem, indiscriminadamente, tanto as águas do mar como as águas doces, o que advém não somente de detritos naturais, de usinas e fábricas ou de esgotos, que tendem a degradar mais as águas a cada dia, acarretando graves prejuízos para a saúde pública, para a fauna e flora.

Assim, temos rios que, "se não absolutamente irrecuperáveis, são de dificílima e onerosa recuperação, pela carência de uma fiscalização que os defenda do lançamento em seus canais de dejetos *in natura* e dos resíduos venenosos de determinadas indústrias, as quais simplesmente zombam de dispositivos legais que terminantemente proíbem essa prática". [23]

---

22 Por sinal, muito bem enquadrada nessa linha de preocupação a recente decisão do governo do Estado de São Paulo em proibir a produção de componentes da dioxina (herbicidas). Se esse produto continuasse a ter comercialização, "qualquer pessoa teria condições de fabricar o "agente laranja", um desfolhante fortíssimo que foi utilizado às toneladas no Vietnã, inutilizando o solo por, pelo menos, meio século. Ele provoca doenças de pele e, em maiores quantidades, intoxicações, deformações fetais, câncer etc., e "o uso indiscriminado" deste produto "já estava contaminando mananciais de água, lençóis freáticos, destruindo bosques e campos de lavoura, além de intoxicar e causar a morte do gado". *Ibidem*.

23 A "poluição industrial" causada pelos resíduos das indústrias constitui um problema com inúmeras facetas e o de maior gravidade. Bem evidenciam essa gravidade as manchetes diárias, quer da imprensa nacional quer da internacional. A categoria mais ampla de todas as poluições. Pode-se dizer que há pelo menos tantos tipos de resíduos industriais quantos são os tipos de indústrias.

Nessa medida, o conceito de poluição é bastante amplo, abrangendo todos os meios de adulterações do meio ambiente, tornando-o prejudicial à saúde, ao bem-estar das populações, ou alterações que causem dano à flora e à fauna,[24] o que já nos faz sentir o âmbito de abrangência das lesões que possam ser causadas: dano ambiental e dano à saúde, distintamente do dano moral e do patrimonial.

Adotando-se o critério do professor Thomaz G. Aylesworth, em poluição do ar e da água, temos a seguinte subdivisão da "poluição industrial":
a) de "matéria flutuante" (espuma, óleo e sólidos flutuantes) – próprios de certos processos químicos, de refinarias etc.;
b) de "sólidos sedimentáveis" (partículas relativamente grandes que afundam em vez de flutuar) – poeira das chaminés das aciarias;
c) de matéria coloidal (de coloide – um tipo especial de mistura que consiste de pequenas partículas suspensas num meio fluido) – líquidos residuais e subprodutos da indústria química, aditivos da indústria de fibras e papel, materiais de cola têxtil, e certas qualidades de tintas usadas em papel, alimentos e tecidos podem formar esse tipo de poluição;
d) de "sólidos dissolvidos" (um muito comum é o sal mineral) – de desengraxadores, líquidos para cozinhar polpa de madeira e resíduos da limpeza de caldeiras;
e) de "substâncias tóxicas" (que envenenam seres vivos ou mudam de tal forma o ambiente que provocam a morte de plantas e animais) – dieldrin, DDT, clordano e outros pesticidas sob suspeita de serem carcinógenos, com possibilidade de assimilação tanto no consumo dos vegetais como na absorção da água poluída; os pesticidas, como os produtos químicos para matar insetos, os herbicidas, como os matadores de pragas;
f) de "sedimentos" (tipo final de poluidor industrial – é uma concentração de sólidos bastante espessos para dar à água uma aparência pastosa) – de estações de tratamento de esgotos ou de usinas de processamento de alimentos, de refinarias, de fábricas de produtos químicos e de fibras de papel. Segundo Durço, *op. cit.*, p. 19 e ss.

24 *Ibidem*.

Nosso Código de Águas, Dec. 24.643, de 10.07.1934, art. 109, quando cuida das "águas nocivas" não utiliza o termo poluir ou poluição, mas sim "conspurcar ou contaminar". Revogado o Dec.-lei 303, de 27.02.1967, temos no art. 1º o seguinte conceito:

> Para as finalidades deste decreto-lei, denomina-se poluição qualquer alteração das propriedades físicas, químicas ou biológicas do meio ambiente (solo, água e ar), causada por qualquer substância sólida, líquida, gasosa ou em qualquer estado da matéria, que direta ou indiretamente, seja nociva ou ofensiva à saúde, à segurança e ao bem-estar das populações; crie condições inadequadas para fins domésticos, agropecuários, industriais e outros; ou ocasione danos à fauna e à flora.

Na legislação federal, porém, o conceito legal já surgira com o Dec. 50.877, de 29.06.1961 (publicado com retificação no *DOU* de 30.06.1961) que dispunha: "Poluição: qualquer alteração das propriedades físicas, químicas ou biológicas das águas que possa importar em prejuízo à saúde, à segurança e ao bem-estar das populações e ainda comprometer a sua utilização para fins agrícolas, industriais, comerciais, recreativos, e, principalmente, a existência normal da fauna aquática".

A lei 2.182, de 23.07.1953 (41) no parágrafo único do art. 1º dispunha: "Para efeito deste artigo considera-se 'poluição' qualquer alteração das propriedades físicas, químicas e biológicas das águas que possa constituir prejuízo à saúde, à segurança e ao bem-estar das populações e ainda possa comprometer a utilização das águas para fins agrícolas, comerciais, industriais e recreativos".

A lei 3.068, de 14.07.1955, deu nova redação inclusive a esse art. 1º da lei 2.182/53: "Para efeito deste artigo, considera-se poluição qualquer alteração das propriedades físicas, químicas e biológicas das águas que possa constituir prejuízo à saúde, à segurança e ao bem-estar das populações e, ainda, possa comprometer a fauna ictiológica e a utilização das águas para fins agrícolas, comerciais, industriais e recreativos".

A lei 907, de 31.05.1976, que dá o vigente conceito de poluição para o Estado de São Paulo, dispõe em seu art. 2º: "Considera-se poluição do meio ambiente a presença, o lançamento ou a liberação, nas águas ou no solo, de toda e qualquer forma de matéria ou energia com intensidade, em quantidade, de concentração ou com características em desacordo com as que forem estabelecidas em decorrência desta lei, ou que tornem ou possam tornar as águas, o ar ou o solo: i – impróprios, nocivos ou ofensivos à saúde; ii – inconvenientes ao bem-estar público; iii – danosos aos materiais, à fauna e à flora; iv – prejudiciais à segurança, ao uso e gozo da propriedade e às atividades normais da comunidade".

Abarca, pois, as três formas básicas de poluição, do ar, da água e do solo. No Código Civil brasileiro (lei 3.071, de 1º.01.1916) o verbo poluir é usado uma única vez. Assim dispõe o art. 584: "São proibidas construções capazes de poluir, ou inutilizar para o uso ordinário a água de poço ou fonte alheia, a elas preexistentes".

Na legislação penal encontramos em nosso Código Penal (Dec.-lei 2.848, de 07.12.1940), no art. 271 o verbo poluir ("Corrupção ou poluição de água potável"): "Corromper ou poluir água potável, de uso comum ou particular, tornando-a imprópria para consumo ou nociva à saúde".

4.2 Responsabilidade solidária na cadeia de fornecimento: outros produtos alcançados pela contaminação

Considerando o bem da vida de que nos ocupamos, seja o meio ambiente protegido constitucionalmente, relevada a sadia qualidade de vida, seja a própria saúde humana, tomada como o bem a ser resguardado e tutelado, temos por certo que estamos diante do critério da gravidade do dano e da importância do bem jurídico que queremos proteger.

Com isso e, sendo certo que estamos diante da responsabilidade civil de natureza objetiva, sempre que nos ocupamos das questões ambientais e também das relações jurídicas de consumo, deveremos enaltecer tanto mais as relações que tenham a intersecção desses bens jurídicos.

Referimo-nos, assim, ao meio ambiente e às questões jurídicas que mereçam a proteção do Código do Consumidor, que transcendam às suas esferas exclusivas, do ponto de vista do ramo do direito que delas se ocupem, o que já expressamos sob certo aspecto em outra tomada de nosso trabalho, para agora referir a responsabilidade civil, não só objetiva, mas também solidária, considerado o evento danoso provocado, sob lesão ou ameaça, ao consumidor e ao usuário do meio ambiente, e de tudo o mais que deste resulte, ainda que na cadeia de consumo.

Queremos assim explicitar nosso entendimento no sentido de serem solidariamente responsáveis tantos quantos possam de alguma maneira cooperar para a causa do dano: à saúde do consumidor, à saúde da coletividade em razão dos danos ambientais, ao consumidor por usar ou adquirir produtos contaminados em razão dos danos causados ao ambiente.

Trata-se de questão multifacetária, na medida em que determinada associação de pescadores possa revender o produto de seu trabalho obtido em área contaminada pelo vazamento de substância química que possa danificar o ambiente e a saúde humana.

Não seria certo procurarmos atribuir ao pescador a responsabilidade pelos graves danos causados, por exemplo, por um petroleiro a todos aqueles que por qualquer meio possam sofrer contaminação resultante da lesão que sofreu o meio ambiente.

Por outro lado, não se há de excluir o petroleiro, bem como as empresas produtoras e que têm interesse no transporte das substâncias da posição que ocupa aquele que compõe a cadeia de fornecimento dos produtos que, ao serem colocados no mercado, possam causar lesão ou ameaça ao direito da coletividade.

Nesse sentido, tratamos da contaminação causada ao meio ambiente, de que possa resultar danos ao usuário dos produtos, consumidor ou a este equiparado por força do art. 17 do CDC.

O alcance do dano ambiental considerando potencial ou atual a lesão ou perigo de lesão, pode configurar-se em três categorias deferentes: a) destruição ou deterioração dos fatores físico-naturais de uma determinada espécie, por meio de procedimentos mecânicos utilizados para resgatar o *status quo ante*, consideradas as condições naturais do ambiente, como a vegetação, o solo, além do hábitat natural de diferentes espécies; b) degradação ou contaminação dos elementos biológicos de determinados ecossistemas naturais, pela introdução do ciclo ecológico de substâncias químicas de alta toxicidade, ou de materiais sintéticos ou de gases resultantes de processos industriais que decompõem e liberam diferentes componentes nocivos tanto para o equilíbrio natural, como para a saúde e bem-estar da população; c) a degradação do espaço social tanto urbano como rural, acúmulo de lixo, desperdícios e dejetos sólidos não biodegradáveis, em abandono de elementos poluentes e a produção incontrolada de ruídos e vibrações, que por sua intensidade alteram as condições mínimas para o bom funcionamento da vida social e ocasionam danos à saúde da população.[25]

---

25 Silvia Jaquenod de Zsögön. *El derecho ambiental y sus principios rectores.* Madrid: Dykinson, 1991, p. 221.

Analisando-se, uma a uma, as três categorias do dano ambiental, consideradas as hipóteses de sua lesão, passemos à primeira delas, verificando que a contaminação havida no hábitat natural, como referido, assim tomado o solo, a vegetação, as águas dos rios e mares, certamente atingirá o consumidor, usuário ou todos, indistintamente, que estão expostos a essa contaminação na esfera de proteção do Código do Consumidor, pelos alimentos cultivados nesse solo, pela água utilizada ou ingerida, pela vegetação que possa contaminar outros cultivos.

Na segunda categoria, a contaminação por substâncias de elevada toxicidade promove diretamente os riscos e malefícios à saúde humana, tendo alcance imediato a aplicação do art. 17 do Código do Consumidor, certamente para a equiparação do conceito e necessária aplicação do respectivo diploma.

Quanto à terceira categoria, com a degradação do espaço social, por meio do depósito de substâncias químicas e poluentes, notadamente com a deflagração do problema urbano do lixo, tem-se afetada a esfera do consumidor, quer como usuário e adquirentes dos serviços e produtos postos a seu serviço na vida social, quer pelos serviços públicos como saneamento, depósito dos lixos urbanos, utilização natural do ar atmosférico, do abastecimento de água para as cidades, entre outros.

Com isso, a responsabilidade pelos causadores do dano ambiental se horizontaliza solidariamente no polo do fornecimento dos produtos e serviços disponibilizados no mercado de consumo, que possam ou efetivamente sejam alcançados pela lesão ao bem da vida a ser resguardado, sendo a coletividade afetada como usuária do meio ambiente natural, ou como ente coletivo exposto aos riscos e acidentes decorrentes de uma contaminação.

4.3 Critérios para efetiva reparação do dano à saúde

O que nos ocupa quanto ao que chamamos critério para a efetiva reparação do dano à saúde é, principalmente, o fato de encontrar-se as reparações dessa natureza relegadas ao plano dos danos sofridos nas esferas patrimonial e moral.

Com isso, ao sofrer lesão em sua integridade física, o ser humano está fadado a ter eventual reparação, no âmbito civil, circunscrita à sua condição patrimonial ou, na melhor das hipóteses, avaliada segundo a afetação que o dano possa ter causado moralmente.

Assim, a coletividade de pessoas afetada em sua saúde por uma contaminação sofrida no solo ou na água, como no caso de Paulínia, adiante comentado, poderá ser reparada quanto às perdas sofridas em seu patrimônio, do ponto de vista do interesse individual homogêneo, ou ainda, diante da perda de capacidade laboral, aqui considerado o direito individual puro, mas estará longe de tentar recuperar a perda sofrida, quanto à saúde das pessoas tomadas em seu aspecto individual ou coletivo e pior, relegando a plano de menor importância a saúde humana considerada em seu aspecto difuso.

Pensamos, assim, que seja possível tratar a saúde como um bem em si, em que pese ter-se uma reparação traduzida em pecúnia, individuando-a, todavia, como um bem distinto daquele que represente o patrimônio ou a afetação moral sofrida pelo indivíduo ou pela coletividade.

É certo que não estamos a tratar de um "tabelamento" dos valores que não pudessem pagar pelas partes do corpo ou pela própria vida humana, mas sim de propor alcances indenizatórios que desvinculem a saúde da capacidade financeira das vítimas ou, ainda, que não minimizem as perdas quando se tratar de ameaça, ou seja, sem a efetiva lesão da vida humana em seu aspecto físico.

Esse critério há de representar a necessária reparação, mesmo que pecuniária, sempre que houver qualquer abalo na integridade física ou psíquica do ser humano, tomado individual ou coletivamente, o que se há de medir pela pretensão levada a juízo a partir da ocorrência fática deflagrada.

São situações que estão certamente agravadas ao tratar-se de danos que atinjam o meio ambiente e, embora possam ser alvo de reparação civil sob o aspecto ambiental, com condenações expressivas diante dos recursos naturais lesados, há também de ser alvo de reparação não menos representativa pelo impacto causado à saúde humana, seja qual for a solução temporal comprometida para que se configure a lesão às vítimas.[26]

Ora, se o dano ao meio ambiente acarreta dano à saúde e, se ocorrem impactos tão permanentes em ambos os casos que se confundem por assim dizer, ao tratarmos da qualidade de vida sadia sempre que cuidamos do meio ambiente[27] não se há desprezar a própria saúde ao centro do evento danoso.

---

26 "Tribunal condena empresa por derramamento de óleo." O Tribunal Regional Federal da 3ª Região condenou uma empresa de transporte marítimo ao pagamento de indenização de US$ 28 mi pelo derramamento de óleo no mar por um navio de sua propriedade que estava atracado no porto de Santos. O tribunal considerou que a empresa tem responsabilidade objetiva pelo dano, ou seja, responderá por ele independentemente de ser ou não culpada pelo acidente. O simples derramamento de óleo no mar gera um dano ambiental, mesmo que ele não seja quantificado. A maior dificuldade no caso será apurar o valor da indenização. Para isso é necessário quantificar o dano, analisando aspectos como quantidade de óleo derramada, área atingida e espécies prejudicadas". Jornal *Valor*, quinta-feira, 13 jun. de 2002.

27 CF, arts. 5º, *caput*, e 225.

Da mesma maneira como tratou o direito italiano, o dano à saúde há de ser reconhecido como figura prioritária e autônoma, com referência à figura do dano propriamente dito, vale dizer, dano emergente, lucro cessante, dano moral.[28]

De outro lado, o veto do art. 16 do CDC, que continha a previsão de multa de até um milhão de vezes o antigo Bônus do Tesouro Nacional (BTN), para a ocorrência de alta periculosidade de produto ou serviço que tenha provocado o dano, refletia a penalidade pecuniária como meio inibitório da prática de atos lesivos.

Todavia, a compensação em pecúnia ou condenação inibitória da prática danosa não tem visado como principal destinatária a saúde humana diante das lesões ambientais que atingem a vida.

É o que se verificou no levantamento dos julgados em nosso País, em muitas situações que causassem o dano à saúde e, para as multas diante dos "acidentes" ambientais, o resultado porventura obtido não há por certo de reverter diretamente para as vítimas do evento.

Tais multas, embora expressem significativa soma numérica, comportam certa modéstia, considerando-se o bem da vida atingido *prima facie*; também não atingem o objetivo de coibir a prática dos atos que causam sempre sérios acidentes ambientais.

Tomemos como exercício, para aplicação de nosso raciocínio, a ocorrência com a Indústria Cataguases de Papel, com o vazamento de cerca de 40 milhões de litros de rejeitos de substâncias tóxicas, sendo que no Estado do Rio de Janeiro a informação divulgada foi de 1,2 bilhão de litros envolvendo soda cáustica, com a contaminação do Rio Paraíba do Sul com outros metais pesados.[29]

---

28 Busnelli, p. 851-67.

29 O Ministério vai ajudar pescadores de Rio e Minas – Prejudicados pela contaminação das águas, eles receberão um salário mínimo por mês. Técnicos ainda investigam se, além da soda cáustica, houve contaminação

Tal contaminação, além de afetar os rios e mar, atinge a população pesqueira, aqueles que se alimentam desses peixes postos à venda e, ainda, a comunidade que se abastece da água servida pelos rios contaminados.

Verificamos, assim, a partir do evento deflagrado, vale dizer, do derramamento de substância química tóxica, a ocorrência de um dano ambiental, que também provocou um dano patrimonial aos pescadores e um dano à saúde de toda uma comunidade.

Quanto ao aspecto ambiental, as primeiras providências giraram em torno da aplicação da multa de R$ 50 milhões, medidas das autoridades competentes no sentido de determinar a elaboração de um projeto ambiental – que deveria, inclusive, ser a condição para a obtenção da licença de funcionamento da unidade industrial, além do plano emergencial, em face dos riscos da atividade –, sem prejuízo da condenação civil pelos danos causados.

Do ponto de vista do dano material causado aos pescadores, como referido, o Ministério do Trabalho pagará um salário mínimo, durante três meses, para pescadores artesanais de cidades fluminenses e mineiras afetadas pelo vazamento de resíduos químicos do reservatório da Indústria Cataguases, o que consiste numa providência emergencial, cabendo o ressarcimento efetivo diante desse dano sofrido.

O abastecimento de água de mais de 500 mil pessoas viu-se comprometido, tendo o Rio de Janeiro, ajuizado ação civil pública contra a empresa mineira pretendendo, além do ressarcimento dos danos, que os valores das multas aplicadas sejam revertidos em benefício dos municípios afetados.[30]

---

do Rio Paraíba do Sul com outros metais pesados. 'Estamos diante de uma tragédia ambiental', admitiu a ministra Marina Silva. *O Estado de S. Paulo*, sexta-feira, 4 abr. 2003, C6, Ambiente.

30 Segundo notícias do *O Estado de S. Paulo*, para a governadora do Rio de Janeiro na época, o abastecimento não pode ser restabelecido até que haja

Temos deflagrado o dano à saúde da coletividade, quer pela interrupção no abastecimento, quer pela utilização de água contaminada, além da possível contaminação pela ingestão do peixe extraído das águas poluídas com os dejetos tóxicos da indústria. Esse dano à saúde, tomado em seu aspecto coletivo *lato sensu* ou mesmo individual, há de ser reparado, independentemente da situação socioeconômica dos indivíduos lesados.

Se a grande dificuldade está em dimensionar o *quantum* possa reparar o dano à saúde, diante de uma lesão de um órgão, por exemplo, não se pode desconsiderar o espectro dessa lesão, tomada no âmbito da saúde e da qualidade de vida sadia.

Propomos, assim, o tratamento doutrinário do dano à saúde, para aplicação jurisprudencial diante de lesão a qualquer parte do corpo humano, independentemente da capacidade laboral da vítima ou, ainda, de sua condição social. Pretendemos que seja assegurado o direito constitucional, igual para todos, da saúde e da qualidade de vida sadia, independentemente do dano moral ocorrido, todos a serem reparados e, melhor, evitados, sem abandono da indenização, em qualquer caso, pela ameaça ao direito.

---

a retirada de todo o material tóxico da margem do Córrego Cágados, que fica próximo do reservatório da empresa. "Ela teme que, caso chova, os resíduos do material tóxico sejam levados para os rios Pomba e Paraíba do Sul. Há ainda o risco de haver novo vazamento em outro reservatório da empresa". "Na costa, 21 praias já foram interditadas para banho." *Idem*.

5

A DECLARAÇÃO RIO-92: A AGENDA 21

A chamada Agenda 21 é o resultado da Conferência das Nações Unidas sobre Meio Ambiente e Desenvolvimento, que aconteceu na cidade do Rio de Janeiro, entre os dias 03 e 14.06.1992, e que concentrou seu primeiro capítulo na "proteção e promoção das condições da saúde humana" no planeta, relacionando-as diretamente com o desenvolvimento em sentido amplo.

Nesse sentido, considerou que "tanto um desenvolvimento insuficiente que conduza à pobreza como um desenvolvimento inadequado que resulte em consumo excessivo, associados a uma população mundial em expansão, podem resultar em sérios problemas para a saúde relacionados ao meio ambiente, tanto nos países em desenvolvimento como nos desenvolvidos".[1]

Como parte integrante dos objetivos do desenvolvimento sustentável e da conservação primária do meio ambiente, os tópicos de ação da Agenda 21 "devem estar voltados para as necessidades de atendimento primário da saúde da população mundial".

Demonstrou-se existir vínculos entre saúde e melhorias ambientais e socioeconômicas que exigem esforços entre os seus respectivos setores, os quais abrangem educação, habitação, obras públicas e grupos comunitários, inclusive empresas, escolas e universidades e

---

1 Documento que reproduz a Agenda 21 – Rio-92. Conferência das Nações Unidas sobre Meio Ambiente e Desenvolvimento. Rio de Janeiro: Secretaria do Meio Ambiente, Governo do Estado de São Paulo, 1992. *Meio ambiente e desenvolvimento,* realizada no Rio de Janeiro, 1992. São Paulo: Secretaria do Meio Ambiente.

organizações religiosas, cívicas e culturais, que estão voltados para a capacitação das pessoas em suas comunidades para assegurar o desenvolvimento sustentável.[2]

Como base para ação, foi considerado que a "saúde depende, em última instância, da capacidade de gerenciar eficazmente a interação entre os meios físico, espiritual, biológico e econômico-social", "sendo impossível haver desenvolvimento saudável sem uma população saudável" e "não obstante, quase todas as atividades voltadas para o desenvolvimento afetam o meio ambiente em maior ou menor grau e isso, por sua vez, ocasiona ou acirra muitos problemas de saúde".[3]

A área da saúde também depende de um meio ambiente saudável, inclusive da existência de um abastecimento seguro de água, de serviços de saneamento e da disponibilidade de um abastecimento seguro de alimentos e de nutrição adequado, devendo ser dada atenção especial à segurança dos alimentos, dando-se prioridade à eliminação da contaminação alimentar, a políticas abrangentes e sustentáveis de abastecimento de água, que garantam água potável segura e um saneamento que impeça tanto a contaminação microbiana como química.[4]

As doenças contagiosas têm como bases de ação a utilização de vacinas e agentes quimioterápicos, possibilitando seu controle e, ao persistirem, essas moléstias requerem medidas de controle ambiental,

---

[2] Especialmente relevante é a inclusão de programas preventivos que não se limitem a medidas destinadas a remediar e tratar. Os países devem desenvolver planos para as ações que considerem prioritárias nas áreas compreendidas neste capítulo. Esses planos devem basear-se no planejamento cooperativo realizado pelos diversos níveis de governo, organizações não-governamentais e comunidades locais, para o que foi sugerido a coordenação de uma organização internacional, como a OMS.

[3] *Idem.*

[4] Definição da saúde a partir da sustentabilidade ambiental. Documento Rio-92 – Agenda 21.

sobretudo no campo do abastecimento de água e do saneamento, incluindo entre elas a cólera, as moléstias diarréicas, a leishmaniose, a malária e a esquistossomose.[5]

As atividades compreendem, para cada governo, prioridades e objetivos nacionais, devendo considerar a possibilidade de desenvolver um plano nacional de ação na área da saúde, com assistência e apoio internacional adequados, que incluam programas para identificar os riscos ambientais como causadores de moléstias contagiosas, proporcionando educação e difundindo informações sobre os riscos das moléstias endêmicas contagiosas, conscientizando sobre os métodos ambientais de controle das mesmas para dar condições às comunidades de desempenharem um papel no seu controle.

Destaca-se, ainda, o controle de fatores ambientais que exerçam influência sobre a disseminação das moléstias contagiosas, com aplicação de métodos para a prevenção e controle das moléstias contagiosas,

---

5 Em todos esses casos as medidas saneadoras ambientais, seja como parte integrante do atendimento primário da saúde, seja empreendidas externamente à área da saúde, são um componente indispensável das estratégias de controle total da moléstia, juntamente com a educação sanitária. Às vezes, essas medidas são o único componente de tais estratégias. Com a previsão de que em 2000 o índice de contaminação com o vírus da imunodeficiência humana teria atingido de 30 a 40 milhões de pessoas, esperou-se um impacto socioeconômico devastador da pandemia sobre todos os países, e em níveis cada vez mais intensos para mulheres e crianças. Embora nesse momento os custos sanitários diretos devam ser substanciais, eles serão ínfimos diante dos custos indiretos da pandemia – sobretudo os custos associados à perda de rendimento e decréscimo da produtividade da força de trabalho. A pandemia impedirá o crescimento dos setores industrial e de serviços e aumentará significativamente os custos do aumento da capacitação institucional e técnica humana e de retreinamento profissional. O setor agrícola será particularmente afetado sempre que a produção se apoiar em um sistema de mão-de-obra intensiva.

inclusive na fiscalização do abastecimento de água e do saneamento, da poluição da água, da qualidade dos alimentos, integrado à coleta e eliminação de lixo e práticas de irrigação ecologicamente confiáveis.

O desenvolvimento urbano tem se associado, com grande frequência, a efeitos destrutivos sobre o meio ambiente físico e sobre a base de recursos necessária ao desenvolvimento sustentável. A poluição ambiental das áreas urbanas está ligada a níveis excessivos de insalubridade e mortalidade, passando a ser verdadeiro desafio para a saúde urbana, expondo as populações a sérios riscos ambientais, não tendo as autoridades municipais e locais, diante do crescimento urbano, condições de proporcionar à coletividade os serviços de saúde ambientais necessários.

Os planos de ação deverão envolver, quando necessário, o estudo da situação vigente nas cidades, no que diz respeito à saúde, à sociedade e à meio ambiente, reforçando as atividades de saúde ambiental, além de adotar procedimentos de avaliação de impacto sanitário e ambiental.

Nesse sentido, devem ser mais bem desenvolvidos e adotados mais amplamente modelos de tomadas de decisão que permitam avaliar os custos e os impactos sobre a saúde e o meio ambiente de tecnologias e estratégias alternativas.[6]

É necessária a redução dos riscos para a saúde decorrentes da poluição e de perigos ambientais, e para tanto é preciso adotar as ações tomadas por base no documento da Agenda 21, vale dizer, "o meio ambiente geral (ar, água e terra), os locais de trabalho e mesmo as moradias individuais estão de tal forma poluídos que a saúde de centenas de milhões de pessoas é afetada negativamente".

Tal fato se deve, sobretudo, a alterações passadas e atuais nos modelos de consumo e produção e estilos de vida na produção e

---

6 Segundo o relatório: "O desenvolvimento de métodos é uma prioridade para medir as variações intraurbanas e intradistritais da situação sanitária e ambiental, e para a aplicação dessas informações ao planejamento e ao gerenciamento". *Op. cit.*

uso de energia, na indústria, nos transportes etc., com pouca ou nenhuma preocupação com a proteção do meio ambiente, que, mesmo com os avanços notáveis em alguns países, tem prosseguido a deterioração do meio ambiente.

Se, de um lado, em países desenvolvidos, a poluição industrial e tecnológica encontra maior ocorrência, de outro, a capacidade de combater a poluição e os problemas de saúde vê-se muito restringida devido a carência de recursos.[7]

Indo ao encontro da proposta de nosso trabalho, já nos objetivos traçados na Declaração Rio-92, encontramos precipuamente o de "minimizar os riscos e manter o meio ambiente em um nível que não prejudique ou ameace a saúde e a segurança humanas, sem prejudicar a continuidade do desenvolvimento, sempre destacada a incorporação aos programas nacionais de desenvolvimento de todos os países, com cláusulas adequadas de proteção ao meio ambiente e à saúde".

Interessante destacar que na Agenda 21 tinha-se como meta para 2000 o estabelecimento, quando adequado, "de infra-estruturas e programas nacionais para a redução dos danos ao meio ambiente, bem como da vigilância dos riscos de que venha a ocorrer e uma base para

---

[7] Frequentemente, as medidas de controle da poluição e proteção da saúde não mantêm o ritmo do desenvolvimento econômico. Nos países recém-industrializados são consideráveis os riscos do desenvolvimento econômico. Além disso, a análise recente da OMS estabeleceu claramente a interdependência entre os fatores de saúde, meio ambiente e desenvolvimento e revelou que quase todos os países carecem da integração que haveria de conduzir a um mecanismo eficaz de controle da poluição. Sem prejuízo dos critérios que a comunidade internacional possa estabelecer ou das normas que necessariamente deverão ser estabelecidas nacionalmente, será essencial, em todos os casos, considerar os sistemas de valores predominantes em cada país e a extensão da aplicabilidade de normas que, embora válidas para a maioria dos países desenvolvidos, podem ser inadequadas e exigir custos sociais excessivos nos países em desenvolvimento.

sua redução em todos os países". A atuação é preventiva, no sentido de antever o combate à poluição nas fontes e nos locais de eliminação de detritos, com ênfase nas medidas de redução da poluição.[8]

Também se respeitou o princípio da precaução, no sentido de se identificar e compilar, quando adequado, as informações estatísticas dos efeitos da poluição sobre a saúde, necessárias para fundamentar análises de custo-benefício, incluindo-se uma avaliação dos efeitos do saneamento ambiental que sirva de insumo para as medidas de controle, prevenção e redução da poluição.

Importante é que o controle e avaliação da poluição dependem de estabelecer, quando devido, instalações de controle ambiental que permitam acompanhar a qualidade ambiental e o estado de saúde das populações, com a consequente redução das lesões, por meio do desenvolvimento de sistemas que permitam monitorar a incidência e a causa de lesões para poder adotar estratégias bem orientadas de intervenção e prevenção.[9]

Temos ainda que, como meios científicos e tecnológicos, devem ser desenvolvidos, por intermédio de programas de cooperação internacional, métodos para análise de custo-benefício e avaliação do impacto ambiental, vale dizer, juntamente, com a análise econômico-financeira, serão sopesados outros fatores referentes ao impacto que determinada atividade possa causar ao meio ambiente, priorizando estratégias de saúde e desenvolvimento.

> A responsabilidade pela concretização de mudanças cabe aos governos, em associação com o setor privado e as autoridades locais e em colaboração com organizações nacionais, regio-

---

8 *Op. cit.*

9 *Idem.*

nais e internacionais, inclusive, especialmente, o Programa das Nações Unidas para o Meio Ambiente (PNUMA), o PNUD e o Banco Mundial. O intercâmbio de experiência entre os países também pode ser significativo. Planos, metas e objetivos nacionais, normas, regulamentações e leis nacionais, e a situação específica em que se encontram os diferentes países são a moldura ampla em que tem lugar essa integração. Nesse contexto, é preciso ter em mente que as normas ambientais, caso aplicadas uniformemente nos países em desenvolvimento, podem significar custos econômicos e sociais de vulto.[10]

Importante objetivo a ser destacado na Declaração Rio-92 é o de "promover, à luz das condições específicas de cada país, a integração entre as políticas de meio ambiente e desenvolvimento por meio da formulação de leis, regulamentos, instrumentos e mecanismos coercitivos adequados em nível nacional, estadual, provincial e local. Reconhecendo-se que os países irão desenvolver suas próprias prioridades, em conformidade com suas necessidades e planos, políticas e programas nacionais e, quando apropriado, regionais".

Nesse sentido é priorizado, entre outras atividades, o estabelecimento de procedimentos judiciais e administrativos, para que os governos e legisladores, com o apoio de organizações internacionais competentes, estabeleçam procedimentos judiciais e administrativos

---

10 A situação e as tendências econômicas e sociais e o estado do meio ambiente e dos recursos naturais pode ser complementado por exames anuais do meio ambiente e do desenvolvimento, com vistas a avaliar as realizações dos diversos setores e departamentos do governo em matéria de desenvolvimento sustentável. *Op. cit.*

para compensar e remediar ações que afetem o meio ambiente e o desenvolvimento e que possam ser ilegais ou infringir direitos protegidos por lei, e devam facilitar o acesso de indivíduos, grupos e organizações que tenham um interesse jurídico reconhecido.

É importante notar que, quanto a isso, a Constituição Federal está calcada nos princípios da precaução e da prevenção e, também, no direito de reparação do dano causado, que inclui o conceito de lesão e ameaça a direito e à previsão de "remediar ações que afetem o meio ambiente", que abarca a saúde humana, e deixaria de satisfazer por inteiro o bem da vida que se pretenda e como efetivamente tutelar.

Assim é que por intermédio de leis, regulamentos e normas aplicáveis e eficazes, que se apoiem em princípios econômicos, sociais e ambientais saudáveis e em uma avaliação adequada dos riscos, incorporando as sanções destinadas a punir violações, obter compensação e impedir violações futuras, poder-se-á prevenir, com a efetiva aplicação da lei, por meio não somente das multas administrativas, mas, também, da condenação em reparações razoáveis a evitar-se a prática de atos que possam causar lesões ao meio ambiente e à saúde humana.

As partes contratantes de acordos internacionais, em consulta com os secretariados apropriados das convenções internacionais pertinentes, devem melhorar as práticas e procedimentos para a coleta de informações sobre as medidas jurídicas e regulamentadoras adotadas. As partes contratantes de acordos internacionais devem realizar pesquisas-piloto sobre as medidas complementares internas sujeitas a concordância por parte dos Estados soberanos envolvidos.

As leis e regulamentações ambientais são importantes mas não podem por si só pretender resolver todos os problemas relativos ao meio ambiente e ao desenvolvimento. Preços, mercados e políticas fiscais e econômicas governamentais também desempenham um papel complementar na determinação de atitudes e comportamentos em relação ao meio ambiente.

Durante os últimos anos, muitos governos, sobretudo nos países industrializados e nos países em desenvolvimento, vêm fazendo um uso cada vez mais intenso de abordagens econômicas, inclusive aquelas voltadas para o mercado. Entre os exemplos está o princípio do "poluiu-pagou" e o conceito mais recente, do "utilizou recursos naturais-pagou".

Dentro de um contexto econômico de apoio internacional e nacional e considerando-se a necessária estrutura jurídica e regulamentadora, as abordagens econômicas voltadas para o mercado podem, em muitos casos, aumentar a capacidade de lidar com as questões do meio ambiente e do desenvolvimento. Isso se realizaria por meio da adoção de soluções eficazes no que diz respeito à relação custo-benefício, aplicando-se medidas integradas de prevenção e controle da poluição, promovendo a inovação tecnológica e exercendo influência sobre o comportamento do público em relação ao meio ambiente, bem como oferecendo recursos financeiros para atingir os objetivos do desenvolvimento sustentável.

Trata-se de um esforço adequado para explorar e tornar mais eficaz e disseminado o uso das abordagens econômicas orientadas para o mercado, dentro de uma estrutura ampla de políticas, leis e regulamentações voltadas para o desenvolvimento adaptadas às condições específicas dos países, como parte de uma transição generalizada para políticas econômicas e ambientais que se apoiem e reforcem reciprocamente.[11]

Reconhecendo que os países irão desenvolver suas próprias prioridades, em conformidade com suas necessidades e planos, políticas e programas nacionais, o desafio é realizar um progresso significativo para atingir três objetivos fundamentais que são: incorporar os custos ambientais às decisões de produtores e consumidores e com isso inverter a tendência a tratar o meio ambiente como um "bem gratuito", repassando esses custos a outros setores da sociedade, outros países, ou

---

11 Extrato do Documento consolidado Agenda 21 – Rio-92.

às gerações futuras; avançar mais para a integração dos custos sociais e ambientais às atividades econômicas, de modo que os preços reflitam adequadamente a relativa escassez e o valor total dos recursos e contribuam para evitar a degradação ambiental e incluir, quando apropriado, o uso de princípios do mercado à configuração de políticas e instrumentos econômicos que busquem o desenvolvimento sustentável.

Como atividades para aplicação desses modelos verificou-se a reorientação das políticas governamentais, devendo considerar-se, a curto prazo, o chamado acúmulo gradual de experiência com instrumentos econômicos e mecanismos de mercado tratando de reorientar suas políticas, levando em conta planos, prioridades e objetivos nacionais, a fim de se estabelecer combinações eficazes de abordagens econômicas, regulamentadoras e voluntárias.

Pretende-se com isso eliminar ou reduzir os subsídios que não se coadunem aos objetivos do desenvolvimento sustentável, reformulando as atuais estruturas de incentivos econômicos e fiscais para atingir os objetivos do meio ambiente e do desenvolvimento, possibilitando, assim, o estabelecimento de uma estrutura política que estimule a criação de novos mercados na luta contra a poluição e no manejo saudável e sustentável dos recursos ambientais.

Como consequência, os governos podem explorar, conforme apropriado, a possibilidade de fazer um uso eficaz dos instrumentos econômicos e dos mecanismos de mercado, em cooperação com o comércio e a indústria, nas questões relacionadas à energia, aos transportes, à agricultura e à silvicultura, à água, aos resíduos, à saúde, ao turismo e aos serviços terciários; nas questões de caráter mundial e transfronteiriço; no desenvolvimento e introdução de uma tecnologia ambientalmente saudável, com adaptação, difusão e transferência para os países em desenvolvimento.[12]

---

12 Agenda 21 – Documento Rio-92.

Nesse sentido, há que se considerar as circunstâncias específicas dos países em desenvolvimento e dos países com economia em transição, relevando-se um esforço especial a ser feito para desenvolver aplicações do uso dos instrumentos econômicos e dos mecanismos de mercado voltados para as necessidades específicas dos países, com a assistência de organizações ambientais regionais e internacionais e, conforme apropriado, de institutos de pesquisas não-governamentais, oferecendo apoio técnico a esses países, notadamente quanto à aplicação de instrumentos econômicos e de mecanismos de mercado, estimulando a realização de seminários regionais, bem como o desenvolvimento de centros regionais especializados.[13]

Os instrumentos econômicos e os mecanismos de mercado exigem um esforço concentrado para uma melhor compreensão da economia do desenvolvimento sustentável, o que se dá com medidas como estímulo às instituições de ensino superior para que examinem seus currículos e fortaleçam os estudos na área da economia do desenvolvimento sustentável, estímulo às organizações econômicas regionais e internacionais e aos institutos de pesquisa não-governamentais especializados nessa área para que ofereçam cursos de formação para seus funcionários.

Estabeleceu-se como um primeiro passo rumo à integração da sustentabilidade ao manejo econômico a determinação da função fundamental do meio ambiente como fonte de capital natural e como escoadouro dos subprodutos gerados durante a produção de capital pelo homem e por outras atividades humanas.

---

13 Visto que o reconhecimento de que o uso de instrumentos econômicos e mecanismos de mercado é relativamente recente, deve-se estimular ativamente o intercâmbio de informações sobre as experiências dos diferentes países com tais abordagens. Nesse sentido, os governos devem estimular o uso dos meios disponíveis de intercâmbio de informações para estudar os usos eficazes dos instrumentos econômicos. *Idem.*

O desenvolvimento sustentável tem dimensões sociais, econômicas e ambientais, sendo importante que os procedimentos nacionais de contabilidade não se restrinjam à quantificação da produção dos bens e serviços, devendo-se desenvolver uma estrutura comum que permita as contribuições de todos os setores e atividades da sociedade.

Com isso, seu principal objetivo é ampliar os sistemas de contabilidade econômica nacionais, atualmente utilizados para que passem a compreender as dimensões ambiental e social, incluindo os chamados sistemas satélites de contabilidade para os recursos naturais em todos os Estados-membros. Os sistemas de contabilidade ambiental e econômica integrada fariam parte do processo nacional de tomada de decisões para o desenvolvimento.

As agências nacionais de contabilidade deverão trabalhar em estreita colaboração com os departamentos nacionais de estatística ambiental e também com os departamentos de geografia e recursos naturais. A definição de "economicamente ativo" pode ser ampliada, passando a incluir pessoas dedicadas a tarefas produtivas mas não remuneradas, em todos os países.

Do ponto de vista de fortalecimento dos sistemas de contabilidade, no plano nacional, o programa poderia ser adotado principalmente pelas agências que se ocupam das contas nacionais, em estreita cooperação com os departamentos encarregados das estatísticas ambientais e dos recursos naturais, com vistas a assessorar os analistas econômicos nacionais e os responsáveis pela tomada de decisões encarregados do planejamento econômico nacional.

As instituições nacionais devem desempenhar um papel fundamental, não apenas na qualidade de depositárias do sistema, mas também em sua adaptação, estabelecimento e uso continuado. O trabalho produtivo não remunerado, como o trabalho doméstico e o atendimento das crianças, devem ser incluídos, quando apropriado, em contas satélites nacionais e estatísticas econômicas.

No plano internacional, a Comissão de Estatística reúne e examina a experiência adquirida e orienta os Estados-membros quanto a questões técnicas e metodológicas relacionadas a um melhor desenvolvimento e à implementação de sistemas de contabilidade ambiental e econômica integrada nos Estados-membros.

Os governos nacionais devem considerar a possibilidade de introduzir as melhorias necessárias nos procedimentos de coleta de dados para o estabelecimento de sistemas nacionais de contabilidade ambiental e econômica integrada, com vistas a contribuir pragmaticamente para um manejo econômico saudável. Devem ser envidados esforços significativos para aumentar a capacidade de coleta e análise de dados e informações relativos ao meio ambiente, e de integração aos dados econômicos, inclusive dados desagregados sobre o gênero. Também deve haver esforços para desenvolver contas sobre o meio ambiente físico. As agências internacionais doadoras devem considerar a possibilidade de financiar o desenvolvimento de bancos de dados intersetoriais que contribuam para que o planejamento nacional do desenvolvimento sustentável parta de informações precisas, confiáveis e eficazes, correspondendo à situação nacional.

No que tange ao fortalecimento da cooperação técnica, o serviço de estatística do Secretariado das Nações Unidas, em estreita colaboração com as organizações pertinentes das Nações Unidas, previu o fortalecimento dos atuais mecanismos de cooperação técnica entre os países, o que deveria incluir o intercâmbio de experiência sobre o estabelecimento de sistemas de contabilidade ambiental e econômica integrada, especialmente no que diz respeito à avaliação de recursos naturais não comercializados e à padronização dos procedimentos de coleta de dados.

A fim de obter-se o fortalecimento das instituições e para garantir a aplicação desses sistemas, as instituições nacionais dos países em desenvolvimento devem ser fortalecidas,[14] para que se obtenha uma efetiva integração entre meio ambiente, com desenvolvimento no nível do planejamento e da tomada de decisões.

O serviço de estatística deve proporcionar o necessário apoio técnico aos Estados-membros, mantendo contato estreito com o processo de avaliação a ser desencadeado pela Comissão de Estatística, oferecendo apoio técnico adequado para a criação de sistemas de contabilidade ambiental e econômica integrada, em colaboração com as agências das Nações Unidas.

A adaptação e a difusão das tecnologias da informação para os países em desenvolvimento compreendem tecnologias mais avançadas de manejo de dados que devem ser adotadas, para que a utilização dos sistemas de contabilidade ambiental e econômica integrada melhore sua difusão e se torne mais eficiente.

No que se refere à proteção da atmosfera, trata-se de um empreendimento amplo e multidimensional que envolve vários setores da atividade econômica, tendo sido recomendado aos governos e a outros organismos que se esforcem para protegê-la.

Muitas das questões discutidas neste capítulo também são objeto de acordos internacionais como a Convenção de Viena para a proteção da camada de ozônio, de 1985; o Protocolo de Montreal sobre substâncias que destroem a camada de ozônio, de 1987; a Convenção-Quadro sobre mudança do clima, de 1992; e outros instrumentos internacionais, inclusive regionais.[15]

---

14 *Idem*. Texto resumo da Agenda 21 – Documento Rio-92.

15 No caso das atividades cobertas por tais acordos, fica entendido que as recomendações contidas a seguir não obrigam qualquer governo a tomar medidas que superem o disposto naqueles instrumentos legais. Não obstante, no que diz respeito a este capítulo, os governos estão livres para aplicar medidas adicionais compatíveis com aqueles instrumentos legais.

Reconheceu-se, ainda, as atividades que possam ser empreendidas em prol dos objetivos da proteção da atmosfera, devem ser coordenadas com o desenvolvimento social e econômico de forma integrada, com vistas a evitar impactos adversos sobre este último, levando-se em conta as legítimas necessidades prioritárias dos países em desenvolvimento para a promoção do crescimento econômico sustentado e a erradicação da pobreza.

Sob esse aspecto de proteção incluem-se quatro áreas de atividades, considerando-se as incertezas, como o aperfeiçoamento da base científica para a tomada de decisões, a promoção do desenvolvimento sustentável, com o desenvolvimento, eficiência e consumo da energia, transportes, desenvolvimento industrial, desenvolvimento dos recursos terrestres e marinhos e uso da terra, prevenção da destruição do ozônio estratosférico, poluição atmosférica transfronteiriça.

A base para a ação envolve a preocupação com as mudanças do clima e a variabilidade climática, a poluição do ar e a destruição do ozônio que criaram novas demandas de informação científica, econômica e social, para reduzir as incertezas remanescentes nessas áreas, sendo necessário compreensão e capacidade de previsão das diversas propriedades da atmosfera e dos ecossistemas afetados, bem como de suas consequências para a saúde e suas interações com os fatores socioeconômicos.

O objetivo básico dessa área de programas é melhorar a compreensão dos processos que afetam a atmosfera da em escala mundial, regional e local e que são afetados por ela, incluindo-se, *inter alia*, os processos físicos, químicos, geológicos, biológicos, oceânicos, hidrológicos, econômicos e sociais; e aumentar a capacidade e intensificar a cooperação internacional.

É de relevante importância a promoção de pesquisas relacionadas aos processos naturais que afetem a atmosfera e que sejam consequentemente afetados por ela, bem como aos elos básicos entre desenvolvimento sustentável e mudanças atmosféricas, inclusive suas consequências para a saúde humana, ecossistemas, setores econômicos e sociedade.

Deve-se, assim, assegurar uma cobertura geográfica mais equilibrada do sistema mundial de observação do clima e de seus componentes, inclusive da vigilância da atmosfera global, facilitando o estabelecimento e funcionamento de estações adicionais de observação sistemática e contribuindo para o desenvolvimento, utilização e acessibilidade desses bancos de dados.

Quanto à promoção do desenvolvimento sustentável, envolvendo desenvolvimento, eficiência e consumo de energia, tem-se como base de ação a energia essencial para o desenvolvimento social e econômico e para uma melhor qualidade de vida.[16]

O objetivo básico e último desta área de programas é reduzir os efeitos adversos do setor da energia sobre a atmosfera mediante a promoção de políticas ou programas, conforme apropriado, para aumentar a contribuição dos sistemas energéticos ambientalmente seguros e saudáveis e com uma relação eficaz de custo e efeito, particularmente os novos e renováveis, por meio da produção, transmissão, distribuição e uso da energia menos poluente e mais eficiente.

---

16 Boa parte da energia mundial, porém, é hoje produzida e consumida de maneira que não poderia ser sustentada caso a tecnologia permanecesse constante e as quantidades globais aumentassem substancialmente. A necessidade de controlar as emissões atmosféricas de gases que provocam o efeito estufa e de outros gases e substâncias deverá basear-se cada vez mais na eficiência, produção, transmissão, distribuição e consumo da energia, e em uma dependência cada vez maior de sistemas energéticos ambientalmente saudáveis, sobretudo de fontes de energia novas e renováveis. Todas as fontes de energia deverão ser usadas de maneira a respeitar a atmosfera, a saúde humana e o meio ambiente como um todo.

Esse objetivo deve refletir a necessidade de equidade, de um abastecimento adequado de energia e do aumento do consumo de energia por parte dos países em desenvolvimento, e a necessidade de levar-se em consideração a situação dos países altamente dependentes da renda gerada pela produção, processamento e exportação ou consumo de combustíveis fósseis e dos produtos a eles relacionados, que utilizam energia de modo intensivo, e/ou o uso de combustíveis fósseis de substituição muito difícil por fontes alternativas de energia, e a situação dos países altamente vulneráveis aos efeitos adversos das mudanças do clima.[17]

Assim é que se faz necessária a cooperação na identificação e desenvolvimento de fontes de energia viáveis e ambientalmente saudáveis para promover a disponibilidade de maiores suprimentos de energia, como apoio aos esforços em favor do desenvolvimento sustentável, em especial nos países em desenvolvimento.

Além disso, são necessárias a promoção do desenvolvimento, no âmbito nacional, de metodologias adequadas à adoção de decisões integradas de política energética, ambiental e econômica com vistas ao desenvolvimento sustentável, por meio de avaliações de impacto ambiental; a promoção de pesquisa, desenvolvimento, transferência e uso de tecnologias e práticas aprimoradas, de alto rendimento energético, inclusive de tecnologias endógenas em todos os setores pertinentes, com especial atenção à reabilitação e modernização dos sistemas energéticos, com particular atenção para os países em desenvolvimento; a promoção da transferência e do uso de tecnologias e práticas para sistemas energéticos ambientalmente saudáveis, inclusive sistemas energéticos novos e renováveis, com particular atenção para os países em desenvolvimento.

---

[17] É preciso eliminar os atuais obstáculos ao aumento do fornecimento de energia ambientalmente saudável, necessário para percorrer o caminho que leva ao desenvolvimento sustentável, especialmente nos países em desenvolvimento.

O desenvolvimento de capacidades institucionais, científicas, de planejamento e de gerenciamento, sobretudo nos países em desenvolvimento, visa desenvolver, produzir e utilizar formas de energia cada vez mais eficientes e menos poluentes, analisando as diversas fontes atuais de abastecimento de energia para determinar como aumentar, de forma economicamente eficiente, a contribuição conjunta dos sistemas energéticos ambientalmente saudáveis, levando em conta as características únicas do ponto de vista social, físico, econômico e político de cada país, e examinando e implementando, quando apropriado, medidas para superar toda e qualquer barreira a seu desenvolvimento e uso.

Formam, assim, importante campo de ação o aumento e a capacidade de planejamento energético e gerenciamento de programas sobre eficiência energética, bem como de desenvolvimento, introdução e promoção de fontes de energia novas e renováveis, a promoção de normas ou recomendações apropriadas sobre eficiência energética e padrões de emissão de âmbito nacional orientadas para o desenvolvimento e uso de tecnologias que minimizem os impactos adversos sobre o meio ambiente.[18]

---

18 Isso inclui as normas ou recomendações promovidas pelas organizações regionais de integração econômica.

6

MODELOS DE CASOS

6.1 Ocorrências de vazamento de óleo e petróleo no Brasil

Ao longo dos últimos anos temos verificado lamentáveis ocorrências na costa brasileira de acidentes ambientais, também relacionados ao consumo, com consequências que impossibilitam a efetiva reparação ou prevenção à saúde do ser humano e do meio ambiente.

Nesse sentido, a ocorrência do vazamento de 1.292 toneladas de óleo na baía de Guanabara, levando a companhia de petróleo Petrobras a concluir ter se tratado de "fenômeno da natureza".[1]

Ainda diante das conclusões técnicas divulgadas, teve-se a notícia de que foram punidos três funcionários da companhia de petróleo, tendo como causa sua lentidão no trabalho de monitoramento do duto que liga a Refinaria Duque de Caxias (Reduc) ao terminal marítimo da Ilha D'Água. Ao divulgar o resultado da sindicância interna sobre o vazamento, a Petrobras atribuiu a causa do acidente às alterações do solo, que teriam sido provocadas por movimentos da maré, supostamente responsável pelo rompimento do duto, do que decorreu o relevante vazamento.

Interessante notar que, apesar de o duto submarino passar por uma área de manguezal, cujo solo é altamente instável, a Petrobras disse que as irregularidades do terreno não poderiam ser previstas no projeto, ressaltando a companhia que nenhuma inspeção detectou o problema.

---

[1] Petrobras culpa natureza por vazamento, *Folha de S. Paulo*, sexta-feira, 3 mar. 2000.

Na época do acidente, engenheiros da Petrobras chegaram a afirmar que o projeto deveria ter levado em conta as irregularidades do fundo da baía, mas para o seu diretor de abastecimento, houve um assoreamento do solo que levou a uma "deformação violenta" do duto, sugerindo, com isso, a isenção da responsabilidade da empresa em razão da imprevisão destes fatores. Quanto a isso, o projeto previa que o duto ficaria livre para que os movimentos provocados pela dilatação do óleo quente não causassem problemas; todavia, a maré levou ao assoreamento da área, criando dois pontos de ancoragem dele com lama e areia que, sem flexibilidade, dobrou.

Concluindo-se que não houve erro de projeto, questionada a empresa brasileira de petróleo, passou-se a indagar se não houvera um erro de inspeção, a que foi afirmado ter sido o problema causado pelo assoreamento na baía; por isso, sendo imprevisível, admitiu-se que "talvez tenha havido erro na inspeção".[2]

Acabou-se por concluir, por intermédio de uma comissão especialmente formada para esse fim, que uma falha operacional aumentou a dimensão do desastre e que, por conta disso, seriam punidos os três funcionários em razão do vazamento de óleo que durou quatro horas e meia.[3] Segundo o diretor de abastecimento, teria ocorrido um outro acidente no mesmo duto, em 1997, em razão do qual foram realizados

---

2   *Ibidem*. Segundo o superintendente de pesquisa, exploração e produção do Centro de Pesquisas da Petrobras, o caso é inédito na literatura internacional.

3   Segundo a empresa, providências deveriam ter sido tomadas em meia hora. O operador do duto foi suspenso por 29 dias. O supervisor e o gerente de operação do terminal da Ilha D'Água foram destituídos do cargo, acusados de lentidão. Segundo o relatório, já era para estar sendo usado um programa de monitoramento automático, em teste desde outubro daquele ano. *Ibidem*.

trabalhos para combater a corrosão, uma vez que "metade dos acidentes com dutos são provocados por corrosão ou impacto mecânico".[4]

> Mais uma vez, repetindo o acidente, desta feita com o vazamento de 380 litros de petróleo ocorrido em março do mesmo ano, na baía de Guanabara, a Petrobras deverá pagar R$ 50 milhões de reais, a título de multa aplicada pela Secretaria Estadual de Meio Ambiente do Rio de Janeiro.
> O valor é o mesmo imposto à estatal em janeiro de 2000, pelo vazamento de 1.292 toneladas (ou 1,29 milhão de litros de óleo na baía), como anteriormente referido. O secretário estadual de meio ambiente, André Corrêa, disse que a multa foi arbitrada no teto máximo porque, além de ser reincidente, a empresa teria jogado água com petróleo propositadamente no mar.

As causas também não são conhecidas deste acidente, recaindo todas as suspeitas sobre o navio Cantagalo, da Transpetro, subsidiária da Petrobras para transporte marítimo, dutos e terminais.

O caminho desses danos ao meio ambiente e à saúde humana parece se repetir na medida em que a empresa Transpetro, por exemplo, admitiu a possível responsabilidade do navio, mas só não confirmou o porquê, além de não ter detectado nenhum defeito visível na embarcação: as amostras de petróleo colhidas dos tanques

---

[4] A Petrobras deverá investir US$ 20 milhões na recuperação do duto acidentado. A Coppe (Coordenação dos Programas de Pós-Graduação em Engenharia da Universidade Federal do Rio de Janeiro), que acompanhou a sindicância da Petrobras, divulgará um outro relatório.

do navio e da baía de Guanabara não foram coincidentes, apesar de serem muito semelhantes.

Ora, a procurar mitigar a intensidade do dano – que certamente ocorreu – procurou a empresa responsável pelo transporte justificar que se trata de vazamento de petróleo leve, que evapora facilmente, sendo menos danoso ao meio ambiente do que aquele derramado poucos meses antes.[5]

A multa foi aplicada pela Secretaria do Meio Ambiente do Rio de Janeiro após análise da Fundação Estadual de Engenharia do Meio Ambiente sobre as causas e os estragos do derramamento, gerando um documento a ser, na época, estudado pela Comissão Estadual de Controle Ambiental, responsável pela emissão da multa.[6]

Procurar banalizar o dano com declarações e laudos como o do oceanógrafo David Zee, de que "o estrago, entretanto, não foi maior do que o sofrido mensalmente pela baía", mais ainda, de que "esse tipo de vazamento ocorre todos os dias, mas ninguém nota", que "desta vez, os responsáveis pela limpeza do navio devem ter cometido um erro e despejado um pouco a mais", poderia interessar à eventual imagem comercial perante o público menos avisado, vale dizer, se o dano foi fatal ou apenas levará mais alguns anos ou acidentes para tanto.

---

[5] Conforme entrevista publicada na *Folha de S. Paulo*, em 03 maio 2000, do chefe do setor de geoquímica da Petrobras.

[6] Para o secretário de meio ambiente, André Corrêa, "este crime ambiental foi intencional"; para ele, "os marinheiros colocaram água nos tanques de lastro e, depois, jogaram esta água suja com resquícios de petróleo na baía", mesmo sendo declarado que não é prática derramar-se no mar a água resultante da lavagem dos tanques e reservatórios dos navios. Em nosso entendimento, do ponto de vista civil, é irrelevante a eventual intenção, a negligência ou não verificada na prática dos funcionários ou agentes que estivessem a serviço da companhia petrolífera, interessando à população e, consequentemente, ao meio ambiente, o fato ocorrido.

Porém, do ponto de vista dos direitos tomados em seu alcance coletivo, pouco ou nada valeria esse tipo de alegação, que em nosso entendimento haveria, em regra, de ser descartada de qualquer hipótese de se procurar a exclusão da responsabilidade, de qualquer dos envolvidos, respeitada a solidariedade no polo do fornecimento do serviço, como já tivemos a oportunidade de referir nos primeiros capítulos deste trabalho.[7]

Diante de tantas ocorrências, somente no começo do primeiro semestre de 2000, a companhia estatal de petróleo teve contra si dois processos judiciais, em razão dos acidentes envolvendo vazamento de óleo no mar, tendo o Ministério Público do Estado do Rio de Janeiro instaurado inquérito para apurar as causas desse vazamento, advindo de uma embarcação que estava a serviço da Petrobras, na baía de Guanabara.[8]

Outro acidente que marcou 2000 foi o derramamento de petróleo em São Sebastião, sendo multada a companhia petrolífera em

---

[7] O diretor de dutos e terminais da Transpetro, Wong Loon, disse que a água da lavagem dos tanques é recolhida nos terminais e não entra em contato com o mar. A Transpetro não descarta dois momentos sujeitos a falhas. Um deles foi a transferência de 600 mil litros de água com resíduos de petróleo, usada na lavagem dos tanques, para o terminal da Ilha D'Água. Depois, a limpeza da linha pela qual passa esse material.

[8] Foi o segundo inquérito ao qual a estatal responde por vazamento de óleo no ano de 2000. O Ministério Público Federal (MPF) move processo por um vazamento em janeiro, que lançou 1.292 toneladas de óleo no local por causa do rompimento de um duto da empresa. Em abril, a estatal assinou termo de ajustamento de conduta com o MPF. Pela primeira vez, passou a ser controlada por órgãos externos, como Ministério Público, Ibama e Feema. O descumprimento de qualquer cláusula resulta em multa diária de R$ 20 mil. A promotora Rosane Cunha Gomes concedeu dez dias à estatal e à Feema para que ambas enviem relatório sobre o vazamento.

valor considerado recorde, além de tratar-se do oitavo acidente no mesmo ano.

O derramamento aconteceu ao atracar no terminal da Petrobras, no Canal de São Sebastião, o navio Verginia II, do Chipre, que se encontrava a serviço da companhia brasileira e que bateu no píer, causando o derrame de 86.000 litros de petróleo no mar, em Ilhabela.[9]

Deste vazamento de petróleo no mar resultaram para o meio ambiente danos que somente com o tempo poderão ser avaliados, para o que se estima cerca de dois anos, embora tenha sido aplicada pela Secretaria Estadual do Meio Ambiente e as prefeituras de Ilhabela e de São Sebastião à Petrobras a maior multa da história do Estado: R$ 47 milhões e, dependendo do resultado da perícia, a associação de pescadores e comerciantes locais pretende pedir uma indenização aos proprietários da embarcação.[10]

---

9 "O acidente ocorreu na manhã do dia 4, e a operação de limpeza das 17 praias foi concluída na quinta-feira. A boa notícia: não há riscos para os banhistas que desceram a serra a partir deste final de semana. Revista Veja, São Paulo, novembro, 2000.

10 'Resolvemos tomar essa atitude por causa da insistência com que isso vem ocorrendo na região', – diz o secretário Ricardo Trípoli. É no canal de São Sebastião – de onde o petróleo, vindo na maioria das vezes da Bacia de Campos, no Rio de Janeiro, é enviado às refinarias de Paulínia e Cubatão – que acontecem 73% dos acidentes ambientais de São Paulo". Trípoli acusa a Petrobras de não dispor dos equipamentos necessários para conter a mancha. Ele afirma, também, que o estrago só não foi maior graças à intervenção de técnicos da Companhia de Tecnologia de Saneamento Ambiental (Cetesb). "A Petrobras queria usar um solvente químico, não-biodegradável, para dissolver o petróleo", conta. "Removeriam o óleo, mas poluiriam ainda mais a água". O superintendente de dutos e terminais da Petrobras, Márcio Antônio Leorati, nega. "Todos os nossos equipamentos estão de acordo com as exigências dos órgão fiscalizadores", afirma. A Justiça de Ilhabela proibiu o navio Verginia II de deixar o canal de São Sebastião antes da

Seguidamente, um estudo feito pela Cetesb, a pedido do Ministério Público Federal, mostra que a quantidade de óleo que vazou do oleoduto PE-II, da Petrobras, em janeiro de 2000, pode ter chegado a 3,4 milhões de litros – quase o triplo do divulgado pela empresa.[11]

Segundo os técnicos, a Petrobras não levou em consideração o volume de óleo contido no interior do duto, mas calculou a quantidade apenas com a diferença entre o óleo que saiu da Reduc e o que chegou ao terminal da Ilha D'Água, durante quase cinco horas.

As informações obtidas nesses casos de danos ambientais são sempre incertas e desencontradas, sendo noticiado que "dentro do duto, havia 2 milhões de litros de óleo que não aparecem em nenhum dos relatórios da Petrobras", embora somente a empresa possa dizer qual foi a quantidade de óleo derramado, sendo certo que foi mais que 1,3 milhão de litros.

Nesse caso, surgiu, ainda, resistência da petrolífera que por meio da sua área de segurança, meio ambiente e saúde, contestou o resultado do relatório, expressando que "não temos dúvida quanto ao volume"; "a retirada de óleo do duto foi feita com a presença de técnicos de diversas entidades e acompanhada pelo Ministério Público e a Polícia Federal", declararam.[12]

Neste caso, a empresa já foi multada em R$ 51 milhões pelo acidente, que atingiu 54 praias da baía de Guanabara, além de os téc-

---

realização da perícia que irá investigar a causa do acidente. Revista Veja, São Paulo, novembro, 2000.

11 Vazamento de janeiro foi maior, diz Cetesb. *O Estado de S. Paulo*, quarta, 15 nov. 2000.

12 "Varella explicou que, com o rompimento, entrou água no duto, o que equilibrou a pressão interior. Isso impediu que vazasse óleo do duto para a baía." *Idem, ibidem.*

nicos também detectarem a falha na notificação do vazamento pelos funcionários da companhia.[13]

Além dos muitos acidentes que causam danos ao meio ambiente, existem aqueles que deflagram, mais claramente, além dos desastres ecológicos, em razão dos vazamentos de óleo de suas tubulações ou dos navios petroleiros a seu serviço, acidentes muito mais graves, resultando na perda direta de vidas humanas, o que se pode constatar com o elevadíssimo número de mortes de operários em acidentes de trabalho ocorridos em suas instalações, afora as contaminações aos pescadores, aos consumidores de peixes, aos voluntários e trabalhadores envolvidos na remoção do material químico derramado.

Nesse sentido, a ocorrência da morte de dois operários da companhia, conforme notícia publicada que afirma que dois operários morrem por mês nas plataformas da empresa, uns eletrocutados, outros por terem caído no mar, outros, atingidos por cabos de aço, máquinas pesadas e equipamento de variada espécie.[14]

As entidades sindicais dos petroleiros atribuem esses acidentes à falta de treinamento do pessoal terceirizado e que, "muitas vezes, o pessoal das empresas terceirizadas é até habilitado para trabalho, mas não recebe instrução mínima para trabalhar nas áreas perigosas. Eles passam pelo setor de segurança, recebem equipamentos e vão direto para o trabalho", afirma o ex-coordenador da Federação Única dos Petroleiros (FUP).[15]

---

13 O acidente teria ocorrido às 0h30 de 18 de janeiro, mas a detecção só ocorreu às 5 horas. O bombeamento de óleo foi interrompido meia hora depois e o trabalho de retirada de óleo no mar só começou às 10 horas. "Se o sistema de comunicação não tivesse falhado, o impacto do acidente teria sido menor", disse Xavier. *Idem, ibidem.*

14 *O Estado S. Paulo*, segunda-feira, 27 nov. 2000.

15 Já de início, a conclusão óbvia que se pode tirar é a de que devem estar ocorrendo falhas muito graves na operação das máquinas e equipamentos, sérias deficiências no treinamento do pessoal, a ponto de o trabalho de

Muito apropriada a crítica publicada no jornal, quanto ao comportamento das empresas que não têm impedido, vale dizer, evitado, a ocorrência desses danos:

> Sem dúvida, o trabalho nas plataformas é perigoso, mas, por isso mesmo, deveria ser antecedido de rigoroso treinamento, não se podendo admitir que uma empresa com esse grau de responsabilidade social possa, de alguma foram, pretender se isentar de um cuidado maior com a segurança dos trabalhadores que estão a seu serviço, sob o pretexto de estes se subordinarem, quanto ao vínculo empregatício formal, a outros empregadores – como são as empresas terceirizadas. Se a Petrobras tem renome internacional pela grande experiência acumulada, pela sofisticada tecnologia adquirida ao longo dos anos, notadamente na exploração do petróleo a grandes profundidades, não dá para entender que não disponha, também, de sistemas de treinamento e de equipamentos de ponta, em favor da segurança do trabalho em suas instalações.[16]

Todavia, o cuidado necessário em favor da segurança, embora pudesse minimizar o problema diante da ocorrência do acidente, vale dizer, procurando-se corrigir o dano com a lesão já causada, não poderia absolutamente modificar a responsabilidade das empresas e au-

---

    extração de petróleo, especialmente no fundo do mar, ter-se transformado em verdadeira "roleta-russa".

16 *Idem.*

toridades envolvidas no transporte, armazenamento e ultraatividades afins, que digam respeito ao derramamento, atingindo-se, com isso, o meio ambiente e os seres humanos, afetados em sua saúde, quaisquer que sejam suas relações fáticas ou jurídicas.[17]

Um dos piores resultados de toda essa situação é a poluição deflagrada, sempre crescente, sobre a baía de Guanabara, no Rio de Janeiro, por meio de relatório apresentado pela organização não-governamental Greenpeace, baseado em amostras retiradas de quatorze pontos da baía, em agosto de 2000, que constatou grande quantidade de metais pesados – cromo, níquel, chumbo, mercúrio –, além de substâncias orgânicas não-biodegradáveis.[18]

Os problemas que procuramos apontar, seja como dano ecológico – parte do meio ambiente –, seja como lesão ou ameaça à saúde humana, merecem destaque diante do acidente deflagrado com três explosões, num intervalo de menos de 20 minutos, na plataforma Petrobras-36 (P-36), na Bacia de Campos, Rio de Janeiro, causando a morte de uma pessoa e deixando um ferido em estado gravíssimo, numa primeira constatação, que foi seguida por nove pessoas desaparecidas.[19]

---

17 *O Estado de S. Paulo*. "É preciso saber, então, não apenas até que ponto essa empresa está investindo – como tem anunciado – em sistemas de proteção, recuperação e manutenção de oleodutos, navios petroleiros e terminais portuários, tendo em vista acabar com os vazamentos de óleo na orla marítima brasileira, mas também até que ponto está preocupada em investir na proteção do valor maior, que é a vida humana, especialmente no relacionamento com as pessoas que estão a seu serviço, independentemente de quem sejam seus empregadores diretos". Várias notícias extraídas do jornal *O Estado de S. Paulo*, 2000.

18 Poluição no rio assusta Greenpeace. *O Estado de S. Paulo*, quinta-feira, 18 jan. 2001.

19 Explosão atinge plataforma da Petrobras. *O Estado de S. Paulo*, sexta-feira, 16 mar. 2001.

Trata-se do pior acidente em bases de produção de petróleo no Brasil desde a explosão da plataforma de Enchova, em 1984, quando 37 pessoas morreram, esse ocorrido com a P-36. No momento do acidente, 20 minutos depois da meia-noite, 175 pessoas trabalhavam na plataforma, no campo de Roncador, a cerca de 125 quilômetros da costa, no litoral de Macaé; especificações técnicas do equipamento determinavam o máximo de 115 funcionários, sendo que a segunda explosão, ocorrida quatro minutos depois da primeira, foi a mais grave, tendo o funcionário morto ficado o corpo carbonizado, não podendo ser identificado; a terceira explosão deu-se entre dez e quinze minutos depois da segunda, sendo de menor proporção.

O resgate durou cerca de nove horas e assim que a P-36 foi esvaziada, deixando a brigada de incêndio o local, constatou que havia risco de o equipamento afundar; seis barcos fizeram o transporte dos funcionários para a plataforma P-47 e, ao fim do resgate, foram constatadas as ausências de muitos funcionários, além de verificado um rombo no solo e a impossibilidade de certificação de terem os desaparecidos caído no mar ou não.[20]

---

20 Ocas – As explosões ocorreram em uma das "pernas" de sustentação da P-36. Um técnico que participou da construção da plataforma explicou que, como essas "pernas" são colunas ocas, em seu interior são normalmente instaladas bombas e vasos utilizados em drenagem. "Pode ter ocorrido um retorno de gás, ou seja, uma quantidade do gás extraído da bacia entrou por uma tubulação errada e explodiu no interior do tubo", disse o técnico, que preferiu não se identificar. "É prematuro falar sobre as causas do acidente", disse o presidente da Petrobras, Henri Philippe Reichstul. A Petrobras divulgou duas notas oficiais sobre o acidente. Numa delas, a direção da empresa afirmava que os danos às instalações estavam limitados à área da explosão. "A plataforma está assegurada", dizia a nota, divulgada no fim da manhã. À tarde, o presidente da Petrobras já admitia o risco de o equipamento afundar, caso a inclinação, que agora é de 30 graus, se acentuar. A Associação dos Engenheiros da Petrobras (Aepet) atribuiu o acidente à terceirização dos serviços da Petrobras. Segundo o

Além dos danos causados aos cofres públicos, pois com o acidente ocorrido a Petrobras corre o risco de perder a maior plataforma de produção de petróleo do mundo, que custou US$ 354 milhões, deixando de produzir 80 mil barris de petróleo por dia e ter de importar o volume equivalente à atual produção da P-36, podendo causar o déficit adicional, noticiado como de US$ 748,8 milhões na balança comercial neste ano – ou US$ 2,08 milhões por dia.[21]

Como um tipo de dano ambiental, com destacada afetação à saúde humana, o caso dos vazamentos e derramamentos ao mar interessa-nos, sobretudo, diante da clara interface, por assim dizer, entre os ramos do direito que mereçam proteção. É o que podemos perceber diante do desastre ecológico – assim tomado como parte do dano ao meio ambiente –, além de suas consequências ao homem, tomado em sua própria saúde, seu trabalho, o consumo que faz de bens e serviços

---

diretor da Aepet, Argermiro Pertence Neto, "se houve explosão é porque havia vazamento de gás, que não foi detectado nem pelos técnicos da área de operação nem pelos funcionários de manutenção". *Idem.*

21 Segundo *O Estado de S. Paulo:* "A conta foi feita pelo analista de um grande banco que preferiu não se identificar, justificando que a situação da plataforma ainda está 'indefinida'. Ele levou em conta uma cotação média do barril a US$ 26. Em conversa com técnicos da Petrobras, o analista descobriu que há três situações possíveis: a plataforma volta a operar em seis meses ou seria criada uma ligação entre o campo de Roncador (local da P-36) até Albacora para manter a retirada do óleo. Ainda há dúvidas se isso seria tecnicamente viável. A terceira hipótese seria a perda da plataforma. Neste caso, serão necessários dois anos e meio para que uma nova seja instalada. A estimativa do analista é que a P-36 chegaria ao fim do ano com uma produção de 100 mil barris diários de petróleo, volume que seria ampliado para 180 mil barris diários em dois anos". Várias notícias extraídas do jornal *O Estado de S. Paulo*, 2000.

ou, ainda, pela mera exposição a qualquer situação que, de alguma maneira possa colocá-lo em risco – ameaça ou lesão de direito.

Nesse sentido, conforme alguns relatos das companhias petrolíferas, no Brasil, incêndios, vazamentos, explosões, entre outras fatalidades marcaram a história desde 1955, quando três pessoas ficaram feridas em um incêndio antes mesmo da inauguração da Refinaria Presidente Bernardes, em Cubatão; em 1961, no mesmo local, um tanque é incendiado após ser atingido por um raio; em março de 1975, um petroleiro fretado pela empresa derrama seis mil toneladas de óleo na baía de Guanabara, causando o que se chamou de "dano ambiental monstruoso". Cinco anos depois, já extraindo petróleo no mar, um incêndio na plataforma de Garoupa interrompe a produção por seis meses, seguido da tragédia de 1984, em que 93 pessoas morrem na Favela Vila Socó, em Cubatão, constatando-se que por baixo do mangue em que foi erguida a favela passavam dutos da Petrobras.

Ainda em 1984, na plataforma de Enchova, o maior poço de petróleo na época, houve um vazamento de gás, seguido de uma grande explosão, resultando em 37 mortes, seguido de novas explosões nas plataformas de Zapata, Pampo, Enchova e Pargo I; em 1994, 2,7 milhões de litros de óleo vazaram de um terminal em São Sebastião e 18 praias foram atingidas; em janeiro de 2000, a baía de Guanabara foi tomada por uma mancha negra de 40 km², quase 1,5 milhão de litros de óleo vazou da refinaria Duque de Caxias; sete meses depois, quatro milhões de litros de óleo poluem o rio Iguaçu, o principal do Paraná, e no mesmo ano ocorreu o acidente nas Ilhas Galápagos; em fevereiro de 2001, 50 mil litros de óleo vazaram em Morretes (PR), reserva da biosfera mundial.[22]

Não se coloca em dúvida a capacitação ou o *expertise* ou mesmo a necessidade de atuação nesse ramo de atividades, mesmo porque, este não é o propósito de nosso trabalho e, em nosso entendimento,

---

22 *Idem*.

nem poderia ser. Trata-se, isso sim, do reconhecimento de que esses acidentes têm ocorrido em grande número e, consequentemente, causado resultados importantes para a coletividade em sentido amplo. É por isso que esses e outros danos ambientais merecem revisão a fim de serem tratados pelos juristas e estudiosos do direito em outra dimensão do dano, além daquele patrimonial ou moral: o dano biológico ou dano à saúde humana, restituível, indenizável a partir de parâmetros mínimos e necessários.

Demonstração ainda mais clara encontra-se nas técnicas e esforços para a retirada das substâncias químicas derramadas:

> A intenção dos técnicos é injetar nitrogênio ou ar comprimido para expulsar a água e restabelecer o equilíbrio da P-36. O fluxo de óleo e gás do campo de Roncador, que tem reservas de petróleo estimadas em 3 bilhões de barris (cada barril tem mais de 158 litros, o que representa, portanto, pelo menos, 474 bilhões de litros), foi interrompido com o fechamento dos seis poços do campo. Com isso está afastado o risco de um vazamento superior a 1,5 milhão de litros, que é a quantidade acumulada em tanques e na estrutura dos poços até o início da jazida. Entre as alternativas que estão sendo estudadas está a desconexão dos cabos de ancoragem e o reboque da plataforma para um local mais próximo da costa. Isso elevaria, contudo, as consequências de um acidente ambiental, com o vazamento de óleo chegando às praias.[23]

---

23 *Jornal da Tarde*, 17 mar. 2001.

Do ponto de vista dos danos causados ao meio ambiente, foi relatado que o desastre ecológico só não foi maior porque o fluxo dos seis poços ligados à plataforma foi interrompido logo após as explosões, além de no local haver 32 mil metros de barreiras, com capacidade para conter até cinco milhões de litros de óleo. A P-36 apenas extrai o produto e faz um primeiro processamento antes de enviá-lo, por uma rede de dutos, para P-47, que é uma plataforma de armazenagem.

Nesse sentido, o fato de não estocar petróleo minimizou os danos que o afundamento da P-36 causou ao meio ambiente, sendo constatado que a maior parte do vazamento foi de óleo diesel, usado como combustível na plataforma.

O especialista em estruturas oceânicas e diretor da Coordenação de Programas de Pós-Graduação de Engenharia (Coppe), da Universidade Federal do Rio de Janeiro (UFRJ), Segen Estefen, afirmou que os últimos acidentes envolvendo a companhia petrolífera estariam associados ao aumento da produção de petróleo e à busca de autossuficiência do país no setor.

"O investimento em treinamento dos funcionários não acompanhou o aumento da produção nos últimos anos", analisa Estefen, que foi procurado pela estatal para indicar um técnico da Coppe para integrar a comissão de sindicância que apura as causas do acidente, já que foi recomendado pelo especialista que a empresa deveria "redobrar" os investimentos em segurança, principalmente no trabalho em plataformas, uma atividade de "alto risco".[24]

Segundo especialistas, o impacto da estrutura da plataforma no solo será grande, sendo considerada remota a possibilidade de os po-

---

24 "Está sendo muito debatida a questão da terceirização do trabalho, mas acho que esse não deveria ser o foco principal. O que importa é a criação de um padrão único de treinamento dos funcionários, porque o número de acidentes tem sido muito elevado." Coletânea de reportagens, Revista Veja e *O Estado de S. Paulo*, 2000.

ços, a 1.360 metros de profundidade, serem afetados, embora os dutos estejam danificados, os poços já estão fechados e ficam longe do raio de queda da P-36.

Quanto ao dano moral causado à família das vítimas, destaca-se a notícia de que "parentes dos dez funcionários mortos acusaram a Petrobras de falta de empenho para resgatar os corpos das vítimas do acidente. Em clima de comoção, familiares discursaram na frente da base da Petrobras, em Macaé. Duas mulheres passaram mal quando souberam que a plataforma afundara e não haveria mais como recuperar os corpos. Hoje, as viúvas homenageiam as vítimas jogando flores no mar".

Em razão da lesão moral sofrida, a juíza das 8ª e 9ª Varas de Órfãos e Sucessões do Tribunal de Justiça do Rio de Janeiro, Márcia Capanema de Souza, concedeu liminar à família do operador Charles Roberto Oscar, obrigando a empresa estatal a resgatar os corpos das vítimas da explosão da plataforma P-36 em 24 horas e, no caso de descumprimento à ordem, a estatal seria multada em mil salários mínimos diários: "Na absoluta impossibilidade de fazê-lo (o resgate) de imediato, deverá a ré, no mesmo prazo, apresentar ao juízo plano de resgate especificando os prazos necessários para tal".[25]

Ivanir Peixoto, viúva do operador Mário Sérgio Mateus, perguntava por que os mergulhadores desceram 50 metros abaixo para tentar salvar a P-36 e não mergulharam cinco metros para resgatar corpos presos na coluna.[26]

---

25 Idem.

26 As viúvas vão hoje à plataforma P-23 – próximas ao local onde estava a P-36 – jogar flores ao mar em homenagem aos maridos. Logo após será rezada missa em igreja de Macaé.

O operário Sérgio Barbosa, de 41 anos, que sobreviveu às explosões na P-36, continua em estado crítico, segundo boletim médico divulgado pelo Centro de Tratamento de Queimados do Hospital de Força Aérea do

O então presidente Fernando Henrique Cardoso ressaltou ainda que era cedo para avaliar os danos ambientais que a submersão da plataforma poderia provocar. "A empresa está bem preparada para contê-los", garantiu o presidente. Mais cedo, em discurso, ele disse que a submersão da plataforma não deveria desanimar os brasileiros: "Quando temos um problema que nos aflige, como o de uma plataforma de uma empresa que é símbolo para todos nós, temos de nos inspirar em Juscelino Kubitschek e não desanimar".[27]

O fato é que o afundamento da plataforma não pôde, ao que consta, ser evitado e, com isso, o sacrifício de muitas vidas além de um desastre ecológico, em razão do vazamento de mais de 1,5 milhão de litros de óleo no mar, não se tendo, ainda, conforme declaração da companhia, como resgatar os corpos dos funcionários mortos.[28]

Em continuidade a esses problemas, procurando evitar mal maior, o Ministério Público do Trabalho (MPT) ajuizou ação cautelar na Justiça de Niterói para impedir que o navio de estocagem P-38, da Petrobras deixasse o Estaleiro Mauá sem que estivesse com todos os sistemas de segurança operando; a isto a empresa garantiu, em nota oficial, que "todos os procedimentos estarão concluídos e somente nestas condições o equipamento terá autorização para seguir viagem".

Ainda assim, uma comissão formada por representantes do Ministério Público do Trabalho, pelo Conselho Regional de Engenharia e Arquitetura do Rio (Crea-RJ) e pela Federação Única dos Petroleiros (FUP) identificou problemas no sistema de extinção de incêndio no

---

Galeão, onde está internado. O presidente Fernando Henrique Cardoso compara desastre à explosão de Challenger. Coletânea de reportagens, Revista Veja e *O Estado de São Paulo*, 2000.

27 *O Estado de S. Paulo*, quarta-feira, 21 mar. 2001.

28 *O Estado de S. Paulo*, sábado, 31 mar. 2001.

navio P-38, da Petrobras, que está no Estaleiro Mauá, em Niterói e, segundo engenheiros do Crea-RJ que fizeram a fiscalização, o sistema que lança dióxido de carbono sobre focos de incêndio para tentar extingui-los não está em condições de operar.

Diante de tantas ocorrências, a boa notícia foi a das imagens de satélite que vão ajudar órgãos de defesa do meio ambiente a detectar e controlar vazamentos de petróleo na costa brasileira, sob a Coordenação de Programas de Pós-Graduação da Universidade Federal do Rio de Janeiro (Coppe), que está desenvolvendo um sistema de monitoramento remoto das atividades petrolíferas no Brasil, com o auxílio de imagens de satélites canadenses, americanos e do Sistema Integrado de Vigilância da Amazônia (Sivam).[29]

"O sistema vai identificar a existência e a movimentação de manchas de óleo em águas brasileiras e sinalizá-las a autoridades ambientais e de defesa civil, para que tomem as medidas de controle. A Coppe está elaborando um mapa de áreas de sensibilidade para cruzar informações com o destino dos vazamentos e dar o alerta quando estiverem ameaçadas pelas manchas de óleo, segundo o professor Luiz Landau, coordenador do projeto."[30]

---

29 Satélite, arma contra manchas de óleo no mar. *O Estado de S. Paulo*, sexta-feira, 8 mar. 2002.

30 "O monitoramento remoto de derramamento de óleo deverá estar operando daqui a seis meses. Os R$ 9,2 milhões necessários para o projeto serão divididos entre os principais clientes: Instituto Brasileiro de Meio Ambiente e Recursos Naturais Renováveis (Ibama), Marinha e Agência Nacional do Petróleo (ANP). A ANP assinou ontem convênio para participar do projeto e vai desembolsar R$ 6,86 milhões. O montante de recursos do Ibama está em discussão com a Coppe. A Coppe não vai elaborar os planos de controle dos vazamentos, que deverão ser feitos por empresas e autoridades ambientais. A Petrobras, por exemplo, tem centros de defesa ambiental, com equipamentos para conter vazamentos de óleo em nove

Tentar conter os acidentes, sabendo os danos que causam, é a atitude encontrada diante da repetição e das irregularidades relatadas em nosso País.

E não bastasse a experiência danosa com a P-36, ocorreu uma pane elétrica com a plataforma P-34, na Bacia de Campos, litoral do Rio de Janeiro, o que provocou o adernamento da unidade, que corria o risco de afundar e teve de ser evacuada pelos 76 funcionários que estavam no local e que foram levados para plataformas próximas.[31]

Quanto ao afundamento e consequências ao ambiente, o sindicato dos petroleiros afirmou que o risco existe, podendo haver vazamento de petróleo, sendo informado que a inclinação da plataforma seria de 40° a 48°, o que representa muito, não afastando a hipótese de erro operacional, já que o navio tem boa flutuabilidade.[32]

A plataforma P-34 é fruto da adaptação de um petroleiro antigo, dos anos 50, transformado em unidade de produção de petróleo em 1994, operando como sistema-piloto em campos prestes a iniciar a produção –

---

regiões. A instituição, que colocou 20 pessoas no projeto, se limitará a dar informações sobre o destino das manchas de óleo. 'O sistema já é usado em outros países, mas em menor escala', segundo Landau. 'Nenhuma outra região onde se explora petróleo tem a dimensão da costa brasileira, com quase 8 mil quilômetros', destacou". *Idem.*

31 *Jornal da Tarde*, segunda-feira, 14 out. 2002.

32 Em nota divulgada na noite de ontem, a empresa informa que mobilizou "nove barcos, helicópteros e especialistas" para evitar o afundamento e reduzir os impactos de um possível vazamento. Diz ainda que informou os órgãos governamentais que controlam a atividade de petróleo no Brasil sobre o acidente. De acordo com a empresa, não houve feridos, nem há registro de incêndio ou explosão.

enquanto as plataformas definitivas estão sendo construídas, encontrando-se em construção a que se chamará P-43, que deverá substituí-la.[33]

Vale destacar a preocupação do prefeito, que preside a Organização dos Municípios Produtores de Petróleo (Ompetro), que lamentou o acidente declarando sua preocupação com a segurança dos petroleiros, com o meio ambiente e com a economia da região norte-fluminense.

A preocupação está, sobretudo, em repetir os danos causados pela plataforma P-36, que era a maior e mais avançada plataforma semi-submersível do mundo, pesando 40 mil toneladas, com capacidade para produzir 180 mil barris por dia, tendo seu naufrágio causado o vazamento de 1,5 milhão de litros de óleo no mar.

As viúvas dos petroleiros mortos ainda cobram o pagamento de indenização. Antes da P-36, o último grande acidente enfrentado pela Petrobras ocorreu em 1984, na plataforma de Enchova, que acabou com 37 mortos.[34]

---

33 Foi a primeira plataforma da Petrobras a usar o sistema de *turret* (torre), em que o navio fica fixo pela proa, permitindo que gire em torno da torre de ancoragem, de acordo com as condições do mar. Por ser um navio, tem alto grau de flutuabilidade, sendo mais difícil afundar. Segundo informações de funcionários da Petrobras, a P-34 tem um tanque para armazenar o óleo produzido, o que pode aumentar a dimensão de um vazamento. O navio Presidente Prudente de Moraes, que se transformou no navio-plataforma P-34, em 1997, foi o pioneiro de um sistema de produção instalado na Bacia de Campos conhecido como FPSO (Floating, Production, Storage and Offoanding), ou seja, um sistema de produção, processamento e estocagem de óleo e gás natural em águas profundas. *O Globo*, segunda-feira, 14. out. 2002.

34 O ex-presidente da Comissão de Meio Ambiente da Alerj, Carlos Minc, ressaltou que 'a Petrobras não vem cumprindo a legislação ambiental. Apesar dos avanços da Petrobras, ela não cumpre a legislação. Posso dizer que 80% das plataformas não têm licença ambiental e eu desconfio fortemente de que a P-34 também não tenha. Além disso, a empresa não

A ocorrência de acidentes tem sido relatada com frequência constante, tendo diversas instalações da empresa sofrido explosões, sido evacuadas ou deixado vazar petróleo para o mar: junho de 1980, com uma explosão que feriu 23 funcionários em navio-sonda na Bacia de Campos; agosto de 1984, o vazamento do poço submarino de Enchova deixou 37 mortos e 19 feridos; maio de 1986, duas explosões na plataforma Zapata deixaram 12 funcionários feridos; outubro de 1987, o incêndio na plataforma Pampo, na Bacia de Campos, provocou queimaduras em 6 funcionários; abril de 1998, incêndio na plataforma Enchova; outubro de 1991, uma explosão em Pargo I, na Bacia de Campos, deixou dois funcionários gravemente feridos; novembro de 1999, explosão na plataforma P-31, localizada na Bacia de Campos, deixou dois funcionários feridos.

As consequências de acidentes como esses se refletem no medo vivido pela população local, funcionários e, em curto prazo, pela comunidade difusa; notadamente, uma das 76 pessoas que estavam na P-34 no momento do acidente, o operador de produção Moisés Cardoso, 39, relatou que pelo menos 30 petroleiros se atiraram ao mar para se salvar de um possível afundamento da plataforma.³⁵

---

cumpre a lei de auditoria ambiental, que diz que cada plataforma precisa ter uma auditoria para evitar acidentes'. O deputado criticou ainda a postura do Ibama no caso: 'O Ibama também está atrasado porque não cumpre a lei 1.204 de 1987 que cria o comitê de defesa do litoral e dá ao órgão a atribuição de ter um plano de prevenção para proteger o litoral contra o óleo derramado'. *Idem*.

35 Com medo, funcionários se jogaram ao mar: "Pulei no mar e nadei por cerca de 40 minutos até chegar ao rebocador. Tive muito medo porque o mar estava muito agitado", declarou Moisés Cardoso, que usava colete salva-vidas no momento do salto. De acordo com Cardoso, que foi internado em Macaé, no norte fluminense, com hipotermia, o grupo de petroleiros teve de se jogar ao mar porque a baleeira (espécie de barco salva-vidas) que pretendiam utilizar estava do lado direito da platafor-

Foi ainda noticiado que a plataforma P-34 estava com a licença ambiental vencida, desde 19.08.2001 e que, de acordo com a Petrobras, "estava em processo de renovação". Segundo o superintendente do Instituto Brasileiro do Meio Ambiente e dos Recursos Naturais Renováveis (Ibama), no Rio de Janeiro, Carlos Henrique de Abreu Mendes, há uma legislação nova sobre licenciamento de plataformas, na qual a P-34 não está enquadrada, mas como a licença venceu na vigência de outra legislação, a estatal estaria legalmente protegida.

Segundo dados de uma lista de licenciamento de equipamentos de petróleo no *site* da publicação *Energia & Meio Ambiente*, a P-34 teve sua licença ambiental renovada em 1998. A lista inclui outras plataformas da Petrobras cujas licenças concedidas nos anos 90 venceram em 2001.

Mendes disse que até março de 2002 o licenciamento ambiental era regido pela Resolução 237/97 do Conama e que, pela resolução, um pedido de renovação era concedido automaticamente se não houvesse pronunciamento do órgão competente em quatro meses.[36]

Nos últimos quatro anos, 40 pessoas morreram em acidentes nas plataformas de petróleo da Bacia de Campos. No período, foram registrados pelo menos 122 desastres – média superior a 2,5 por mês –, que provocaram afastamento de técnicos. Foram incidentes como queda ao mar, queimaduras ou, como aconteceu em 2001, intoxicação por gás sulfídrico. O levantamento é do Sindicato dos Petroleiros do Norte Fluminense, que constatou: a maioria dos mortos (26) era de técnicos de empresas contratadas.

---

ma, que ficou elevado por causa da inclinação. *Folha de S. Paulo*, terça-feira, 15 out. 2002.

36 A Resolução 293/2002 estabeleceu normas mais rigorosas. O equipamento precisa ter um plano de resgate individual de emergência, uma análise de risco, e ser submetido a auditorias ambientais. Segundo o Ibama, a P-34 não cumpriu essas exigências.

O fracasso na operação de salvamento da plataforma de produção de petróleo P-34 pode causar o derramamento de 11 milhões de litros de óleo, que estão armazenados em seus tanques desde o acidente. O volume é cerca de nove vezes superior ao derramado na baía de Guanabara, em 2000, quando uma tubulação da Petrobras se rompeu. A partir de tais situações, ou seja, de derrames constantes de óleo e petróleo na costa brasileira, passou-se a considerar irreversível o nível de poluição da baía de Guanabara, por exemplo. A presença constante de compostos e metais pesados, derivados da indústria naval e do refino de petróleo, atinge diretamente a saúde humana – além do meio ambiente, sob o aspecto ecológico, propriamente dito – podendo causar doenças como câncer, alteração no sistema reprodutivo dos homens e dos animais e até mutações.[37]

---

37 "Mesmo se a poluição parasse hoje, essas substâncias não desapareceriam porque não existe reação química capaz de degradá-las", disse o diretor do Greenpeace no Brasil, Roberto Kishinami. A análise das amostras foi feita no laboratório de pesquisa do Greenpeace, na Universidade de Exeter no Reino Unido. Entre as substâncias encontradas, as mais perigosas são organoclorados (compostos artificiais criados pela junção de moléculas de cloro com o organismo de animais) e os organoestanhos (também não naturais, derivados da combinação de cloro com estanho). Até a área de preservação de manguezais, no nordeste da baía, apresentou grande concentração de organoestanhos. Entre os organoclorados, estão o agrotóxico DDT, que pode ter contaminado as águas da baía por ser utilizado no extermínio de insetos, e o PCB, cujo composto mais conhecido, o ascarel, liberado por transformadores elétricos, está proibido no Brasil há 20 anos. "É preciso descobrir quem é o responsável pelo depósito de ascarel no fundo da baía. Essa substância é extremamente nociva à vida dos animais e seres humanos", informou Cristina Bonfiglioli, bióloga da entidade. "As indústrias são as grandes vilãs. A Petrobras é uma das principais poluidoras", afirmou Kishinami. O relatório aponta como fontes permanentes de poluição a Refinaria Duque de Caxias (petroquímica), a Refinaria Piedade

Assim é que a gravidade da situação da ocorrência sucessiva e desmedida de acidentes que atingem o meio ambiente e, consequentemente a saúde humana, fez emergir acordos, alterações de leis e outras tentativas de controle, a fim de serem minimamente aplicados os princípios da prevenção e da precaução, que passaremos a enumerar:

"1º Petrobras assina acordo de proteção ambiental

A Petrobras e o governo do Estado do Rio de Janeiro assinaram ontem complementação ao Termo de Ajuste e Conduta (TAC), de proteção ambiental, firmado no ano passado. O compromisso prevê investimento de R$ 40 milhões. Destes, R$ 30 milhões serão destinados à recuperação de três praias – Ramos e Mauá, em Magé, e Luz, em São Gonçalo –, R$ 5 milhões a ações da Secretaria Estadual de Meio Ambiente.

O TAC assinado em 2000, pelo qual a Petrobras destinou R$ 192 milhões a proteção ambiental, foi consequência do acidente ocorrido na baía de Guanabara há um ano – quando vazou 1,29 milhão de litros de óleo.

Segundo o presidente da Petrobras, Henri Philippe Reichstul, desde o desastre ecológico na baía, a empresa vem investindo em segurança. 'Estamos fazendo o maior e mais ambicioso programa de

---

(alimentícia), a Sociedade Industrial de Refrigerantes Flexa (bebidas), a Bayer (química), a Companhia Brasileira de Antibióticos (farmacêutica) e a Cibageigy (química). O relatório foi entregue ao secretário estadual de Meio Ambiente, André Corrêa. "O índice de lançamento de metais pesados tem diminuído bastante e vai atingir níveis internacionais até 2003", afirmou Corrêa. O presidente da Fundação Estadual de Engenharia de Meio Ambiente, Axel Grael, afirmou que vai divulgar outro relatório rebatendo a crítica de que o órgão não controla o lançamento das substâncias tóxicas na baía. Os ativistas do Greenpeace chegaram ao Rio de Janeiro no navio MV Arctic Sunrise anteontem. A embarcação começou a viagem em novembro do ano passado, no Chile, e teve no Rio de Janeiro sua última escala, depois de passar pela Argentina, e ainda por Santos e Porto Alegre". *Idem.*

segurança operacional do país e a previsão é de que seja feito um gasto de R$ 1,8 bilhão até 2003'.

Reichstul e o governador Anthony Garotinho receberam o barco Astro Ubarana, propriedade da empresa desde 1988, que foi todo reformado e terá capacidade para coletar até 100 mil litros de óleo por hora."

"2º Lei da Pesca Desportiva será alterada e poderá prever cotas

Brasília – Na próxima semana, o Instituto Brasileiro do Meio Ambiente e dos Recursos Naturais Renováveis (Ibama) e o Ministério da Agricultura vão discutir uma reformulação na lei sobre a pesca desportiva no país. Segundo o novo presidente do Ibama, Hamilton Casara, a intenção do governo é unir a prática à questão social, beneficiando as comunidades que residem às margens dos rios e lagos.

'Não temos ainda traçada a fórmula de como vamos atuar, mas a ideia é tornar essa prática uma atividade econômica e social', afirma Casara.

Segundo ele, o projeto para essa área terá como base as peculiaridades regionais. 'Temos de analisar as variáveis ecológicas, culturais e econômicas de cada região'. Uma das medidas que podem ser tomadas pelo Ibama para manter a atividade sem atingir o ambiente é definir cotas por Estados.

Casara foi nomeado ontem presidente do Ibama e assumiu o cargo de imediato, marcando reuniões regionais, a partir da próxima semana. 'Esta será a nossa prática: ouvir os problemas e soluções por região', disse. 'Não adianta nada, aqui de Brasília, decidir sobre os outros Estados'. Além de encontros com superintendentes do Ibama, ele quer desenvolver uma ação conjunta com governos municipais e estaduais. 'Vamos dar prioridade à fiscalização e controle do monitoramento nas áreas ambientais do país'."

Ainda no Brasil, a Shell contaminou uma área na Vila Carioca, cidade de São Paulo. Por um longo período, a empresa enterrou borras de tanques de estocagem de combustível na área. O lençol freático e o solo encontram-se contaminados com elevadas concentrações de compostos aromáticos e metais pesados. Hoje a área passa por processo de remediação, acompanhado pela Cetesb".

Além desse, um grave acidente ocorrido na Refinaria da Shell, em Paulínia, no interior do Estado de São Paulo, chamou a atenção pelas graves consequências à saúde de toda a população local, razão pela qual nos ocuparemos mais detidamente nas informações obtidas em relatórios técnicos, inclusive, no item a seguir.

Até a defesa pública desse trabalho, certa e lamentavelmente outras graves ocorrências, a que se prefere chamar de acidentes, irão se concretizar.

6.1.1 Caso contaminação Shell Paulínia[38]

Recentemente tem chamado atenção um caso ocorrido na Refinaria da Shell de Paulínia, que contaminou e parece que continua contaminando a água que abastece a população local, a ponto de causar sérias doenças.

O acidente de relevada monta passou a ser divulgado do ponto de vista do "meio termo" encontrado, tendo a empresa poluidora proposto às famílias vítimas do acidente ambiental receberem a quantia equivalente a R$ 30.000,00 (trinta mil reais) – valores divulgados pela imprensa em março de 2002, não propriamente com a finalidade de reparar as vítimas pelos danos causados à saúde, mas pretendendo indenizá-las pela necessária mudança de casa, do local para outro, onde pudessem chegar e adquirir moradia própria com o valor recebido.

---

38 Contaminação em Paulínia por aldrin, dieldrin, endrin e outros compostos tóxicos produzidos e descartados pela Shell do Brasil S.A., elaborado por Karen Suassuna – campanha de substâncias e tecnologias tóxicas. Greenpeace Brasil, São Paulo, 24 abr. 2001.

É um caso que merece cuidado, o que temos nos proposto com o presente trabalho. Ante o acidente ambiental causado por atividade industrial, estamos diante do malefício causado à saúde, portanto à vida das pessoas. Em reflexão proposta aos nossos alunos do curso de direito, discutíamos a questão dos direitos da personalidade, sob o enfoque da vida e dignidade humana, garantidos constitucionalmente, e da previsão do novo Código Civil ao assegurar os direitos da personalidade, no que couber, às pessoas jurídicas.

Foi inegável a angústia relatada pela classe de 5º ano de Direito, ao verificar que estávamos diante de inegáveis dificuldades pois, se de um lado a empresa causou e tem causado danos às vidas das pessoas contaminando a água, talvez também o ar atmosférico, de outro, diante de uma multa que pudesse ser "confiscadora" das atividades da empresa e que viesse, por hipótese, causar o encerramento daquela refinaria em Paulínia, teríamos não somente o desemprego em massa naquela localidade mas, ainda, prováveis consequências no abastecimento de combustível em nosso país.

Além disso, não podemos desprezar a trágica e efêmera solução oferecida às famílias de adquirirem moradia própria em outra localidade que não aquela, com o fadado prêmio decorrente da própria doença, que estivesse ao preço do montante oferecido, procurando banalizar o valor das vidas humanas, a dignidade e incolumidade física e psíquica.

O fato é que não bastaria que as famílias fossem removidas do local contaminado, é necessário que a contaminação decorrente do agente poluidor cesse imediatamente, a partir do momento que se teve conhecimento do evento; além disso, que sejam as famílias removidas para outras casas, ainda que adquiridas pela empresa, não bastaria, vez que restam suas próprias casas que não poderiam ser meramente adquiridas pelo poluidor, além do tratamento médico permanente, na tentativa de restabelecimento total da saúde e manutenção da vida familiar diante da dificuldade para o trabalho.

Ora, se de um lado tememos a indústria norte-americana das indenizações milionárias, de outro, deveríamos temer a banalização das vidas humanas, o que certamente fazemos ao relegar a segundo plano o valor que pudessem ter, diante de equiparação patrimonial decorrente do baixo poder aquisitivo que predomina em nosso país.

Trata-se da contaminação das chácaras vizinhas à área onde funcionou a fábrica da Shell, decorrente do descarte e utilização de agrotóxicos em Paulínia, São Paulo. Os agrotóxicos organoclorados endrin, dieldrin e aldrin foram encontrados no lençol freático sob as chácaras localizadas entre a fábrica e o rio Atibaia, um dos principais afluentes do rio Piracicaba e que abastece de água, entre outras, as cidades de Americana e Sumaré.

A contaminação causada pela Shell em Paulínia é tóxica, persistente e bioacumulativa, podendo causar sérios danos ao meio ambiente e à saúde humana. Por isto é pela iminência de contaminação do rio Atibaia, o Greenpeace demandou as seguintes providências:

1. A realização da varredura de toda a área da antiga fábrica para o inventário da extensão da contaminação por metais pesados e organoclorados, incluindo dioxinas e furanos;

2. A implementação de plano de descontaminação e remediação da área afetada, previamente discutida com a sociedade e aprovada pelos órgãos competentes;

3. A adoção das tecnologias alternativas à incineração para a desativação dos resíduos gerados pelo processo de remediação, dando preferência às aplicáveis *in situ* e *on site*;

4. A realização de levantamento epidemiológico e clínico em todas as pessoas diretamente afetadas, incluindo-se moradores do bairro Recanto dos Pássaros, trabalhadores e ex-trabalhadores da planta;

5. O atendimento de reivindicações comunitárias, pela empresa, incluindo indenizações por perdas e atendimento médico integral vitalício a todos os afetados pela contaminação gerada pela Shell;

6. A implantação pelo governo federal de medidas para eliminação dos POP e suas fontes em todo o território nacional.

Os dados de contaminação por drins (aldrin, dieldrin e endrin) foram apresentados por meio de relatório técnico elaborado pela empresa Ceimic, em janeiro de 2001, a pedido da Shell do Brasil S.A., e reafirmados por mais dois relatórios técnicos, um elaborado pelo Instituto Adolfo Lutz em São Paulo, em março de 2001.

No final de fevereiro de 2001, a empresa holandesa de consultoria ambiental, Haskoning/Iwaco, elaborou novo relatório técnico a pedido da Shell, com análise de solo e água subterrânea em nove pontos localizados nas chácaras vizinhas à área da indústria. Os índices de contaminação por dieldrin chegam a 17 ppb (partes por bilhão) no solo e 0,47 ppb na água. Os números ultrapassam os limites internacionais, sendo que o índice de contaminação da água é maior do que o permitido pela legislação brasileira, segundo Portaria 1.469/2000, do Ministério da Saúde, tendo como valor máximo permitido 0,03 ppb; as análises realizadas anteriormente eram restritas apenas às águas subterrâneas.

A Cetesb está elaborando o relatório das amostras coletadas em dezembro de 2000, em poços de águas subterrâneas fora dos limites da fábrica, corroborando informações parciais, já divulgadas, dos dados de contaminação apresentados pela companhia Shell.

Em 1975, a Shell iniciou a construção de uma planta industrial para a fabricação de agrotóxicos, incluindo a produção de endrin e aldrin e o processamento de dieldrin, três agrotóxicos organoclorados, iniciando suas atividades no ano de 1977.

A área está situada no Município de Paulínia, a 126 km da capital do Estado de São Paulo e tem aproximadamente 40 hectares (400.000 m^2). Todo o seu lado oeste em forma de meia lua é acompanhado pelo rio Atibaia, um dos principais afluentes do rio Piracicaba, e que abastece de água, entre outras, as cidades de Americana e Sumaré. Entre a indústria e o rio existe uma faixa de aproximadamente 100 metros, onde está localizado o bairro residencial Recanto dos Pássaros, antigo loteamento Poço Fundo. A fábrica instalou-se no local depois dos chacareiros.

A comercialização destes produtos foi interrompida no Brasil em 1985, por intermédio da Portaria 329, de 02.09.1985, do Ministério da Agricultura, sendo ainda permitida a comercialização de iscas para formigas e cupinicida destinados a reflorestamentos elaborados à base de aldrin. Entretanto, a fabricação para exportação continuou até 1990. Em 1998, com a Portaria 12, do Ministério da Saúde, estes produtos foram completamente proibidos.

Três vazamentos no tanque de armazenamento de líquidos residuais da fábrica, instalado na unidade Opala, foram oficialmente registrados durante os anos de produção; em 1978 as inspeções acusaram estufamento do revestimento interno do tanque feito de ladrilhos; em 1982 foi novamente constatado tal problema; em 1985, mais uma vez é detectado o vazamento e realizada impermeabilização de tal tanque com um filme plástico de PVC (policloreto de vinila).

Na área oeste da planta funcionava um incinerador de líquidos para queima de resíduos industriais. Tal incinerador recebeu três advertências da Cetesb por operação fora dos padrões aceitáveis na época. Os incineradores são reconhecidos por ampla bibliografia internacional como fonte emissora, dentre outros compostos tóxicos, de dioxinas e furanos, além de metais pesados.

Em 14.09.1994, a Shell do Brasil S.A. – Divisão Química, comunicou à Promotoria de Justiça do Município de Paulínia, por meio de autodenúncia, a constatação de contaminação do solo e das águas subterrâneas, que segundo as informações da empresa, encontravam-se restritas à área fabril. Em agosto de 1995, foi assinado o Termo de Ajustamento de Conduta, denominado, neste caso, como Termo de Acordo, firmado pelo Ministério Público e pela empresa.

A companhia foi obrigada a instalar em área interna um sistema de recuperação da qualidade do aquífero (SRQA) constituído por uma barreira hidráulica, um subsistema de extração de contaminantes e uma unidade de tratamento de água, destinados a contenção e remoção da contaminação por solventes diagnosticada nas áreas denominadas como Opala e Parque dos Tanques, situadas a noroeste na planta.

No acordo, a Shell também deveria efetuar o monitoramento da área no extremo oeste da planta descrita como Incinerador e Formulação em virtude da identificação no solo de drins (aldrin, dieldrin e endrin). A companhia ficou obrigada a monitorar solo e águas subterrâneas por um período de três anos, com a finalidade de confirmar a hipótese levantada pela empresa de que os produtos encontrados no solo não migrariam para o aquífero.

Em abril de 1996, a Shell apresentou um laudo técnico sobre contaminação do lençol freático fora da área da empresa; a amostragem em cinco chácaras foi efetuada pela empresa ERM – Environmental Resources Management Inc. – e as análises químicas foram realizadas nos laboratórios Lancaster, nos Estados Unidos, e no Instituto Adolfo Lutz, em São Paulo. Os resultados dos dois laboratórios diferiram; o Instituto Adolfo Lutz não detectou a presença de materiais orgânicos, incluindo dieldrin e endrin, encontrados entretanto pelo Laboratório Lancaster em concentrações de até 0.25 ppb e 0.35 ppb respectivamente.

Em março de 2000, o Greenpeace participou, a convite da comunidade, de uma reunião entre a Cetesb e os moradores e proprietários de chácaras no Recanto dos Pássaros. Sem o conhecimento da contaminação das áreas, a comunidade reivindicava que fossem feitas análises nos poços e cisternas, pois segundo os moradores, os mesmos apresentavam odor de "químicos". Como resultado desta reunião foram coletadas amostras de água em chácaras da região. As amostras foram encaminhadas para os laboratórios Ceimic, Tasqa e para a Cetesb. Foi identificada a presença de dieldrin em concentrações de 0,17 ppb e 0,22 ppb pelos laboratórios Tasqa e Ceimic, respectivamente, no lote de nº 365. Os resultados da Cetesb apresentaram dieldrin em concentração de 0,005 ppb apenas na chácara de nº 2.347.

Em função destes resultados, novas amostras foram coletadas fora da área da fábrica em dezembro de 2000. Estas amostras foram encaminhadas para o Instituto Adolfo Lutz, para o laboratório Ceimic e para a Cetesb. A contaminação por drins havia extrapolado a área da empresa e atingira os poços de água das chácaras vizinhas, em concentrações de até 0,48 ppb de dieldrin.

Novas coletas foram realizadas pela empresa holandesa de consultoria ambiental Haskoning/Iwaco, dando origem a mais um relatório técnico com análise de solo e água subterrânea em nove pontos localizados nas chácaras vizinhas à área da indústria. Os índices de contaminação por dieldrin chegam a 17 ppb (partes por bilhão) no solo e 0,47 ppb na água. São apresentados então os primeiros dados de contaminação de solo na área externa à planta.

No final de março de 2000, a Promotoria de Justiça ouviu o depoimento de um ex-funcionário da empresa, que confirmou a existência de quatro aterros clandestinos dentro da fábrica, três sem projetos de engenharia e isolamento. Ouviu-se a declaração de que a empresa jogava, nestes aterros, cinzas de seu incinerador e resíduos de sua produção, e que também o incinerador da Shell prestava serviços a terceiros; sendo, ainda, informado por trabalhador local que foram enterrados, em outras áreas dentro da empresa, barris de resíduos tóxicos; foi, ainda, anexado ao processo documento de 1993, com relatos de casos, demonstrando ser de conhecimento a existência destes aterros clandestinos.

Em 26.03.2001, os moradores do Recanto dos Pássaros realizaram, por conta própria, exames na Clínica Oswald, em Campinas (SP). Os resultados dos testes em onze pessoas, incluindo duas crianças de 8 e 12 anos, indicaram a presença de metais pesados, como arsênico, chumbo e titânio, no sangue dos moradores.

Após várias tentativas de assinatura de um Termo de Ajustamento de Conduta elaborado para a investigação da saúde dos moradores, funcionários e ex-funcionários da fábrica, o Ministério Público e a Prefeitura Municipal de Paulínia dão início no dia 23 de abril à coleta de sangue e análises clínicas.

Os estudos epidemiológicos foram elaborados pela Vigilância à Saúde, Universidade Estadual Paulista (Unesp) e Faculdade de Medicina da USP para diagnosticar a contaminação por drins, outros organoclorados e metais pesados. A Prefeitura de Paulínia, por meio de decreto municipal irá custear os exames.

Foram apresentados vários resultados analíticos, por meio de relatórios, elaborados ao longo dos últimos seis anos, encontrando-se em dados disponíveis para consulta no processo público, disponível na Procuradoria de Justiça de Paulínia.

Os dados apresentados em primeira tabela mostravam, já em abril de 1996, concentrações de dieldrin, nas águas dos poços superiores aos 0,03 ppb permitidos pela Portaria 36/1990 e Portaria 1.469/2000 do Ministério da Saúde.

As análises de águas subterrâneas, coletadas em 13 e 14 de março de 2000, analisadas pelos laboratórios Tasqa, Ceimic e Cetesb, constataram, novamente, a presença de dieldrin, acima dos valores permitidos.

Os resultados das análises feitas em dezembro de 2000, pelo Instituto Adolfo Lutz, também apontaram a presença de dieldrin, em valores maiores do que o limite apontado pela legislação, referindo resíduos de pesticidas organoclorados, em amostras de água coletadas em duplicata, no dia 20.12.2000 pela Ceimic em Paulínia.[39]

Como impacto à saúde humana, foi sintetizado pela Shell, única fabricante de endrin, dieldrin e aldrin, no Brasil, que estes produtos podem ser absorvidos pela pele, sendo associados ao câncer, a disfunções e comprometimento dos sistemas reprodutor, endócrino e imunológico. Estão hoje incluídos na lista dos doze poluentes orgânicos persistentes (POPs) banidos pela Organização das Nações Unidas (ONU) em maio de 2001, quando foi assinada a Convenção de POPs em Estocolmo, na Suécia, tratando-se de produtos de relevada periculosidade, impactos na saúde, permanência no corpo humano e no meio ambiente.

O aldrin se metaboliza rapidamente em dieldrin em animais e plantas, portanto raramente são encontrados resíduos desse agrotóxico em alimentos e animais, porém apresenta efeitos tóxicos em seres humanos. A dose letal em adultos foi estimada em 5 g, equivalente a 83 mg/kg, peso corporal. Os sinais e sintomas da intoxicação por aldrin incluem dor de cabeça, tontura, náusea, mal-estar e vômitos, seguidos de contração muscular, abalos mioclônicos e convulsões. A exposição ocupacional ao aldrin, juntamente com o dieldrin e endrin, foi associada a um aumento significativo no câncer do fígado e da vesícula biliar, embora o estudo tenha apresentado algumas limitações, entre elas a falta de informações quantitativas sobre a exposição.

A dose letal de dieldrin em adultos foi estimada em 10 mg/kg peso corporal/dia. Em um estudo com trabalhadores de uma planta envolvida na fabricação de aldrin, dieldrin e endrin, um aumento estatisticamente significativo foi observado no câncer do fígado e do trato biliar, embora o estudo apresentasse algumas limitações, incluindo a falta de informações quantitativas sobre a exposição. O

---

39 http://www.greenpeace.org.br/toxicos/pdf/cisp-agua.pdf

fígado é o principal órgão alvo, juntamente com o sistema nervoso central. Além disso, um estudo em mulheres na Dinamarca apontou que a exposição ao dieldrin está associada a um aumento no risco de câncer de mama e a uma maior malignidade da doença, tendo as mulheres com os níveis mais elevados de dieldrin no sangue apresentado uma incidência duas vezes maior de câncer de mama do que as com os níveis mais baixos. Também foi apontada uma relação dose-resposta, isto é, quanto maior o nível de dieldrin no sangue, maior a chance de se desenvolver câncer de mama.

Um estudo sobre trabalhadores envolvidos na produção de aldrin, dieldrin e endrin não apontou o último no sangue deles, exceto em casos de superexposição acidental aguda. Também há estudos que mostram que o endrin causa câncer em ratos. A principal fonte de exposição do endrin para a população geral está nos resíduos em alimentos; no entanto, a ingestão média atual está abaixo da ingestão diária tolerável de 0,0002 mg/kg peso corporal recomendada pela FAO/OMS. Avaliações recentes de alimentos não incluíram endrin; portanto não há dados recentes de monitoramento.

Como vimos, a maior consequência é para a saúde humana que, em nossos dias, mereceria reparação sob o aspecto do patrimônio do indivíduo ou da coletividade, ou ainda, sob esse mesmo enfoque, sua funcionalidade, de acordo com sua força de trabalho ou seu "preço" social, vale dizer, se se trata de um pianista que teve as mãos lesadas ou de um industrial que ficasse inapto definitivamente para seus negócios, tratar-se-ia de um valor em pecúnia, muito diferente daquele que pudesse receber pela mesma mutilação que não tivesse tal função.

Pretendemos questionar e sugerir um valor reparatório destinado tão-somente à vida humana, sob o aspecto da saúde – biológico, como preferiram os italianos, sob sugestão francesa – que não se confunda com o valor moral ou patrimonial sob o prisma anteriormente referido.

6.2 Ocorrências fora do Brasil

6.2.1 Relatório do Greenpeace UK

O Relatório pesquisado, sobre Plataformas Petrolíferas – A case study of onshore comissioning of north sea oil structures – The brent spair, outubro de 1995, sugere uma alternativa à simples destruição dos poços petrolíferos marítimos. A ideia seria reciclar todos os metais que compõem tais plataformas petrolíferas (*brent spair*), em vez de abandoná-las simplesmente. O artigo afirma que 97% das estruturas desses *brent spairs* é reciclável, e os 3% restantes poderiam muito bem ser acondicionados em depósitos especiais para lixo tóxico.

Não se sabe ao certo quais seriam as consequências para o meio ambiente aquático ao afundar um *brent spair* são recicláveis uma vez que possui em sua estrutura muitos metais danosos para o meio ambiente: 300 toneladas de lixo, incluindo 14.200 toneladas de metal – inclusive materiais considerados perigosos (*red lis materials*) como cádmo e mercúrio.

Existem argumentos a favor de tal prática, uma vez que consideram como muito provável o isolamento de tais estruturas do restante do meio ambiente aquático. Porém deve-se considerar não isoladamente tais estruturas petrolíferas, mas como parte de um amplo ecossistema, numa região recheada de tempestades, o que dificultaria, em muito, esses supostos isolamentos de tais estruturas, como é defendido por alguns.

Desintoxicar e reciclar todos elementos componentes de tais estruturas petrolíferas (*brent spair*), bem como armazenar 1% do lixo tóxico restante gerará um alto custo para as companhias petrolíferas. Porém, criará um precedente forçando as companhias a repensar a forma como exploram petróleo, e como constroem as estruturas aptas para tal atividade; ou seja, considerar todo o ciclo natural nos materiais tóxicos que empregam na construção de tais *brent spairs*.

6.2.2 O episódio das Ilhas Shetland[40]

Em 14 volantes, o Greenpeace procura demonstrar os riscos do transporte marítimo de combustíveis fósseis, como o óleo, exemplificando com o grave vazamento de óleo do navio-tanque Braer, próximo às Ilhas Shetland, onde foram derramadas 84 mil toneladas de óleo não refinado leve (ou seja, mais componentes voláteis do que óleo refinado pesado estão presentes no composto – conhecido por óleo Gulfaks).

Ao longo dos mais variados artigos, todos os danos causados pelo vazamento de óleo ao meio ambiente são citados. Inclusive, a partir do 9º volante, o Greenpeace passa a atacar a dependência das economias capitalistas modernas, acerca dos combustíveis fósseis, o que cria a necessidade de longos transportes marítimos de óleo e, por fim, nos volantes 13 e 14 são sugeridas alternativas à expansão na exploração dos combustíveis fósseis pela Grã-Bretanha.

6.2.2.1 Mamíferos marinhos nas Ilhas Shetland[41]

Os vazamentos de óleo põem em risco todos os animais que precisam vir a superfície respirar. Os golfinhos, baleias, cetáceos em geral são os principais prejudicados com o vazamento de óleo, uma vez que por curiosidade, talvez por não haver outro caminho a não ser adentrar as imensas manchas de óleo, morrem por causa da irritação causada em sua sensitivas pelagens, olhos, bocas e gargantas, pelo contato com o óleo.

---

40 Este capítulo foi completado pelas informações provenientes do ensaio do Greenpeace intitulado *Shetland – oil and health*, cuja autoria se deve a Dra. Cathy Read, e é datado de março de 1993.

41 *Greenpeace oil briefing 1.*

Muitos golfinhos vêm morrendo no Golfo Pérsico e no Golfo do México por asfixia, uma vez que o óleo entope seus canais de ejeção (*blowholes*). As aves marinhas também sofrem com o óleo que adere às suas penas, destruindo sua capacidade de boiar sobre a água, ou mesmo causam sua morte por hipotermia. As Ilhas Shetland são ameaçadas por esse mesmo mal.

6.2.2.2 Pássaros em risco nas Ilhas Shetland

As aves são as maiores vítimas da poluição do mar por óleo. Mesmo pequenos vazamentos podem causar a morte de milhares de aves marinhas. O excesso de óleo elimina os espaços aéreos entre as penas, causando, em casos extremos, a perda da capacidade de flutuação e afogamento. Outro efeito do óleo é a interferência que causa na habilidade das penas repelirem a água, ou seja, a capacidade de flutuação e insulação foram perdidas. O metabolismo das aves aumenta em vão, procurando manter a temperatura de seu corpo normalizada. Este uso excessivo de energia causa o afogamento da então debilitada ave, podendo levar, também, a morte por hipotermia. Em águas mais frias, como as que circundam as Ilhas Shetland, ocorrem mais mortes, do que em outras regiões, onde a água é mais quente.

Os pássaros também podem inalar o vapor do óleo ou mesmo ingeri-lo quando limpam suas penas, ou se alimentam de comida contaminada pelo óleo. Em tais casos, por ser muito tóxico, o óleo pode causar a morte por infarto ou outros sérios problemas.

6.2.3 Os principais danos causados pelo óleo

O óleo não refinado é composto de hidrocarbonetos, ou seja, a combinação entre carbono e hidrogênio forma sua estrutura química básica. Outros elementos como enxofre, nitrogênio e oxigênio, bem como outros metais pesados também podem estar presentes no composto em questão (o óleo), aumentando a complexidade da mistura resultante da união de tão diferenciados elementos químicos. Assim, há uma grande variedade de óleos (petróleo) encontrado na natureza, dependendo de sua origem (localização no globo terrestre). Portanto, o grau de toxicidade e o impacto do óleo são variáveis, sendo extremamente difícil quantificar ou predizer suas consequências.

O vazamento de óleo em Shetland é noticiado como um "fraco óleo não refinado". Ou seja, o óleo tem baixa densidade e, portanto, é encontrada nele uma proporção maior de compostos mais voláteis do que haveria num óleo "pesado"(complexo). Contudo, devido à complexidade dos compostos que formam o óleo, é impossível especificar acerca das diferenças de toxicidade, bem como as propriedades químicas que tal composto terá. Além disso, o número de processos físicos afetará a forma como o óleo atingirá o meio ambiente. Assim que o óleo é derramado, uma parte será perdida para a atmosfera, devido à evaporação. Os compostos mais leves e voláteis, como o benzeno e o tolueno, evaporarão com extrema rapidez, deixando para trás os compostos mais pesados. A taxa de evaporação depende de uma extensa gama de condições ambientais, podendo a evaporação de componentes voláteis perdurar por mais de uma semana após o derramamento. Sabe-se que tais compostos voláteis são tóxicos para os seres humanos e os animais selvagens, mas muito pouco trabalho tem sido realizado para investigar tais malefícios decorrentes de um derramamento de óleo.

A consequência inicial, devido ao contato com o óleo, para a fauna é a contaminação de aves, peixes e mamíferos, trazendo efeitos das toxinas para a inalação, ingestão e danos físicos para as penas e pelagens em geral. Nos recifes costeiros, o óleo também asfixiará as plantas e animais, envenenando-os por causa dos componentes tóxicos que interferem no sistema nervoso central e afetando o comportamento, crescimento e reprodução. Estes afiados impactos poderão causar, a longo prazo, alterações na população, devido a falta de alimento e hábitat.

O derramamento de óleo tende a ocorrer sobre a superfície da água, resultando em verdadeiras manchas que se movem livremente, principalmente devido à ação dos ventos e brisas marítimas, contribuindo para a misturar o óleo à coluna de água.

6.2.4 Os possíveis impactos a longo prazo

6.2.4.1 Amoco Cadiz[42]

Perto da costa da Grã-Bretanha, em 1978, estimadas 200 toneladas de hidrocarboneto leve foram derramadas no meio ambiente. A contaminação da atmosfera pela evaporação dos compostos voláteis criou um risco para os habitantes da região e os envolvidos com a limpeza. Vale ressaltar que o óleo foi incorporado às praias britânicas, onde permaneceu por três anos.[43] Diminuiu a pesca no ano seguinte ao do acidente, e retardou o crescimento dos peixes adultos.

6.2.4.2 Urquiola

Em 1976, o petroleiro Urquiola, ancorado fora da costa da Espanha, derramou 31 milhões de galões (99 mil toneladas) de óleo. Antes do desastre, a indústria de pesca local estava pegando cerca de 15 mil kg de *clams* todos os dias, mas após o acidente mal conseguiu atingir 2 mil kg, sendo ainda questionáveis as condições em que se

---

42 Trecho retirado de *Shetland...*, p. 8.

43 Informação retirada do texto: *Oil in the oceans*, uma revisão preparada para o Greenpeace pelos professores Robert W. Howarth e Roxanne Marino p. 11.

encontravam para consumo. Tal declínio tem sido atribuído ao uso de detergentes (dispersantes).

6.2.4.3 Exxon Valdez[44]

Em 24.03.1989, o Exxon Valdez, ancorado no Alasca, derramou 11 milhões de galões (35.750 toneladas) de óleo não refinado em Prince William Sound, tendo sido realizada a monitoração. A Corporação Exxon afirma que "há fortes evidências de que Prince William Sound já se recuperou", contudo, pesquisas mostram o contrário:

O desastre do Exxon Valdez afetou mais a vida selvagem do que qualquer outro derramamento na história. Em 1991, pesquisas acerca do impacto ambiental causado pelo derramamento, publicados pela National Oceanic and Atmospheric Administration, indicaram que foi morta mais vida selvagem do que se esperava e o dano a Prince William Sound persistiria por muito mais tempo do que os cientistas haviam originalmente pensado. O relatório (pesquisa) afirmava que em alguns casos os danos seriam permanentes.

O derramamento do Exxon Valdez ocorreu um pouco antes da principal estação de atividade biológica, no centro-sul do Alasca. Um relatório publicado em abril de 1992 pelos monitores do derramamento do Exxon Valdez demonstrou que:

"Durante o período de quatro meses após o derramamento, as migrações marinhas do salmão pintado, a maioria das migrações de pássaros, e o primeiro período reprodutivo para a maioria das espécies de pássaros, mamíferos, peixes, e invertebrados marinhos ocorreram. Os organismos envolvidos nesses críticos períodos de seus ciclos vitais encontraram o mais concentrado, volátil, e possivelmente danoso tipo

---

44 Há um capítulo específico destinado ao vazamento de óleo do petroleiro Exxon Valdez, retirado da revista *National Geografic,* capítulo 3, p. 4-6.

de óleo. É bem possível que o dano causado às populações de espécies com vidas longas não se manifeste por algum tempo.

Populações em declínio foram encontradas em 16 das 39 espécies existentes na área da Prince Willians Sound. Houve específico declínio em – *grebes, cormorants, nothern pintail, black oyster-catchers, Bonaparte's gull, black-legged* e pombas *kittiwakes, artic terns, murrlets,* e corvos do nordeste (*northwestern crows*).

Danos têm sido observados nas larvas, que são mais suscetíveis à exposição ao óleo. Algumas espécies, incluídas *yellowfin, pollock, halibut* e *sablefish*, mostraram evidências de contínua exposição aos hidrocarbonetos, apesar de danos significativos não terem sido documentados.

A sobrevida até a vida adulta de um salmão pintado (*salmon fry*) que estivesse localizado no meio de uma área de derramamento de óleo pesado foi metade do que a de um encontrado fora da área do derramamento. Em 1991 havia entre 40% a 50% de mortalidade de ovos em locais contaminados pelo óleo, e aproximadamente 18% nas áreas livres de contaminação.

Há questões que a ciência pode responder, uma década depois do derramamento de 11 milhões de galões de óleo não refinado escurecer este ecossistema e compelir a Exxon Corporation a pagar ao governo estadual e federal mais do que um bilhão de dólares em responsabilização judicial, nas esferas penal e civil, pelos danos ao meio ambiente. O governo, em ambos os níveis de competência, investiu estes dólares em pesquisa e monitoramento, não apenas para minorar os danos decorrentes do vazamento, mas para, a longo prazo, obter um melhor entendimento sobre como todos os elementos do ecossistema funcionam em conjunto."[45]

É admitido que, por exemplo, a ação natural das ondas e tempestades foi muito mais eficiente na recuperação da Princip William Sound

---

45 Publicado pela *National Geografic* em março de 1999.

do que as esponjas e detergentes da multidão de limpadores. Apesar das melhores intenções, o homem conseguiu retirar parte do óleo que estava à vista – mas não retirou da Princip William Sound; glóbulos de *mousse* petrolífero continuaram flutuando sob a cobertura de rochas e areia.

Semelhante caso foi a batalha heroica para limpar pássaros marinhos e outros animais cobertos pelo óleo, o que pode ter ajudado a diminuir a sua população. De fato, muitos dos animais reabilitados, e eram centenas, morreram logo após serem liberados para a vida selvagem, em alguns casos possível somente devido a atuação humana.

Inclusive, muitos dos empregados da Exxon, envolvidos com o procedimento de limpeza ambiental, contraíram sérias doenças respiratórias por não estarem munidos de máscaras e demais equipamentos de proteção.[46]

O óleo, envelhecido pelos dez anos de contato direto com o meio ambiente, mantém suas propriedades tóxicas, ainda sendo capaz de afetar o salmão pintado, por exemplo. Na opinião de Molly McCammon, que preside o Conselho de Administração do Vazamento de Exxon Valdez (Exxon Valdez Oil Spill Trustee Council) – estabelecido pelo Estado do Alaska e pelo governo federal dos EUA, para fiscalizar os esforços de restauração do meio ambiente, bem como o gasto de 900 milhões de dólares pagos judicialmente pela Exxon Company, declarou: "O lesado ecossistema está no caminho certo para a sua recuperação. Mas ainda não podemos dizer que se recuperou, uma vez que ainda há animais contaminados pelo óleo naquele vazamento, e que inclusive estão fora de Prince William Sound. Stan Senner". O coordenador científico do conselho acrescenta: "O ecossistema que temos hoje não é o ecossistema que tínhamos antes do vazamento de óleo".

---

46 Trecho retirado de *Shetland...*, p. 10.

Menos de 15% do vazamento foi recuperado. A maior parte do óleo evaporou ou sofreu biodegradação, mas o que restou é muito resistente. Enquanto as ondas facilmente limpam as praias, nos recifes rochosos o óleo pode permanecer acima e entre as rochas. Marshes e os pavimentos de lodo podem conter o óleo com mais força ainda. Seus distintos sedimentos mantêm o oxigênio de fora – e, com isso, os microorganismos podem quebrar o óleo em elementos não tóxicos.[47]

Uma grande perda de vida selvagem pôde ser observada – aproximadamente 5.000 de *sea otters*, 300 *harbor seals*, 22 *killer wales*, mais de 150 *bald eagles*, e é estimado em 250 mil aves aquáticas e outros pássaros, incluindo *murres, cormorants, guillemots* etc.

Atualmente, segundo o monitoramento realizado pelo conselho, algumas das espécies listadas como ameaçadas pelo derramamento apresentam um aspecto muito mais animador.

Quanto à economia da região, destacou-se a situação dos moradores de Cordova. Cidade habitada por 2.600 pessoas, compactada em seu cais, localizada à extremidade sudeste de Prince William Sound (60 milhas de distância), a cujos pescadores, bem como a outras comunidades lesadas, foi determinado o pagamento de US$ 5 bilhões a título de punição à Exxon Company pelas perdas econômicas sofridas em decorrência do vazamento, após quatro meses e meio de julgamento na Corte distrital de Anchorage. A Exxon apelou. Porém após cinco anos do julgamento, nenhum centavo dessa bilionária indenização foi pago. Inclusive, a mancha de óleo advinda da ruptura do navio-tanque Exxon Valdez atingiu a Ilha Kodiak, cinco semanas depois.

Há também os danos sociais decorrentes do vazamento. Casamentos foram desfeitos, famílias destruídas, o álcool e as drogas começaram a fazer parte do dia-a-dia dos jovens na Ilha de Kodiak; algo extre-

---

[47] O item 6.1 trabalha a absorção do petróleo pelo meio ambiente de uma forma mais detalhada.

mamente novo para os habitantes do pequeno vilarejo situado naquela ilha. Inclusive alguns pratos tradicionais da região, que são feitos com o alimento retirado do mar, já não inspiram confiança nos nativos – limpos segundo os padrões adotados pelo laboratório, nunca deixarão de serem suspeitos por causa da contínua presença do óleo.[48]

Nos últimos dez anos a prevenção a tais acidentes tem sido levada em conta. O governo, o consórcio Alyeska que administra o terminal do oleoduto em Valdez,[49] e as companhias petrolíferas que possuem navios-tanque navegando pelas águas de Prince William Sound têm feito substanciais investimentos em novos equipamentos e procedimentos designados para reduzir o fator risco a próximo de zero.

Para garantir operações mais seguras com navios-tanque, por exemplo, novos procedimentos de escolta estão presentes; três embarcações equipadas para assistir um possível petroleiro que tenha rachado estão em constante espera na Prince William Sound; produtos para limpeza estão armazenados num bom número de comunidades, e um avião munido com produtos químicos dispersantes está pronto para voar de Anchorage no momento em que se noticiar o vazamento.[50]

---

48 No ensaio *Shetland...*, p. 13, se afirma que: "Hidrocarbonetos são *lipophilic* e tendem a acumular na gordura dos tecidos de animais marinhos e terrestres. Em razão disso, podem acumular-se na cadeia alimentar e serem transmitidos aos humanos"; p. 14: "PAH varia em sua persistência nos solos e seu alto peso molecular pode persistir por vários anos. Raízes de plantas são geralmente ineficientes para transportar o PAH, o que diminui o risco de sua contaminação em vegetais que tenham crescido sobre um solo contaminado de PAH".

49 Foram registrados 649 vazamentos no oleoduto Trans-Alaska desde sua inauguração em 1977, totalizando 1,2 milhão de galões (veja item 6.4, para mais detalhes).

50 Já se pensa em dobrar a fuselagem de todos os petroleiros, até 2015; caso possuísse o segundo casco, 60% do óleo não teria vazado no Exxon Valdez.

Inclusive, Yet Al Maki de Houston, Texas, um assistente ambiental da Exxon, que passou os últimos dez anos no Alasca, afirmou que se sente mais aliviado com as mudanças na área de prevenção a tais vazamentos. Porém ressalta que "ninguém pode fornecer 100% de garantia de que um vazamento semelhante não possa ocorrer".[51]

6.3 Os impactos do óleo na saúde humana[52]

O óleo não refinado leve, que compunha a carga do Braer, continha proporção mais alta de hidrocarbonetos aromáticos voláteis do que o óleo não refinado pesado, que compunha a carga do Exxon Valdez.

Alguns dos hidrocarbonetos presentes no óleo não refinado são conhecidos por seu alto grau tóxico. Para muitos outros compostos presentes em tal óleo há pouca ou nenhuma informação sobre toxinas disponível. No caso de um derramamento de óleo como o do incidente Braer, a temperatura, as condições climáticas e a singular composição do óleo irão determinar o tipo de exposição a que estarão sujeitas as comunidades locais.

Os voláteis singulares anéis aromáticos de hidrocarbonetos, incluindo benzeno, tolueno e xileno, são em conjunto os principais escolhidos em termos de exposição. Estes compostos são mais solúveis em água e têm um maior valor biológico do que os mais tóxicos e menos solúveis componentes dos óleos não refinados. A inalação desses vapores pode

---

51 Vale ressaltar que essa incerteza é um dos fatores-chave para a campanha do Greenpeace na Grã-Bretanha. O grupo sustenta que enquanto houver dependência, por parte das grandes potências, dos combustíveis fósseis para movimentar suas economias, o meio ambiente estará ameaçado com o frequente transporte de óleo realizado por oleodutos e petroleiros em vias de atender a tais necessidades.

52 Dados fornecidos pelo Greenpeace, Roma, 2001.

acabar sendo responsável por um grande número de sintomas, como febre, dores de cabeça e problemas respiratórios que atingem parte da população das Ilhas Shetland.

O benzeno, por exemplo, pode entrar pelo corpo pelas vias respiratórias, pelo sistema gastrointestinal ou pela pele – nos trabalhadores que foram expostos ao benzeno, 20% a 40% da contaminação se deu por via da pele –, causando irritação, olhos e canal respiratório superior. Uma maior exposição leva à depressão, a dores de cabeça e náuseas. É cancerígeno aos humanos e não se conhece uma forma de escapar. Em estudos realizados com trabalhadores expostos ao benzeno, após alguns anos, encontrou-se leucemia. Nas mulheres grávidas, os compostos aromáticos, como o benzeno, se concentram na reserva de sangue do feto. Contudo, nenhuma anormalidade tem sido documentada em crianças cuja mãe foi exposta a uma pequena quantidade de benzeno.

O tolueno é diretamente absorvido pelas vias respiratórias, mas a absorção pela pele é creditada como mínima. O odor deste solvente é perceptível em pequenas concentrações, como 1 mg/m^3. Seus principais danos se concentram no sistema nervoso central. O menor dano observado é cerca de 375 mg/m^3 (100 ppm).

Seus efeitos podem ir da fadiga, dor de cabeça, irritação de garganta e irritação nos olhos à perda de coordenação, confusão mental e fraqueza muscular. Os efeitos posteriores incluem a insônia.

O chamado xileno causa irritação nos olhos, nariz, garganta e no canal respiratório quando exposto a 110-460 ppm^3, causando danos ao sistema nervoso, similares àqueles provocados pelo tolueno.

A parafina,[53] geralmente encontrada em forma de vapor, o pentano e hexadecanom, como líquidos à temperatura atmosférica são vapores de compostos com longas camadas de alifáticos, causam depressão do sistema nervoso central, similar aos compostos voláteis aromáticos.

---

53 Advém do ensaio *Shetland...*, p. 4.

Se líquido, pode causar danos à pele e irritar as membranas mucosas, sendo que a inalação de grandes quantidades pode causar severas pneumonias químicas; um composto alifático, hexano, é tóxico aos nervos periféricos, se inalado ou ingerido em grandes doses, encontrando-se entre os sintomas a perda da capacidade sensorial e fraqueza muscular dos membros, mesmo após terem passados meses e até um ano da exposição.[54]

Observou-se, ainda, que os trabalhadores da indústria de refinamento do petróleo desenvolveram, em alguns casos, leucemia e outros tipos de câncer ligados ao sangue e ao sistema linfático, além do de estômago, pele, rim, próstata e de pulmão também terem sido noticiados nos casos de exposição continuada aos elementos químicos.[55]

Os vapores do petróleo inibem a função de barreira desempenhada pela pele, facilitando a entrada de outros compostos químicos alérgicos e tóxicos. Os compostos do petróleo podem tornar os homens fotossensitivos à luz do sol, aumentando as queimaduras e a pigmentação. Recentemente, se demonstrou que a exposição à combinação sol-óleo não refinado pode causar danos às células de Langhans, que concedem imunidade para a pele. Por consequência, as pessoas expostas a ambos (luz solar e compostos do petróleo) podem ser mais suscetíveis a infecções por micróbios e câncer de pele. A exposição prolongada à névoa do petróleo, devido a volatilização do petróleo e a sua posterior condensação, pode causar asma.

---

54 Pesquisas têm indicado que a exposição de ratos a compostos de ramificações das camadas alifáticas (*aliphatic*) causaram danos aos seus fígados. Em seres humanos pouco se sabe, apesar de operários da indústria petrolífera, após longa exposição a tais compostos, terem desenvolvido câncer no fígado. Os compostos hidrocarbonados encontrados no petróleo são tóxicos para o coração, podendo causar arritmia nesse órgão.

55 Advém do texto *Shetland...*, p. 6.

6.4 O uso de dispersantes em derramamentos de óleo[56]

A justificativa para a utilização dos dispersantes tem sido a prevenção do espaçamento de óleo, a redução do risco do óleo para aves e mamíferos, a intensificação da degradação dos componentes do óleo, redução dos crônicos impactos ambientais do óleo, reduzindo a sua persistência. Também se tem considerado os danos para a saúde humana, na utilização de tais dispersantes, causando irritação nas vias respiratórias, tosses, e, quando ingerido, febre e vômitos, além de poder ser absorvido pela pele, trazendo, em largas quantidades, danos ao sangue, rins ou fígado.[57]

6.5 Transporte rodoviário e desastres com navios-tanques

Desastres com navios-tanque tais como a tragédia envolvendo as Ilhas Shetland não são meros acidentes ou atos divinos. Eles são o resultado direto da dependência que as economias britânica e mundial têm do óleo. De uma vez só, 500 milhões de barris são movidos por dia pelo mar. Esta dependência é construída pelo crescimento e ineficiência dos transportes rodoviários, abastecidos pelo óleo.

Antes do desastre do navio-tanque Braer, as Ilhas Shetland eram muito valorizadas por causa de suas águas limpas, em um litoral muito aberto, tal como o encontrado no lugar do desastre, abriga tipos de comunidade com uma grande quantidade de animais e plantas; espécies que por estarem no limite de sua distribuição (não são encontradas

---

56 Fonte, Greenpeace, Roma, 2001.

57 Retirado do texto *Shetland...*, p. 8.

em mais nenhuma região da Grã-Bretanha) são muito vulneráveis ao desequilíbrio causado pela poluição.[58]

Assim que o óleo se espalhou da região do derramamento, acabou atingindo áreas mais protegidas, onde rochas, sedimentos e comunidades diferentes, com uma grande variabilidade de espécies. Em alguns lugares como West Voe e Poll of Virkie (que é uma extensa área que fornece alimento vital para pássaros marinhos e patos) o óleo se mistura ao sedimento, criando um futuro problema de poluição.

6.6 As pescarias no litoral da Shetland

O mais dramático impacto do derramamento é esperado para os, aproximadamente, 200 pescadores do litoral que operam por lá; a preocupação com esses pescadores é que os dispersantes possam romper-se, e o óleo possa entrar na coluna de água e afundar, atingindo o fundo do mar. Em alguns casos os problemas podem advir anos mais tarde; como as lagostas, por exemplo, que levam sete anos para atingir o tamanho mínimo; em terra, após algum tempo, sua pesca poderá ser atingida também.[59]

6.7 Os impactos ambientais dos vazamentos de óleo no Golfo Pérsico[60]

O ecossistema marinho do Golfo Pérsico está sob a ameaça da mais extensa mancha de petróleo que o mundo já presenciou. Tal mancha é

---

58 O ambiente marítimo em volta de Shetland (*Greenpeace oil briefing 10*).

59 *Greenpeace oil briefing 12*.

60 Artigo do Greenpeace Internacional, da autoria de Mark Simmonds e Kieran Mulvaney, datado de 02.07.1991.

estimada em 100 milhas de extensão por 30 milhas de largura, e está se espalhando. Estima-se que 7 milhões de barris (294 milhões de galões USA) vazaram do terminal Sea Island, a estação de bombeamento do Kuwait para a Mina Al Ahmadi, fazenda-tanque de óleo não refinado, localizado a 10 milhas de distância do litoral.

Duas outras manchas foram noticiadas. Uma delas está se espalhando como um resultado da prematura atividade militar nas cercanias da refinaria Khafji, do norte da Arábia Saudita, e outra é o resultado de suposto vazamento intencional do principal terminal iraquiano em Mina Al-Bakr, no norte do golfo.

Somando-se a tais desastres, temos vazamentos e manchas que foram relatadas como de várias origens, incluindo o grande navio-tanque Al Qadishiah, o qual foi atacado e destruído em 24.01.1991. Vários campos petrolíferos e depósitos localizados no Kuwait foram incendiados; naquele dia, circulavam notícias de que o fogo havia causado "chuva negra" em partes do Irã.

Trata-se de um corpo de água rasa com lenta troca de água, que é realizada com o distante Oceano da Índia, pelo estreito de Hormuz (levam-se décadas para uma completa troca da água). A fertilidade desse ecossistema é baseada na rica fauna e flora do fundo da costa marítima. Nesta rica, mas restrita estrutura (há um alto grau de salinização da água), grande parte da cadeia alimentícia marítima é suscetível aos efeitos do óleo vindo para as praias; bem como para os outros organismos que dependem, comparativamente, destas ricas zonas costeiras. Quatro espécies de tartarugas marinhas podem ser encontradas nas zonas costeiras, bem como o *dugong*, um raro, e extremamente ameaçado, mamífero marinho, que apresenta a menor população de todo o Golfo Pérsico. Outros animais marinhos também se encontram ameaçados, como o golfinho, peixes e variadas espécies de pássaros.

As consequências para o ecossistema do Golfo parecem ser tão ruins quanto a do vazamento do petroleiro Exxon Valdez:[61] ao final de janeiro, estima-se que somados todos os vazamentos do Golfo chegaremos à cifra de 10 milhões de barris, ou 420 milhões de galões – 40 vezes maior do que o vazamento do Exxon Valdez.

A poluição pelo óleo advinda da guerra pareceu ser uma surpresa para muitos. Na verdade, era previsível que ocorressem vazamentos de óleo com o conflito. Em 1983, durante a guerra Irã-Iraque, três reservatórios se romperam no campo petrolífero de Nowruz, no Irã, e estimados 80 milhões de galões de óleo foram liberados no mar. Por causa da contaminação com óleo, Dubai baniu todas as importações de peixes do Golfo, e toneladas de peixes importados de Bahrain foram subitamente destruídas. Um número incontável de *dugongs*, tartarugas-do-mar, golfinhos, peixes, cobras-do-mar e pássaros foram varridos para a praia. Quase uma década depois (e vários vazamentos não documentados), muitas áreas costeiras permaneceram obstruídas pelos resíduos de óleos e mergulhos notificaram camadas de óleo estendidas no fundo do mar, em vários locais.[62]

6.8 Absorção ao meio ambiente[63]

O óleo não refinado passa por uma variedade de transformações assim que se espalha pelo mar. Dentre os processos envolvidos incluem-se: evaporação, dissolução, dispersão vertical, emulsificação e

---

61 *Idem.*

62 "*Booms*, escumadeiras e outros aparatos de coleta e confinamento só têm limitado sucesso em situações ideais – especificadamente em mares calmos. Dispersantes adicionam mais produtos químicos ao meio ambiente marinho. Similarmente, limpezas costeiras, quando bem dispersadas, são muito ineficiente". *Idem.*

63 *Incorporation into the ecosystem.* O item 6.3 também narra, de uma forma simplificada, a absorção do óleo pelo meio ambiente marinho.

sedimentação. A densidade do óleo que vazou aumenta com a evaporação das frações voláteis e mais inflamáveis. Isso torna o óleo menos sujeito a ser queimado.

Verificamos em síntese dos relatórios técnicos, resultantes dos vazamentos, que um a dois terços de todo o vazamento pode ser perdido por meio da evaporação, o que contribui para a poluição atmosférica, sendo que somente uma pequena parcela do vazamento, em limitada porcentagem, é dissolvida, introduzindo componentes tóxicos à água.

O atual tempo de permanência de uma mancha de óleo na superfície do oceano é então controlado pela dispersão – o óleo se quebra pela ação das ondas em pequenas gotas que voltam a se reagrupar em largas parcelas que retornam para a superfície por flutuação, onde poderá se mover em dias de calmaria à taxa de 3 metros por minuto[64] – ou o transporte vertical de pequenas partículas de óleo para a coluna de água, por meio do processo intitulado dissolução – são as mais leves moléculas de hidrocarbonetos aromáticos que se dissolvem na água, e de fato, as mais tóxicas frações do óleo.[65]

Ressalte-se que uma parte do óleo pode ser decomposta pela ação de micróbios, antes mesmo de ocorrer a evaporação, quebrando as moléculas de hidrocarbonetos em dióxido de oxigênio (gás carbônico) e água.

Óleos não refinados também formam emulsões com a água do mar. O óleo do Kuwait é lembrado como sendo particularmente propenso

---

64 No ensaio: *Oil*...p. 12, capítulo 4.4: Dispersion into the water.

65 *Ibidem* p. 12, capítulo 4.5: Dissolution in to the water. Inclusive, em muitas refinarias o óleo resultante de lavagens de tanques, estaleiros, navios, volta ao mar após uma espécie de descontaminação. Porém as tecnologias de tratamento disponíveis só conseguem remover o que é menos tóxico. O restante das *waste waters*, onde o óleo foi tratado, possuem as aludidas leves moléculas de hidrocarbonetos aromáticos.

a esta forma de *mousse*. O *mousse*[66] possui diferentes propriedades do óleo não refinado em si, tornando, por exemplo, qualquer tentativa de coletá-lo ainda mais complicada.

Dessa forma, os organismos marinhos, que vivem abaixo da superfície, ficam expostos a partículas e óleos dissolvidos, realizando a sedimentação. Estes organismos, particularmente o zooplâncton (tipo de animal invertebrado que é encontrado na água) se alimenta de pequena gotas de óleo presentes na água, confundindo tais gotas como alimento. Em seu intestino envolve (*encapsulate*) as gotas de óleo em pacotes-embrulhos (*bundles*) de lixo fecal, denominados pílulas fecais (*fecal pellets*), as quais eles excretam. As pílulas fecais são bem mais densas do que a água do mar e rapidamente vão para o fundo do mar, carregando o óleo, que está preso, consigo. Ressalte-se ser necessário para que tal processo ocorra a presença de uma grande quantidade de zooplânctons no local do vazamento.[67] O mesmo processo ocorre com os fitoplânctons (plantas microscópicas do mar). Comedores de sedimento rapidamente absorvem o óleo e isto, provavelmente, explica por que num grande número de moluscos e minhocas foram encontrados em tais pílulas fecais.

Com a dissolução na água, a mancha passa a se enriquecer de compostos com alto peso molecular. Com o tempo vem a se tornar bolas de alcatrão (*tar balls*).[68]

Recuperar um tipo de vitalidade importante para a comunidade bentônica (*benthic*), a *seagrass bed*, dependerá da magnitude e duração dos "distúrbios" ao qual é exposta e a que os sedimentos abrigados pe-

---

66 No ensaio *Oil...*, p. 11, há estudos que concluem ser a formação do *mousse* um fator de diminuição da evaporação e prolongamento do tempo de permanência da mancha de óleo.

67 Parágrafo retirado do ensaio *Oil...*, p. 13 e 14, capítulo 4.6: Sedimentation.

68 No ensaio *Oil...*, p. 15, capítulo 4.8: Tar balls.

los sistemas *root* e *rhizome* das plantas são afetados. Se o óleo penetrar nos sedimentos, décadas serão exigidas para se recuperar o ambiente.

Os recifes de corais do Golfo são conhecidos por serem muito vulneráveis aos efeitos do óleo. O contato com o óleo causa problemas com os processos de reprodução em recifes-edifícios (*reef-buildings*) de corais. A prematura expulsão do coral no estágio de larva é uma resposta comum à contaminação pelo óleo, bem como as anormais reações alimentícias. Muitos corais produzem muco em contato com o óleo. Se o coral cresce e se reproduz, enfraquece, então ocorre o crescimento superado pelas outras plantas e animais, por exemplo, a alga oportunista (*opportunistic algae*), e o recife é morto. As dispersas *mangroves* restantes no Golfo arábico são importantes campos de berçários para muitas espécies de peixes e sustenta uma variedade única de vida selvagem. Duas características das *mangroves* fazem-nas especialmente suscetíveis ao óleo – seus canais aéreos e a permeabilidade de seu lodo. Os poros dos canais aéreos suprem as plantas com oxigênio, mas não o farão se estiverem entupidos de óleo. Já a estrutura do lodo da *mangrove* significa que o lodo permanecerá por lá.

6.9 O impacto sobre o Golfo Biota[69]

O óleo não refinado é um verdadeiro coquetel de compostos. Obviamente que ecossistemas já acostumados à ação da poluição sofrerão menos com as ações do óleo.

Peixes, mamíferos marinhos, aves e invertebrados ficarão infectados ao ingerir o óleo pelo alimento contaminado. Invertebrados, particularmente os bivalvulados (bivalves), acumularão óleo derivado de hidrocarbonetos em seus tecidos para níveis maiores do que os da água. Geralmente os animais mais afeitos à poluição substituirão os menos resistentes.

---

69 Completa-se com os itens 6.2.2, 6.2.3 e 6.2.4.

Nos peixes marinhos muitos compostos do óleo se acumulam preferencialmente em seus fígados e tecidos nervosos e seu levantamento pelas brânquias pode ser muito importante. O impacto tóxico com os ovos de peixe e com os estágios larvais pode ser especialmente drástico. Dois anos após o vazamento de Exxon Valdez, os biólogos encontraram a presença de indicadores químicos em muitas espécies de peixe comercial, mostrando que haveria um dano indireto que continuaria ocorrendo pela contaminação com o óleo.

O efeito dos vazamentos de óleos nos cetáceos é incerto. O óleo não refinado pode ser letal se bloquear seus canais de expulsão (*blow holes*), conjuntamente com uma crônica intoxicação com a ingestão; talvez possa explicar porque os corpos desses animais vieram à praia após o último vazamento em 1983. As tartarugas também apareceram nas praias nesse período.

Esses últimos também são muito vulneráveis ao contato com o óleo e há muita documentação ao longo do globo de corpos mortos serem encontrados com bolas de alcatrão na garganta. As tartarugas também podem ser imobilizadas pelo óleo. Evidências mostram que elas não encaram o óleo não refinado como uma ameaça e por isto não o evitam. As tartarugas não só precisam respirar o ar, bem como dormir na superfície. Desta forma, facilmente entram em contato com o óleo; seus ninhos também podem vir a ser danificados.

6.10 Os impactos das técnicas de limpeza

Muitos cientistas estão convencidos de que o melhor a se fazer com o vazamento de óleo é deixá-lo intocado. As pressões públicas resultaram na proliferação de técnicas geniais em teoria, mas sem um impacto significativo maior diante do vazamento. Elas podem acabar sendo até mais prejudiciais do que simplesmente ineficazes. Há um considerável desentendimento público acerca da eficácia de modernas técnicas de limpeza.

Dispersantes, por exemplo, não destroem o óleo – eles o dispersam. Métodos mecânicos de se combater grandes vazamentos produziram resultados insignificantes e são muito dependentes das condições climáticas.

Quanto aos métodos mecânicos de recuperação sabemos que *booms* são barreiras flutuantes à dispersão do óleo; até o mar menos agitado pode fazer com que a mancha se mova sobre as bóias, ou abaixo delas. Em águas rasas, sua grande velocidade, ou a ação do próprio *boom* a torna completamente ineficaz. Em mares mais calmos os *booms* podem concentrar o óleo, mesmo que não esteja inteiramente confinado. Isto permite que mecanismos de coleta possam ser utilizados bem como vários *oil-skimmers*. Estes aparelhos são designados para recolher o óleo misturado à água na sua superfície. Todas as escumadeiras têm alguma espécie de mecanismo de bombeamento para mover o óleo para o tanque de armazenamento. Recuperar o óleo apresenta um problema complexo em termos de total disposição. A performance das escumadeiras é desapontadora, exceto em condições perfeitas e quando é utilizada para uma pequena camada de óleo.

O processo natural de emulsificação do óleo pode ser acelerado pela aplicação de dispersantes químicos dentro da mancha, por meio de aviões ou barcos. Eles não são, contudo, eficazes contra óleos pesados ou o óleo estragado pela ação do clima (vento, chuva, exposição ao sol). Porém os dispersantes podem ser significativamente tóxicos para a vida marinha.

Além disso, levando o óleo a se mover para dentro da coluna de água, tornando-o mais acessível para os organismos que ali viviam e os da zona bêntica (*benthic zone*). A toxicidade do óleo pode aumentar auxiliada pelo uso do dispersante.

Sorbant, substância que absorve o óleo e então continua a flutuar ela própria com uma útil união é uma outra solução. Materiais variando da palha para a pedra e sintéticos têm sido utilizados. Tentando queimar o óleo para reduzir seu volume é ocasionalmente aventuroso, mas, observado em qualquer lugar, depende dos componentes voláteis presentes no óleo e geralmente tem um sucesso limitado.

Independentemente de causar *thermal stress* aos animais da localidade, restarão resíduos tóxicos do óleo e os fomentadores utilizados para produzir o fogo. Acrescente-se que o fogo liberará variadas formas de poluentes para a atmosfera. Isto incluirá, por exemplo, partículas de fuligem carregando hidrocarbonetos poliaromáticos metagênicos capazes de futuramente causar um impacto negativo para a vida selvagem e para os seres humanos.

Outras substâncias químicas vêm sendo atualmente experimentadas, dentre as quais incluem-se os agentes gelatinosos, elastômeros e inibidores de emulsão. O ponto mais importante acerca de qualquer substância química experimental é que a adição dela ao mar é uma forma de promover a sua poluição.

Biodegradação exagerada é uma técnica utilizada quando do acidente com o petroleiro Exxon Valdez. A biodegração ambiental consiste na quebra das moléculas do óleo e dos seus resíduos por bactérias. Tem-se sustentado que a quebra das partículas de óleo se aceleraria com a melhora das condições ambientais para que se desenvolvessem tais bactérias.

Apesar de possuírem a capacidade de metabolizar uma variedade de componentes do óleo, tais bactérias se apresentam limitadas em termos de nutrientes. "Fertilizantes" têm sido utilizados para suprir tais deficiências, contudo não há evidências do sucesso em se utilizar tais substâncias. Seus potenciais reveses seriam a *eutrophication* da água pelos nutrientes; por outro lado, o fertilizante tem provado ser tóxico.

Além de todas as ocorrências relatadas, em novembro de 2002, ocorreu um grave derramamento de óleo na Galícia, costa marítima espanhola e, como ocorre entre nós, após apenas onze dias já se podia avistar uma mancha de óleo duas vezes maior do que a baía de Guanabara, que deverá atingir cerca de 100 praias.

Estudantes de muitas partes da Espanha e da Europa dedicavam-se ao salvamento dos animais e aves marinhas intoxicadas pelo óleo, encontrando-se a pesca comprometida por longo período, que para estimativa mais precisa, aguardava-se um submarino computadorizado que pudesse verificar, a uma profundidade de 3.500 metros, as contaminações e a dimensão do dano ecológico causado.

Acidentes como esse têm se repetido na Espanha muitas vezes, mais de 100 nos últimos 30 anos, queixa-se a população, sem que se tenha constatado uma medida efetiva no sentido de evitá-los, poupando o meio ambiente, a pesca, e a população como um todo.[70]

Nos Estados Unidos, em abril de 1988, ocorreu um derramamento de 440 mil galões de óleo cru na refinaria que a Shell possui em Martinez, Califórnia, contaminando mais de 40 hectares de zonas pantanosas e 11 milhas de costa, matando centenas e custando à companhia US$ 20 milhões em multas e 12 milhões em despesas com a limpeza de diversos lugares.

Em 1989, outra refinaria, no Reino Unido, derramou 10 mil galões de petróleo cru no rio Mersey, multada em US$ 1,6 milhão e tendo de pagar US$ 2,24 milhões em custos de limpeza. No mesmo ano, um petroleiro da Shell derramou petróleo próximo à Ilha de Santa Lucia, no Caribe, em quantidade suficiente para cobrir a baía de Bannes por duas semanas.

A Shell vendeu por mais de duas décadas um agrotóxico contendo dibromocloropropano (DBCP) para a Standard Fruit Company, na

---

70 *O Estado de S. Paulo*, 21 nov. 2002, A-15, Caderno Ambiente: "NAUFRÁGIO: vento agrava situação na Espanha". "Perigo no mar – o petroleiro Prestige teve o casco rompido, após uma tempestade, no noroeste da Espanha, na quarta-feira passada. Continha 77 mil toneladas de óleo, que agora estão a 3,6 mil metros de profundidade. Cerca de 12 mil toneladas já vazaram".

Costa Rica, sabendo, desde o final da década de 50, que este composto causava esterilidade em ratos de laboratório, mas não fez esta informação constar no rótulo do produto.

Mesmo depois de ter a Agência de Proteção Ambiental dos Estados Unidos (EPA) determinado que o DBCP causava esterilidade em seres humanos, o produto continuou a ser comercializado. Entre 500 e 2.000 trabalhadores da lavoura de bananas na Costa Rica tornaram-se estéreis.

Na cidade de Malir está localizado um dos maiores armazenadores de agrotóxicos obsoletos ou vencidos do Paquistão. É situado a menos de 150 metros de uma escola e fica próximo a uma zona residencial. Lá estão dieldrin, endossulfan, heptaclor e hexacloreto de benzeno. Companhias como a Shell, Dow Chemicals, Velsicol, Hoechst e Diamond Shamrock exportaram todos estes agrotóxicos para o Paquistão desde a década de 70. As condições de estocagem podem ser descritas como péssimas e, apesar de terem sido exportados esses materiais, as empresas fabricantes continuam responsáveis por eles e seu manejo.

Em Burkina Fasso, há cerca de 54 toneladas de agrotóxicos obsoletos estocados em onze diferentes locais. Entre as companhias identificadas estão Atlas, Bayer, Calliope/Callivoire, Ciba Geigy, Hoechst, ICI, Rhone P., Roussel, Shell, Saphyto, Sochim, Sofaco (FAO 1999). Na Mauritânia, a Shell removeu os estoques de dieldrin, que foram incinerados. A empresa contribuiu com 37,5% do custo. O mesmo ocorreu em Níger.

Desde que a Shell começou, em 1958, a extração de petróleo no delta do Níger, Nigéria, ela tem causado problemas ambientais no território do povo ogoni; 14% do óleo explorado no mundo todo pela companhia vem da Nigéria e 40% de seus vazamentos de óleo entre 1976 e 1991 ocorreram no mesmo país. Foi lá que ocorreram 2.976 vazamentos de óleo entre esses anos. Apenas na década de 70, os vazamentos totalizaram mais de quatro vezes a tragédia de Exxon Valdez. É assim que a Shell tem contaminado as áreas cultivadas e as fontes de água, além de liberar gases a poucos metros da vila do povo ogoni. A Shell promove assim a chuva ácida, a mortandade em massa de peixes e o sofrimento dessas pessoas em virtude de vários problemas de saúde causados pela poluição da água e do ar. Uma pequena pesquisa do Banco Mundial encontrou níveis na água de poluição por hidrocarbonetos 60 vezes maior que o limite dos Estados Unidos, e um projeto de recursos subterrâneos de 1997 encontrou nas fontes de água de uma vila ogoni níveis atribuídos à Shell 360 vezes acima do permitido na Comunidade Europeia. O médico Owens Wiwa observou níveis maiores de certas doenças na população local, entre as quais estão asma brônquica e outras doenças respiratórias, gastroenterite e câncer, novamente tudo como resultado da área da indústria do óleo. Ao clamar por justiça ambiental, as forças militares nigerianas têm usado a tática do terror como forma de intimidar e de fazer cessar as demandas ambientais. Desde que essa força-tarefa iniciou suas atividades, ela tem sido apontada como culpada pela morte de mais de dois mil ogonis e pela destruição de 27 vilas. Nove líderes pacifistas foram enforcados após julgamentos em cortes militares, sendo que duas testemunhas que os acusaram admitiram que a empresa e os militares os subornaram com promessa de dinheiro e empregos na Shell em troca dos seus testemunhos.

7

CONSIDERAÇÕES CONCLUSIVAS

Resta-nos clara a interdisciplinariedade jurídica, sob o aspecto coletivo em sentido lato, entre os direitos do consumidor e o direito ambiental, para além da aplicação do *Codex* referida em seu art. 117, alcançando, isso sim, os aspectos materiais e conceituais, de uma e outra disciplina, que possam ser aplicadas indistintamente.

A equiparação da coletividade das vítimas do evento, sejam consumidores, sejam as pessoas atingidas pelo dano, também ocorrido na esfera ambiental, se coaduna com a intersecção não só jurídica, mas de como são postos no mercado os produtos e serviços, bem como diante das possibilidades de acidentes ambientais, tal a oferta e utilização feita quanto aos mesmos, no mundo atual, tanto mais nos países desenvolvidos ou em vias de acentuado desenvolvimento tecnológico.

Os princípios da precaução e da prevenção devem ser aplicados no direito brasileiro, a fim de ser garantida a efetividade do art. 225 da CF, bem como a política nacional do meio ambiente instituída pela lei 6.830/81, sendo contra *legem* qualquer alegação em recusar-se na realização do Estudo Prévio de Impacto Ambiental, bem como do respectivo relatório, tanto mais aquelas de não se conhecer a evidência de riscos ao meio ambiente, o que também compreende a saúde humana, o que equivaleria à negação expressa do princípio da precaução.

Aos moldes da proposta italiana, entendemos urgente a formação de uma comissão composta por magistrados, especialistas em seguros e previdência, estudiosos do direito e da área de saúde, detendo-se especificamente no reconhecimento e atribuição de valores pecuniários, com fins ressarcitórios do dano biológico ou dano à saúde, propriamente dito.

É de suma importância a compreensão pela doutrina e jurisprudência de que o conceito de dano compreende a ocorrência de lesão e a ameaça ao direito, tal qual se apresenta na Constituição Federal, para que também haja a percepção de que o dano possa alcançar outras esferas humanas além da moral e da patrimonial.

O dano biológico distingue-se do dano patrimonial e do dano moral, sendo certo que, mesmo em nossos dias, já recepcionado pela Constituição Federal e encontrando-se expresso no novo Código Civil, o dano moral, quando aplicado, ainda vê-se confundido com a lesão ao patrimônio, provável razão de ser relativo o valor indenizatório atribuído a título de dano moral, parecendo variar de acordo com as posses ou situação econômico-financeira do lesado.

A proposta de aplicação doutrinária e jurisprudencial do dano biológico ou dano à saúde pretende que a lesão à saúde humana seja reparada de forma independente, até certo ponto, do trabalho, das funções ou do valor socioeconômico daquele que sofreu o dano, sendo o valor atribuído ao corpo, à saúde, por assim dizer, de mesma equivalência para quem quer que seja.

A condenação ao ressarcimento por dano causado à saúde, não impede outra condenação por dano sofrido pelo patrimônio e, também, cumulativamente, ao dano moral que se pudesse ter causado, sendo até mesmo possível que o agressor, o causador de tais danos seja concentrado na mesma figura condenada civilmente para essas reparações.

A poluição, como mais abrangente das figuras lesivas ao meio ambiente, atingindo de forma relevante, inclusive, a saúde humana, compreende situações tantas que não podem ser vislumbradas num primeiro momento de referência, mas a velocidade de sua ocorrência no mundo atual, já há algumas décadas e, de maneira crescente, consiste num reconhecimento dos danos ecológicos, com afetação, portanto, com a promoção de decorrentes danos à saúde, o que por si só, significa o reconhecimento da necessidade em procurar repará-los urgentemente.

As medidas sugeridas e adotadas pela Agenda 21, por intermédio da Declaração do Rio-92, não inibem as responsabilidades daqueles que causaram danos ao ambiente, em sentido amplo, ainda que as atividades sejam consideradas necessárias para o desenvolvimento e criação de novos empregos, não podendo as reparações ficarem à mercê de perícias ou laudos que confirmem as responsabilidades, que nestes casos são totalmente dispensáveis em razão da teoria do risco da atividade, sob qualquer aspecto.

As causas dos lamentáveis vazamentos que vêm ocorrendo em solo, mar ou ar atmosférico não podem ser aceitas sob qualquer argumento, razão pela qual, somente com as aplicações necessárias não apenas de multas, mas das decisões judiciais que não podem ser modestas em razão do bem da vida exposto aos danos, é que poderá contar com o Poder Judiciário na promoção da aplicação efetiva dos princípios constitucionais em prol do meio ambiente e da saúde humana.

A proposta de quantificação mínima do valor a ser pago como indenização por dano causado à saúde humana não se coaduna nem se comunica absolutamente em nada com os acordos celebrados em Paulínia, São Paulo, no último ano, quando diante de sérias contaminações causadas ao solo, e consequentemente às vidas humanas, por indústria química multinacional, ofereceu-se acordo para que as famílias-vítimas se mudassem e comprassem pequenas propriedades em outros locais, não tão distantes daquele do evento.

ANEXO

REPERTÓRIO DE JURISPRUDÊNCIA

1. Responsabilidade, dano moral, à saúde, estético e ao meio ambiente

Tribunal de Justiça do Estado Rio de Janeiro

1. **Responsabilidade civil – Petrobras – Dano ambiental – Dano moral – Dano material – Indenização – Fixação do valor.** "Ordinária – Indenização proveniente de vazamento de óleo que prejudicou a atividade pesqueira. Indenização a danos materiais e morais. Incabível lucro cessante por se confundir a ressarcimento por perdas materiais. Improvimento de ambos os recursos" (11ª Câm. Cível – ApCív. 2002.001.04909 – rel. Des. Antonio Felipe Neves – j. 12.06.2002).

2. **Responsabilidade civil – Petrobras – Dano ambiental – Dano material – Caracterização – Ressarcimento dos danos – Dano moral – Não Configuração – Obrigação de indenizar – Inexistência.** "Responsabilidade civil – Baía da Guanabara. Acidente ecológico, por vazamento de óleo na orla marítima de Mauá causando danos materiais ao ecossistema e às pessoas da região, notadamente, aos pescadores. Os danos materiais foram ressarcidos, proporcionalmente à renda média do pescador, no período impedido de pesca, demonstrado nos autos. Tal fato, em si, não se afigura lesão de sentimento, nem ofensivo à honra do autor, subsumindo-se tal acontecimento na moldura de aborrecimentos. Situação não indenizável a título de danos morais, embora lamentável, sob todos os aspectos. Desprovimento do recurso" (12ª Câm.

Cível – ApCív 2002.001.02504 – rel. Des. Roberto de Abreu e Silva – j. 21.05.2002).

3. **Ação civil pública – Interesse público – Legitimidade do MP – Administração de bens – Bem público municipal – Recurso cabível – Reforma da decisão – Prosseguimento da ação.** "Direito constitucional. Ação civil pública. Área de aproximadamente 11 quilômetros quadrados que por lei pertence ao Município de Volta Redonda e vem sendo administrada pelos Municípios de Pinheiral e Piraí. Laudo do IBGE e Cide. Alegação de danos morais e materiais difusos à população residente nos três municípios quanto ao repasse de verbas do Fundo de Participação do Município, de verbas do Sistema Único de Saúde que se orientam pelo número de habitantes. Legitimidade *ad causam* do Ministério Público. Cabimento. Art. 129 da Constituição da República, art. 1º, I, da lei 7.347/85, e art. 25, IV, da lei 8.625/93. Provimento do recurso" (16ª Câm. Cível – ApCív 2001.001.25105 – rel. Des. Nagib Slaibi Filho – j. 18.12.2001).

4. **Ação de indenização – Dano ambiental – Perícia contábil – Perícia de engenharia – Deferimento – Desmembramento do processo – Observância do princípio da igualdade – Agravo provido.** "Ação ordinária de indenização por *danos* materiais e *morais* Derramamento de óleo ocorrido na baía da Guanabara. Perícias contábil e de engenharia *ambiental* deferidas. Sugestão do perito de contabilidade, acolhida pelo juíz de desmembramento dos processos em grupos de cinco autores. Determinação que implicará na formação de 24 novos processos e 48 perícias, acarretando considerável aumento dos custos dos processos para os autores, além da demora na solução do litígio. A norma do art. 46, parágrafo único, do CPC visa a preservação da igualdade das partes. Se a parte que seria prejudicada com o cúmulo subjetivo nada alega em sua defesa, não há lesão ao princípio da igualdade. Provimento do

agravo, nos termos do parecer da Procuradoria de Justiça" (10.ª Câm. Cível – AgIn 2002.002.03893 – rel. Des. Jayro S. Ferreira – j. 21.05.2002).

5. **Petrobras – Responsabilidade civil – Dano ambiental – Trabalhador autônomo – Suspensão da atividade – Dano moral – Lucros cessantes – Responsabilidade objetiva** "Ação ordinária. Indenização. Petrobras. Responsabilidade objetiva. Derramamento de óleo na baía de Guanabara. A Petrobras responde objetivamente pelos *danos morais* e lucros cessantes ocasionados ao autor, profissional da pesca, que em razão do derramamento de óleo na baía de Guanabara, decorrente do rompimento de um dos dutos da empresa, viu-se prejudicado em seu sustento e de seus familiares. Mantém-se a quantificação definida no *decisum*, em valores equivalentes a 18 salários mínimos a título de lucros cessantes e 60 salários mínimos para os *danos morais*. Recursos conhecidos e improvidos. (GAS) (10.ª Câm. Cível – AgIn 2002.002.03893 – rel. Des. Jayro S. Ferreira – j. 21.05.2002).

6. **Petrobras – Dano ambiental – Acordo – Dano moral – Caracterização – Redução do valor – Provimento parcial.** "Pleito indenizatório, aforado contra a Petrobras, em virtude de vazamento de óleo ocorrido na baía da Guanabara, prejudicando a atividade de pesca na região – Fato inequívoco, tanto que foi reconhecido pela Petrobras que fez acordos com vários pescadores, deixando de incluir o autor – Dano moral, bem caracterizado, mas reduzido para R$ 18 mil – Lucros cessantes, postergados para a fase de liquidação por artigos – Provimento parcial do recurso" (12ª Câm. Cível – ApCív 2001.001.25205 – rel. Des. Gamaliel Q. de Souza – j. 07.05.2002).

7. **Dano ambiental – Ressarcimento dos danos – Tutela antecipada – Dano moral – Provimento parcial.** "Apelação. Ação de reparação de danos cumulada com tutela antecipada. Dano moral é a dor que

nos aflige, tortura nosso interior, fadiga nossa existência, nos deixa prostrados diante das incertezas. Provimento parcial do recurso" (13ª Câm. Cível – ApCív 2002.001.02418 – rel. Des. Angelo Moreira Glioche – j. 02.05.2002).

8. **Petrobras – Dano ambiental – Trabalhador autônomo – Suspensão da atividade – Dano material – Ausência de comprovação – Dano moral – Obrigação de indenizar – Provimento parcial.** "Ação ordinária. Acidente ecológico. Derramamento de óleo na baía de Guanabara. Fato notório. *Dano* causado a pescador. Nexo causal, sendo notório o desastre ecológico, amplamente divulgado pela mídia, acarretando a suspensão da pesca por algum tempo, é evidente o *dano moral* causado aos pescadores, submetidos a insuportável angústia, sem saber quando poderiam voltar a exercer suas atividades, sem falar na revolta e indignação pela degradação do meio ambiente, do qual dependem para viver. Os *danos* materiais não foram provados, pelo que incabível a indenização. Provimento parcial do recurso" (10.ª Câm. Cível – ApCív 2002.001.01603 – rel. Des. Sylvio Capanema – j. 24.04.2002).

9. **Poluição ambiental – Indenização – Insalubridade do trabalho – Dano material – Dano moral – Quitação – c/c, arts. 939 e 1.025 – Recurso desprovido.** "Ação de reparação de *danos,* de rito ordinário. Vazamento de óleo na baía de Guanabara causando *danos* ao meio ambiente. Sentença julgando improcedente o pedido. Recurso de apelação. Manutenção, considerando-se que a prova técnica trazida pela apelada sob forma de laudos de órgãos competentes revelou a paralisação de pesca pelo prazo de um mês. Existência de documentos comprobatórios do pagamento feito ao apelante, no valor de sua remuneração média no período. Também documento de quitação por ele assinado quanto a prejuízos *morais* e materiais. Aplicação dos arts. 939 e 1.025 do c/c. Ausência de outros elementos justificadores

da indenização. Desprovimento do recurso" (11ª Câm. Cível – ApCív 2002.001.05260 – rel. Des. Otavio Rodrigues – j. 24.04.2002).

10. **Responsabilidade civil – Petrobras – Poluição ambiental – Prova do dano – Ausência – Improcedência do pedido.** "Responsabilidade civil. *Danos* materiais e *moral*. Improcedência dos pedidos. Inconformismo do autor. Improvimento do recurso. Estando correta a representação da ré e não havendo nulidade alguma a ser pronunciada, impõe-se a confirmação da sentença, que, à falta de prova da existência de *danos* materiais e ausência de caracterização do *dano moral*, desacolheu o pedido" (15ª Câm. Cível – ApCív 2002.001.02488 – rel. Des. Nilton Mondego – j. 20.03.2002).

11. **Área de proteção ambiental – Clube – Ocupação indevida – Dano ambiental – Ausência de comprovação – Ação civil pública – Improcedência do pedido.** "Ação civil pública ambiental visando desocupação de área e demolição de muro divisório, além de indenização. Inexistência de prova de dano à vegetação local. Ocupação prolongada ao longo dos anos, resguardando as invasões e favelamento. Provimento do apelo. Delegacia da Receita Federal antes da citação editalícia. 2. Embora o Código fixe o prazo de 30 dias para a citação dos denunciados, não há irregularidade se um dos denunciados vem a ser citado por via editalícia somente mais de três anos depois, sendo a demora atribuível exclusivamente a entreves burocráticos do judiciário. 3. Se o erro do apresentante ao caracterizar o título cujo protesto estava pedindo por indicação não foi determinante do eito do cartório que deu causa aos danos reclamados pelo autor, não pode ele ser condenado a indenizar solidariamente com o oficial de protesto. 4. Responde pelos danos causados a terceiro o oficial de protesto de títulos que, além de expedir certidão inexata, lavrada com base apenas no indicador de busca, adota o número do CGC como indicador de busca ou não

se acautela contra a possibilidade de erro na indicação desse número pelo apresentante, vindo com isso a inserir em seus assentamentos e apontar em certidões como devedora de título protestado pessoa jurídica que não o era, causando-lhe danos materiais e morais. Não tem obrigação de indenizar a terceiros o credor que apenas descontou o título e em nada concorreu para o erro do cartório em apontar falsamente terceiro como devedor do mesmo. 6. Responde regressivamente ao oficial de protesto pelos danos causados a terceiro, o sacador que insere na duplicata número errado do CGC do sacado, dando margem ao erro que resultou na expedição de certidão apontando como devedora do título protestado quem não o era. 7. Preliminares que se rejeita, recursos do apresentante ou do credor a que se dá provimento e recursos do oficial de protesto e do sacador a que se nega provimento" (16ª Câm. Cível – ApCív 1999.001.19785 – rel. Des. Miguel Angelo Barros – j. 17.04.2001).

Superior Tribunal de Justiça

12. "Acidente no trabalho. Direito comum. Culpa. Admitido pelo julgado recorrido que o ambiente de trabalho era de alta poluição, impõe-se reconhecer a responsabilidade da empregadora na causação do dano e o consequente dever de indenizar pela incapacidade parcial e permanente daí resultante, conforme afirmado no laudo. Recurso conhecido e provido" (REsp 284279-RJ (2000/0108855-6) – rel. Min. Ruy Rosado de Aguiar – DJ 02.04.2001, p. 301).

13. "Competência. Conflito. Ação civil pública. Reparação de dano ambiental. Colisão do petroleiro Penelope contra o petroleiro Piquete, no terminal marítimo Almirante Barroso. Embargos declaratórios. Efeitos modificativos. Possibilidade.

I   Achando-se a controvérsia regida pela 'convenção internacional sobre responsabilidade civil em *danos* causados por poluição de óleo', cujo texto foi aprovado pelo Decreto Legislativo 74, de 1976, promulgado pelo Decreto 79.437, de 28.03.1977, e regulamentado pelo Decreto 83.540, de 04.06.1979, competente para julgá-la e do juízo federal, nos expressos termos do art. 109, III, da CF.

II Embora haja compatibilidade entre o art. 2º da lei 7.347, de 04.07.1985, com o art. 109, §§ 2º e 3º, da Constituição, como sustentado pelo acórdão embargado, nenhuma compatibilidade existe entre o citado texto legal e o art. 109, III, daquela lei maior.

III Os embargos declaratórios podem ter efeitos modificativos se, ao suprir-se a omissão, outro aspecto da causa tenha de ser apreciado como consequência necessária.

IV No caso, o acórdão embargado não considerou, ao decidir a questão sobre competência a aplicação da citada convenção internacional. Daí que, suprindo-se a alegada omissão, impõe-se o recebimento dos embargos e, como decorrência inafastável, declarar-se a competência do MM. juízo federal suscitante, isto é, o da 22ª Vara em São José dos Campos-SP.

V   Embargos declaratórios recebidos" (EDcl no CComp 2473-SP (1991/0021603-8) – rel. Min. Antônio de Pádua Ribeiro – DJ 10.05.1993, p. 8.584).

14. "Competência. Conflito. Ação civil pública. Medida cautelar para produção antecipada de provas, objetivando a realização de prova pericial e testemunhal, tendo em vista vazamento de petróleo, ocorrido no canal de São Sebastião-SP. Embargos declaratórios. Efeitos modificativos. Possibilidade.

I   Achando-se a controvérsia regida pela 'convenção internacional sobre responsabilidade civil em *danos* causados por poluição de óleo', cujo texto foi aprovado pelo Decreto Legislativo 74, de 1976, promulgado pelo Decreto 79.437, de 28.03.1977, e regulamentado pelo Decreto 83.540, de 04.06.1979, a competência para julgá-la e do juízo federal, nos expressos termos do art. 109, III, da CF.

II Embora haja compatibilidade entre o art. 2º da lei 7.347, de 24.07.1985, com o art. 109, §§ 2º e 3º, da Constituição, como sustentado pelo acórdão embargado, nenhuma compatibilidade existe entre o citado texto legal e o art. 109, III, daquela lei maior.

III Os embargos declaratórios podem ter efeitos modificativos se, ao suprir-se a omissão, outro aspecto da causa tenha de ser apreciado como consequência necessária.

IV No caso, o acórdão embargado não considerou, ao decidir a questão sobre competência, a aplicação da citada convenção internacional. Daí que, suprindo-se a alegada omissão, impõe-se o recebimento dos embargos e, como decorrência inafastável, declarar-se a competência do MM. juízo federal suscitante, isto é, da 22ª Vara em São José dos Campos-SP.

V Embargos declaratórios recebidos" (EDcl no CComp 2374-SP (1991/0019610-0) – rel. Min. Antônio de Pádua Ribeiro – DJ 10.05.1993, p. 8.584; Lex-STJ 49/66).

15. Alienação fiduciária – Decreto-lei 911/69 – Código de Defesa do Consumidor. "1. Não tem apoio a interpretação que dá por revogado o § 1º do art. 3º do Decreto-lei 911/69 diante da disciplina do Código de Defesa do Consumidor, arts. 6º, VI, e 53. O art. 6º, VI, dispõe que o consumidor tem o direito básico de 'efetiva prevenção e reparação de *danos* patrimoniais e *morais*, individuais, coletivos e *difusos*'. Ora, essa regra legal não tem nenhuma relação com a purgação da mora em processo sob o regime do Decreto-lei 911/69. O comando do art. 53, por outro lado, que faz alcançar as alienações fiduciárias, refere-se a cláusulas contratuais sobre a perda das prestações, que são nulas de pleno direito. Mas, aqui não se cuida de cláusula contratual, e, sim,

de regra jurídica impondo que, nos casos abrangidos pela lei, lei, portanto, especial, a purgação só será admitida se quitado o percentual indicado. Isso não viola direito algum do consumidor, não sendo razoável concluir pela revogação de uma lei por violar a *mens legis* de lei posterior, o que, claramente, não existe no direito positivo brasileiro, por conta da lei de Introdução ao Código Civil.
2. Recurso especial conhecido, mas improvido" (REsp 129732-RJ (1997/0029487-0) – rel. Min. Carlos Alberto Menezes Direito – DJ 03.05.1999, p. 143; RDTJRJ 41/85).

16. "Competência. Conflito. Ação civil pública. Medida cautelar para produção antecipada de provas, objetivando a realização de prova pericial e testemunhal, tendo em vista vazamento de petróleo, ocorrido no canal de São Sebastião-SP.

I Se o *dano* ocorreu em comarca, que não detém sede de vara federal, compete à justiça estadual em primeiro grau processar e julgar medida cautelar para produção antecipada de provas, preparatória de futura ação civil pública tendente a obtenção de indenização do *dano* causado ao meio ambiente, mesmo no caso de comprovado interesse da União no seu deslinde. Compatibilidade, no caso, do art. 2º da lei 7.347, de 24.07.1985, com o art. 109, §§ 2º e 3º, da Constituição.

II Conflito de que se conhece, a fim de declarar-se competente o MM. Juízo de Direito da 2ª Vara Cível de São Sebastião-SP. (EDcl no CComp 2374-SP (1991/0019610-0) – rel. Min. Antônio de Pádua Ribeiro DJ 2.06.1992, p. 9.715; REPDJ 03.08.1992, p. 11.241).

17. "Conflito de competência. Ação cautelar, preparatória de ação civil pública. Dano ao meio ambiente. Causa fundada em tratado internacional. A ação cautelar, preparatória de ação civil pública, fundada em tratado internacional, para prevenir dano ao meio ambiente deve ser processada e julgada pela Justiça Federal (CF, art. 109, III); essa

competência é fixada em função do fundamento legal do pedido, de modo que a aplicabilidade, ou não, do tratado internacional à espécie depende de juízo de mérito a ser feito pelo juíz federal, depois de processada a ação. Conflito de competência conhecido para declarar competente o MM. juíz federal substituto da 2ª Vara de São José dos Campos" (EDcl no CComp 16953-SP (1996/0024154-6) – rel. Min. Ari Pargendler – DJ 19.08.1996, p. 28.417).

18. "Ação ordinária intentada pela Cetesb contra a Petrobras. Acidente ecológico. Operação de limpeza. Cobrança do custo. Procedência do pedido. Inocorrência de ofensa a Lei Federal. Agravo regimental não provido" (AgRg no AgIn 57297-SP (1994/0030729-2) – rel. Min. Nilson Naves – DJ 13.03.1995, p. 5.294).

19. "Civil – Responsabilidade civil – Prestação de serviços médicos. Quem se compromete a prestar assistência médica por meio de profissionais que indica, é responsável pelos serviços que estes prestam. Recurso especial não conhecido" (REsp 138059-MG (1997/0044326-4) – rel. Min. Ari Pargendler – DJ 11.06.2001, p. 197; JBCC 193/77; Lex-STJ 146/104).

20. "Civil e processual civil – Negativa de prestação jurisdicional – Inocorrência – Seguro-viagem – Danos morais – Descumprimento contratual – Inocorrência em regra – Situação excepcional não caracterizada – Recurso desacolhido.

I   Como anotado em precedente (REsp 202.504-SP, DJ 01.10.2001), 'o inadimplemento do contrato, por si só, pode acarretar danos materiais e indenização por perdas e danos, mas, em regra, não dá margem ao dano moral, que pressupõe ofensa anormal à personalidade. Embora a inobservância das cláusulas contratuais por uma das partes possa trazer desconforto ao outro contratante – e normalmente o traz – trata-se, em princípio, do desconforto a que todos podem estar sujeitos, pela própria vida em sociedade'.

II – Não verificadas as omissões apontadas, a mera divergência da parte com o entendimento e a conclusão contidos no acórdão não constituem embasamento a embargos declaratórios. Outrossim, não se pode pretender, por via oblíqua, a reforma da decisão com revisão de questões de fato e de direito" (REsp 338162-MG (2001/0102554-9) – rel. Min. Sálvio de Figueiredo Teixeira – DJ 18.02.2002, p. 459).

21. "Civil – Acidente ferroviário – Morte de cônjuge do qual a autora era separada de fato – Dano moral – Improcedência."

I. Justifica-se a indenização por dano moral quando há a presunção, em face da estreita vinculação existente entre a postulante e a vítima, de que o desaparecimento do ente querido tenha causado reflexos na assistência doméstica e significativos efeitos psicológicos e emocionais em detrimento da autora, ao se ver privada para sempre da companhia do *de cujus*.

II. Tal suposição não acontece em relação ao cônjuge que era separado de fato do *de cujus*, habitava em endereço distinto, levando a acreditar que tanto um como outro buscavam a reconstituição de suas vidas individualmente, desfeitos os laços afetivos que antes os uniram, aliás, por breve espaço de tempo.

III. Recurso especial não conhecido. Dano moral indevido" (REsp 254418-RJ (2000/0033332-8) – rel. Min. Aldir Passarinho Junior – DJ 11.06.2001, p. 229; JBCC 192/345; Lex-STJ 146/227).

22. "Agravo regimental. Danos morais. Não se altera o *quantum* fixado para indenização por danos morais quando não demonstrado o enriquecimento sem causa da parte beneficiária" (AgRg no AgIn 191864-RJ (1998/0042760-0) – rel. Min. Eduardo Ribeiro – DJ 19.04.1999, p.14).

23. "Competência – Conflito – Ação civil pública – Reparação de dano ambiental – Colisão do petroleiro Penelope contra o petroleiro Piquete, no terminal marítimo Almirante Barroso – Embargos declaratórios – Efeitos modificativos – Possibilidade.

I   Achando-se a controvérsia regida pela 'convenção internacional sobre responsabilidade civil em danos causados por poluição de óleo', cujo texto foi aprovado pelo Decreto Legislativo 74, de 1976, promulgado pelo Decreto 79.437, de 28.03.1977, e regulamentado pelo Decreto 83.540, de 04.06.1979, competente para julgá-la e do juízo federal, nos expressos termos do art. 109, III, da CF.

II Embora haja compatibilidade entre o art. 2º da lei 7.347, de 04.07.1985, com o art. 109, §§ 2º e 3º, da Constituição, como sustentado pelo acórdão embargado, nenhuma compatibilidade existe entre o citado texto legal e o art. 109, III, daquela lei maior.

III Os embargos declaratórios podem ter efeitos modificativos se, ao suprir-se a omissão, outro aspecto da causa tenha de ser apreciado como consequência necessária.

IV No caso, o acórdão embargado não considerou, ao decidir a questão sobre competência a aplicação da citada convenção internacional. Daí que, suprindo-se a alegada omissão, impõe-se o recebimento dos embargos e, como decorrência inafastável, declarar-se a competência do MM. Juízo Federal suscitante, isto é, o da 22ª Vara em São José dos Campos-SP.

V   Embargos declaratórios recebidos" (EDcl no CComp 2473-SP (1991/0021603-8) – rel. Min. Antônio de Pádua Ribeiro – DJ 10.05.1993, p. 8.584).

24. "Competência – Conflito – Ação civil pública – Medida cautelar para produção antecipada de provas, objetivando a realização de prova pericial e testemunhal, tendo em vista vazamento de petróleo, ocor-

rido no canal de São Sebastião-SP – Embargos declaratórios – Efeitos modificativos – Possibilidade.

I Achando-se a controvérsia regida pela 'convenção internacional sobre responsabilidade civil em *danos* causados por poluição de óleo', cujo texto foi aprovado pelo Decreto Legislativo 74, de 1976, promulgado pelo Decreto 79.437, de 28.03.1977, e regulamentado pelo Decreto 83.540, de 04.06.1979, a competência para julgá-la e do juízo federal, nos expressos termos do art. 109, III, da CF.

II Embora haja compatibilidade entre o art. 2º da lei 7.347, de 24.07.1985, com o art. 109, §§ 2º e 3º, da Constituição, como sustentado pelo acórdão embargado, nenhuma compatibilidade existe entre o citado texto legal e o art. 109, III, daquela lei maior.

III Os embargos declaratórios podem ter efeitos modificativos se, ao suprir-se a omissão, outro aspecto da causa tenha de ser apreciado como consequência necessária.

IV No caso, o acórdão embargado não considerou, ao decidir a questão sobre competência, a aplicação da citada convenção internacional. Daí que, suprindo-se a alegada omissão, impõe-se o recebimento dos embargos e, como decorrência inafastável, declarar-se a competência do MM. Juízo Federal suscitante, isto é, da 22ª Vara em São José dos Campos-SP.

V Embargos declaratórios recebidos" (EDcl no CComp 2374-SP (1991/0019610-0) – rel. Min. Antônio de Pádua Ribeiro – DJ 10.05.1993, p. 8.584; Lex-STJ 49/66).

Tribunal de Justiça do Estado do Rio Grande do Sul

25. "Ação de indenização por danos patrimoniais e morais. Responsabilidade civil. Quando o dano ambiental foi ocasionado por terceiro, possível a indenização por dano moral pela lesão ocorrida. Inexiste

pagamento de dano material caso houve acordo em outro processo, que tem como parte o ministério público, para recomposição da área ao estado anterior ao evento. Deram provimento, em parte. Decisão unânime" (TJRS – 10.ª Câm. Cível – ApCív 70001616895 – rel. Des. Jorge Alberto Schreiner Pestana – j. 17.05.2001).

26. **Ação civil pública – Ministério Público – Ônus sucumbenciais – Isenção – Pedido de cessação de atividades sonoras e de indenização – Cumulação – Descabimento – Pedidos alternativos.** Recurso: Apelação Cível, Número: 599368768, Relator: Paulo Antônio Kretzmann, Tribunal: Tribunal de Justiça do RS, Data de julgamento: 29.06.00, Órgão julgador: Décima primeira Câmara Cível, Comarca de origem: Canos, Seção: Cível.

Assunto: Ação civil pública. Estabelecimento comercial. Poluição sonora. Indenização. Dano moral. Cumulação de pedidos. Descabimento. Pedidos alternativos. Acolhimento de um. Efeitos. Honorários de advogado. Ação civil pública. Ação proposta pelo Ministério Público. Descabimento. Ruído. Perturbação do sossego. Pedido alternativo. Direito ambiental. Poluição sonora, jurisprudência: 598358448. 597023654. 598033686.

1 No ajuizamento da ação civil pública, descabe a cumulação de pedidos relativos à cessação das atividades sonoras, e de indenização por dano moral coletivo, de acordo com a previsão contida no art. 3º, da lei 7.347/85. Pretensões alternativas. Sendo acolhido um dos pedidos resta prejudicada a outra pretensão. 2 – O aforamento de ação civil pública e função institucional do Ministério Público, não sendo cabível a sua condenação aos ônus sucumbenciais, saldo se existente prova a atestar a má-fé. Apelo provido em parte" (TJRS – 11ª Câm. Cível – ApCív 599368768 – rel. Des. Paulo Antônio Kretzmann – j. 29.06.2000).

27. "Ação civil pública. Dano ambiental de dano moral coletivo. Competência recursal. Apreciação de recurso decorrente de ação civil pública, promovida pelo Ministério Público perante a justiça estadual, onde busca o ressarcimento por dano ambiental e dano moral coletivo, em face da Companhia Nacional de Abastecimento (Conab), empresa pública federal, refoge a competência do Tribunal de Justiça do estado. Competência declinada para o Tribunal Regional Federal da 4ª Região" (TJRS – 1ª Câm. Cível – ApCív 597068089 – rel. Des. Léo Lima – j. 25.03.1998).

28. "Ação civil pública. Loteamento irregular. Simulação. Indenização. Pedidos de indenização a título de danos materiais e morais pela formação de loteamento irregular – em área rural, de preservação ambiental. Comprovada a prática de simulação entre os proprietários do imóvel e administradora de imóveis, mediante intermediação claramente demonstrada, o acolhimento do pedido relativamente aos danos materiais se impunha, incluído na responsabilização o patrono daqueles também pela condição de intermediador nas tratativas entre adquirentes e seus constituintes. Descabimento de indenização por danos morais, no entanto, pela sua natureza extrapatrimonial, não reintegrável. Apelo improvidos" (TJRS – 2ª Câm. Cível – ApCív 596002923 – rel. Des. Henrique Osvaldo Poeta Roenick – j. 23.10.1996).

29. "1. Loteamento irregular. Área rural de preservação ambiental. Venda de títulos sociais para construção residencial em sede campestre. 2. Indenização. Dano moral. – descabimento. – quando cabe. – inexistência. Dano meramente patrimonial. Direito administrativo. Direito civil. Obrigações" (TJRS – 2ª Câm. Cível – j. 23.10.1996).

Supremo Tribunal Federal

30. "DECISÃO A questão é: pedido de indenização por danos morais e materiais. O RE alega ofensa ao art. 37, § 6º, da CF. Esse não foi o fundamento do acórdão recorrido, que julgou a controvérsia com base na prova dos autos. Está no voto: 'O documento no qual se baseou a douta juíza de primeiro grau, acostado às f., pela autora, para firmar seu juízo de convicção, não tem o valor que lhe foi atribuído. Cuida-se de um cartão, com uma anotação que as testemunhas da apelante não reconheceram e que não contém sequer assinatura a legitimá-lo. Também não consta do mesmo qualquer indício de ter sido feita por funcionário ou médico da apelante. Inexiste, ainda, carimbo ou recibo da apelante, o que torna sem qualquer credibilidade. Qualquer pessoa poderia lançar ali o valor que bem entendesse. Não pode, portanto, embasar juízo de culpabilidade da apelante. Só há nos autos a palavra da autora, assegurando ter pago um salário-mínimo à ré para que se lhe fossem laqueadas as trompas e a da ré em sentido contrário. De prova mesmo, nada, vez que o documento no qual se fundou a condenação, como se viu acima é imprestável. (f.) Não houve ofensa à CF (Súmula 282). Além disso, não cabe RE para reexame de provas. Incide a Súmula 279. Nego seguimento ao agravo. Publique-se. Brasília, 31 de outubro de 2001. Min. Nelson Jobim, relator" (AgIn 364424-RJ – rel. Min. Nelson Jobim – j. 31.10.2001 – DJ 11.03.2002, p. 27).

Tribunal de Justiça do Estado de Santa Catarina

31. "Meio ambiente – Poluição de água doce decorrente de atividade industrial (art. 15, *caput*, § 1º, II, da lei 6.938/81, c/c a lei 7.804/89) – Negativa de autoria – Delito de perigo que atinge o equilíbrio ecológico (art. 225 da CF) – Prova pericial e testemunhal dando conta do alto grau de corrupção causada em córrego, face despejo de dejetos químicos e resíduos tóxicos pela empresa de propriedade do acusado – Padecimento de diversas cabeças de gado pertencente à vizinhança – Conhecimento de que o material era poluente – Configuração do dolo – Crime contra a natureza perfeitamente caracterizado – Condenação mantida – Recurso desprovido. Vistos, relatados e discutidos estes autos de ApCrim 98.005732-9, da comarca de Timbó (1ª Vara), em que é apelante Carlos Roberto Mola, sendo apelada a Justiça, por seu promotor: acordam, em 2ª Câm. Criminal, por votação unânime, negar provimento ao recurso defensivo. (2ª Câm. Criminal – ApCrim 98.005732-9-Timbó – rel. Des. Jorge Mussi – j. 09.12.1998).

32. "Crime ambiental – Denúncia nos termos do art. 3º da lei. 9.605/98 rejeitada em relação a pessoa jurídica – Prosseguimento quanto a pessoa física responsável – Recurso da acusação pleiteando o reconhecimento da responsabilidade penal da pessoa jurídica – Ausência de precedentes jurisprudenciais – Orientação doutrinária – observância dos princípios da pessoalidade da pena e da irresponsabilidade criminal da pessoa jurídica vigentes no ordenamento jurídico pátrio – Recurso desprovido. Vistos, relatados e discutidos estes autos de recurso criminal nº 00.004656-6, da comarca de Descanso (Vara Única), em que é recorrente a Justiça, por seu Promotor, sendo recorrida Arco Íris Produtos de Madeira Ltda: Acordam, em 2ª Câmara Criminal, por votação unânime, negar provimento ao recurso" (2ª Câmara Criminal – ReCrim, 00.004656-6-Descanso – rel. Des. Torres Marques – j. 12.09.2000, DJSC).

33. "Mandado de segurança. Município. Exercício de atividade de fiscalização sobre área situada em terras de marinha. Construção de cerca. Área de preservação permanente. Dunas. Pessoa jurídica. Indicação no auto de infração, do nome do empreendimento pelo qual era co-

nhecida. Lei Municipal de Florianópolis nº 2.193/1995, art. 93, §§ 1º e 4º. Falta de comprovação do direito líquido e certo. Garantias constitucionais do devido processo legal, do contraditório e da ampla defesa. Recurso desprovido.

Não se exige a perfeita identificação, pelo fiscal de posturas do Município, da pessoa jurídica que comete a infração, sendo suficiente a indicação no auto respectivo, do nome do empreendimento pelo qual é conhecida.

Os impetrantes não apresentaram prova pré-constituída do alegado direito líquido e certo, no sentido de que a área não compõe o sistema de dunas ou de que a cerca esteja no local desde antes da legislação municipal que regulamentou o uso do solo e o ordenamento territorial e urbanístico.

O Município pode exercer atividade de fiscalização sobre área situada em terras de marinha.

Não se cogita de desrespeito às garantias constitucionais do devido processo legal, do contraditório e da ampla defesa se o auto de infração consigna a abertura de prazo em processo administrativo, para apresentação de defesa.

Vistos, relatados e discutidos estes autos de apelação cível em mandado de segurança nº 97.001278-0 da comarca da Capital (Vara dos Feitos da Fazenda Pública e Acidentes do Trabalho — 1º Cartório), em que são apelantes ECAP — Empresa Catarinense de Administração e Participação Ltda., Santinho Empreendimentos Turísticos S/A e Condomínio Parcial do Costão do Santinho e apelado o Município de Florianópolis:

Acordam, em Câmara Especial, por votação unânime, negar provimento ao recurso.

Custas de lei" (Câmara Especial – ApCív em MS 97.001278-0 – rel. Des. Nelson Schaefer Martins j. 07.06.2000 – DJSC).

34. "Indenização por danos morais. Desmatamento de área pela ré construtora. Autora que oferece *notitia criminis*. Imputação, à autora, de cometimento do crime previsto no art. 340 do CP – comunicação falsa de crime. Denunciação caluniosa, por parte da ré, existente. Mero exercício regular de direito da autora. Dever de indenizar inconteste por parte da ré.

    Age com desídia a ré que, diante de notícia crime levada pela autora ao conhecimento da autoridade policial, denotando o cometimento do crime de desmatamento por sua parte, imputa-lhe, de forma vingativa, a conduta do art. 340 do CP, qual seja, a comunicação falsa de crime. Configura-se, neste caso, a denunciação caluniosa, por ter dado causa à investigação policial contra a autora mesmo ciente de sua inocência.

    Vistos, relatados e discutidos estes autos de apelação cível nº 99.002729-5, da comarca da Capital (3ª Vara), em que são apelantes e apelados Vania Mariani e Habitasul Empreendimentos Imobiliários Ltda.: Acordam, em 1ª Câmara Civil, por votação unânime, negar provimento aos recursos" (1ª Câm. Civil – ApCív 99.002729-5 – rel. Des. Carlos Prudêncio – j. 1º.06.1999 – DJSC).

Tribunal de Justiça do Mato Grosso do Sul

35. "Apelação cível – Ação indenizatória por dano material cumulada com dano moral e estético – Responsabilidade civil – Uso de cosmético que contém ácido glicólico na concentração e que provoca manchas hipercrônicas no rosto do consumidor – Fato do produto – Indenização devida – Dano moral – *Quantum* – Dano moral e estético – Cumulação admissível de pedidos – Desnecessidade de fixação de valores separadamente – Recursos improvidos.

É dever jurídico do fabricante reparar os *danos* causados aos consumidores por defeitos decorrentes de seus produtos. Exonera-se da responsabilidade tão somente se incidentes às exceções do § 3º do art. 12 do CDC.

Mantém-se verba indenizatória fixada a título de *dano moral* quando, com prudente arbítrio, o julgador considerou a dor, o desconforto, a situação social e econômica da ofendida e as condições econômicas do ofensor, de modo a desestimular a ocorrência de novo fato.

O uso de cosmético que contém ácido glicólico na concentração e provoca manchas hirpercrônicas no rosto da usuária, implica *dano moral* e estético. Porém, embora seja admissível a cumulação de pedidos indenizatórios por *dano moral* e estético, não há razão para fixação de valor individuado e separado para *danos* estéticos se reconhecido na sentença a condenação ao custeio de despesas com tratamentos reparatórios já efetuados e ainda por efetuar, notadamente quando estes tendem a converter-se em *dano* patrimonial.

Acórdão
Vistos, relatados e discutidos estes autos, acordam os juízes da 3ª Turma Cível do Tribunal de Justiça, na conformidade da ata de julgamentos e das notas taquigráficas, improver os recursos. Votação unânime."

36. "Apelação cível – Dano moral – Apontamento de duplicata para protesto – Título que já havia sido pago – Indenização devida.

    A indenização por *dano moral* independe de qualquer vinculação com o prejuízo patrimonial, por estar diretamente relacionada com valores eminentemente espirituais e morais, bastando a demonstração da lesão e do nexo causal com o fato que a ocasionou; é de ser deferido o pedido de *dano moral*, decorrente do indevido apontamento de título, que havia sido quitado, em razão do transtorno e constrangimento experimentados pela autora. Apelação cível – Dano moral – Critérios de fixação – Redução. A indenização por dano moral não tem o objetivo de reparar a dor, mas de compensá-la de alguma forma, minimizando os sofrimentos do beneficiário, devendo ser reduzida se o valor fixado se afigura excessivo.

Acórdão

Vistos, relatados e discutidos estes autos, acordam os juízes da Quarta Turma Cível do Tribunal de Justiça, na conformidade da ata de julgamentos e das notas taquigráficas, nos termos do voto do relator, dar provimento parcial aos recursos. Unânime" (4ª T. – ApCív 2001.007281-5-Campo Grande – rel. Des. Elpídio Helvécio Chaves Martins – j. 20.08.2002).

37. "Apelação cível – Ação de ressarcimento de despesas médicas c/c indenização por dano estético e moral – Preliminar de não-conhecimento do recurso afastada – Ausência de obrigação estatutária do plano de saúde de prestação de assistência médica – Alteração estatutária que reduz a idade dos filhos dependentes – Ausência de prova de adesão do titular, quando em vida, às novas regras estatutárias – Impossibilidade de retroatividade – Direito adquirido caracterizado – Ressarcimento e indenização por dano moral devidos – Fixação exorbitante de valor do dano moral – Não-ocorrência – Recurso improvido.

Se o recurso interposto preenche os requisitos do art. 514, do CPC, restando bem explicitada as razões de fato e de direito para a reforma da decisão objurgada, não oferecendo qualquer dificuldade para identificá-las, não há falar em não-conhecimento.

Ausente qualquer prova de alteração estatutária ou adesão do titular associado no sentido de reduzir a idade dos filhos dependentes, é devida a prestação de assistência nos termos do estatuto do plano de saúde vigente à época da associação, sob pena de ofensa ao ato jurídico perfeito, que goza de proteção constitucional (CF, art. 5º, XXXVI).

Não se apresenta exacerbado o quantum arbitrado a título de *danos* morais, se para a fixação adotou-se como parâmetro o valor dos *danos* materiais. O fato de ser a parte beneficiária da justiça gratuita não interfere na avaliação das suas condições pessoais e peculiares" (3ª T. – ApCív 2000.003597-1-Campo Grande – rel. Des. Oswaldo Rodrigues de Melo – j. 27.08.2001).

DANO AMBIENTAL

Tribunais Regionais Federais da 1ª, 2ª, 3ª, 4ª e 5ª Regiões

38. "Agravo de instrumento. Constitucional e processual civil. ACP. Dano ambiental. Competência. Ação civil pública proposta pelo MP contra particulares, visando a coibir dano ecológico. Inexistência de interesse da União Federal ou do Ibama apenas pelo fato do dano ambiental ainda que envolvendo manguezais e Mata Atlântica. Incompetência absoluta da Justiça Federal. Agravo improvido (3ª T. – 5ª Reg. – AgIn 19010 (9805320286-SE) – rel. Ridalvo Costa j. 19.11.1998 – DJ 14.12.1998, p. 649).
Doutrina: *Ação civil pública*, Autor: Rodolfo de Camargo Mancuso.
Observação: Veja: AC 9672-SE (TRF 5ª Reg.).
Outras fontes. Precedentes
Referência legislativa: CF/88 – arts. 109, I; 225, § 4º; Leg. Fed.: lei 6.938/81 – arts. 2º, II 18; lei 4.771/65 – art. 1º; Código Florestal; lei 5.197/67; EC 1/69 – art. 125, I; lei 7.347/85 – art. 2º; lei 8.078/90 – art. 93.

39 "Responsabilidade civil por dano ecológico. Desmatamento. Não comprovação da responsabilidade subjetiva. – O ato ilícito causador do dano ecológico há de ser devidamente comprovado a fim de res-

ponsabilizar-se o infrator. *In casu*, ao contrário, a embargante comprovou haver prestado diversas queixas à autoridade policial em relação ao desmatamento nas temas de sua propriedade, numa atitude típica de evitar o dano.

Ademais, não há nos autos, notícia de diligências que tenham sido efetuadas pelos fiscais do Ibama com o objetivo de apurar a verdadeira autoria do desmatamento que originou o auto de infração. Apelação e remessa oficial improvidas" (1ª T. – 5ª Reg. – Ap.Cív 95653 (9605061961-PE) – rel. Juiz Castro Meira – j. 05.02.1998 – v.u – DJ 06.03.1998, p. 516).

Referência legislativa: Leg. Fed.: lei 6.830/80 – art. 2º, § 5º, III.

40. "Administrativo. Ação civil pública. Área de preservação permanente. Ampliação de loteamento. Construção residencial. Em se considerando que a área em litígio se caracteriza como reserva ecológica (Resolução Conama 04/85, art. 3º, VII) ou de preservação permanente (lei 4.771/65, f), é de se cancelar o licenciamento para a ampliação de loteamento, o qual foi concedido, inclusive, sem o devido relatório de impacto ambiental (lei 7.661/88, art. 6º, § 2º). A simples concessão do alvará não caracteriza a área como urbanizada, nos termos do parágrafo único, do art. 5º, da lei 6.766 (lei do Parcelamento do Solo Urbano), para que se enquadre no art. 229, § 1º, *b*, da Constituição do Estado da Paraíba. A manutenção da casa de veraneio já edificada, em razão de que sua permanência única e isolada não constitui dano significativo ao equilíbrio ecológico do meio ambiente, não podendo, entretanto, ser ampliada ou reformada horizontal ou verticalmente. Apelação e remessa improvidas" (2. T. – 5.ª Reg. – ApCív 89534 (9505313683-) – rel. Des. Federal Araken Mariz – j. 13.05.1997 v.u. – DJ 13.06.1997, p. 43.685).

Referência legislativa: Leg. Fed.: Res. 204/85; lei 4771/65; lei 7.661/88; lei 6.766/79; Leg. Est.: Constituição Estadual 20 PB; CF/88; Súm.194-STF; 4.717/65; lei 5.197/67; lei 6.902/81; lei 6.938/81; lei 7.345/85.

41. "Ação civil pública. Dano ao meio ambiente – preservação ambiental. Rio Coco/CE. Ecossistema de alto valor ecológico. Recomposição ambiental. Indenização.

1   Em face de se caracterizar o Rio Coco/CE, como integrante do ecossistema de alto valor ecológico, deve ser recomposta a área degradada e/ou assegurada a indenização. Lei 7.661/88, art. 3º, I, em obediência ao preceito constitucional inserido no art. 255, III. 2. Apelação improvida. Indexação existência, autos, ação civil pública, prova, demonstração, obra de engenharia, resultado, danos, meio ambiente, efeito, condenação, construtor, reconstituição, área, destruição, adição, pagamento, indenização. ASP meio ambiente, proteção" (2ª T. – 5ª Reg. – ApCív 20705 (9305009239-CE) – rel. Juiz Petrucio Ferreira – j. 21.09.1993 – v.u. – DJ 25.03.1994, p. 12.491).

Referência legislativa: Leg. Fed.: lei 7.661/88 – art. 3º, I; lei 7.347/85 – art. 11; CF/88 – arts.252, § 1º, III, 225, § 1º, III; lei 4.771/65 – art. 3º, § 1º; CPC/73 (lei 5.869/73) – arts. 302, 632, 633.

42. "Administrativo. Ação popular. Prescrição. Obrigação de reparar o dano ecológico.

1   Quanto à prescrição.

O mundo ocidental, como é por todos sabido, sofreu decisiva influência das ideias liberalistas que determinaram a Revolução Francesa, onde o objetivo principal foi limitar o poder do Estado e exaltar o homem enquanto ser individual. Isso veio a se refletir também na ordem jurídica, salvo no que respeita à jurisdição criminal, de modo que o funcionamento do Poder Judiciário ficou na dependência da vontade do titular do "direito individual" invocado, enquanto a legislação material, como não poderia deixar de ser, passou a também regular exclusivamente relações jurídicas de ordem individual (relação de base). Sobre a matéria não se pode deixar de trazer à balha a lição de José de Albuquerque Rocha: 'Conclusão: a legitimação dos entes coletivos apresenta perfil singular. Por isso, exige ruptura com os critérios classificatórios clássicos, ancorados nos dogmas do liberalismo, que vê o conflito social como choque de interesses interindividuais, visão insuficiente para explicar a atual realidade sócio-jurídica, caracterizada pelo surgimento dos conflitos coletivos e difusos' (*Teoria geral do processo*, São Paulo, Malheiros, 1996 p. 194).

E foi inspirado no liberalismo que também se estabeleceram os princípios que regem a prescrição e a decadência, ou, melhor dizendo, resultaram de considerações que tinham em mira as relações de natureza individual, sem embargo de já se considerar determinados interesses que, por suas nuances próprias, eram julgados indisponíveis.

O fundamento da prescrição – instituto que faz perecer a *actio romana* (ação de direito material), um dos efeitos do fato jurídico beneficiador do credor, inviabilizando a ação processual contra seu devedor – está exatamente na necessidade de criação de mecanismos de defesa das relações jurídicas individuais, cuja eficácia não pode durar indefinidamente, pelo menos quando se tem em vista as consequências de ordem econômica.

Ao lado dela, instituiu-se também a decadência, cuja ocorrência faz perecer o próprio "direito subjetivo", cujo fundamento, apesar de também ter em mira a segurança das relações jurídicas, é a proteção daquelas relações jurídicas individuais cujo interesse público reclama um tratamento mais rígido na sua manutenção, razão pela qual instituiu-se um prazo diminuto para a ação visando sua desconstituição.

Por fim, existem determinados direitos que, por seu interesse individual e social, não podem estar sujeitos à prescrição, como é o caso dos direitos de personalidade (vida, liberdade etc.) e daqueles relacionados ao estado da pessoa (condição de filho, de esposo etc.), salvo no que respeita aos efeitos econômicos dele derivados.

Como se observa, até mesmo o sistema jurídico inspirado no liberalismo reconhece a existência de direitos que não podem, por razões de interesse público, estar sujeitos à prescrição. Em outras palavras, mesmo o direito oriundo das ideias que se fizeram ecoar na Revolução Francesa reconhece a necessidade de criar mecanismos protetivos contra a extinção de determinadas relações jurídicas, a exemplo do que se vê nos casos de decadência e de imprescritibilidade, o que era e continua sendo justificado pelo interesse social.

Em tudo isso resta a certeza de que o instituto da prescrição, nos moldes como foi concebido, não teve qualquer objetivo de regular os denominados interesses difusos e coletivos de efeitos sociais. Daí a indagação: é possível sua aplicação para os interesses que reclamam a tutela por intermédio da ação popular ou da ação civil pública, excluídos os individuais homogêneos? A resposta é no sentido de que as razões que explicam a imprescritibilidade de determinados direitos individuais são inteiramente aplicáveis aos interesses que reclamam a tutela jurisdicional coletiva (interesses difusos e coletivos de efeitos sociais).

A propósito, imagine-se a hipótese de o poluidor sustentar a prescrição da ação que ataca sua conduta, reclamando, assim, o direito de continuar poluindo ou fazer permanecer os efeitos da poluição. Esse exemplo singelo demonstra a impossibilidade de se aceitar a prescrição de ato violador da ordem jurídica, quando ofensivo ao interesse público. Essa forma de encarar a questão encontra respaldo na doutrina de Édis Milaré, a saber: 'A ação civil pública não conta com disciplina específica em matéria presencional. Tudo conduz, entretanto, à conclusão de que se inscreve ela no rol das ações imprescritíveis.

A doutrina tradicional repete uníssona que só os direitos patrimoniais é que estão sujeitos à prescrição. Precisamente, os direitos patrimoniais é que são prescritíveis. Não há prescrição senão de direitos patrimoniais, afirma o grande Clóvis Beviláqua.

Ora, a ação civil pública é instrumento para tutela jurisdicional de bens-interesses de natureza pública, insuscetíveis de apreciação econômica, e que têm por marca característica básica a indisponibilidade. Versa, portanto, sobre direitos não patrimoniais, direitos sem conteúdo pecuniário.

Qual, por exemplo, o valor do ar que respiro? Da praça onde se deleitam os velhos e crianças? Do manancial que abastece minha cidade?

É claro que o direito ao meio ambiente ecologicamente equilibrado não é um direito patrimonial, muito embora seja passível de valoração, para efeito indenizatório'. (*A ação civil pública na nova ordem constitucional*, São Paulo, Saraiva, 1990, p. 15-16).

No caso concreto, portanto, não é aceitável a aplicação da prescrição, posto que implicaria na continuidade de ocorrência de atos prejudiciais ao meio ambiente e na manutenção de toda degradação ambiental ocorrida ao longo do tempo.

No mérito.

Quanto à responsabilidade da Prefeitura e dos permissionários. Sustenta a Prefeitura Municipal de Itapema, em sua petição recursal, que o atual Governo é dotado da mais alta consciência ecológica e que não caberia a responsabilização da Prefeitura por ato ímprobo do ex-Prefeito, que lavrou certidão falsa acerca da viabilidade da construção do edifício residencial.

Ora, em que pese a alegação de que a Prefeitura atualmente busca incessantemente preservar e defender o meio ambiente – saliente-se que não foi o que se verificou no andamento do processo, como adiante se demonstrará – e de que o ato atacado foi praticado unilateralmente pelo ex-Prefeito, sem o respaldo da Municipalidade, permanece para a Prefeitura os deveres elencados no § 1º do art. 225 da CF.

O Prefeito, embora seja o Chefe do Executivo Municipal, deve-se igualmente submeter-se à lei, e a Prefeitura e a Câmara de Vereadores devem zelar para que o mesmo obedeça aos limites estritos da legalidade. Ora, se o ex-Prefeito de Itapema lavrou certidão de conteúdo falso aprovando a execução da obra, tal ato deveria ter sido desconstituído ainda administrativamente, pois cabe ao Poder Público zelar pela preservação do meio ambiente, conforme explicitado no art. 225 da CF.

Ademais, o Poder Público Municipal, mesmo 'dotado da mais alta consciência ecológica' – conforme afirma em sua apelação –, descumpriu novamente o que estabelece o art. 225, § 1º, VII, ao permitir que fosse construída no terreno objeto desta lide uma residência, sem que fosse avaliado o impacto ambiental que uma moradia no local, aparentemente sem ligação à rede de tratamento de esgoto, causaria, e tudo isso após instaurado este processo, no qual foi determinada a interrupção da construção do edifício residencial exatamente face à potencialidade de dano ao meio ambiente, em especial à flora e ao lençol freático.

Por outro lado, sustentam os permissionários que o autor Luiz Antônio Palhares estaria motivado apenas por motivos pessoais, posto que a construção de um edifício residencial em terreno limítrofe ao seu certamente lhe prejudicaria a paisagem. Aduziram, ainda, que não desejaram em momento algum causar dano ao meio ambiente ou à coletividade.

No tocante aos motivos que levaram o autor popular a ajuizar a presente ação, não há qualquer evidência no sentido de que estes seriam apenas particulares, sem a menor preocupação com a defesa do meio ambiente. Não obstante ser de fácil constatação o fato de que a construção de um edifício em terreno lindeiro ao seu fosse lhe trazer alguns transtornos, igualmente é de fácil constatação o fato de que a execução do projeto rejeitado pela Fatma traria graves prejuízos não só ao autor, mas também ao meio ambiente e à coletividade, em especial face à contaminação do lençol freático e da possível alteração das condições de balneabilidade da praia próximo ao prédio.

Ademais, também a União Federal viu interesse na presente lide, face à área em que o prédio seria construído ser terreno de marinha e a execução da obra se configurar em inequívoca ameaça ao meio ambiente. Assim, não deve subsistir a tese de que o feito deva ser julgado improcedente por ter sido o autor motivado por interesses meramente individuais.

E, no que concerne à alegação de que os permissionários jamais desejaram causar dano ou ameaça ao meio ambiente, deve ser destacado que a Constituição Federal prevê a responsabilidade "objetiva", isto é, independentemente de culpa, em casos de dano ao meio ambiente. Isso não impede, como evidente, a responsabilização solidária do Poder Público, por *faute du service*, o que acarreta apenas a exigência da ocorrência de culpa (responsabilidade subjetiva).

No caso concreto, percebe-se que enquanto à Municipalidade compete a expedição de certidão atestando a aprovação do órgão ambiental para o início das obras, caberia aos construtores e permissionários do terreno o dever de iniciar as obras apenas após a aprovação de seu projeto pela Fatma.

Evidente que a Municipalidade, pelo fato de atuar no âmbito da autorização para construir, não se despe do seu dever de proteger o meio ambiente, direito de toda coletividade e dever imposto ao Poder Público, conforme se infere do art. 225 da CF.

Em tal situação, no momento da autorização deveria exigir do beneficiário todas as medidas necessárias e aptas à defesa do meio ambiente, compatibilizando a atividade de construção civil com as exigências de preservação dos recursos naturais, especialmente a flora e aqueles de natureza hídrica. Não o fazendo ou deixando de exigir a realização das medidas necessárias ao equilíbrio ambiental, deve ser responsabilizada pela omissão.

Os permissionários, do mesmo modo, enquanto titulares da concessão do terreno de marinha em que o edifício seria construído, deveriam condicionar sua autorização para a construtora J. Guesser construir a elaboração de um projeto que respeitasse as normas ambientais. Deste modo, caracteriza-se a condição de infratores também aos permissionários, pois concorreram para a concretização do efeito danoso. Consulte-se: 'A obrigação de reparação do dano ecológico compete, imediatamente, ao responsável pela atividade poluidora. Pode ocorrer, porém, que haja mais de um responsável, ocorrendo solidariedade, conforme a regra do art. 1.518, parágrafo único, do c/c.

Rodolfo de Camargo Mancuso, finalmente, aponta o art. 225, § 3º, da CF, que impõe indistintamente a todos os infratores das normas de proteção ambiental, além das sanções penais e administrativas, a obrigação de reparar os danos.

Conforme a doutrina administrativista, a falta de serviço significa ausência, o não funcionamento ou o funcionamento deficiente dos serviços públicos. Importa sempre numa omissão ou, ao menos, num déficit. Muitas vezes, significa a falta do efetivo exercício do poder de polícia. Deixando sem a devida fiscalização determinada atividade, permite-se que seja desrespeitado o regulamento pertinente, sobrevindo o evento danoso.

Respeitáveis autores entendem que, mesmo nessas hipóteses, há responsabilidade da administração pública.

Se a omissão administrativa é a causa única do dano, não há dúvida sobre a incidência da regra constitucional do art. 37, § 6º.

Contudo, se entre a falta, v. g., da fiscalização e o dano interpõe-se o ato comissivo do causador direto do evento, parece mais razoável perquirir-se da culpa da administração, como propõe Celso Antônio Bandeira de Mello, ainda que se possa partir de uma presunção *juris tantum* de responsabilidade'. (Adalberto Pasqualotto, "Responsabilidade civil por dano ambiental: considerações de ordem material e processual", *Dano ambiental:* prevenção, reparação e repressão; obra coordenada por Antônio Herman Vasconcelos e Benjamim, São Paulo: RT, 1993, p. 451-2).

Percebe-se, então, que no caso de *faute du service*, pelo menos em razão de culpa, está o ente estatal encarregado da fiscalização obrigado a responder solidariamente pelo dano ambiental.

Ademais, está claro nas perícias requeridas e nos pareceres da Fatma o risco de graves danos ao meio ambiente, com perigosa poluição dos recursos hídricos utilizados pela população da região, fato ameaçador para a saúde e vida de toda ela, conforme é também reconhecido.

E no tocante à situação atual do terreno, verifica-se que a Prefeitura mais uma vez falhou no seu dever de defesa e preservação do meio ambiente ao permitir que fosse construída no local objeto da presente lide uma residência aparentemente não conectada à rede de esgoto – sabe-se que à época da realização das perícias a rede de esgoto não se estendia até o terreno em questão –, e que não teve o projeto de sua construção avaliado pelo órgão ambiental competente, a fim de se examinar se a execução do projeto desta casa colocaria em risco o meio ambiente.

De igual forma, os permissionários mais uma vez deram prova de que o discurso de que não desejaram em momento algum causar dano ao meio ambiente nada mais é do que um discurso, sem haver a menor demonstração prática de que os mesmos buscam a tutela ambiental juntamente com de seus interesses, e não apenas a destes.

Assim, deve ser interditada a residência construída no terreno em debate até que seja concluído um estudo sobre o impacto ambiental causado pela moradia que se encontra no local com a indicação de procedimentos que tornem aceitável o impacto ambiental e a recuperação do meio ambiente, se aplicável. Isso sem prejuízo da remoção dos materiais referentes à construção do edifício residencial que teve seu projeto reprovado pelo órgão ambiental e da recuperação ecológica da área.

Quanto à fixação de honorários em favor da União Federal.

O art. 20 do CPC, diante da consideração de algumas circunstâncias previstas no seu § 3º, estabelece que os honorários advocatícios devem ser fixados entre 10% (dez por cento) e 20% (vinte por cento) sobre o valor da condenação.

No caso em tela, no entanto, não houve o arbitramento da verba honorária em favor da União Federal por se entender que a sua atuação no feito fora meramente opinativa e de menor importância, comparativamente à do autor popular.

Entretanto, muito embora a participação da União Federal não tenha sido tão relevante quanto a de seu litisconsorte, tenho que ela não foi tão somente opinativa, tal como entendeu a sentença. Ao longo desses mais de treze anos do ajuizamento da ação, a União atuou zelosamente no feito, despendendo recursos consideráveis no acompanhamento da demanda.

Assim, vislumbro certa insuficiência na não fixação de honorários em favor do ente público, posto que este atuou zelosamente e com considerável dispêndio de tempo, face à natureza e importância da matéria. Por conseguinte, entendo que deva haver fixação da verba honorária em favor da União, na razão de 50% do quantum arbitrado em favor de Luiz Antônio Palhares.

2 Provimento da apelação da União e improvimento dos demais recursos, inclusive a remessa oficial.

Indexação. Ação popular, reparação de danos, meio ambiente. Inaplicabilidade, prescrição. Responsabilidade, Prefeitura, permissionário, construção civil, edifício, terreno de marinha. Inobservância, obrigação, impedimento, dano ecológico. Interrupção, Obra, Período, pendência, Relatório de Impacto Ambiental (Rima). Honorários, advogado."

Data publicação: 04.09.2002

Referência legislativa: CF/88 – art. 225, § 1º; vii; CPC/73 (Código de Processo Civil, lei 5.869/73) – art. 20, § 3º.

43. "Delito contra a fauna. inaplicabilidade do princípio da insignificância.

A pesca de 2,8 Kg de camarão sete-barbas, em período defeso, amolda-se à figura típica descrita no art. 34 da lei 9605/98. Hipótese em que a relatividade dos valores em jogo torna inaplicável o princípio da insignificância, pois o bem jurídico agredido é o ecossistema, cuja relevância não pode ser considerada bagatela.

Decisão: A Turma, por unanimidade, deu provimento ao recurso, nos termos do voto do relator. (Turma Especial – 4ª Reg. – RSE 3164 (200172080025972-SC) – rel. Juiz Volkmer de Castilho – j. 31.07.2002 – DJU 21.08.2002, p. 865).

Referência legislativa: Leg. Fed.: lei 9.605/98 – art. 34.

Indexação: Crime contra a fauna. Atividade pesqueira, período, proibição, caracterização, crime, meio ambiente. Irrelevância, quantidade, valor irrisório, hipótese, dano ecológico.

44. "Direito penal. Crime ambiental. Art. 34 da lei 9.605/98. Pesca proibida. Dolo. Sentença mantida.

1   O réu foi denunciado pela prática do delito previsto no art. 34, iii, da lei 9.605/98, caracterizado pelo transporte das espécies provenientes de coleta, apanha e pesca proibidas, porquanto flagrado na posse de grande quantidade de camarão apreendido em período defeso.

2 No tipo penal em questão equipara-se o agente que adquire e realiza o deslocamento das espécimes irregularmente obtidas, àquele que causa diretamente o dano ecológico, ou seja, ao que efetua a captura em períodos vedados.
3 As provas carreadas aos autos mostram-se suficientes para conferir certeza da materialidade e autoria delitivas.
4 Não merece acolhimento a tese de que o réu não possuía consciência da ilicitude de seus atos, posto que presentes todas as condições para conhecer a antijuridicidade de sua conduta.

Decisão: A Turma, por unanimidade, negou provimento à apelação, nos termos do voto do relator" (8ª T. – 4ª Reg. –ApCrim 9429 (200204010124089-RS) – rel. Juiz Élcio Pinheiro de Castro – j. 24.06.2002 – DJU 10.07.2002, p. 506).

Indexação: Crime contra a fauna. Competência jurisdicional, Justiça Federal. Ato ilícito, ocorrência, lagoa, comunicação, mar territorial. Tipicidade, conduta, adquirente, produto de crime, atividade pesqueira, período, proibição. Conhecimento, ilicitude.

Referência legislativa: CF/88 – art. 20, vi; Súm. 91-STJ; lei 9.605/98 – art. 34, iii; Port. 171/98, do Ibama.

45. "Administrativo. Ação civil pública. Dano ao meio ambiente decorrente de obra. Responsabilidade civil. Aterramento.
1 A responsabilidade civil por dano ambiental é objetiva pois independe da perquirição de culpa do agente. A Lei de Política Nacional do Meio Ambiente (lei nº 6.938/81), dispõe em seu art. 14, § 1º, que o poluidor é obrigado, independentemente da existência de culpa, a indenizar ou reparar danos causados ao meio ambiente e a terceiros afetados por sua atividade.
2 Hipótese em que os fatos que ensejaram a dedução em juízo da presente pretensão ressarcitória restaram sobejamente comprovados no

decorrer da instrução processual, evidencia o crescimento progressivo da interferência causadora do dano ambiental.

3   Apelação parcialmente provida para condenar o réu a reparar o dano na forma constante dos itens *a* e *c* da inicial.

Decisão: A Turma, por unanimidade, deu parcial provimento ao recurso, ressalvado o ponto de vista da Des. Luiza Dias Cassales. (3ª T. – 4ª Reg. – Ap.Cív 378260 (200004011323700-SC) – rel. Juíza Maria de Fátima Freitas Labarrère – j. 04.09.2001 – DJU 26.09.2001, p. 1.527)

Indexação: Condenação, réu, indenização, dano ecológico, área de proteção ambiental. Existência, responsabilidade objetiva. Suficiência, nexo de causalidade, prova, dano. Aplicação, multa diária, hipótese, descumprimento, prazo, reflorestamento, desobstrução, área, rio.

Doutrina-autor: Édis Milaré, *RT* 623/31; Rui Stoco, *Responsabilidade civil e sua interpretação jurisprudencial*, 4ª ed, p. 453.

Referência legislativa: lei 4.771/65 – art. 2º, a (Código Florestal); lei 6.938/81 – art. 14, § 1º; lei 2.193/85 – art. 121, §§ 1º, 2º, 3º.

46. **Responsabilidade civil – Petrobras – Dano ambiental – Dano moral – Dano material – Indenização – Fixação do valor –** Ordinária – Indenização proveniente de vazamento de óleo que prejudicou a atividade pesqueira. Indenização a *danos* materiais e *morais*. Incabível lucro cessante por se confundir a ressarcimento por perdas materiais. Improvimento de ambos os recursos. (10ª Câm. Cível – ApCív 2002.001.04909 – rel. Des. Antonio Felipe Neves – j. 12.06.2002).

47. **Responsabilidade civil – Petrobras – Dano ambiental – Dano material –Caracterização – Ressarcimento dos danos – Dano moral – Não configuração – Obrigação de indenizar – Inexistência** – Responsabilidade civil. Baía da Guanabara. Acidente ecológico, por vazamento de óleo na orla marítima de Mauá causando *danos* materiais ao ecossistema e às pessoas da região, notadamente, aos

pescadores. Os *danos* materiais foram ressarcidos, proporcionalmente, à renda média do pescador, no período impedido de pesca, demonstrado nos autos. Tal fato, em si, não se afigura lesão de sentimento, nem ofensivo à honra do autor, subsumindo-se tal acontecimento na moldura de aborrecimentos. Situação não indenizável a título de *danos morais*, embora lamentável, sob todos os aspectos. Desprovimento do recurso.

Tipo da ação: apelação cível
Número do processo: 2002.001.02504
Data de registro: 19.07.2002
Órgão julgador: Décima segunda câmara cível
Votação: des. Roberto de Abreu e Silva
Julgado em: 21.05.2002

48. **Ação civil pública – interesse publico legitimidade do MP administração de bens bem publico municipal recurso cabível reforma da decisão prosseguimento da ação**

Direito Constitucional. Ação Civil Pública. Área de aproximadamente 11 (onze) quilômetros quadrados que por lei pertence ao Município de Volta Redonda e vem sendo administrada pelos Municípios de Pinheiral e Piraí Laudo do IBGE e CIDE. Alegação de **danos morais** e materiais **difusos** à população residente nos três municípios quanto ao repasse de verbas do Fundo de Participação do Município, de verbas do Sistema Único de Saúde que se orientam pelo número de habitantes. *Legitimidade ad causam* do Ministério Público. Cabimento. Art. 129 da Constituição da República, art. 1º, ı da lei nº 7.347/85 e art. 25, ıv da lei nº 8.625/93. Provimento do recurso.

Tipo da ação: apelação cível
Número do processo: 2001.001.25105
Data de registro: 04.04.2002
Órgão julgador: Décima sexta câmara cível

Votação: Des. Nagib Slaibi Filho
Julgado em: 18.12.2001

49. **Responsabilidade civil – Empresa de transporte – Ato ilícito praticado por preposto – agressão física – Passageiro de ônibus – Lesão corporal – Responsabilidade objetiva – Dano moral – Indenização – Fixação do valor**

    "Transporte coletivo. Agressão de motorista a passageiro que representando a indignação dos demais reclamou do excesso de velocidade. Agressão física violenta e covarde levada efeito pelo motorista de 25 anos contra um senhor de 65 anos, atingindo-o na face com os pés, causando-lhe lesões incontestes e que resultaram em apenação transacionada no Juizado Especial Criminal. Um dos escopos da fixação do *dano moral* é seu caráter exemplar, *in casu* de notável efeito pedagógico, tendo em vista a natureza do serviço prestado e a população atendida diuturnamente, o que, recebendo a devida divulgação, revela expressivo caráter intimidatório *difuso* entre os diversos motoristas do setor. Apelo provido da parte autora para fixar a indenização em 300 salários mínimos e para majorar os honorários advocatícios para 20% do valor da condenação. Apelo da parte ré desprovido. (10.ª Câm. Cível – ApCív 2001.001.10335 – rel. Des. Luiz Fux – j. 07.11.2001).

50. **Ação de indenização – Dano ambiental – Perícia contábil – Perícia de engenharia – Deferimento – Desmembramento do processo – Observância do princípio da igualdade – Agravo provido**

    "Ação ordinária de indenização por *danos* materiais e *morais*. Derramamento de óleo ocorrido na baía da Guanabara. Perícias contábil e de engenharia *ambiental* deferidas. Sugestão do perito de Contabilidade, acolhida pelo Juiz de desmembramento dos processos em grupos de 05 autores. Determinação que implicará na formação de

24 novos processos e 48 perícias, acarretando considerável aumento dos custos dos processos para os autores, além da demora na solução do litígio. A norma do art. 46, parágrafo único, do CPC visa a preservação da igualdade das partes. Se a parte que seria prejudicada com o cúmulo subjetivo nada alega em sua defesa, não há lesão ao princípio da igualdade. Provimento do agravo, nos termos do parecer da Procuradoria de Justiça.

Tipo da ação: Agravo de instrumento
Número do processo: 2002.002.03893
Data de registro: 25.06.2002
Órgão julgador: Décima câmara cível
Votação: Des. Jayro S. Ferreira
Julgado em: 21.05.2002

51. **Petrobras – Responsabilidade civil – Dano ambiental – Trabalhador autônomo – Suspensão da atividade – Dano moral – Lucros cessantes – Responsabilidade objetiva**

"Ação ordinária. Indenização. Petrobras. Responsabilidade objetiva. Derramamento de óleo na baia de Guanabara. A Petrobras responde objetivamente pelos *danos morais* e lucros cessantes ocasionados ao autor, profissional da pesca, que em razão do derramamento de óleo na baía de Guanabara, decorrente do rompimento de um dos dutos da empresa, viu-se prejudicado em seu sustento e de seus familiares. Mantém-se a quantificação definida no *decisum*, em valores equivalentes a 18 salários mínimos a título de lucros cessantes e 60 salários mínimos para os *danos morais*. Recursos conhecidos e improvidos. (GAS) (11ª Câm. Cível – ApCív 2002.001.01642 – rel. Des. Claudio de Mello Tavares – j. 12.05.2002 – v.u.).

52. **Petrobras – dano ambiental acordo dano moral caracterização redução do valor provimento parcial**

Pleito indenizatório, aforado contra a Petrobras, em virtude de vazamento de óleo ocorrido na baía da Guanabara, prejudicando a atividade de pesca na região – Fato inequívoco, tanto que foi reconhecido pela Petrobras que fez acordos com vários pescadores, deixando de incluir o autor – **Dano moral,** bem caracterizado, mas reduzido para R$ 18.000,00 – Lucros cessantes, postergado para a fase de liquidação por artigos – Provimento parcial do recurso.

Tipo da ação: apelação cível
Número do processo: 2001.001.25205
Data de registro: 15.07.2002
Órgão julgador: Décima Segunda Câmara Cível
Votação: Des. Gamaliel Q. de Souza
Julgado em: 07.05.2002

53. **Dano ambiental ressarcimento dos danos tutela antecipada dano moral provimento parcial**

Apelação. Ação de reparação de **danos** cumulada com tutela antecipada. **Dano moral** é a dor que nos aflige, tortura nosso interior, fadiga nossa existência, nos deixa prostrados diante das incertezas. Provimento parcial do recurso.

Tipo da ação: apelação cível
Número do processo: 2002.001.02418
Data de registro: 24.06.2002
Órgão julgador: Décima terceira câmara cível
Votação: Des. Angelo Moreira Glioche
Julgado em: 02.05.2002

54. **Petrobras – dano ambiental trabalhador autonomo suspensao da atividade dano material ausência de comprovação dano moral obrigação de indenizar provimento parcial**

Ação ordinária. Acidente ecológico. Derramamento de óleo na baía de Guanabara. Fato notório. **Dano** causado a pescador. Nexo causal, sendo notório o desastre ecológico, amplamente divulgado pela mídia, acarretando a suspensão da pesca por algum tempo, é evidente o **dano moral** causado aos pescadores, submetidos a insuportável angústia, sem saber quando poderiam voltar a exercer suas atividades, sem falar na revolta e indignação pela degradação do meio ambiente, do qual dependem, para viver. Os **danos** materiais não foram provados, pelo que incabível a indenização. Provimento parcial do recurso.

Tipo da ação: Apelação cível
Número do processo: 2002.001.01603
Data de registro: 10.06.2002
Órgão julgador: Décima câmara cível
Votação: Des. Sylvio Capanema
Julgado em: 24.04.2002

55. **Poluição ambiental indenização insalubridade do trabalho dano material dano moral quitação C.C. art. 939 art. 1025 recurso desprovido**

Ação de Reparação de Danos, de rito Ordinário. Vazamento de óleo na baía de Guanabara causando danos ao meio ambiente. Sentença julgando improcedente o pedido. Recurso de Apelação. Manutenção, considerando-se que a prova técnica trazida pela Apelada sob forma de laudos de órgãos competentes revelou a paralisação de pesca pelo prazo de um mês. Existência de documentos comprobatórios do pagamento feito ao Apelante, no valor de sua remuneração média no período. Também documento de quitação por ele assinado quanto a prejuízos morais e materiais. Aplicação dos art. 939 e 1.025, do c/c. Ausência de outros elementos justificadores da indenização. DESPROVIMENTO DO RECURSO.

Tipo da ação: Apelação cível
Número do processo: 2002.001.05260
Data de registro: 21.06.2002
Órgão julgador: Décima primeira câmara cível
Votação: Des. Otavio Rodrigues
Julgado em: 24.04.2002

56. **Responsabilidade civil Petrobras poluição ambiental prova do dano ausência improcedência do pedido**
"Responsabilidade Civil. **Danos** Materiais e **Moral.** Improcedência dos pedidos. Inconformismo do autor. Improvimento do recurso. Estando correta a representação da ré e não havendo nulidade alguma a ser pronunciada, impõem-se a confirmação da sentença, que, à falta de prova da existência de **danos** materiais e ausência de caracterização do **dano moral,** desacolheu o pedido".

Tipo da ação: Apelação cível
Número do processo: 2002.001.02488
Data de registro: 06.05.2002
Órgão julgador: Décima quinta câmara cível
Votação: Des. Nilton Mondego
Julgado em: 20.03.2002

57. **Área de proteção ambiental clube ocupação indevida dano ambiental ausência de comprovação ação civil pública improcedência do pedido**
Ação Civil Pública Ambiental visando desocupação de área e demolição de muro divisório, além de indenização. Inexistência de prova de dano a vegetação local. Ocupação prolongada ao longo dos anos, resguardando as invasões e favelamento. Provimento do apelo. Delegacia da Receita Federal antes da citação editalícia. 2. Embora o código fixo o prazo de 30 dias para a citação dos denun-

ciados, não há irregularidade se um dos denunciados vem a ser citado por via editalícia somente mais de três anos depois, sendo a demora atribuivel exclusivamente a entreves burocraticos do judiciário. 3. Se o erro do apresentante ao caracterizar o título cujo protesto estava pedindo por indicação não foi determinante do eito do cartório que deu causa aos danos reclamados pelo autor, não pode ele ser condenado a indenizar solidariamente com o oficial de protesto. 4. Responde pelos danos causados a terceiro o oficial de protesto de títulos que, alem de expedir certidao inexata, lavrada com base apenas no indicador de busca, adota o numero do CGC como indicador de busca o não se acautela contra a possibilidade de erro na indicação desse numero pelo apresentante, vindo com isso a inserir em seus assentamentos e apontar em certidoes como devedora de título protestado pessoa juridica que não o era, causando-lhe danos materiais e morais. S. não tem obrigação de indenizar a terceiros o credor que apenas descontou o título e em nada concorreu para o erro do cartório em apontar falsamente terceiro como devedor do mesmo. 6. Responde regressivamente ao oficial de protesto pelos danos causados a terceiro, o sacador que insere na duplicata numero errado do cgc do sacado, dando margem ao erro que resultou na expedição de certidao apontando como devedora do título protestado quem não o era. 7. Preliminares que se rejeita, recursos do apresentante o do credor a que se da provimento e recursos do oficial de protesto e do sacador a que se nega provimento.

Tipo da ação: Apelação cível
Número do processo: 1999.001.19785
Data de registro: 16.08.2000
Órgão julgador: Décima sexta câmara cível
Votação: Des. Miguel Angelo Barros
Julgado em: 17.04.2001

58. Petrobras – responsabilidade civil dano ambiental trabalhador autonomo suspensao da atividade dano moral lucros cessantes responsabilidade objetiva

Ação ordinária. Indenização. Petrobras. Responsabilidade objetiva. Derramamento de óleo na baía de Guanabara. A Petrobras responde objetivamente pelos danos morais e lucros cessantes ocasionados ao autor, profissional da pesca, que em razao do derramamento de óleo na Baia de Guanabara, decorrente do rompimento de um dos dutos da empresa, viu-se prejudicado em seu sustento e de seus familiares. Mantem-se a quantificação definida no "decisum", em valores equivalentes a 18 (dezoito) salários minimos a título de lucros cessantes e 60 (sessenta) salários minimos para os danos morais. Recursos conhecidos e improvidos. (GAS)

Partes: Petróleo Brasileiro S/A. – Petrobras e outro os mesmos
Tipo da ação: Apelação civel
Número do processo: 2002.001.01642
Data de registro: 07.08.2002
Folhas: 138141/138151
Comarca de Origem: Capital
Órgão julgador: Décima primeira câmara cível
Votação: Unânime. Des. Claudio de Mello Tavares
Julgado em: 12.05.2002

JULGADOS DO SUPERIOR TRIBUNAL DE JUSTIÇA

59.
Acórdão: REsp 284279/RJ; recurso especial 2000/0108855-6
Fonte DJ DATA: 02.04.2001 PG:00301
Relator(a): Min. Ruy Rosado de Aguiar (1102)
Ementa: Acidente no trabalho. Direito comum. Culpa.

Admitido pelo julgado recorrido que o ambiente de trabalho era de alta poluição, impõe-se reconhecer a responsabilidade da empregadora na causação do dano e o consequente dever de indenizar pela incapacidade parcial e permanente daí resultante, conforme afirmado no laudo.

Recurso conhecido e provido.

60.
Acórdão: EDCC 2473/SP; embargos de declaração no conflito de competência 1991/0021603-8.
Fonte DJ DATA: 10.05.1993 PG: 08584
Relator(a): Min. Antônio de Pádua Ribeiro (280)
Ementa: Competência. Conflito. Ação Civil Pública. Reparação de dano. Ambiental. Colisão do petroleiro "Penelope" contra o petroleiro "Piquete", no terminal marítimo "Almirante Barroso". Embargos declaratórios. Efeitos modificativos. possibilidade.

I Achando-se a controversia regida pela "Convenção Internacional Sobre Responsabilidade Civil em **Danos** Causados por Poluição de Óleo", cujo texto foi aprovado pelo decreto legislativo nº 74, de 1976, promulgado pelo decreto nº 79.437, de 28.03.77, e regulamentado pelo decreto nº 83.540, de 04.06.79, competente para julga-la e do juízo federal, nos expressos termos do art. 109, III, da CF.

II Embora haja compatibilidade entre o art. 2. da lei nº 7.347, de 04.07.85, com o art. 109, par.s 2. e 3, da constituição, como sustentado pelo acórdão embargado, nenhuma compatibilidade existe entre o citado texto legal e o art. 109, III, daquela lei maior.

III Os embargos declaratórios podem ter efeitos modificativos se, ao suprir-se a omissão, outro aspecto da causa tenha de ser apreciado como consequência necessária.

IV No caso, o acórdão embargado não considerou, ao decidir a questão sobre competência a aplicação da citada convenção internacional. Daí que, suprindo-se a alegada omissão, impõe-se o recebimento dos embargos e, como decorrência inafastável, declarar-se a competência do MM. juízo federal suscitante, isto é, o da 22ª vara em São José dos Campos-SP.

v Embargos declaratórios recebidos.

61.

Acórdão: EDCC2374/SP; Embargos de declaração no conflito de competência 1991/0019610-0
Fonte DJ DATA: 10.05.1993 PG: 08584
LEXSTJ VOL.:00049 PG: 00066
Relator(a): Min. Antônio de Pádua Ribeiro (0280)
Ementa: Competência. Conflito. Ação civil pública. Medida cautelar para produção antecipada de provas, objetivando a realização de prova pericial e testemunhal, tendo em vista vazamento de **petróleo,** ocorrido no canal de São Sebastião-SP.

Embargos declaratórios. Efeitos modificativos. Possibilidade.

I   Achando-se a controvérsia regida pela "Convenção Internacional Sobre Responsabilidade Civil em **Danos** Causados por poluição de óleo", cujo texto foi aprovado pelo decreto legislativo nº 74, de 1976, promulgado pelo decreto nº 79.437, de 28-3-77, e regulamentado pelo decreto nº 83.540, de 4-6-79, a competência para julga-la e do juízo federal, nos expressos termos do art. 109, III, da CF.

II Embora haja compatibilidade entre o art. 2. da lei nº 7.347, de 24-7-85, com o art. 109, parágrafos 2. e 3., da constituição, como sustentado pelo acórdão embargado, nenhuma compatibilidade existe entre o citado texto legal e o art. 109, III, daquela lei maior.

III Os embargos declaratórios podem ter efeitos modificativos se, ao suprir-se a omissão, outro aspecto da causa tenha de ser apreciado como consequência necessária.

IV No caso, o acórdão embargado não considerou, ao decidir a questão sobre competência, a aplicação da citada convenção internacional.

Dai que, suprindo-se a alegada omissão, impõe-se o recebimento dos embargos e, como decorrência inafastavel, declarar-se a competência do MM. juízo federal suscitante, isto é, da 22ª vara em São José dos Campos-SP.

v Embargos declaratórios recebidos.

62.

Acórdão: REsp 129732/RJ; recurso especial 1997/0029487-0
Fonte DJ DATA: 03.05.1999 PG: 00143
RDTJRJ VOL.: 00041 PG:00085
Relator(a): Min. Carlos Alberto Menezes Direito (1108)
Ementa: Alienação fiduciária. Decreto-lei nº 911/69. Código de Defesa do Consumidor.

1. Não tem apoio a interpretação que dá por revogado o § 1º do art. 3º do Decreto-lei nº 911/69 diante da disciplina do Código de Defesa do Consumidor, arts. 6º, vi, e 53. O art. 6º, vi, dispõe que o consumidor tem o direito básico de "efetiva prevenção e reparação de **danos** patrimoniais e **morais,** individuais, coletivos e **difusos**". Ora, essa regra legal não tem nenhuma relação com a purgação da mora em processo sob o regime do Decreto-lei nº 911/69. O comando do art.53, por outro lado, que faz alcançar as alienações fiduciárias, refere-se a cláusulas contratuais sobre a perda das prestações, que são nulas de pleno direito. Mas aqui não se cuida de cláusula contratual, e, sim, de regra jurídica impondo que, nos casos abrangidos pela lei, lei, portanto, especial, a purgação só será admitida se quitado o percentual indicado. Isso não viola direito algum do consumidor, não sendo razoável concluir pela revogação de uma lei por violar a "mens legis" de lei posterior, o que, claramente, não existe no direito positivo brasileiro, por conta da lei de Introdução ao Código Civil.

2. Recurso especial conhecido, mas improvido.

63.
Acórdão: CC 2374/SP; conflito de competência 1991/0019610-0
Fonte DJ DATA: 22.06.1992 PG: 09715 REPDJ DATA: 03.08.1992 PG: 11241
Relator(a): Min. Antônio de Pádua Ribeiro (0280)
Ementa: Competência. Conflito. Ação civil pública. Medida cautelar para produção antecipada de provas, objetivando a realização de prova pericial e testemunhal, tendo em vista vazamento de petróleo, ocorrido no canal de São Sebastião-SP.

I   Se o dano ocorreu em comarca, que não detem sede de vara federal, compete a justiça estadual em primeiro grau processar e julgar medida cautelar para produção antecipada de provas, preparatória de futura ação civil pública tendente a obtenção de indenização do dano causado ao meio ambiente, mesmo no caso de comprovado interesse da união no seu deslinde. Compatibilidade, no caso, do art. 2. da lei nº 7.347, de 24.07.85, com o art. 109, par-2 e 3., da constituição.

II conflito de que se conhece, a fim de declarar-se competente o MM. Juízo de direito da 2ª vara cível de São Sebastião-SP.

64.
Acórdão: cc 16953/SP; conflito de competência 1996/0024154-6
Fonte DJ DATA: 19.08.1996 PG: 28417
Relator(a): Min. Ari Pargendler (1104)
Ementa: Conflito de competência. Ação cautelar, preparatória de ação civil pública. **Dano** ao meio ambiente. Causa fundada em tratado internacional. A ação cautelar, preparatória de ação civil pública, fundada em tratado internacional, para prevenir **dano** ao meio ambiente deve ser processada e julgada pela Justiça Federal (cf, art. 109, III); essa competência e fixada em função do fundamento legal do pedido, de modo que a aplicabilidade, ou não, do tratado internacional a especie depen-

de de juízo de mérito a ser feito pelo juíz federal, depois de processada a ação. conflito de competência conhecido para declarar competente o MM. juíz federal substituto da 2ª vara de São José dos Campos.

65.
Acórdão: AGA 57297/SP; agravo regimental no agravo de instrumento 1994/0030729-2
Fonte DJ DATA: 13.03.1995 PG: 05294
Relator(a): Min. Nilson Naves (0361)
Ementa: Ação ordinária intentada pela CETESB contra a Petrobras. Acidente ecológico. Operação de limpeza. Cobrança do custo. Procedência do pedido. Inocorrência de ofensa a Lei Federal. Agravo regimental não provido.

66.
Acórdão: REsp 297007/RJ; recurso especial
2000/0142893-4
Fonte DJ DATA: 18.03.2002 PG: 00256
Relator(a): Min. Ruy Rosado de Aguiar (1102)
Ementa: Responsabilidade civil. Queimaduras. Indenização. Lucros cessantes. Dano moral. Juros compostos. Honorários advocatícios. Tratamento. Novas cirurgias.

Acidente ocorrido em sala de aula, durante experiência com álcool efetuada pela professora, com sérias queimaduras em pequena aluna.

A falta de prova da efetiva diminuição na renda dos pais da vítima não permite o exame desse ponto do recurso especial (Súmula 7/STJ).

Os juros a serem pagos pelo autor material do ilícito são contados na forma do art. 1544 do CCivil. Assim, a professora que realizou a experiência paga juros compostos, mas não o estabelecimento escolar. Entendimento da maioria, com ressalva da posição do signatário, que não vê razão para que seja o empregado responsável por valor maior do que o seu empregador.

Elevação da indenização do dano moral de 200 para 700 salários mínimos, consideradas as circunstâncias da espécie, sendo 400 s.m. para a vítima e 150 para cada um dos pais.

Elevação dos honorários de 10% para 15% sobre o valor dacondenação, considerando as dificuldades da causa.

A condenação deve incluir todas as intervenções que se fiz eram necessárias durante a tramitação do demorado processo e das que devam ser feitas no tratamento das sequelas deixadas pelo acidente, ainda que não possam ser desde logo definidas em número e em valor, o que ficará para a liquidação de sentença. Conforme a perícia, a natureza das lesões exige constantes e periódicas intervenções, até sua definitiva consolidação.

Primeiro recurso dos autores conhecido em parte e parcialmente provido. Segundo recurso dos autores conhecido e provido.

67.
Acórdão: REsp 138059/MG; recurso especial 1997/0044326-4
Fonte DJ DATA: 11.06.2001 PG: 00197
JBCC VOL.: 00193 PG: 00077
LEXSTJ VOL.: 00146 PG: 00104
Relator(a): Min. Ari Pargendler (1104)
Ementa: Civil. Responsabilidade civil. Prestação de serviços médicos. Quem se compromete a prestar assistência médica por meio e profissionais que indica, é responsável pelos serviços que estes prestam. Recurso especial não conhecido.

68.
Acórdão: REsp 300190/RJ; recurso especial 2001/0005523-0
Fonte DJ DATA: 18.03.2002 PG: 00256

Relator(a): Min. Sálvio de Figueiredo Teixeira (1088)
Ementa: Responsabilidade civil. transporte aéreo. extravio de bagagem. inaplicabilidade da convenção de varsóvia. relação de consumo. código de defesa do consumidor. indenização ampla. danos materiais e morais. orientação do tribunal. pagamento de bolsa de estudos. dano incerto e eventual. aprovação incerta. exclusão da indenização. recurso acolhido parcialmente. maioria.

I   Nos casos de extravio de bagagem ocorrido durante o transporte aéreo, há relação de consumo entre as partes, devendo a reparação, assim, ser integral, nos termos do Código de Defesa do Consumidor, e não mais limitada pela legislação especial.

II Por se tratar de dano incerto e eventual, fica excluída da indenização por danos materiais a parcela correspondente ao valor da bolsa que o recorrido teria se tivesse sido aprovado no exame para frequentar o curso de mestrado.

69.
Acórdão: REsp 256327/PR; recurso especial 2000/0039734-2
Fonte DJ DATA: 04.03.2002 PG: 00260
Relator(a): Min. Aldir Passarinho Junior (1110)
Ementa: Civil. ação de indenização. Atropelamento. Vítima fatal. Responsabilidade extracontratual. Dano moral devido aos filhos do de cujus. juros de mora. Súmula nº 54-STJ.

I   Injustificável o não reconhecimento, aos filhos do de cujus, do direito à indenização por dano moral, eis que patente a dor e sofrimento por eles padecidos em face da morte de seu genitor, vítima de atropelamento por ônibus da empresa transportadora ré.

II "Os juros moratórios fluem a partir do evento danoso, em caso de responsabilidade extracontratual" (Súmula nº 54 – STJ).

III Recurso especial conhecido e provido.

70.

Acórdão: REsp 338162/MG; recurso especial 2001/0102554-9
Fonte DJ DATA: 18.02.2002 PG: 00459
Relator(a): Min. Sálvio de Figueiredo Teixeira (1088)
Ementa: Civil e processual civil. Negativa de prestação jurisdicional. Inocorrência. Seguro-viagem. Danos morais. Descumprimento contratual. Inocorrência em regra. Situação excepcional não caracterizada. Recurso desacolhido.

I   Como anotado em precedente (REsp 202.504-SP, DJ 1.10.2001), "o inadimplemento do contrato, por si só, pode acarretar danos materiais e indenização por perdas e danos, mas, em regra, não dá margem ao dano moral, que pressupõe ofensa anormal à personalidade.
Embora a inobservância das cláusulas contratuais por uma das partes possa trazer desconforto ao outro contratante – e normalmente o traz – trata-se, em princípio, do desconforto a que todos podem estar sujeitos, pela própria vida em sociedade".

II Não verificadas as omissões apontadas, a mera divergência da parte com o entendimento e a conclusão contidos no acórdão não constituem embasamento a embargos declaratórios. Outrossim, não se pode pretender, por via oblíqua, a reforma da decisão com revisão de questões de fato e de direito.

71.

Acórdão: REsp 254418/RJ; recurso especial
2000/0033332-8
Fonte DJ DATA: 11.06.2001 PG: 00229 JBCC VOL.: 00192 PG: 00345 LEXSTJ VOL.: 00146 PG: 00227
Relator(a): Min. Aldir Passarinho Junior (1110)
Ementa: Civil. Acidente ferroviário. Morte de cônjuge do qual a autora era separada de fato. Dano moral. Improcedência.

I   Justifica-se a indenização por dano moral quando há a presunção, em face da estreita vinculação existente entre a postulante e a vítima, de que o desaparecimento do ente querido tenha causado reflexos na assistência doméstica e significativos efeitos psicológicos e emocionais em detrimento da autora, ao se ver privada para sempre da companhia do de cujus.

II Tal suposição não acontece em relação ao cônjuge que era separado de fato do de cujus, habitava em endereço distinto, levando-a acreditar que tanto um como outro buscavam a reconstituição de suas vidas individualmente, desfeitos os laços afetivos que antes os uniram, aliás, por breve espaço de tempo.

III Recurso especial não conhecido. Dano moral indevido.

72.

Acórdão: REsp 247266/SP; recurso especial 2000/0009917-1
Fonte DJ DATA: 23.10.2000 PG: 00138
Relator(a): Min. Carlos Alberto Menezes Direito (1108)
Ementa: Acidente de trânsito. Valor do pensionamento. Dano estético e dano moral. Juros compostos. Termo inicial dos juros de mora. Precedentes da Corte.

1 Cabível a condenação cumulativa pelo dano moral e pelo dano estético quando distintas as suas causas.
2 Os juros compostos do art. 1.544 do c/c não se aplicam ao preponente.
3 Os juros de mora contam-se da citação quando se trate deresponsabilidade contratual.
4 Cabível a redução do pensionamento considerando outroscritérios, de acordo com a realidade dos autos, assim a dedução da parte que corresponderia à manutenção do falecido.
5 Recurso especial conhecido em parte e, nessa parte, provido.

73.

Acórdão: AGA 276671/SP; agravo regimental no agravo de instrumento 1999/0112550-2

Fonte DJ DATA: 08.05.2000 PG: 00094 JSTJ VOL.:00017 PG: 00239

Relator(a): Min. Carlos Alberto Menezes Direito (1108)

Ementa: Agravo regimental. Recurso especial não admitido. Dano moral não caracterizado. Aquisição de produto danificado.

1. A indenização por dano moral objetiva atenuar o sofrimento, físico ou psicológico, decorrente do ato danoso, que atinge aspectos íntimos e sociais da personalidade humana. Na presente hipótese, a simples aquisição do produto danificado, uma garrafa de refrigerante contendo um objeto estranho no seu interior, sem que se tenha ingerido o seu conteúdo, não revela, a meu ver, o sofrimento descrito pelos recorrentes como capaz de ensejar indenização por danos morais.
2. O art. 12 do Decreto nº 2.181/97 mostra-se impertinente para sustentar a tese recursal, já que a constatação de existência de prática infrativa pelo fornecedor não enseja, necessariamente, o pagamento de indenização por danos morais.
3. Agravo regimental improvido.

74.

Acórdão: REsp 255065/RS; recurso especial 2000/0036418-5

Fonte DJ DATA: 04.06.2001 PG: 00172 JBCC VOL.: 00193 PG: 00075 RSTJ VOL.: 00154 PG: 00274

Relator(a): Min. Carlos Alberto Menezes Direito (1108)

Ementa: Seguro saúde. Cobertura. Cirrose provocada por vírus "C". Exclusão.

Precedentes.

1 Adquirida a doença muito tempo após a assinatura do contrato, desconhecida do autor, que, em outras oportunidades, obteve tratamento com reembolso, diante de situação semelhante, não há fundamento para a recusa da cobertura, ainda mais sendo de possível contaminação em decorrência de tratamento hospitalar, ocorrendo a internação diante de manifestação aguda, inesperada.
2 Recurso especial conhecido e provido.

75.
(REsp 237964-SP (1999/0102373-4) – rel. Min. Ruy Rosado de Aguiar – DJ 08.03.2000, P. 127; RJADCOAS 7/29; RSTJ 134/411; RT 779/208; SJADCOAS 97/49)
Ementa: Código de Defesa do Consumidor. Lata de tomate Arisco. *Dano* na abertura da lata. Responsabilidade civil da fabricante.
O fabricante de massa de tomate que coloca no mercado produto acondicionado em latas cuja abertura requer certos cuidados, sob pena de risco à *saúde* do consumidor, e sem prestar a devida informação, deve indenizar os *danos* materiais e *morais* daí resultantes.
Rejeitada a denunciação da lide à fabricante da lata por falta de prova. Recurso não conhecido.

76.
(REsp 157580-AM (1997/0087098-7) – rel. Min. Sálvio de Figueiredo Teixeira – DJ 21.02.2000, 128; LEX-STJ 129/107)
Ementa: Direito civil. Responsabilidade civil. Infiltrações e vazamentos em Imóvel. Mau uso e má conservação do apartamento superior. Legitimidade passiva. Indenização por danos morais. Locatário. Possibilidade. Natureza pessoal. Direito comum. Art. 159, c/c. Enunciado 7 da Súmula/STJ. Recurso desacolhido.
I A indenização por *danos morais*, nos termos do art. 159 do c/c fundada no direito comum, pode ser exigida contra qualquer pessoa que, por

dolo ou culpa, tenha ocasionado ou contribuído para a ocorrência de uma dor, seja ela qual for.

II O locatário pode ser responsabilizado pelos *danos morais* que venha a causar a proprietário de apartamento vizinho, pelo mau uso do imóvel, causando perturbações, além de comprometer a segurança, o sossego ou a *saúde* do vizinho.

III Assentado, no caso, que a locatária não praticou qualquer ato danoso, e que não tinha conhecimento dos fatos, dado que anteriores à vigência da locação, o recurso especial, que pretende a sua condenação pelos *danos morais*, não prescindiria do revolvimento de matéria fática, o que encontra óbice no Enunciado 7 da Súmula/STJ.

77.

(AgRg no AgIn 191864-RJ (1998/0042760-0) – rel. Min. Eduardo Ribeiro – DJ 19.04.1999, 141)

Ementa: Agravo regimental. Danos morais.

Não se altera o *quantum* fixado para indenização por *danos morais* quando não demonstrado o enriquecimento sem causa da parte beneficiária.

78.

(REsp 139779-RS (1997/0047933-1) – rel. Min. José Delgado – DJ 15.12.1997, p. 66.281)

Ementa : Administrativo. Responsabilidade civil. Indenização. Estado. Juros compostos. Ato ilícito.

1 Não se conhece de recurso especial quando inexiste prequestionamento no acórdão recorrido da matéria infraconstitucional apontada como violada.

2 Arts. 131, do c/c, e 334, IV, do CPC, que não foram discutidos no aresto hostilizado. Apreciação de documentos para fixação de valor de pensão. Impossível o reexame de tal prova em sede de recurso especial.

3 Inexistência de dissídio no tocante ao cabimento da cumulação de indenização por *dano moral* com indenização por *dano* material aos parentes da vítima, em caso de ato ilícito que resultou em morte de ser humano. Tema pacificado via Súm. 37, do STJ. Recurso especial sujeito aos ditames da Sum. 83, STJ.

4 Quantificação da indenização por *dano moral*. Inexistência, em tal definição, de divergência de tese jurídica. Valor fixado com vinculação a fatos. Impossível ser reapreciado em sede de recurso especial, quando não se afasta do critério da razoabilidade. No caso, o valor fixado foi de 500 (quinhentos) salários mínimos, o que se tem como não exagerado.

5 A fixação do limite temporal da indenização por *dano* material envolve, em cada caso, a apreciação de vários aspectos de fato: condições de vida que possuía a vítima, local de sua vivência, assistência a *saúde*, condições financeiras, tudo a influir em uma maior ou menor potencialidade de existência. Inexistência, portanto, de tese jurídica na fixação de tal tempo, a impossibilitar divergência jurisprudencial a ser conhecida pela via do especial.

6 Recurso conhecido, apenas, por dissídio jurisprudencial com referência ao art. 1.544 do c/c. Os juros compostos só são devidos, em casos de indenização por atos ilicitos, pelo autor do ato, por se constituírem em espécie de pena, pelo que não se transfere tal obrigação ao preposto, mesmo que seja o Estado. Provimento do recurso quanto a esse aspecto.

7 Recurso provido na parte em que foi conhecido.

79.
(REsp 98539-RS (1996/0038115-1) – rel. Carlos Alberto Menezes Direito – DJ 09.12.1997, p. 64.685)
Ementa: Indenização de direito comum. Vítima menor de 19 anos. Situação econômica deficiente. Pensionamento. Fixação da verba de dano moral.

1 O pensionamento até a idade em que a vítima completaria 65 anos, sendo o único provedor da genitora, com *saúde* abalada que lhe impede de trabalhar, com situação econômica deficiente, está consentâneo com a realidade dos autos, sendo a melhor orientação nestes casos.
2 Não está fora do padrão de razoabilidade a fixação da verba de *dano moral* em 280 salários mínimos, considerando a perda do filho com as circunstâncias dos autos.
3 Recurso especial conhecido e improvido.

80.
(REsp 13034-RJ (1991/0015105-0) – rel. Min. Athos Carneiro – DJ 24.02.1992, p. 1.874; Lex-STJ 38/125; *RSTJ* 30/483)
Ementa: Acidente do trabalho. Indenização com base no direito comum. Culpa do empregador. Súmula 229 do Supremo Tribunal Federal. *Dano moral* e *dano* material, indenizações cumuláveis.
Não cabe, em recurso especial, perquirir quanto ao grau da culpa do empregador, reconhecida nas instâncias ordinárias, pois tal perquirição implicaria em reexame da prova, defesa em recurso especial.
Empregado que sofre traumatismo cerebral, com grave e permanente comprometimento da *saúde* psíquica. Possibilidade de cumulação do ressarcimento pelos *danos* materiais, a serem compostos através o pagamento de pensão mensal a partir do evento, com a indenização pela *dano moral*, fixada pelo juíz em número certo de salários mínimos.
Recurso especial conhecido em parte, e não provido.

81.
(REsp 330288-SP (2001/0082051-8) – rel. Min. Aldir Passarinho Junior – DJ 26.08.2002, p. 230)
Ementa: Civil e processual. Ação de indenização. Acidente com coletivo. Morte de passageiros. Nulidade do acórdão não configurada. Dependência econômica. Fundamentação. Suficiência. Prova. Reexa-

me. Impossibilidade. Dano moral devido aos filhos e irmãos. Tarifação pelo Código Brasileiro de Telecomunicações inadequada. Valor fixado. Razoabilidade. Prescrição vintenária. Inincidência do art. 27 do CDC. Transação celebrada com a 1ª autora. Não prejudicialidade do Direito dos demais autores. Inexistência de solidariedade.

I Não se configura nulidade no acórdão quando a matéria controvertida foi suficientemente enfrentada, apenas que de modo desfavorável à pretensão da parte.

II Concluindo as instâncias ordinárias sobre a dependência econômica do autor que, embora menor de idade, exerça modesta atividade profissional, a controvérsia recai no reexame da prova, incidindo no óbice da Súmula 7 do STJ.

III Dano moral presumido dos autores, pela perda das vidas do pai e irmão acidentados, desimportando a circunstância de que duas delas já se achavam casadas, porquanto os laços afetivos na linha direta e colateral, por óbvio, não desaparecem em face do matrimônio daqueles que perderam seus entes queridos.

IV Por defeito de serviço, na previsão do art. 14, § 1º, I a III, do CDC, há que se entender, no caso do transporte de passageiros, aquele inerente ao curso comum da atividade comercial, em tal situação não se compreendendo acidente que vitima fatalmente passageiros de coletivo, uma vez que constitui circunstância extraordinária, alheia à expectativa dos contratantes, inserindo-se no campo da responsabilidade civil e, assim, sujeita à prescrição vintenária do art. 177 do Código Substantivo, e não à quinquenal do art. 27 da lei nº 8.078/90.

V Não há solidariedade entre os parentes, de sorte que a transação feita pela esposa e mãe das vítimas com a ré não faz desaparecer o direito à indenização dos demais autores, filhos e irmãos dos extintos, em face da independência da relação de parentesco.

VI Recurso especial conhecido em parte e improvido.

82.

(REsp 332165-RJ (2001/0084645-8) – rel. Min. Aldir Passarinho Junior –DJ 26.08.2002, p. 231)

Ementa: Civil. Ação indenizatória. Trânsito. Atropelamento. Criança colhida na calçada. Dano moral. Redução. Inviabilidade. Constituição de capital. Prova. Reexame impossibilidade. Matéria de prova. Súmula 7-STJ.

I Reconhecido pela Corte estadual o direito da autora, menor impúbere, à verba por dano moral, decorrente de atropelamento por coletivo urbano, quando aguardava na calçada de via pública, produzindo sequelas irreversíveis de caráter gravíssimo e deformantes, não se revela abusivo o quantum fixado àquele título, a justificar a intervenção do STJ a respeito.

II Impossível o reexame da prova em sede especial, ao teor da Súmula 7 do STJ, o que inviabiliza a controvérsia sobre o porte da empresa recorrente, que pretende ser dispensada da constituição do capital para assegurar o pagamento das prestações vincendas da pensão.

III Recurso conhecido em parte e desprovido.

83.

(REsp 229278-PR (1999/0080789-8) – rel. Min. Aldir Passarinho Junior – DJ 07.10.2002, p. 260)

Ementa: Civil e processual. Ação de indenização. Dano moral. Inscrição no Serasa. Execução fiscal acusada em registro de distribuição da Justiça Federal. Fato verídico. Omissão na comunicação no cadastro da ré. Honorários advocatícios. Sucumbência recíproca. CDC, art. 43, § 2º. CPC, art. 21.

I Constatado que a execução fiscal contra a autora apontada nos registros do Serasa era fato verdadeiro, não se configura o dever de indenizar pela simples omissão na comunicação à empresa, notadamente porque em se tratando de execução fiscal, tem o devedor prévia ciência da cobrança, pela preexistência da fase administrativa.

II O êxito parcial da ação, consubstanciado pela determinação de exclusão da autora do cadastro da ré, enseja a compensação dos ônus sucumbenciais, nos termos do art. 21 da lei adjetiva civil.

III Recurso especial conhecido em parte e provido.

84.
(EDcl o CComp 2473-SP (1991/0021603-8) – rel.Min. Antônio de Pádua Ribeiro – DJ 10.05.1993, p. 8.584)

Ementa: Competência. Conflito. Ação civil pública. Reparação de *dano* ambiental. Colisão do petroleiro "Penelope" contra o petroleiro Piquete, no terminal maritimo Almirante Barroso. Embargos declaratórios. Efeitos modificativos. Possibilidade.

I Achando-se a controversia regida pela "convenção internacional sobre responsabilidade civil em *danos* causados por poluição de óleo", cujo texto foi aprovado pelo decreto legislativo n° 74, de 1976, promulgado pelo Decreto 79.437, de 28.03.1977, e regulamentado pelo decreto n° 83.540, de 04.06.79, competente para julga-la e do juízo federal, nos expressos termos do art. 109, III, da CF.

II Embora haja compatibilidade entre o art. 2° da lei 7.347, de 04.07.1985, com o art. 109, §§ 2° e 3°, da Constituição, como sustentado pelo acórdão embargado, nenhuma compatibilidade existe entre o citado texto legal e o art. 109, III, daquela lei maior.

III Os embargos declaratórios podem ter efeitos modificativos se, ao suprir-se a omissão, outro aspecto da causa tenha de ser apreciado como consequência necessária.

IV No caso, o acórdão embargado não considerou, ao decidir a questão sobre competência a aplicação da citada convenção internacional. Daí que, suprindo-se a alegada omissão, impõe-se o recebimento dos embargos e, como decorrência inafastavel, declarar-se a com-

petência do MM. Juízo Federal suscitante, isto é, o da 22ª Vara em São José dos Campos-SP.
v Embargos declaratórios recebidos.

85.
(EDcl no CComp 2374-SP (1991/0019610-0) – rel. Min. Antônio de Pádua Ribeiro – DJ 10.05.1993, p. 8.584; Lex-STJ 49/66)
Competência. Conflito. Ação civil pública. Medida cautelar para produção antecipada de provas, objetivando a realização de prova pericial e testemunhal, tendo em vista vazamento de *petróleo*, ocorrido no canal de São Sebastião-SP. Embargos declaratórios. Efeitos modificativos. Possibilidade.

I Achando-se a controvérsia regida pela "convenção internacional sobre responsabilidade civil em *danos* causados por poluição de óleo", cujo texto foi aprovado pelo Decreto Legislativo 74, de 1976, promulgado pelo Decreto 79.437, de 28.03.1977, e regulamentado pelo Decreto 83.540, de 04.06.1979, a competência para julgá-la e do juízo federal, nos expressos termos do art. 109, III, da CF.

II Embora haja compatibilidade entre o art. 2º da lei 7.347, de 24.07.1985, com o art. 109, §§ 2º 3º, da Constituição, como sustentado pelo acórdão embargado, nenhuma compatibilidade existe entre o citado texto legal e o art. 109, III, daquela lei maior.

III Os embargos declaratórios podem ter efeitos modificativos se, ao suprir-se a omissão, outro aspecto da causa tenha de ser apreciado como consequência necessária.

IV No caso, o acórdão embargado não considerou, ao decidir a questão sobre competência, a aplicação da citada convenção internacional. Daí que, suprindo-se a alegada omissão, impõe-se o recebimento dos embargos e, como decorrência inafastável, declarar-se a competência do MM. Juízo Federal suscitante, ISTO É, da 22º Vara em São José dos Campos-SP.

v Embargos declaratórios recebidos.

Tribunal de Justiça do Estado do Rio Grande do Sul

86.
Ementa: Ação de indenização por danos patrimoniais e morais. Responsabilidade civil. Quando o *dano ambiental* foi ocasionado por terceiro, possível a indenização por *dano moral* pela lesão ocorrida. Inexiste pagamento de *dano* material caso houve acordo em outro processo, que tem como parte o Ministério Público, para recomposição da área ao estado anterior ao evento. Deram provimento, em parte. decisão unânime. (TJRS – 10.ª Câm. Cível – ApCív 70001616895 – rel. Des. Jorge Alberto Schreiner Pestana – j. 17.05.2001)

87.
Recurso: Apelação cível
Número: 599368768
Relator(a): Paulo Antônio Kretzmann
Ementa: Ação civil pública. Ministério Público. Ônus sucumbenciais. Isenção. Pedido de cessação de atividades sonoras e de indenização. Cumulação. Descabimento. Pedidos alternativos.

1 No ajuizamento da ação civil pública, descabe a cumulação de pedidos relativos a cessação das atividades sonoras, e de indenização por dano moral coletivo, de acordo com a previsão contida no art. 3º, da lei 7347/85. Pretensões alternativas. Sendo acolhido um dos pedidos resta prejudicada a outra pretensão.

2 O aforamento de ação civil pública e função institucional do Ministério Público, não sendo cabivel a sua condenação aos ônus sucumbenciais, saldo se existente prova a atestar a má-fé. Apelo provido em parte. (f.) (TJRS – 11ª Câm. Cível – ApCív 599368768 – rel. Des. Paulo Antônio Kretzmann – j. 29.06.2000)

Assunto: Ação civil pública. Estabelecimento comercial. Poluição sonora. Indenização. *Dano moral.* Cumulação de pedidos. Descabimento. Pedidos alternativas. Acolhimento de um. Efeitos. Honorários de advogado. Ação civil pública. Ação proposta pelo Ministério Público. Descabimento. Ruído. Pertubação do sossego. Pedido alternativo. Direito *ambiental.* Poluição sonora.
Jurisprudência: 598358448. 597023654. 598033686.

88.
Ementa : Ação civil pública. *Dano ambiental* de *dano moral* coletivo. Competência recursal. Apreciação de recurso decorrente de ação civil pública, promovida pelo Ministério Público perante a justiça estadual, onde busca o ressarcimento por *dano ambiental* e *dano moral* coletivo, em face da Companhia Nacional de Abastecimento-Conab, empresa pública federal, refoge a competência do Tribunal de Justiça do Estado. Competência declinada para o Tribunal Regional Federal da 4ª Regiao. (TJRS – 1ª Câm. Cível – ApCív 597068089 – rel. Des. Léo Lima – j. 25.03.1998)
Assunto: Competência. Justiça federal. – Fixação. Requisitos. – Empresa pública federal. Companhia Nacional de Abastecimento – Conab – Processo civil.
Referências legislativas: LF-7.347 de 1985 art. 1º, IV, art. 2º, CF/88, art. 108, II, art. 109, §§ 3º e 4º
Fonte: Jurisprudência TJRS, C-CIVEIS, 1998, V-2, T-13, p. 201-205

89.
Ementa: Ação civil pública. Loteamento irregular. Simulação. Indenização. Pedidos de indenização a título de danos materiais e morais pela formação de loteamento irregular – em área rural, de preservação *ambiental.* Comprovada a prática de simulação entre os proprietários do imovel e administradora de imóveis, mediante intermedicação claramente demonstrada, o acolhimento do pedido relativamente aos

danos materiais se impunha, incluído na responsabilização o patrono daqueles tambem pela condição de intermediador nas tratativas entre adquirentes e seus constituintes. Descabimento de indenização por danos morais, no entanto, pela sua natureza extrapatrimonial, não reintegrável. Apelo improvidos. (TJRS – 2ª Câm. Cível – ApCív 596002923 – rel. Des. Henrique Osvaldo Poeta Roenick – j. 23.10.1996)
Assunto: 1. Loteamento irregular. Área rural de preservação *ambiental*. Venda de títulos sociais para construção residencial em sede campestre. 2. Indenização. *Dano moral.* – descabimento. – quando cabe. – inexistência. *Dano* meramente patrimonial. Direito administrativo. Direito civil. Obrigações.
Fonte: Jurisprudência TJRS, C-CIVEIS, 1998, V-1, T-65, p. 50-57

90.
Ementa: Ação civil pública. Criação de cemitério apartado. E o Ministério Público parte legitima para propor ação civil pública, na proteção de interesses difusos, como o do respeito a seus mortos, pertencentes a toda coletividade, afetado por ato administrativo sem finalidade, discriminatório, infringindo diversas disposicoes constitucionais e legais. A prestação buscada na ação civil pública não e necessáriamente de reparação pecuniária de dano, podendo visar tão-somente prestação de fazer ou não fazer, em tutela do dano moral. O municipio passa a ser parte legitima passiva, quando se busca o desfazimento de obra de sua administração. Apelo improvido. (tjrs – 1ª Câm. Cível – ApCív 595194176 – rel. Des. Elaine Harzheim Macedo – j. 08.04.1998)
Fonte: Jurisprudência TJRS, C-CIVEIS, 1998, V-3, T-74, P-120-129.

91.
Ementa : Responsabilidade civil bancos. Devolução de cheques. Danos materiais e morais. Valor. Os bancos, a luz do cdc, são responsáveis pelos defeitos na execução dos serviços postos a disposição dos clientes (art. 3º, § 2º). Tratando-se a prejudicada de pessoa juridica os danos

morais correspondem ao abalo crediticio *difuso* pela mesma enfrentada e decorrente da situação indigitada. Danos morais. Quando estes não puderem ser aferidos ou não forem suficientemente comprovados, restam subsumidos na indenização extrapatrimonial concedida. Valor. Capacidade financeira do ofensor que deve ser considerada, mas levada em conta a repercussão da ofensa no universo da vitima. Apelacoes improvidas. (f.) (TJRS – 10.ª Câm. Cível – ApCív 70001202555 – rel. Des. Luiz Ary Vessini de Lima – j. 19.10.2000)

Assunto: Danos causados por estabelecimento bancário. Devolução indevida de cheque. Responsabilidade. Quantum. Fixação. Pessoa juridica. **Dano Moral**

Inexistência de fundos. Incomprovada.

Referências legislativas: LF-8.078 de 1990 art. 3º, § 2º

Supremo Tribunal Federal

92.

(AgIn 364424-RJ– rel. Min. Nelson Jobim – j. 31.10.2001 – DJ 11.03.2002, p. 27)

Despacho: Decisão: A questão é: pedido de indenização por danos morais e materiais. O RE alega ofensa ao art. 37, § 6º, da CF. Esse não foi o fundamento do acórdão recorrido, que julgou a controvérsia com base na prova dos autos. Está no voto: "O documento no qual se baseou a douta juíza de primeiro grau, acostado às f., pela autora, para firmar seu juízo de convicção, não tem o valor que lhe foi atribuído. Cuida-se de um cartão, com uma anotação que as testemunhas da apelante não reconheceram e que não contém sequer assinatura a legitimá-lo. Também não consta do mesmo qualquer indício de ter sido feita por funcionário ou médico da apelante. Inexiste, ainda, carimbo ou recibo da apelante, o que torna sem qualquer credibilidade. Qualquer pessoa poderia lançar ali o valor que bem entendesse. Não pode, portanto, embasar juízo de culpabilidade da apelante. Só há nos autos a palavra da autora, assegurando ter pago um salário-mínimo à ré para que se lhe fossem laqueadas as trompas e a da ré em sentido contrário. De prova mesmo, nada, vez que o documento no qual se fundou a condenação, como se viu acima é imprestável." (f.) Não houve ofensa à CF (Súm. 282). Além disso, não cabe RE para reexame de provas. Incide a Súmula 279. Nego seguimento ao agravo. Publique-se. Brasília, 31 de outubro de 2001. Min. Nelson Jobim, relator.

Partes
Agte.: Dulcineia Moura
Advdos.: Guaracy Martins Bastos
Agda.: Casa de – saúde nossa senhora da Glória de Belford Roxo
Advda.: Ana Cristina Rocha dos Santos

Tribunal de Justiça do Estado de Santa Catarina

93.
(2ª Câm. Criminal – ApCrim 98.005732-9, de Timbó – rel. Des. Jorge Mussi – j. 09.12.1998).
Meio ambiente – Poluição de água doce decorrente de atividade industrial (art. 15, *caput*, § 1º, II, da lei 6.938/81, c/c a lei 7.804/89) – Negativa de autoria – Delito de perigo que atinge o equilíbrio ecológico (art. 225 da CF– Prova pericial e testemunhal dando conta do alto grau de corrupção causada em córrego, face despejo de dejetos químicos e resíduos tóxicos pela empresa de propriedade do acusado – Padecimento de diversas cabeças de gado pertencente à vizinhança – Conhecimento de que o material era poluente – Configuração do dolo – Crime contra a natureza perfeitamente caracterizado – Condenação mantida – Recurso desprovido.
Vistos, relatados e discutidos estes autos de ApCrim 98.005732-9, da comarca de Timbó (1ª Vara), em que é apelante Carlos Roberto Mola, sendo apelada a Justiça, por seu Promotor:

Acordam, em 2ª Câm. Criminal, por votação unânime, negar provimento ao recurso defensivo.

94.

(2ª Câm. Criminal – Recurso Criminal 00.004656-6, de Descanso – rel. Juiz Torres Marques – j. 12.09.2000)

Crime ambiental – Denúncia nos termos do art. 3º da lei 9.605/98 rejeitada em relação a pessoa jurídica – Prosseguimento quanto a pessoa física responsável – Recurso da acusação pleiteando o reconhecimento da responsabilidade penal da pessoa jurídica – Ausência de precedentes jurisprudenciais – Orientação doutrinária – Observância dos princípios da pessoalidade da pena e da irresponsabilidade criminal da pessoa jurídica vigentes no ordenamento jurídico pátrio – Recurso desprovido.

Vistos, relatados e discutidos estes autos de Recurso Criminal 00.004656-6, da comarca de Descanso (Vara Única), em que é recorrente a Justiça, por seu Promotor, sendo recorrida Arco Íris Produtos de Madeira Ltda:

Acordam, em 2ª Câm. Criminal, por votação unânime, negar provimento ao recurso.

95.

(Câmara Especial – ApCív em MS 97.001278-0, da Capital –rel. Des. Nelson Schaefer Martins – j. 07.06.2000)

Mandado de segurança. Município. Exercício de atividade de fiscalização sobre área situada em terras de marinha. Construção de cerca. Área de preservação permanente. Dunas. Pessoa jurídica. Indicação no auto de infração, do nome do empreendimento pelo qual era conhecida. Lei Municipal de Florianópolis 2.193/95, art. 93, §§ 1º e 4º. Falta de comprovação do direito líquido e certo. Garantias constitucionais do devido processo legal, do contraditório e da ampla defesa. Recurso desprovido.

Não se exige a perfeita identificação, pelo fiscal de posturas do Município, da pessoa jurídica que comete a infração, sendo suficiente a indicação no auto respectivo, do nome do empreendimento pelo qual é conhecida.

Os impetrantes não apresentaram prova pré-constituída do alegado direito líquido e certo, no sentido de que a área não compõe o sistema de dunas ou de que a cerca esteja no local desde antes da legislação municipal que regulamentou o uso do solo e o ordenamento territorial e urbanístico.

O Município pode exercer atividade de fiscalização sobre área situada em terras de marinha.

Não se cogita de desrespeito às garantias constitucionais do devido processo legal, do contraditório e da ampla defesa se o auto de infração consigna a abertura de prazo em processo administrativo, para apresentação de defesa.

Vistos, relatados e discutidos estes autos de apelação cível em mandado de segurança nº 97.001278-0 da comarca da Capital (Vara dos Feitos da Fazenda Pública e Acidentes do Trabalho — 1º Cartório), em que são apelantes ECAP — Empresa Catarinense de Administração e Participação Ltda., Santinho Empreendimentos Turísticos S/A e Condomínio Parcial do Costão do Santinho e apelado o Município de Florianópolis. Acordam, em Câmara Especial, por votação unânime, negar provimento ao recurso. Custas de lei.

96.
(1ª Câm. Cível – ApCív 99.005030-0, da Capital – rel. Des. Newton Trisotto – j. 25.05.1999)

Responsabilidade civil – Dano moral – Não-caracterização – Empregador – Ato do preposto – Inexistência de relação com o trabalho – Indenização indevida

1   Para que "subsista a responsabilidade do patrão, por ato culposo do empregado, preciso será que este se encontre a serviço, no exercício do

trabalho, ou por ocasião dele. Sem demonstração dessa circunstância, não é lícito concluir pela responsabilidade do preponente" (Washington de Barros Monteiro).

2 O ressarcimento por danos morais não exsurge de mera suscetibilidade de alguém à conduta alheia.

Impropérios dirigidos num momento de justificável ira a um grupo de naturalistas, sem destinar-se especificamente a qualquer um dos manifestantes, não caracteriza dano moral.

Vistos, relatados e discutidos estes autos de ApCív 99.005030-0, da Comarca da Capital (2ª Vara Cível e Registro Público), em que é apelante Armando Luiz Gonzaga e apelado Márcio José Pereira de Souza:

Acordam, em 1ª Câmara Civil, por votação unânime, dar provimento ao recurso de apelação do réu Armando Luiz Gonzaga, prejudicado o recurso adesivo do autor Márcio José Pereira de Souza.

97.

(1ª Câm. Cível – ApCív 99.002729-5, da Capital – rel. Des. Carlos Prudêncio – j. 01.06.1999).

Indenização por danos morais. Desmatamento de área pela ré construtora. Autora que oferece notitia criminis. Imputação, à autora, de cometimento do crime previsto no art. 340 do CP – comunicação falsa de crime. Denunciação caluniosa, por parte da ré, existente. Mero exercício regular de direito da autora. Dever de indenizar inconteste por parte da ré.

Age com desídia a ré que, diante de notícia crime levada pela autora ao conhecimento da autoridade policial, denotando o cometimento do crime de desmatamento por sua parte, imputa-lhe, de forma vingativa, a conduta do art. 340 do CP, qual seja, a comunicação falsa de crime. Configura-se, neste caso, a denunciação caluniosa, por ter dado causa à investigação policial contra a autora mesmo ciente de sua inocência.

Vistos, relatados e discutidos estes autos de ApCív 99.002729-5, da comarca da Capital (3ª Vara), em que são apelantes e apelados Vania Mariani e Habitasul Empreendimentos Imobiliários Ltda.:

Acordam, em 1ª Câmara Civil, por votação unânime, negar provimento aos recursos.

98.

(1ª Câm. Cível – ApCív 99.002729-5, da Capital – rel. Des. Carlos Prudêncio – j. 01.06.1999).

Indenização por danos morais. Desmatamento de área pela ré construtora. Autora que oferece notitia criminis. Imputação, à autora, de cometimento do crime previsto no art. 340 do CP – comunicação falsa de crime. Denunciação caluniosa, por parte da ré, existente. Mero exercício regular de direito da autora. Dever de indenizar inconteste por parte da ré.

Age com desídia a ré que, diante de notícia crime levada pela autora ao conhecimento da autoridade policial, denotando o cometimento do crime de desmatamento por sua parte, imputa-lhe, de forma vingativa, a conduta do art. 340 do CP, qual seja, a comunicação falsa de crime. Configura-se, neste caso, a denunciação caluniosa, por ter dado causa à investigação policial contra a autora mesmo ciente de sua inocência.

Vistos, relatados e discutidos estes autos de apelação cível nº 99.002729-5, da comarca da Capital (3ª Vara), em que são apelantes e apelados Vania Mariani e Habitasul Empreendimentos Imobiliários Ltda.:

Acordam, em 1ª Câmara Civil, por votação unânime, negar provimento aos recursos.

Tribunal de Justiça do Mato Grosso do Sul

99.

Ementa: Apelação cível – Ação indenizatória por *dano* material cumulada com *dano moral* e estético – Responsabilidade civil – Uso de cosmético que contém ácido glicólico na concentração e que provoca manchas hipercrônicas no rosto do consumidor – Fato do produto – Indenização devida – *Dano moral* –

Quantum – Dano moral e estético – Cumulação admisssível de pedidos – Desnecessidade de fixação de valores separadamente – Recursos improvidos. É dever jurídico do fabricante reparar os *danos* causados aos consumidores por defeitos decorrentes de seus produtos. Exonera-se da responsabilidade tão somente se incidentes às exceções do § 3º do art. 12 do CDC.

Mantém-se verba indenizatória fixada a título de *dano moral* quando, com prudente arbítrio, o julgador considerou a dor, o desconforto, a situação social e econômica da ofendida e as condições econômicas do ofensor, de modo a desestimular a ocorrência de novo fato.

O uso de cosmético que contém ácido glicólico na concentração e provoca manchas hirpercrônicas no rosto da usuária, implica *dano moral* e estético. Porém, embora seja admissível a cumulação de pedidos indenizatórios por *dano moral* e estético, não há razão para fixação de valor individuado e separado para *danos* estéticos se reconhecido na sentença a condenação ao custeio de despesas com tratamentos reparatórios já efetuados e ainda por efetuar, notadamente quando estes tendem a converter-se em *dano* patrimonial.

Acórdão – Vistos, relatados e discutidos estes autos, acordam os juízes da 3ª Turma Cível do Tribunal de Justiça, na conformidade da ata de julgamentos e das notas taquigráficas, improver os recursos. Votação unânime.

(4ª Turma Cível – ApCív 2001.007281-5-Campo Grande – rel. Exmo. Sr. Des. Elpídio Helvécio Chaves Martins – j. 20.08.2002).

100.
Ementa: Apelação cível – *Dano moral* – Apontamento de duplicata para protesto – Título que já havia sido pago – Indenização devida. A indenização por *dano moral* independe de qualquer vinculação com o prejuízo patrimonial, por estar diretamente relacionada com valores eminentemente espirituais e morais, bastando a demonstração da lesão e do nexo causal com o fato que a ocasionou; é de ser deferido o pedido de *dano moral*,

decorrente do indevido apontamento de título, que havia sido quitado, em razão do transtorno e constrangimento experimentados pela autora.

Apelação cível – *Dano moral* – Critérios de fixação – Redução. A indenização por *dano moral* não tem o objetivo de reparar a dor, mas de compensá-la de alguma forma, minimizando os sofrimentos do beneficiário, devendo ser reduzida se o valor fixado se afigura excessivo.

Acórdão – Vistos, relatados e discutidos estes autos, acordam os juízes da 4ª Turma Cível do Tribunal de Justiça, na conformidade da ata de julgamentos e das notas taquigráficas, nos termos do voto do relator, dar provimento parcial aos recursos. Unânime.

(3ª Turma Cível – ApCív 2000.003597-1-Campo Grande – rel. Exmo. Sr. Des. Oswaldo Rodrigues de Melo – j. 27.08.2001).

101.

Ementa: Apelação cível – ação de ressarcimento de despesas médicas c/c indenização por **dano** estético e **moral** – preliminar de não-conhecimento do recurso – afastada – ausência de obrigação estatutária do plano de saúde de prestação de assistência médica – alteração estatutária que reduz a idade dos filhos dependentes – ausência de prova de adesão do titular, quando em vida, às novas regras estatutárias – impossibilidade de retroatividade – direito adquirido – caracterizado – ressarcimento e indenização por dano moral – devidos – fixação exorbitante de valor do dano moral – não-ocorrência – recurso improvido.

Se o recurso interposto preenche os requisitos do art. 514, do CPC, restando bem explicitada as razões de fato e de direito para a reforma da decisão objurgada, não oferecendo qualquer dificuldade para identificá-las, não há falar em não-conhecimento. Ausente qualquer prova de alteração estatutária ou adesão do titular associado no sentido de reduzir a idade dos filhos dependentes, é devida a prestação de assistência nos termos do estatuto do plano de saúde vigente à época da associação, sob pena de ofensa ao ato jurídico perfeito, que goza de proteção constitucional (CF, art. 5º, XXXVI). Não se apresenta exacerbado o quantum arbitrado a título de danos morais, se para a fixação adotou-se como parâmetro o valor dos danos materiais. O fato de ser a parte beneficiária da justiça gratuita não interfere na avaliação das suas condições pessoais e peculiares.

Recurso Adesivo – lucros cessantes – ausência de prova do prejuízo – impossibilidade de indenização – dano estético e moral – nexo de causalidade – ausente – recurso improvido

Os lucros cessantes são devidos a partir do momento em que se experimenta prejuízo, ou seja, deixa-se de auferir rendas em razão de ato ilícito praticado por outrem. Não são indenizáveis os danos eventuais, supostos ou abstratos se a parte não se desincumbiu do ônus de provar o prejuízo e sua extensão.

Não é passível de indenização o dano estético ou moral dele resultante, se ausente a prova do nexo de causalidade entre a omissão do agente e o resultado danoso.

Acórdão: Vistos, relatados e discutidos estes autos, acordam os juízes da Terceira Turma Cível do Tribunal de Justiça, na conformidade da ata de julgamentos e das notas taquigráficas, rejeitar a preliminar. No mérito, negaram provimento ao recurso principal e ao adesivo. Votação unânime.

1000.070744-8 – Julgado em 21.5.2002
Apelação Cível – Ordinário/Campo Grande
Exmo. Sr. Des. Hildebrando Coelho Neto – 1ª Turma Cível

102.

Ementa: Apelação cível – ação de indenização por dano moral – inexistência do nexo de causalidade entre a conduta e o suposto dano – recurso improvido.

O supermercado que aceita cheque, para pagamento de compras do cliente, pratica constrangimento ilegal e coloca o consumidor em situação vexatória perante a coletividade, ao permitir que seus seguranças retirem as mercadorias que já se encontravam no automóvel do consumidor, ressurgindo daí o dever de indenizar o dano moral ocasionado.

Agravo retido – arguição, de ofício, de preliminar de não-conhecimento do recurso – acolhida – recurso não conhecido.

Não se conhece do agravo retido se a apelante, em suas razões, não requer expressamente a sua apreciação pelo tribunal, segundo previsão do art. 523 do CPC.

Apelação cível – ação de indenização moral – aumento da condenação concedida a título de dano moral – impossibilidade – recurso improvido.

Mantém-se o valor fixado a título de dano moral se o juíz, ao arbitrá-lo, além de levar em conta a capacidade econômica do agente, sopesou as necessidades da vítima, balizando-se, ainda, no critério da equidade e prudência.

Acórdão: Vistos, relatados e discutidos estes autos, acordam os juízes da Primeira Turma Cível do Tribunal de Justiça, na conformidade da ata de julgamentos e das notas taquigráficas, por unanimidade, não conhecer do agravo retido e, por igual votação, negar provimento a ambos os recursos.

1000.070744-8 – Julgado em 21.05.2002
Apelação Cível – Ordinário/Campo Grande
Exmo. Sr. Des. Hildebrando Coelho Neto – 1ª Turma Cível

103.
Ementa: Apelação cível – ação de indenização por dano moral – inexistência do nexo de causalidade entre a conduta e o suposto dano – recurso improvido.

O supermercado que aceita cheque, para pagamento de compras do cliente, pratica constrangimento ilegal e coloca o consumidor em situação vexatória perante a coletividade, ao permitir que seus seguranças retirem as mercadorias que já se encontravam no automóvel do consumidor, ressurgindo daí o dever de indenizar o dano moral ocasionado.

Agravo retido – arguição, de ofício, de preliminar de não-conhecimento do recurso – acolhida – recurso não conhecido.

Não se conhece do agravo retido se a apelante, em suas razões, não requer expressamente a sua apreciação pelo tribunal, segundo previsão do art. 523 do CPC.

Apelação cível – ação de indenização moral – aumento da condenação concedida a título de dano moral – impossibilidade – recurso improvido.

Mantém-se o valor fixado a título de dano moral se o juíz, ao arbitrá-lo, além de levar em conta a capacidade econômica do agente, sopesou as necessidades da vítima, balizando-se, ainda, no critério da equidade e prudência.

Acórdão: Vistos, relatados e discutidos estes autos, acordam os juízes da Primeira Turma Cível do Tribunal de Justiça, na conformidade da ata de julgamentos e das notas taquigráficas, por unanimidade, não conhecer do agravo retido e, por igual votação, negar provimento a ambos os recursos.

2000.002413-9 – Julgado em 09.05.2001
Apelação Cível – Ordinário/Campo Grande
Exmo. Sr. Des. Oswaldo Rodrigues de Melo – 3ª Turma Cível

104.
Ementa: Apelação cível – ação ordinária de indenização de danos materiais e morais – condenação por dano moral fixado em valor irrisório – descumprimento da função punitiva da indenização – pedido de majoração em valor excessivo – impossibilidade – caracterização de enriquecimento ilícito – recurso provido em parte.

O cunho punitivo da indenização por dano moral tem por corolário despertar a reflexão do ofensor de modo a tornar-se mais cauteloso e mais prudente no exercício de seu trabalho, devendo o valor da indenização ser elevado revela-se insuficiente para proporcionar qualquer alívio ao sofrimento experimentado pelo ofendido. Porém, se o valor for fixado de forma escorchante, tão somente porque o ofensor é detentor de patrimônio milionário, torna-se contrário ao direito por caracterizar enriquecimento ilícito. Agravo retido – preliminar de ilegitimidade ativa – rejeitada. Afasta-se a ilegitimidade ativa se ficou comprovado que os danos morais foram experimentados pelo autor em razão da devolução indevida de cheques de sua emissão na condição de pessoa física e correntista da entidade bancária e não como representante da pessoa jurídica da qual é sócio cotista.

Recurso adesivo à apelação cível – preliminar em contra-razões de não-conhecimento de recurso adesivo por deficiência de preparo – afastada – devolução de cheques por insuficiência de fundos em conta corrente – valores disponíveis em aplicação "BB títulos" – autorização do aplicador para resgate em conta corrente – desnecessidade – devolução indevida – dano moral caracterizado – litigância de má-fé – não caracterizada – redução do valor da indenização fixada – impossibilidade – recurso improvido.

Conquanto o valor atribuído à ação de indenização por dano moral seja inestimável e deve servir de parâmetro para o cálculo das custas judiciais, se tal valor foi impugnado e reduzido, por ter sido estimado ao alvedrio e de forma exorbitante pelo autor, deve prevalecer o valor fixado pelo juíz para o preparo do recurso, quando tal é exigido, máxime se, no seu apelo, o autor não recorre dessa parte da sentença, tornando-se, pois, matéria preclusa.

Não há falar em necessidade de autorização expressa do cliente para resgate de suas aplicações para conta corrente se a própria entidade bancária declara expressamente a existência de valores suficientes em aplicações em BB-Títulos e disponíveis para saque em conta corrente, e, ainda, que por várias vezes procedeu à baixa automática para a conta bancária do correntista dos valores aplicados no BB-Títulos, para cobertura de cheques emitidos, o que revela a adoção de tal praxe. Se por ocasião da emissão dos cheques devolvidos por insuficiência de fundos, o emitente detinha, no período, saldo suficiente em aplicações financeiras para as respectivas coberturas, fica caracterizado o dano moral causado ao correntista, a culpa do banco, e, por consequência, impõe-se a obrigação de indenizar. Não há falar-se na redução da indenização fixada na sentença se, após bem sopesadas as consequências do dano e as condições sociais e econômicas das partes, foi estabelecida muito aquém do poder econômico do ofensor.

Acórdão: Vistos, relatados e discutidos estes autos, acordam os juízes da Terceira Turma Cível do Tribunal de Justiça, na conformidade da ata de julgamentos e das notas taquigráficas, rejeitar a preliminar de não-conhecimento do recurso adesivo. Votação unânime. Negaram provimento ao agravo retido. Votação unânime. Negaram provimento ao recurso adesivo. Votação unânime. Quanto ao recurso principal, deram-lhe provimento parcial, na forma do voto do relator. Votação unânime.

2000.002759-6 – Julgado em 18.06.2001
Apelação Cível – Ordinário/Campo Grande
Exmo. Sr. Des. Joenildo de Sousa Chaves – 2ª Turma Cível

105.

Ementa: Apelação cível – ação anulatória de título cambiário c/c indenização por danos morais – protesto indevido de título – negligência na fiscalização dos funcionários – dano moral – prova – desnecessária – recurso conhecido e improvido.

Enseja a reparabilidade do dano moral o protesto de título que tenha ocorrido por total negligência do causador na fiscalização de seus funcionários.

Em se tratando de reparabilidade de dano moral, torna-se desnecessária a produção de prova acerca da efetividade do dano, já que o protesto, por si só, tem o condão de ocasionar danos morais.

Culpa – concorrência – ausente – indenização – valor fixado que atende ao binômio punição + compensação – majoração – indevida – recurso conhecido e parcialmente provido.

Tem-se como ausente a concorrência da culpa, se o protesto indevido do título aconteceu quando o débito já havia sido renegociado.

Se o valor fixado para a indenização atende o binômio punição + compensação, tem-se que este atingiu o objetivo da reparabilidade do dano moral, já que impôs ao seu causador uma sanção e compensou a dor sofrida pela vítima.

Acórdão: Vistos, relatados e discutidos estes autos, acordam os juízes da Segunda Turma Cível do Tribunal de Justiça, na conformidade da ata de julgamentos e das notas taquigráficas, por unanimidade, improver os recursos, nos termos do voto do relator.

2001.001816-3 – Julgado em 25.06.2001
Apelação Cível – Ordinário/Campo Grande
Exmo. Sr. Des. Joenildo de Sousa Chaves – 2ª Turma Cível

106.
Ementa: Apelação cível – ação de indenização por danos morais e materiais – preliminar de cerceamento de defesa – rejeitada – inscrição indevida do nome de cliente ao serviço de proteção de crédito – sentença que julgou improcedente o pedido da autora sob o fundamento de inexistência de prova do dano moral e material – ato ilícito configurado – dano material sem comprovação – dano puramente moral – sentença parcialmente reformada – recurso parcialmente provido.

Se as partes tiveram a oportunidade de produzir, amplamente, as provas pelas quais protestaram e não produziram, não há que falar em cerceamento de defesa. Quanto ao dano moral, não existe prova de prejuízos efetivos, já que estes são presumidos, sendo portanto, suficiente a comprovação da ofensa, o que se verifica com a inscrição indevida do nome da pessoa nas centrais de restrição de crédito.

Acórdão: Vistos, relatados e discutidos estes autos, acordam os juízes da Segunda Turma Cível do Tribunal de Justiça, na conformidade da ata de julgamentos e das notas taquigráficas, por unanimidade, rejeitar a preliminar e, no mérito, dar provimento parcial ao recurso, nos termos do voto do relator.

1000.075658-7 – Julgado em 22.04.2002
Apelação Cível – Ordinário/Campo Grande
Exmo. Sr. Des. Paulo Alfeu Puccinelli – 3ª Turma Cível

107.
Ementa: Apelação cível – ação de indenização – protesto indevido de título – inscrição na serasa – dano moral caracterizado – prova da existência do dano – desnecessidade – indenização devida – recurso provido.

O constrangimento e o abalo sofridos, decorrentes de um apontamento injusto de título para protesto e registro indevido no Serasa, constituem causa eficiente que gera direito à indenização por danos morais.

Tratando-se de reparação de dano moral, para que o agente seja responsabilizado, basta a demonstração da lesão e do nexo causal com o fato que a ocasionou, não se cogitando da prova da existência do dano.

O valor da indenização fixada a título de dano moral deve atender a capacidade econômico-financeira do ofensor, de modo tal, a se constituir em fator de desestímulo do ato praticado e atender, por outro lado, a intensidade do sofrimento do ofendido, a gravidade, a natureza e repercussão da ofensa e a sua posição social e política, sem se constituir em fonte de enriquecimento indevido.

Acórdão: Vistos, relatados e discutidos estes autos, acordam os juízes da Terceira Turma Cível do Tribunal de Justiça, na conformidade da ata de julgamentos e das notas taquigráficas, prover o recurso, na forma do voto do relator. Votação unânime.

1000.069615-5 – Julgado em 24.05.2002
Apelação Cível – Ordinário/Ponta Porã
Exmo. Sr. Des. João Batista da Costa Marques – 4ª Turma Cível

108.
Ementa: Apelação cível – indenização por dano moral – acidente de trânsito – existência de ação penal – repercussão na esfera cível – autoria e materialidade incontestes – suspensão do feito cível incabível – decisão mantida.

A indenização por dano moral não tem a finalidade de reparar a dor, mas de indenizá-la de alguma forma, minorando os sofrimentos do beneficiário.

O dano moral não se subordina à existência de prejuízo material, de lesões em quaisquer de seus graus, ou de sequelas neurológicas, senão ao prejuízo extrapatrimonial representado pela dor, pelo sofrimento e pelas angústias causadas à vítima pelo ato ilícito. Está ínsito na própria ofensa, decorre da gravidade do ato ilícito em si.

Na fixação do dano moral deve se levar em conta critérios de proporcionalidade e razoabilidade na apuração do quantum, atendidas as condições do ofensor, do ofendido e do bem jurídico lesado.

Deve-se cuidar para que não seja tão alto, a ponto de tornar-se instrumento de enriquecimento sem causa do prejudicado, nem tão baixo de maneira a se mostrar indiferente à capacidade de pagamento do ofensor.

A responsabilidade civil independe da criminal, daí por que o processo cível não deve ser suspenso para aguardar que se decida em ação penal se houve ou não culpa do agente, exceto quando há controvérsia sobre a materialidade ou autoria.

Acórdão: Vistos, relatados e discutidos estes autos, acordam os juízes da Quarta Turma Cível do Tribunal de Justiça, na conformidade da ata de julgamentos e das notas taquigráficas, negar provimento ao recurso. Unânime e com o parecer.

1000.069615-5 – Julgado em 24.05.2002
Apelação Cível – Ordinário/Ponta Porã
Exmo. Sr. Des. João Batista da Costa Marques – 4ª Turma Cível.

2001.004592-6 – Julgado em 17.05.2002
Apelação Cível – Ordinário/Dourados
Exmo. Sr. Des. Joenildo de Sousa Chaves – 2ª Turma Cível

109.
Ementa: Apelação cível – ação anulatória de título c/c indenização – nulidade da sentença – cerceamento de defesa – inocorrência – aplicação dos efeitos da revelia – título remetido indevidamente para cobrança bancária – inexistência de excesso do mandatário – legitimidade da empresa (mandante) para responder aos termos da ação – alegação de culpa concorrente – não verificada – pretensão de mitigação da culpa – afastada – dano moral configurado – valor – pretensão de relacionamento com a sanção prevista no 1.531, cc – impossibilidade – natureza e objetivos distintos – sentença mantida – recurso improvido.

O reconhecimento de veracidade da matéria fática, ante os efeitos da revelia, e quando ausentes outros elementos que possam desfazer essa presunção, não configura cerceamento de defesa.

A responsabilidade civil decorrente de protesto por dívida indevida imputa-se tanto ao credor quanto ao seu mandatário nomeado para o recebimento do suposto crédito, quando este age com excesso ou sem observar cautelas que sejam devidas. Não havendo prova de que o ofendido tenha contribuído para a ocorrência do ato ilícito, ou que tenham sido adotadas pela ofensora medidas tendentes a minimizar as suas consequências, não há porque ser mitigada a culpa ou reconhecida a culpa concorrente.

O dano moral decorre tão-somente da ofensa, e dela é presumido, não sendo necessária a produção de prova da sua existência. Na fixação do valor do dano moral, não há correlação com a sanção prevista no art. 1.531 do c/c, já que a natureza e objetivo de ambos são distintos: a reparação do dano moral objetiva minimizar as consequências do ato ilícito, e a sanção prevista no art. 1.531, c/c é destinada àquele que, por má-fé, pleiteia o recebimento de dívida sabidamente paga.

Acórdão: Vistos, relatados e discutidos estes autos, acordam os juízes da Segunda Turma Cível do Tribunal de Justiça, na conformidade da ata de julgamentos e das notas taquigráficas, rejeitar a preliminar, por unanimidade. No mérito, também por unanimidade, negaram provimento ao recurso.

1000.069489-5 – Julgado em 06.08.2002
Apelação Cível – Ordinário/Três Lagoas
Exmo. Sr. Dr. Romero Osme Dias Lopes – Em Substituição Legal – 1ª Turma Cível

110.
Ementa: Apelação cível – ação de indenização por dano moral – inscrição indevida do nome da autora nos órgãos de proteção ao crédito – prejuízos causados – dever de indenizar – prova suficiente – fixação do valor da indenização – manutenção – critério de razoabilidade – honorários advocatícios – majoração – recurso parcialmente provido.

O arbitramento da indenização por dano moral deve ser moderado e equitativo, atentando-se para as circunstâncias de cada caso, para se evitar que a dor se converta em instrumento de captação de vantagem. Os critérios a observar são, pois: a condição pessoal da vítima, a capacidade econômica do ofensor, a natureza e a extensão do dano moral.

Levando em conta a complexidade da matéria, o tempo exigido para o serviço e o trabalho desenvolvido pelo causídico, é correto majorar os honorários advocatícios para 20% (vinte por cento) do valor da condenação.

Acórdão: Vistos, relatados e discutidos estes autos, acordam os juízes da Primeira Turma Cível do Tribunal de Justiça, na conformidade da ata de julgamentos e das notas taquigráficas, por unanimidade, dar parcial provimento ao recurso dos autores e negar provimento ao apelo do Banco.

1000.065335-6 – Julgado em 22.05.2001
Apelação Cível – Ordinário/Naviraí
Exmo. Sr. Des. Ildeu de Souza Campos – 1ª Turma Cível

111.

Ementa: Apelação cível – ação de reparação de dano moral – alegação de cerceamento de defesa – inocorrência – processo devidamente instruído para sentença – legitimidade do banco para figurar no polo passivo da ação – concorrência de culpa – protesto indevido de título – inscrição de nome de devedor em órgão restritivo de crédito (serasa) – dano moral comprovado – indenização fixada em patamar elevado – redução – verba honorária fixada corretamente – recurso parcialmente provido. Não ocorre cerceamento de defesa no julgamento antecipado da lide, se o processo encontra-se devidamente instruído para sentença, contendo provas das alegações feitas.

A instituição financeira que recebe título para cobrança detém legitimidade para responder por ação de indenização, se o título fora por ela protestado indevidamente, mesmo tendo conhecimento de que este fora pago.

O dano moral resulta da simples inscrição indevida do nome de devedor em órgão restritivo de crédito.

Reduz-se a indenização fixada na instância singela, se esta é incompatível com o dano sofrido e com a condição econômica de quem o sofrera.

Não se justifica a alteração de fixação de verba honorária, se esta fora feita nos estritos termos do art. 20, § 3º, do CPC.

Acórdão: Vistos, relatados e discutidos estes autos, acordam os juízes da Primeira Turma Cível do Tribunal de Justiça, na conformidade da ata de julgamentos e das notas taquigráficas, rejeitar as preliminares. Por unanimidade a Turma deu provimento parcial, nos termos do voto do Relator.

1000.066175-4 – Julgado em 01.06.2001
Apelação Cível – Ordinário/Dourados
Exmo. Sr. Des. Oswaldo Rodrigues de Melo – 3ª Turma Cível

112.
Ementa: Apelação cível – ação ordinária de indenização de danos morais – devolução de cheque por insuficiência de fundos – não prorrogação do contrato de abertura de crédito em conta corrente – existência de saldo em conta corrente suficiente para cobertura – previsão expressa em cláusula, de prorrogação automática do contrato ouro – devolução indevida – inscrição do nome do correntista no cadastro dos emitentes de cheques sem fundos (CCF) – dano moral caracterizado – nexo causal – comprovado – indenização devida – redução do valor da indenização fixada de forma exorbitante – inocorrência – valor fixado compatível com o dano – impossibilidade de redução – recurso improvido – sentença mantida.

Se há cláusula expressa de prorrogação automática do contrato de abertura de crédito em conta corrente e, se, por ocasião da emissão e devolução por duas vezes do mesmo cheque, por insuficiência de provisão de fundos, o emitente detinha, no período, saldo suficiente para a respectiva cobertura, é indevida e abusiva a devolução, máxime se foi causa determinante da inscrição do nome do correntista no Cadastro de Emitentes de Cheques Sem Fundos (CCF), restando, pois, comprovado o nexo causal entre o ato culposo da entidade bancária e o dano moral experimentado pelo correntista, impõe-se a obrigação de indenizar. Inteligência dos arts. 159 do c/c e 5º, x, da CF. Não se reduz o valor da indenização por dano moral, se o juíz a quo, no seu arbitrium boni viri, fixou-a em valor compatível com o dano experimentado pelo ofendido e com o poder econômico do ofensor.

Acórdão: Vistos, relatados e discutidos estes autos, acordam os juízes da Terceira Turma Cível do Tribunal de Justiça, na conformidade da ata de julgamentos e das notas taquigráficas, improver o recurso. Unânime.

2000.003713-3 – Julgado em 02.10.2001
Apelação Cível – Ordinário/Campo Grande
Exmo. Sr. Des. Atapoã da Costa Feliz – 1ª Turma Cível

113.

Ementa: Responsabilidade civil – acidente automobilístico – interceptação de veículo em via preferencial – imprudência ao converter à esquerda em pista de duplo sentido – morte da vítima – obrigação de indenizar – arrimo de família – responsabilidade objetiva do empregador – nexo causal demonstrado – dano material e moral – valor da indenização – critérios de arbitramento – denunciação à lide de seguradora – responsabilidade limitada aos valores do contrato.

A interceptação de veículo em via preferencial por outro locomovendo-se em sentido contrário e efetiva convergência à esquerda gera a responsabilidade civil do condutor deste último.

A indenização por dano moral não tem o objetivo de reparar a dor, que não tem preço, mas de compensá-la de alguma forma, minimizando os sofrimentos do beneficiário, devendo o julgador agir com bom senso, de acordo com as particularidades de cada caso. O valor não deve ser baixo a ponto de ser irrelevante para o condenado nem alto de modo a proporcionar o enriquecimento sem causa do beneficiado.

A responsabilidade da seguradora denunciada à lide deve se limitar às obrigações constantes do contrato de seguro, sendo certo que o dano moral é implícito na cláusula de dano pessoal, espécie do gênero.

Acórdão: Vistos, relatados e discutidos estes autos, acordam os juízes da Primeira Turma Cível do Tribunal de Justiça, na conformidade da ata de julgamentos e das notas taquigráficas, por unanimidade, em parte com o parecer, dar provimento parcial aos recursos da ré de HSBC, nos termos do voto do relator.

001.002665-4 – Julgado em 08.06.2001
Apelação Cível – Ordinário/Dourados
Exmo. Sr. Des. Joenildo de Sousa Chaves – 2ª Turma Cível

114.
Ementa: Apelação cível – ação de cancelamento de inscrição nos cadastros do serasa e do spc, com pedido de antecipação de tutela c/c ação de indenização por dano moral – preliminar de não-conhecimento, ante o princípio da dialeticidade – rejeitada – negativação do nome – recibo outorgado ao devedor, sem nenhuma ressalva, dando-lhe plena e geral quitação dos débitos decorrentes da locação – presunção de quitação do contrato – inscrição nas centrais de restrição ao crédito posterior à quitação do débito – indenização – dano moral – devido – fixação – binômio punição + compensação – sentença reformada – recurso conhecido e provido.

Se as razões do recurso de apelação são extraídas a partir do provimento judicial, deve o apelo ser conhecido.

O recibo outorgado ao devedor, sem nenhuma ressalva, dando-lhe plena e geral quitação dos débitos da locação, leva-nos a presumir que todas as obrigações decorrentes do contrato de locação estão saldadas.

Ocorrendo a negativação após a quitação da dívida, a reparabilidade do dano moral é medida que se impõe, devendo a indenização ser fixada tendo em vista a natureza penal e compensatória.

Acórdão: Vistos, relatados e discutidos estes autos, acordam os juízes da Segunda Turma Cível do Tribunal de Justiça, na conformidade da ata de julgamentos e das notas taquigráficas, por unanimidade, rejeitar a preliminar. No mérito, deram provimento ao recurso, salvo quando do início da contagem de juros e correção monetária, que deverá ser a partir da data da sentença, vencido, nesta parte, o relator.

1000.067973-4 – Julgado em 04.09.2001
Apelação Cível – Ordinário/Deodápolis
Exmo. Sr. Des. Jorge Eustácio da Silva Frias – 1ª Turma Cível

115.
Ementa: Indenização – publicação em jornal de crítica ofensiva – revide a críticas à administração municipal – alegada veracidade da matéria publicada – publicação que provoca dano moral – indenização devida – arbitramento do valor – critérios – redução – litigância de má-fé – pena aplicada indevidamente – cancelamento.

A publicação, em resposta a críticas à administração municipal, de matéria que afirma não poderem elas partir de quem não pagou cheque emitido há vários anos, quando se nomina o emitente e se reproduz o cheque devolvido, provoca dano moral, que deve ser indenizado ainda que as afirmações publicadas sejam verdadeiras; pois esta não é a forma de rebater críticas nem de cobrar o título prescrito.

Para se definir o valor do dano moral, é preciso levar em conta as circunstâncias do caso, como o momento em que a ofensa foi produzida, mas também as condições pessoais e econômicas do ofensor e o que seria razoável para compensar o ofendido da dor experimentada. Quando tais fatores indicam que o arbitramento foi elevado, deve a condenação ser reduzida.

A litigância de má-fé por alegada dedução de defesa contra texto expresso de lei só pode ser reconhecida se a interpretação da lei feita pela parte se mostrar de todo escoteira e desarrazoada. Havendo doutrinador que defende a tese adotada pela parte, não se pode dizer que ela contraria a lei.

Também não se dá litigância de má-fé por resistência injustificada ao processo, se a parte, entre as defesas ofertadas na contestação, apresenta uma que é considerada despropositada, pois, mesmo sem ela, o processo deveria seguir seus trâmites normais.

Acórdão: Vistos, relatados e discutidos estes autos, acordam os juízes da Primeira Turma Cível do Tribunal de Justiça, na conformidade da ata de julgamentos e das notas taquigráficas, por maioria, dar provimento parcial ao recurso, nos termos do voto do relator, vencido o revisor que lhe dava provimento em maior extensão.

2000.002219-5 – Julgado em 19.11.2001
Apelação Cível – Sumário/Dourados
Exmo. Sr. Des. Oswaldo Rodrigues de Melo – 3ª Turma Cível

116.
Ementa: Apelação cível – indenização por acidente de trabalho – lucros cessantes – prejuízo não demonstrado – incapacidade laborativa – ausência de laudo médico pericial – não comprovada – dano moral – incontroverso – quantum debeatur – exasperação – não-ocorrência – recurso parcialmente provido.

Partindo-se do princípio de que não são indenizáveis os danos eventuais, supostos ou abstratos, ao autor cabe demonstrar o prejuízo e sua extensão. Se nos autos não se desincumbiu de tal ônus, não há falar em condenação em lucros cessantes.

Em caso de acidente de trabalho, somente é devido o pensionamento, se a vítima comprova a incapacidade para o trabalho, através da prova testemunhal segura ou do laudo médico pericial, que é o meio hábil para comprovar a redução ou a perda total da capacidade laborativa. O dano moral, por possuir caráter espiritual, não é aferível em pecúnia.

Não é exasperado o valor da indenização por dano moral se guarda compatibilidade entre a situação econômica do apelado e a condição social da vítima.

Acórdão: Vistos, relatados e discutidos estes autos, acordam os juízes da Terceira Turma Cível do Tribunal de Justiça, na conformidade da ata de julgamentos e das notas taquigráficas, dar provimento parcial ao recurso, na forma do voto do relator, vencido o 2º vogal que lhe dava provimento integral.

2001.003586-6 – Julgado em 13.08.2001
Apelação Cível – Ordinário/Campo Grande
Exmo. Sr. Des. Claudionor Miguel Abss Duarte – 3ª Turma Cível

117.
Ementa: Apelação cível – ação de indenização por dano moral e material – acidente de trânsito – indenizatória produzida por esposa e filhos – preliminar – nulidade da intimação do representante do parquet – afastada – culpa concorrente – inocorrência – ausência de prova – seguro obrigatório descontado do montante da indenização – mantido valor do dano moral – provimento parcial ao recurso – recurso adesivo – pretensão à majoração do quantum indenizatório – matéria examinada no recurso principal – verba por tratamento psiquiátrico – improcedência – recurso improvido.

A falta de intimação do órgão ministerial só acarreta nulidade se essa intervenção não puder ser suprida em segunda instância.

Não há falar em culpa concorrente se as provas produzidas nos autos constatam a imprudência cometida apenas pelo recorrido e não pela vítima.

A verba recebida a título de seguro obrigatório não impede o recebimento de qualquer outra indenização, mas deve ser abatida do montante da condenação.

O valor indenizatório pelo dano moral deve atender às circunstâncias, compensando a dor e o sofrimento da perda de um ente familiar, não podendo ser meio de enriquecimento de quem o reclama, devendo ser suficiente para incutir, naquele que prestar, o receio de incidir no mesmo fato.

Impõe-se o improvimento do recurso adesivo, quando a matéria devolvida nas suas razões já foram examinadas no julgamento do recurso principal, em que se buscava majorar o valor do quantum indenizatório. Se no julgamento do recurso principal manteve-se a sentença ao fundamento de que o valor da condenação estava correto, pela mesma razão deve-se negar provimento ao recurso adesivo que pretende majorar aquele valor. É improcedente o pleito da parte em receber por tratamento psiquiátrico, se o documento sobre o qual assenta o seu aludido direito não constitui prova inequívoca de que a causa do referido tratamento seria em decorrência do acidente da qual fora vítima.

Acórdão: Vistos, relatados e discutidos estes autos, acordam os juízes da Terceira Turma Cível do Tribunal de Justiça, na conformidade da ata de julgamentos e das notas taquigráficas, rejeitar a preliminar. No mérito, deram provimento parcial ao recurso de José e Nivaldo Monteiro e negaram provimento ao recurso interposto por Zilda Brum Kogawa. Votação unânime e contra o parecer.

1000.075264-5 – Julgado em 01.07.2002
Apelação Cível – Ordinário/Aparecida do Taboado
Exmo. Sr. Des. Paulo Alfeu Puccinelli – 3ª Turma Cível

118.
Ementa: Apelação cível – ação de indenização por danos morais – cerceamento de defesa – desconsideração de provas – juntada extemporânea de documentos – falta de interesse de agir e impossibilidade jurídica do pedido – preliminares afastadas – dano moral – SPC – nexo causal – prova suficiente – quantificação – critérios – redução concedida – verba honorária – recurso provido em parte. Não ocorre cerceamento de defesa quando resta demonstrado que os documentos acostados, embora não caracteri-

zem documentos novos, passaram pelo crivo do julgador. O nome da parte lançado no rol dos inadimplentes de entidade de proteção ao crédito indevidamente implica em indenização por dano moral, concorrendo, assim, o interesse de agir e a possibilidade jurídica do pedido. É devida a indenização a título de dano moral quando resulta demonstrado que a inclusão do nome do devedor no rol dos inadimplentes do SPC se deu em razão de dívida anteriormente paga, porquanto tal conduta importa em negligência do estabelecimento bancário e em constrangimento injusto ao devedor. A indenização por danos morais deve ser fixada em termos razoáveis, atendendo-se as características pessoais das partes, ao valor envolvido, e a função compensatória e penal, já que não se justifica que esta venha a se constituir em causa de enriquecimento indevido de quem quer que seja. O decair de parte mínima do pedido carreia à parte contrária a verba honorária por inteiro, na forma do parágrafo único do art. 20 do CPC, notadamente quando se verifica que o pedido não atendido se refere ao reconhecimento de litigância de má-fé apenas.

Acórdão: Vistos, relatados e discutidos estes autos, acordam os juízes da Terceira Turma Cível do Tribunal de Justiça, na conformidade da ata de julgamentos e das notas taquigráficas, rejeitar as preliminares. No mérito, deram provimento ao recurso, na forma do voto do relator. Votação unânime.

2002.001590-4 – Julgado em 21.05.2002
Apelação Cível – Ordinário/Campo Grande
Exmo. Sr. Des. Atapoã da Costa Feliz – 1ª Turma Cível

119.

Ementa: Responsabilidade civil – dano moral – ofensa à imagem de pessoa jurídica – divulgação em imprensa televisiva – matéria fundada em ação civil pública – exercício regular do direito extrapolado – dever de indenizar – arbitramento em quantidade inferior ao estimado pelo autor – teoria do desestímulo – sucumbência.

Configura dano moral a divulgação de fato extraído de ação judicial com acréscimo de informação que não se comprovou ser verdadeira, uma vez que viola o exercício regular do direito de imprensa e impõe o dever de indenizar.

A indenização do dano moral não está atrelada ao critério estipulado pelo art. 84 do Código de Telecomunicações, mas à teoria do desestímulo.

A condenação em danos morais, arbitrados em valor inferior ao pedido, não importa sucumbência recíproca.

Acórdão: Vistos, relatados e discutidos estes autos, acordam os juízes da Primeira Turma Cível do Tribunal de Justiça, na conformidade da ata de julgamentos e das notas taquigráficas, por unanimidade, negar provimento aos recursos de TV Guanandi e do Dr. Paulo Tadeu, e com relação ao apelo da empresa Matra dar parcial provimento, prevalecendo o voto intermediário do vogal que fixou o valor da indenização em R$ 30.000,00. O relator negou provimento a este apelo ao passo que o revisor deu-lhe parcial provimento para fixá-la em R$ 50.000,00.

Jurisprudência do tribunal superior do trabalho sobre a competência da justiça do trabalho para conhecer de dano moral decorrente da relação de emprego – incompetência da justiça civil.

120.
Origem tribunal: TST
Decisão: 07.08.2002
Proc: RR NUM: 652839
Ano: 2000
Região: recurso de revista
Turma: 04
Orgão julgador – quarta turma

Fonte DJ DATA: 30.08.2002

Partes recorrentes: Ubertran transportes S/A.

Recorrido: Pedro Humberto Vilela.

Relator(a): Ministro Ives Gandra Martins Filho

Ementa: dano moral – competência da justiça do trabalho. É possível que o dano moral decorra da relação de trabalho, quando o empregador lesar o empregado em sua intimidade, honra e imagem (CF, art. 5º, V ex; CLT, art. 483, "a", "b" e "e"). A fonte da obrigação de reparar o dano moral sofrido pelo empregado reside no ato ilícito do empregador de lhe imputar inverídica conduta ilícita e, como tal, guarda íntima relação com o pacto laboral, de forma que se encontra inserida na regra de competência preconizada pelo art. 114 da Carta da República. Recurso de revista conhecido e não provido.

Origem tribunal: TST

Decisão: 07.08.2002

Proc: RR NUM: 465726

Ano: 1998

Região: recurso de revista

Turma: 03

Órgão julgador – terceira turma.

Fonte DJ DATA: 30.08.2002

Partes recorrentes: produtos alimentícios Arapongas S/A – Prodasa.

Recorrido: Valdecir Gomes da Silva Faria.

Relator(a): Min. Carlos Alberto Reis de Paula

Ementa: competência da Justiça do Trabalho dano moral.

Já decidiu o Supremo Tribunal Federal que é competente a Justiça do Trabalho para conciliar e julgar Ação de Reparação de Danos que objetive a reparação de dano moral decorrente da relação de emprego (no caso, da forma do desfazimento desta relação – dispensa por justa causa não comprovada em reclamação trabalhista). Justa causa. O simples fato de o empregado ser encontrado portando panfletos dentro da empresa não configura a aplicação da hipótese do art. 482, letra "k", da CLT. DANO MORAL. Nos termos do art. 5º, x, da Constituição da República, a violação da honra e da imagem do cidadão está ligada àquela que atinja o âmago do cidadão, equiparando-se à violação da intimidade. Na hipótese, a justa causa imputada foi a participação em distribuição de panfletos, que não restou comprovada. A indenização por dano moral não pode ser deferida pelo simples fato de o empregador dispensar o empregado, alegando justa causa não reconhecida em juízo. Honorários advocatícios. A peculiaridade abordada no apelo não foi objeto de apreciação pelo Regional. Aplicação do Enunciado nº 297 do TST.

Tribunal: TST
Decisão: 09.10.2002
Proc: AIRRRR NUM: 788505
Ano: 2001
Região: 03
Agravo de instrumento em recurso de revista e recurso de revista.
Turma: 04
Órgão julgador: quarta turma
Fonte DJ DATA: 25.10.2002
Partes agravado e recorrente: Heder Dias da Silva.
Agravante e recorrido: Indústrias Gessy Lever LTDA.
Relator(a): Min. Antônio José de Barros Levenhagen
Ementa I – recurso de revista do reclamante. Ações por danos material e moral provenientes de infortúnios do trabalho. competência do judiciário do trabalho em razão da matéria. Inteligência dos arts. 114, 7º, XXVIII, e 5º x da constituição. As pretensões provenientes da moléstia profissional ou do acidente do trabalho reclamam proteções distintas, dedutíveis em ações igualmente distintas, uma de natureza nitidamente previdenciária, em que é competente materialmente a Justiça Comum, e a outra, de conteúdo iminentemente trabalhista, consubs-

tanciada na indenização reparatória dos danos material e moral, em que é excludente a competência da Justiça do Trabalho, a teor do art. 114 da Carta Magna. Isso em razão de o art. 7º, xxviii, da Constituição, dispor que "São direitos dos trabalhadores urbanos e rurais, além de outros que visem à melhoria de sua condição social, seguro contra acidente de trabalho, a cargo do empregador, sem excluir a indenização a que este está obrigado, quando incorrer em dolo ou culpa", em função do qual impõe-se forçosamente a ilação de o seguro e a indenização pelos danos causados aos empregados, oriundos de acidentes de trabalho ou moléstia profissional, se equipararem a verbas trabalhistas. O dano moral do art. 5º, x, da Constituição, a seu turno, não se distingue ontologicamente do dano patrimonial, pois de uma mesma ação ou omissão, culposa ou dolosa, pode resultar a ocorrência simultânea de um e de outro, além de em ambos se verificar o mesmo pressuposto do ato patronal infringente de disposição legal, sendo marginal o fato de o cálculo da indenização do dano material obedecer o critério aritmético e o da indenização do dano moral, o critério estimativo. Não desautoriza, de resto, a ululante competência do Judiciário do Trabalho o alerta de o direito remontar pretensamente ao art. 159 do c/c. Isso nem tanto pela evidência de ele reportar-se, na verdade, ao art. 7º, xxviii, da Constituição, mas sobretudo em face do pronunciamento do STF, em acórdão da lavra do ministro Sepúlveda Pertence, no qual se concluiu não ser relevante para fixação da competência da Justiça do Trabalho que a solução da lide remeta a normas de direito civil, desde que o fundamento do pedido se assente na relação de emprego, inserindo-se no contrato de trabalho (Conflito de Jurisdição nº 6959-6, Distrito Federal). Recurso provido. ii – Agravo de instrumento da reclamada. Agravo a que se nega provimento por não preenchidos os requisitos intrínsecos do recurso de revista.

Origem tribunal: TST
Decisão: 09.10.2002

Proc: RR NUM: 755758
Ano: 2001
Região: 06
Turma: 04
Órgão julgador: quarta turma
Fonte DJ DATA: 25.10.2002
Partes recorrente: Caixa Econômica Federal
Cef. recorrida: Sandra Maria Sena Lobo.
Relator(a): Juíz convocado Horácio R. de Senna Pires
Ementa: agravo de instrumento. Competência da Justiça do Trabalho para apreciar pedido de indenização por dano moral decorrente de moléstia profissional, equiparada a acidente do trabalho. Violação do art. 109, I, da CF de 1988. Para prevenir possível afronta ao art. 109, I, da CF de 1988, resultante do reconhecimento da competência da Justiça do Trabalho para processar e julgar ação versando sobre indenização por danos morais decorrentes de doença profissional, equiparada a acidente de trabalho, impõe-se o provimento do agravo e sua conversão, nos termos do art. 897, §§ 5º e 7º, da CLT. Competência da Justiça do Trabalho. Indenização por danos materiais decorrentes de acidente de trabalho. Conforme decidido por esta colenda Turma, nos autos do processo nº TST RR 61817/99.7, Rel. Min. Antônio José de Barros Levenhagen, DJU de 23-8-2002, "assinale-se ser pacífica a jurisprudência desta Corte sobre a competência do Judiciário Trabalhista para conhecer e julgar ações em que se discute a reparação de dano moral praticado pelo empregador em razão do contrato de trabalho. Como o dano moral não se distingue ontologicamente do dano patrimonial, pois em ambos se verifica o mesmo pressuposto de ato patronal infringente de disposição legal, é forçosa a ilação de caber também a esta Justiça dirimir controvérsias oriundas de dano material proveniente da execução do contrato de emprego. Nesse particular, não é demais enfatizar o erro de percepção ao se sustentar a tese da incompetência

material desta Justiça com remissão ao art. 109, I, da Constituição. Isso porque não se discute ser da Justiça Comum a competência para julgar as ações acidentárias, nas quais a lide se resume na concessão de benefício previdenciário perante o órgão de previdência oficial. Ao contrário, a discussão remonta ao disposto no art. 7º, XXVIII, da CF, em que, ao lado do seguro contra acidentes do trabalho, o constituinte estabeleceu direito à indenização civil deles oriundos, contanto que houvesse dolo ou culpa do empregador. Vale dizer que são duas ações distintas, uma de conteúdo nitidamente previdenciário, em que concorre a Justiça Estadual, e outra de conteúdo trabalhista, reparatória do dano material, em que é excludente a competência desta Justiça diante da prodigalidade da norma contida no art. 114 da CF". Gratificação de função. Cargo de confiança ocupado durante nove anos e seis meses. Direito à incorporação. Inexistência. Conforme entendimento consagrado pela e. SBDI-1, e cristalizada na Orientação Jurisprudencial nº 45, somente a percepção de gratificação de função por mais de dez anos enseja a sua incorporação. No presente caso, o v. acórdão regional consignou que a reclamante a recebeu durante nove anos e seis meses, razão porque a condenação da reclamada implicou violação do art. 468, parágrafo único, da CLT. Recurso de revista parcialmente conhecido e provido.

Origem tribunal: TST
Decisão: 25.09.2002
Proc: RR NUM: 728454
Ano: 2001
Região: 03
Recurso de revista
Turma: 04
Órgão julgador: quarta turma
Fonte DJ DATA: 11.10.2002
Partes recorrente: Ergtrom Equipamentos e Componentes Eletromecânicos LTDA.

Recorrido: Cristiano José Ferreira.

Relator(a): Juíz convocado Horácio R. de Senna Pires

Ementa: competência da Justiça do Trabalho. Indenização por danos materiais decorrentes de acidente de trabalho. Conforme decidido por esta c. Turma, tornou-se "pacífica a jurisprudência desta Corte sobre a competência do Judiciário Trabalhista para conhecer e julgar ações em que se discute a reparação de dano moral praticado pelo empregador em razão do contrato de trabalho. Como o dano moral não se distingue ontologicamente do ano patrimonial, pois em ambos se verifica o mesmo pressuposto de ato patronal infringente de disposição legal, é forçosa a ilação de caber também a esta Justiça dirimir controvérsias oriundas de dano material proveniente da execução do contrato de emprego" (RR 61817/99.7, rel. Min. Antônio José de Barros Levenhagen, DJU de 23-8-2002). E o preceito do art. 109, I da Carta Constitucional de 1988 não constitui obstáculo a este entendimento, desde que não seja interpretado isoladamente, senão em harmonia com os arts. 7º, XXVIII e 114 do mesmo Diploma Fundamental. Em primeiro lugar, o Constituinte de 1988, quando definiu a competência trabalhista no art. 114, não repetiu a ressalva do art. 142, § 2º da Carta de 1967. Em segundo plano, o inc. XXVIII do art. 7º arrola, como um dos direitos de índole trabalhista, "o seguro contra acidente de trabalho, a cargo do empregador, sem excluir a indenização a que este está obrigado, quando incorrer em dolo ou culpa". Daí porque o tema da competência em matéria de acidente de trabalho comporta duas hipóteses: uma relativa à responsabilidade objetiva do INSS, nas causas que envolvem acidente do trabalho ou enfermidade ocupacional. Neste caso, a teor do referido art. 109, I, a competência foi atribuída à Justiça Comum Estadual. A segunda hipótese diz respeito à responsabilidade subjetiva do empregador pelos danos materiais e/ou morais, infligidos ao empregado, dolosa ou culposamente, que contribua para a ocorrência do acidente ou enfermidade do trabalho. Aqui é o campo da competência da

Justiça Especializada do Trabalho, segundo a dicção do art. 114. Tanto assim que, em nível infraconstitucional, o art. 129 da lei nº 8213/91 fixa a competência do Judiciário dos Estados para os litígios decorrentes de acidentes do trabalho, apenas no que diz respeito aos direitos nitidamente previdenciários, como benefícios e outras prestações devidas pela Previdência Social. Recurso de revista não conhecido.

Origem tribunal: TST
Decisão: 11 09 2002
Proc: RR NUM: 599316
Ano: 1999
Região: 03
Recurso de revista
Turma: 05
Órgão julgador: quinta turma
Fonte DJ DATA: 01.10.2002
Partes recorrente: Montec – Montagens, Engenharia, Indústria e Comércio LTDA.
Recorrido: Ademar Silveira
Relator(a): Juíz convocado João Ghisleni Filho
Ementa: dano moral. Incompetência da Justiça do Trabalho. Coisa julgada. Interesse em Recorrer. A recorrente não foi sucumbente quanto ao aspecto da declaração de incompetência da Justiça do Trabalho para julgar sobre a indenização por dano moral postulada pelo reclamante. Não se observou, portanto, o pressuposto subjetivo para conhecimento do recurso de revista. A decisão Regional em pronunciar a incompetência da Justiça do Trabalho decorre da norma prevista no § 3º do art. 267 do CPC, que assegura ao Juízo conhecer de ofício, em qualquer tempo e grau de jurisdição as questões relativas à ausência de pressupostos de constituição e desenvolvimento válido e regular do processo. Não há que se falar, portanto, em ofensa a coisa julgada. Ainda que em demasia, destaca-se que o § 1º do art. 515 do CPC, devolve ao Tribunal

o conhecimento de toda a matéria objeto de apreciação e julgamento, ou seja, todas as questões suscitadas e discutidas no processo, ainda que não tenham sido julgadas por inteiro, reforçando a conclusão de que não houve ofensa à coisa julgada no caso concreto. Assim, acolho a prefacial suscitada em contra-razões, para não conhecer do recurso de revista por falta de interesse em recorrer.

Acórdãos dos tribunais regionais federais da 1º, 2ª, 3ª, 4ª e 5ª região. (critério de pesquisa: dano ambiental)

Documento: 1 de 66
Acórdão origem: tribunal – quinta região
Classe: AG – agravo de instrumento – 19010
Processo: 9805320286
UF: SE
Órgão julgador: terceira turma
Data da decisão: 19.11.1998
Documento: TRF500031523
Fonte DJ DATA: 14.12.1998 p. 649
Relator(a): Juíz Ridalvo Costa
Decisão: unânime
Ementa: agravo de instrumento. Constitucional e processual civil. ACP. Dano ambiental. Competência. Ação civil pública proposta pelo MP contra particulares, visando a coibir dano ecológico. Inexistência de interesse da união federal ou do Ibama apenas pelo fato do dano ambiental ainda que envolvendo manguezais e Mata Atlântica. Incompetência absoluta da Justiça Federal. Agravo improvido.

Indexação em processo de criação
Catálogo

Data publicação: 14.12.1998
Doutrina obra: ação civil pública
Autor: Rodolfo de Camargo Mancuso

Documento: 2 de 66
Acórdão origem: tribunal – quinta região
Classe: AC – apelação cível – 95653
Processo: 9605061961
UF: PE
Órgão julgador: primeira turma
Data da decisão: 05.02.1998
Documento: TRF 500026229
Fonte DJ DATA: 06.03.1998, p. 516
Relator(a): Juíz Castro Meira
Decisão: unânime.
Ementa: responsabilidade civil por dano ecológico. Desmatamento. Não comprovação da responsabilidade subjetiva.

O ato ilícito causador do dano ecológico há de ser devidamente comprovado a fim de responsabilizar-se o infrator.

"*In casu*", ao contrário, a embargante comprovou haver prestado diversas queixas à autoridade policial em relação ao desmatamento nas terras de sua propriedade, numa atitude típica de evitar o dano.

Ademais, não há nos autos, notícia de diligências que tenham sido efetuadas pelos fiscais do Ibama com o objetivo de apurar a verdadeira autoria do desmatamento que originou o auto de infração.

Apelação e remessa oficial improvidas.

Indexação em processo de criação.
Data publicação: 06.03.1998

Documento: 3 de 66
Acórdão
Origem: tribunal – quinta região
Classe: AC – Apelação Cível – 89534
Processo: 9505313683
UF: PB
Órgão julgador: segunda turma
Data da decisão: 13.05.1997
Documento: TRF 500022005
Fonte DJ DATA: 13.06.1997, p. 43685
Relator(a): Desembargador Federal Araken Mariz
Decisão: unânime
Ementa: administrativo. Ação civil pública. Área de preservação permanente.

Ampliação de loteamento. Construção residencial. Em se considerando que a área em litígio se caracteriza como reserva ecológica (resolução Conama nº 04/85, art. 3º, VII) ou de preservação permanente (lei 4.771/65, F), é de se cancelar o licenciamento para a ampliação de loteamento, o qual foi concedido, inclusive, sem o devido relatório de impacto ambiental (lei 7.661/88, art. 6º, § 2º). A simples concessão do alvará não caracteriza a área como urbanizada, nos termos do parágrafo único, do art. 5º, da lei 6.766 (lei do parcelamento do solo urbano), para que se enquadre no art. 229, § 1º, B, da constituição do estado da Paraíba.

A manutenção da casa de veraneio já edificada, em razão de que sua permanência única e isolada não constitui dano significativo ao equilíbrio ecológico do meio ambiente, não podendo, entretanto, ser ampliada ou reformada horizontal ou verticalmente.

Apelação e remessa improvidas.

Documento: 4 de 66
Acórdão origem: tribunal – quinta região
Classe: AC – apelação cível – 20705
Processo: 9305009239
UF: CE
Órgão julgador: segunda turma
Data da decisão: 21.09.1993
Documento: TRF 500012217
Fonte DJ DATA: 25.03.1994, p. 12491
Relator(a): Juíz Petrucio Ferreira
Decisão: unânime
Ementa: ação civil pública. Dano ao meio ambiente – preservação ambiental.

Rio Coco/CE. Ecossistema de alto valor ecológico. Recomposição ambiental. indenização.

1. Em face de se caracterizar o Rio Coco/CE, como integrante do ecossistema de alto valor ecológico, deve ser recomposta a área degradada e/ou assegurada a indenização. Lei 7661/88 art. terceiro, I, em obediência ao preceito constitucional inserido no art. 255, III.

2. Apelação improvida.

Indexação existência, autos, ação civil pública, prova, demonstração, obra de engenharia, resultado, danos, meio ambiente, efeito, condenação, construtor, reconstituição, área, destruição, adição, pagamento, indenização. ASP meio ambiente, proteção

---

Documento: 5 de 66
Acórdão
Origem: tribunal – quarta região

Classe: AC – apelação cível – 428322
Processo: 200104010455879
UF: SC
Órgão julgador: terceira turma
Data da decisão: 06.08.2002
Documento: TRF400085065
Fonte DJU DATA: 04.09.2002, p. 811
Relator(a): Juíz Carlos Eduardo Thompson Flores Lenz
Decisão: a turma, por unanimidade, deu provimento ao recurso da união federal e negou provimento aos demais recursos e à remessa oficial.
Ementa: administrativo. Ação popular. Prescrição. Obrigação de reparar o dano ecológico.

1 Quanto à prescrição.

O mundo ocidental, como é por todos sabido, sofreu decisiva influência das ideias liberalistas que determinaram a Revolução Francesa, onde o objetivo principal foi limitar o poder do Estado e exaltar o homem enquanto ser individual. Isso veio a se refletir também na ordem jurídica, salvo no que respeita à jurisdição criminal, de modo que o funcionamento do Poder Judiciário ficou na dependência da vontade do titular do "direito individual" invocado, enquanto a legislação material, como não poderia deixar de ser, passou a também regular exclusivamente relações jurídicas de ordem individual (relação de base). Sobre a matéria não se pode deixar de trazer à baía a lição de José de Albuquerque Rocha:

"Conclusão: a legitimação dos entes coletivos apresenta perfil singular. Por isso, exige ruptura com os critérios classificatórios clássicos, ancorados nos dogmas do liberalismo, que vê o conflito social como choque de interesses interindividuais, visão insuficiente para explicar a atual realidade sócio-jurídica, caracterizada pelo surgimento dos conflitos coletivos e difusos." (*Teoria Geral do Processo*, p. 194, São Paulo, Malheiros Editores, 1996).

E foi inspirado no liberalismo que também se estabeleceram os princípios que regem a prescrição e a decadência, ou, melhor dizendo, resultaram de considerações que tinham em mira as relações de natureza individual, sem embargo de já se considerar determinados interesses que, por suas nuances próprias, eram julgados indisponíveis.

O fundamento da prescrição – instituto que faz perecer a actio romana (ação de direito material), um dos efeitos do fato jurídico beneficiador do credor, inviabilizando a ação processual contra seu devedor – está exatamente na necessidade de criação de mecanismos de defesa das relações jurídicas individuais, cuja eficácia não pode durar indefinidamente, pelo menos quando se tem em vista as consequências de ordem econômica.

Ao lado dela, instituiu-se também a decadência, cuja ocorrência faz perecer o próprio "direito subjetivo", cujo fundamento, apesar de também ter em mira a segurança das relações jurídicas, é a proteção daquelas relações jurídicas individuais cujo interesse público reclama um tratamento mais rígido na sua manutenção, razão pela qual instituiu-se um prazo diminuto para a ação visando sua desconstituição.

Por fim, existem determinados direitos que, por seu interesse individual e social, não podem estar sujeitos à prescrição, como é o caso dos direitos de personalidade (vida, liberdade, etc.) e daqueles relacionados ao estado da pessoa (condição de filho, de esposo, etc.), salvo no que respeita aos efeitos econômicos dele derivados.

Como se observa, até mesmo o sistema jurídico inspirado no liberalismo reconhece a existência de direitos que não podem, por razões de interesse público, estar sujeitos à prescrição. Em outras palavras, mesmo o direito oriundo das ideias que se fizeram ecoar na Revolução Francesa reconhece a necessidade de criar mecanismos protetivos contra a extinção de determinadas relações jurídicas, a exemplo do que se vê nos casos de decadência e de imprescritibilidade, o que era e continua sendo justificado pelo interesse social.

Em tudo isso resta a certeza de que o instituto da prescrição, nos moldes como foi concebido, não teve qualquer objetivo de regular os denominados interesses difusos e coletivos de efeitos sociais. Daí a indagação: é possível sua aplicação para os interesses que reclamam a tutela por intermédio da ação popular ou da ação civil pública, excluídos os individuais homogêneos? A resposta é no sentido de que as razões que explicam a imprescritibilidade de determinados direitos individuais são inteiramente aplicáveis aos interesses que reclamam a tutela jurisdicional coletiva (interesses difusos e coletivos de efeitos sociais).

A propósito, imagine-se a hipótese de o poluidor sustentar a prescrição da ação que ataca sua conduta, reclamando, assim, o direito de continuar poluindo ou fazer permanecer os efeitos da poluição. Esse exemplo singelo demonstra a impossibilidade de se aceitar a prescrição de ato violador da ordem jurídica, quando ofensivo ao interesse público. Essa forma de encarar a questão encontra respaldo na doutrina de Edis Milaré, a saber:

"A ação civil pública não conta com disciplina específica em matéria presencional. Tudo conduz, entretanto, à conclusão de que se inscreve ela no rol das ações imprescritíveis.

A doutrina tradicional repete uníssona que só os direitos patrimoniais é que estão sujeitos à prescrição. Precisamente, os direitos patrimoniais é que são prescritíveis. Não há prescrição senão de direitos patrimoniais, afirma o grande Clóvis Beviláqua.

Ora, a ação civil pública é instrumento para tutela jurisdicional de bens-interesses de natureza pública, insuscetíveis de apreciação econômica, e que têm por marca característica básica a indisponibilidade. Versa, portanto, sobre direitos não patrimoniais, direitos sem conteúdo pecuniário.

Qual, por exemplo, o valor do ar que respiro? Da praça onde se deleitam os velhos e crianças? Do manancial que abastece minha cidade?

É claro que o direito ao meio ambiente ecologicamente equilibrado não é um direito patrimonial, muito embora seja passível de valoração, para efeito indenizatório." (*A ação civil pública na nova ordem constitucional,* p. 15-16, São Paulo: Saraiva, 1990).

No caso concreto, portanto, não é aceitável a aplicação da prescrição, posto que implicaria na continuidade de ocorrência de atos prejudiciais ao meio ambiente e na manutenção de toda degradação ambiental ocorrida ao longo do tempo.

No mérito.

Quanto à responsabilidade da Prefeitura e dos permissionários. Sustenta a Prefeitura Municipal de Itapema, em sua petição recursal, que o atual Governo é dotado da mais alta consciência ecológica e que não caberia a responsabilização da Prefeitura por ato ímprobo do ex-Prefeito, que lavrou certidão falsa acerca da viabilidade da construção do edifício residencial.

Ora, em que pese a alegação de que a Prefeitura atualmente busca incessantemente preservar e defender o meio ambiente – saliente-se que não foi o que se verificou no andamento do processo, como adiante se demonstrará – e de que o ato atacado foi praticado unilateralmente pelo ex-Prefeito, sem o respaldo da Municipalidade, permanece para a Prefeitura os deveres elencados no § 1º do art. 225 da CF.

O Prefeito, embora seja o Chefe do Executivo Municipal, deve-se igualmente submeter-se à lei, e a Prefeitura e a Câmara de Vereadores devem zelar para que o mesmo obedeça aos limites estritos da legalidade. Ora, se o ex-Prefeito de Itapema lavrou certidão de conteúdo falso aprovando a execução da obra, tal ato deveria ter sido desconstituído ainda administrativamente, pois cabe ao Poder Público zelar pela preservação do meio ambiente, conforme explicitado no art. 225 da CF.

Ademais, o Poder Público Municipal, mesmo "dotado da mais alta consciência ecológica" – conforme afirma em sua apelação –, descumpriu novamente o que estabelece o art. 225, § 1º, VII, ao permitir que fosse construída no terreno objeto desta lide uma residência, sem que fosse avaliado o impacto ambiental que uma moradia no local, aparentemente sem ligação à rede de tratamento de esgoto, causaria, e tudo isso após instaurado este processo, no qual foi determinada a interrupção da construção do edifício residencial exatamente face à potencialidade de dano ao meio ambiente, em especial à flora e ao lençol freático.

Por outro lado, sustentam os permissionários que o autor Luiz Antônio Palhares estaria motivado apenas por motivos pessoais, posto que a construção de um edifício residencial em terreno limítrofe ao seu certamente lhe prejudicaria a paisagem. Aduziram, ainda, que não desejaram em momento algum causar dano ao meio ambiente ou à coletividade.

No tocante aos motivos que levaram o autor popular a ajuizar a presente ação, não há qualquer evidência no sentido de que estes seriam apenas particulares, sem a menor preocupação com a defesa do meio ambiente. Não obstante ser de fácil constatação o fato de que a construção de um edifício em terreno lindeiro ao seu fosse lhe trazer alguns transtornos, igualmente é de fácil constatação o fato de que a execução do projeto rejeitado pela Fatma traria graves prejuízos não só ao autor, mas também ao meio ambiente e à coletividade, em especial face à contaminação do lençol freático e da possível alteração das condições de balneabilidade da praia próxima ao prédio.

Ademais, também a União Federal viu interesse na presente lide, face à área em que o prédio seria construído ser terreno de Marinha e a execução da obra se configurar em inequívoca ameaça ao meio ambiente. Assim, não deve subsistir a tese de que o feito deva ser julgado improcedente por ter sido o autor motivado por interesses meramente individuais.

E, no que concerne à alegação de que os permissionários jamais desejaram causar dano ou ameaça ao meio ambiente, deve ser destacado que a Constituição Federal prevê a responsabilidade "objetiva", isto é, independentemente de culpa, em casos de dano ao meio ambiente. Isso não impede, como evidente, a responsabilização solidária do Poder Público, por faute du service, o que acarreta apenas a exigência da ocorrência de culpa (responsabilidade subjetiva).

No caso concreto, percebe-se que enquanto à Municipalidade compete a expedição de certidão atestando a aprovação do órgão ambiental para o início das obras, caberia aos construtores e permissionários do terreno o dever de iniciar as obras apenas após a aprovação de seu projeto pela Fatma.

Evidente que a Municipalidade, pelo fato de atuar no âmbito da autorização para construir, não se despe do seu dever de proteger o meio ambiente, direito de toda coletividade e dever imposto ao Poder Público, conforme se infere do art. 225 da Constituição Federal.

Em tal situação, no momento da autorização deveria exigir do beneficiário todas as medidas necessárias e aptas à defesa do meio ambiente, compatibilizando a atividade de construção civil com as exigências de preservação dos recursos naturais, especialmente a flora e aqueles de natureza hídrica.

Não o fazendo ou deixando de exigir a realização das medidas necessárias ao equilíbrio ambiental, deve ser responsabilizada pela omissão.

Os permissionários, do mesmo modo, enquanto titulares da concessão do terreno de marinha em que o edifício seria construído, deveriam condicionar sua autorização para a construtora J. Guesser construir à elaboração de um projeto que respeitasse as normas ambientais. Deste modo, caracteriza-se a condição de infratores também aos permissionários, pois concorreram para a concretização do efeito danoso. Consulte-se:

"A obrigação de reparação do dano ecológico compete, imediatamente, ao responsável pela atividade poluidora. Pode ocorrer, porém, que haja mais de um responsável, ocorrendo solidariedade, conforme a regra do art. 1.518, parágrafo único, do c/c.

Rodolfo de Camargo Mancuso, finalmente, aponta o art. 225, § 3º, da CF, que impõe indistintamente a todos os infratores das normas de proteção ambiental, além das sanções penais e administrativas, a obrigação de reparar os danos.

Conforme a doutrina administrativista, a falta de serviço significa ausência, o não funcionamento ou o funcionamento deficiente dos serviços públicos. Importa sempre numa omissão ou, ao menos, num déficit. Muitas vezes, significa a falta do efetivo exercício do poder de polícia. Deixando sem a devida fiscalização determinada atividade, permite-se que seja desrespeitado o regulamento pertinente, sobrevindo o evento danoso.

Respeitáveis autores entendem que, mesmo nessas hipóteses, há responsabilidade da administração pública.

Se a omissão administrativa é a causa única do dano, não há dúvida sobre a incidência da regra constitucional do art. 37, § 6º. Contudo, se entre a falta, v. g., da fiscalização e o dano interpõe-se o ato comissivo do causador direto do evento, parece mais razoável perquirir-se da culpa da administração, como propõe Celso Antônio Bandeira de Mello, ainda que se possa partir de uma presunção juris tantum de responsabilidade." (ADALBERTO PASQUALOTTO, *Responsabilidade civil por dano ambiental*: considerações de ordem material e processual: in *Dano ambiental, prevenção, reparação e repressão*, obra coordenada por ANTONIO HERMAN VASCONCELOS E BENJAMIM, p. 451/452, São Paulo, Revista dos Tribunais, 1993).

Percebe-se, então, que no caso de faute du service, pelo menos em razão de culpa, está o ente estatal encarregado da fiscalização obrigado a responder solidariamente pelo dano ambiental.

Ademais, está claro nas perícias requeridas e nos pareceres da Fatma o risco de graves danos ao meio ambiente, com perigosa poluição dos recursos hídricos utilizados pela população da região, fato ameaçador para a saúde e vida de toda ela, conforme é também reconhecido.

E no tocante à situação atual do terreno, verifica-se que a Prefeitura mais uma vez falhou no seu dever de defesa e preservação do meio ambiente ao permitir que fosse construída no local objeto da presente lide uma residência aparentemente não conectada à rede de esgoto – sabe-se que à época da realização das perícias a rede de esgoto não se estendia até o terreno em questão –, e que não teve o projeto de sua construção avaliado pelo órgão ambiental competente, a fim de se examinar se a execução do projeto desta casa colocaria em risco o meio ambiente.

De igual forma, os permissionários mais uma vez deram prova de que o discurso de que não desejaram em momento algum causar dano ao meio ambiente nada mais é do que um discurso, sem haver a menor demonstração prática de que os mesmos buscam a tutela ambiental juntamente com de seus interesses, e não apenas a destes.

Assim, tenho que deve ser interditada a residência construída no terreno em debate até que seja concluído um estudo sobre o impacto ambiental causado pela moradia que se encontra no local com a indicação de procedimentos que tornem aceitável o impacto ambiental e a recuperação do meio ambiente, se aplicável. Isso sem prejuízo da remoção dos materiais referentes à construção do edifício residencial que teve seu projeto reprovado pelo órgão ambiental e da recuperação ecológica da área.

Quanto à fixação de honorários em favor da União Federal.

O art. 20 do CPC, diante da consideração de algumas circunstâncias previstas no seu § 3º, estabelece que os honorários advocatícios devem ser fixados entre 10% (dez por cento) e 20% (vinte por cento) sobre o valor da condenação.

No caso em tela, no entanto, não houve o arbitramento da verba honorária em favor da União Federal por se entender que a sua atuação no feito fora meramente opinativa e de menor importância, comparativamente à do autor popular.

Entretanto, muito embora a participação da União Federal não tenha sido tão relevante quanto a de seu litisconsorte, tenho que ela não foi tão somente opinativa, tal como entendeu a sentença. Ao longo desses mais de treze anos do ajuizamento da ação, a União atuou zelosamente no feito, despendendo recursos consideráveis no acompanhamento da demanda.

Assim, vislumbro certa insuficiência na não fixação de honorários em favor do ente público, posto que este atuou zelosamente e com considerável dispêndio de tempo, face à natureza e importância da matéria. Por conseguinte, entendo que deva haver fixação da verba honorária em favor da União, na razão de 50% do quantum arbitrado em favor de Luiz Antônio Palhares.

2 Provimento da apelação da União e improvimento dos demais recursos, inclusive a remessa oficial.

Indexação ação popular, reparação de danos, meio ambiente. Inaplicabilidade, prescrição. Responsabilidade, prefeitura, permissionário, construção civil, edifício, terreno de Marinha. Inobservância, obrigação, impedimento, dano ecológico. Interrupção, obra, período, pendência, relatório de impacto ambiental rima. Honorários, advogado.

Data publicação: 04.09.2002

Documento: 6 de 66
Acórdão origem: tribunal – quarta região
Classe: RSE – recurso em sentido estrito – 3164
Processo: 200172080025972
UF: SC
Órgão julgador: turma especial

Data da decisão: 31.07.2002
Documento: TRF400084958
Fonte DJU DATA: 21.08.2002, p. 865
DJU DATA: 21.08.2002
Relator(a): Juíz Volkmer de Castilho
Decisão: a turma, por unanimidade, deu provimento ao recurso, nos termos do voto do relator.
Ementa: Delito contra a fauna. Inaplicabilidade do princípio da insignificância.

A pesca de 2,8 kg de camarão "sete barbas", em período defeso, amolda-se à figura típica descrita no art. 34 da lei 9605/98.

Hipótese em que a relatividade dos valores em jogo torna inaplicável o princípio da insignificância, pois o bem jurídico agredido é o ecossistema, cuja relevância não pode ser considerada bagatela.
Indexação: crime contra a fauna. Atividade pesqueira, período, proibição, caracterização, crime, meio ambiente. Irrelevância, quantidade, valor irrisório, hipótese, dano ecológico.
Data publicação: 21.08.2002

Documento: 7 de 66
Acórdão
Origem: tribunal – quarta região
Classe: ACR – apelação criminal – 9429
Processo: 200204010124089
UF: RS
Órgão julgador: oitava turma
Data da decisão: 24.06.2002
Documento: TRF400084510
Fonte DJU DATA: 10.07.2002, p. 506
DJU DATA: 07.10.2002

Relator(a): Juíz Élcio Pinheiro de Castro
Decisão: a turma, por unanimidade, negou provimento à apelação, nos termos do voto do relator.
Ementa: direito penal. Crime ambiental. art. 34 da lei 9.605/98. Pesca proibida. Dolo. Sentença mantida.

1. O réu foi denunciado pela prática do delito previsto no art. 34, III, da lei 9.605/98, caracterizado pelo transporte das espécies provenientes de coleta, apanha e pesca proibidas, porquanto flagrado na posse de grande quantidade de camarão apreendido em período defeso.
2. No tipo penal em questão equipara-se o agente que adquire e realiza o deslocamento das espécimes irregularmente obtidas, àquele que causa diretamente o dano ecológico, ou seja, ao que efetua a captura em períodos vedados.
3. As provas carreadas aos autos mostram-se suficientes para conferir certeza da materialidade e autoria delitivas.
4. Não merece acolhimento a tese de que o réu não possuía consciência da ilicitude de seus atos, posto que presentes todas as condições para conhecer a antijuridicidade de sua conduta.

Indexação: crime contra a fauna. Competência jurisdicional, Justiça Federal. Ato ilícito, ocorrência, lagoa, comunicação, mar territorial. Tipicidade, conduta, adquirente, produto de crime, atividade pesqueira, período, proibição. Conhecimento, ilicitude.
Data publicação: 10.07.2002

Documento: 8 de 66
Acórdão
Origem: tribunal – quarta região
Classe: AC – apelação cível – 423556
Processo: 200072050006430

UF: SC
Órgão julgador: terceira turma
Data da decisão: 12.03.2002
Documento: TRF400083532
Fonte DJU DATA: 17.04.2002, p. 1070
DJU DATA: 17.04.2002
Relator(a): juiza Marga Inge Barth Tessler
Decisão: a turma, por unanimidade, deu parcial provimento ao recurso e à remessa oficial.
Ementa: Administrativo. Dano ambiental. Penalidade. Aplicação. multa.

VALOR.

1. Mantida parcialmente a sentença que julgou procedente o pedido, pois embora não se possa falar em cerceamento de defesa, a penalidade foi aplicada sem levar em conta os fatores do art. 6º da lei nº 9.605/98.
2. Modificada a decisão monocrática apenas para excluir a aplicação do art. 60 do Decreto nº 3.179/99, já que o autor não tomou qualquer providência no que se refere à reparação do dano ambiental.
3. Apelação e remessa oficial parcialmente providas.

Indexação: dano ecológico, área de proteção ambiental. multa, instituto brasileiro do meio ambiente e dos recursos naturais Ibama. Fixação, valor, observância, critério, lei. Descabimento, suspensão, exigibilidade. inocorrência, reparação de danos.

Documento: 9 de 66
Acórdão
Origem: tribunal – quarta região
Classe: AMS – apelação em mandado de segurança – 73908
Processo: 200004010719910
UF: SC

Órgão julgador: sétima turma
Data da decisão: 05.02.2002
Documento: TRF400083287
Fonte DJU DATA: 13.03.2002, p. 1088
DJU DATA: 13.03.2002
Relator(a): Juíz Vladimir Freitas
Decisão: a turma, por unanimidade, negou provimento ao recurso de apelação e à remessa oficial, nos termos do voto do desembargador federal relator.
Ementa: processo penal. Crime ambiental. Apreensão de veículo (automóvel). Restituição. CPP, art. 6º, II. Lei 9.605/98, arts. 34, § único, III e 70, IV.

O ato de transportar crustáceos irregularmente em veículo pode configurar duas espécies de ilícitos, um penal e outro administrativo (lei 9.605/98, arts. 34, parágrafo único, III e 70). A apreensão na esfera penal só se justifica se o veículo foi preparado para a prática delituosa, por exemplo, com fundo falso. Inexistindo qualquer circunstância especial que torne o bem instrumento do crime, a apreensão deverá limitar-se à esfera administrativa (lei 9.605/98, art. 70, IV).

Indexação: descabimento, polícia federal, apreensão, veículo automotor, transporte, caça furtiva. Negação, caracterização, instrumento do crime. Competência, apreensão, fiscalização, instituto brasileiro do meio ambiente e dos recursos naturais ibama, decorrência, infração administrativa, dano ecológico.
Data publicação: 13.03.2002

Documento: 10 de 66
Acórdão

Origem: tribunal – quarta região
Classe: AC – apelação cível – 16413
Processo: 9604507028
UF: RS
Órgão julgador: quarta turma
Data da decisão: 12.12.2000
Documento: TRF400082107
Fonte DJU DATA: 21.03.2001
DJU DATA: 21.03.2001
Relator(a): juiza Silvia Goraieb
Decisão: a turma, por maioria, deu parcial provimento à apelação. Vencido o des. Amaury Chaves de Athayde em relação aos honorários advocatícios, entendendo ter havido sucumbência recíproca dos litigantes que decaíram de porção expressiva de sua pretensão, face ao redimensionamento da multa em proporção relativa ao efetivo corte de madeira.

Ementa administrativo. Ambiental. Corte de floresta nativa. Multa. Validade do auto de infração.

Se a infração – corte de floresta nativa – foi corretamente descrita e confessada pelo apelado, constando apenas quantidade de hectares superior à efetivamente cortada, o auto de infração é válido.

Interesse público na preservação das reservas florestais que se sobrepõe a singelos equívocos praticados por parte da administração quando da execução de sua atividade fiscalizatória.

Multa reduzida para manter-se a proporcionalidade em relação à área onde efetuado o corte.

Sucumbência fixada na esteira dos precedentes da Turma.

Prequestionamento quanto à legislação invocada estabelecido pelas razões de decidir.

Apelação parcialmente provida.

Indexação: descabimento, anulação, auto de infração, instituto brasileiro do meio ambiente e dos recursos naturais ibama, hipótese, erro, fixação, área, objeto, dano ecológico. Redução, valor, multa, proporcionalidade, número, hectare, ocorrência, infração administrativa. Condenação, executado, honorários, advogado.
Data publicação: 21.03.2001

Documento: 11 de 66
Acórdão
Origem: tribunal – quarta região
Classe: ACR – apelação criminal – 7201
Processo: 199971010024232
UF: RS
Órgão julgador:
Data da decisão: 18.09.2001
Documento: TRF400081857
Fonte DJU DATA: 03.10.2001, p. 951
DJU DATA: 03.10.2001
Relator(a): Juíz Fabio Rosa
Decisão: a turma, por unanimidade, deu parcial provimento às apelações, nos termos do voto do desembargador federal relator.
Ementa: penal. Crimes contra a fauna. Lei nº 9.605/98. Princípio da insignificância. Aplicação restrita. Estado de necessidade. Erro de proibição. Inexigibilidade de conduta diversa. Excludentes não configuradas. Porte ilegal de arma. Lei nº 9.437/97. Concurso material.
1   A objetividade jurídica da lei nº 9.605/98 é a preservação das espécies da flora e da fauna silvestres, controlando e coibindo excessos comprometedores ao equilíbrio ambiental.
2   O abate de apenas um animal pertencente à fauna silvestre (capivara), sem finalidade de comercialização, e que se destinava à alimentação

dos acusados, não implica desequilíbrio ecológico que deva merecer a censura penal, dada a lesão ínfima produzida pelo fato delituoso.

3 Aplicação do princípio da insignificância no sentido de absolver os réus pelo delito previsto no art. 29, § 4º, inc. V, da lei nº 9.605/98, com base no art. 386, inc. III, do CPP, não se justificando a condenação, por ser desproporcional à significação social do fato.

4 Inaplicável o princípio da insignificância em relação ao crime do art. 34 da lei nº 9.605/98, na medida em que a prática desta conduta típica teve poder lesivo suficiente para atingir o bem jurídico tutelado, haja vista a grande quantidade de peixes e redes de pesca apreendidos em poder dos réus.

5 O estado de necessidade exige, para a sua configuração, a prova de que os acusados encontravam-se, por ocasião do crime, em perigo atual ou iminente, que não provocaram esta situação perigosa, que este perigo representava uma efetiva ameaça a um direito próprio ou alheio, que era inexigível o sacrifício do bem ameaçado, e que era inevitável a lesão ao bem jurídico de outrem.

6 É do conhecimento do homem comum da região que o Taim é uma Estação Ecológica na qual são proibidos a extração de recursos naturais, bem como o porte e uso de redes de apanha de animais.

7 A inexigibilidade de conduta diversa não se caracterizou, visto que a defesa dos acusados em nenhum momento demonstrou que inexistia qualquer outra alternativa para amenizar a suposta fome dos mesmos, que não o dano causado ao meio ambiente.

8 A simples alegação de que o réu era pessoa simples, desprovida de qualquer elemento de prova, não é apta para caracterizar o erro de proibição, devendo ser mantida a condenação do acusado pelo cometimento do delito previsto no art. 10 da lei 9.437/97.

9 Mantida a condenação dos réus, pela prática do crime previsto no art. 34 da lei nº 9.605/98, e do réu Paulo Ricardo, também por infração ao art. 10 da lei nº 9.437/97.

10 Quanto ao réu Isnard dos Santos da Silva, condenado a pena não superior a 1 (um) ano (§ 2º do art. 44 do CP), é cabível a substituição da pena privativa de liberdade por uma restritiva de direitos, qual seja a de prestação de serviços à comunidade, a ser estabelecida pelo Juízo da Execução, observado o disposto no art. 55 do Código Penal.
11 Mantida a substituição das penas privativas de liberdade por restritivas de direitos em relação aos réus Paulo Ricardo Silva Los Santos e Flôr Silva de Los Santos, nos moldes em que concedida pela sentença apelada.
12 Apelações parcialmente providas.

Documento: 12 de 66
Acórdão
Origem: tribunal – quarta região
Classe: AG – agravo de instrumento – 71221
Processo: 200004011354422
UF: SC
Órgão julgador: terceira turma
Data da decisão: 21.08.2001
Documento: TRF400081754
Fonte DJU DATA: 26.09.2001, p. 1527
DJU DATA: 26.09.2001
Relator(a): juiza Luiza Dias Cassales
Decisão: apresentado em mesa, por ter sido adiado o julgamento. A turma, por unanimidade, deu provimento ao agravo de instrumento.
Ementa: administrativo. Processo civil. Ação declaratória. Estudo de impacto ambiental. Prova pericial.
1 A realização da perícia resultou prejudicada tendo em vista a renúncia do perito do juízo que apontou a dificuldade da realização da prova técnica por apenas um perito, em razão da complexidade da matéria

fática que envolve diferentes áreas científicas, o que exigiria a presença de uma equipe multidisciplinar.

2 Considerando que o Ibama e demais órgãos ambientais estão submetendo o EIA/RIMA apresentado pela agravante a uma minuciosa análise crítica e uma consequente exigência de complementação, a perícia determinada pelo juízo não tem mais a importância que lhe foi atribuída pela agravada, porque, na verdade, está ela sendo realizada pelos órgãos ambientais estatais, que foram atribuídos pelo despacho agravado ao perito do Juízo.

Indexação: desnecessidade, perito oficial, realização, perícia, verificação, impacto ambiental, hipótese, Instituto Brasileiro do Meio Ambiente e dos Recursos Naturais Ibama, prova, vistoria, área, construção civil, porto, localização, Mata Atlântica, objetivo, verificação, risco, dano ecológico.

Data publicação: 26.09.2001

Documento: 13 de 66
Acórdão
Origem: tribunal – quarta região
Classe: AC – apelação cível – 378260
Processo: 200004011323700
UF: SC
Órgão julgador: terceira turma
Data da decisão: 04.09.2001
Documento: TRF400081748
Fonte DJU DATA: 26.09.2001, p. 1527
DJU DATA: 26.09.2001
Relator(a): juiza Maria de Fátima Freitas Labarrère
Decisão: a turma, por unanimidade, deu parcial provimento ao recurso, ressalvado o ponto de vista da des. Luiza Dias Cassales.

Ementa: administrativo. Ação civil pública. Dano ao meio ambiente decorrente de obra. Responsabilidade civil. Aterramento.

1. A responsabilidade civil por dano ambiental é objetiva pois independe da perquirição de culpa do agente. A Lei de Política Nacional do Meio Ambiente (lei nº 6.938/81), dispõe em seu artigo 14, §1º, que o poluidor é obrigado, independentemente da existência de culpa, a indenizar ou reparar danos causados ao meio ambiente e a terceiros afetados por sua atividade.
2. Hipótese em que os fatos que ensejaram a dedução em juízo da presente pretensão ressarcitória restaram sobejamente comprovados no decorrer da instrução processual, evidencia o crescimento progressivo da interferência causadora do dano ambiental.
3. Apelação parcialmente provida para condenar o réu a reparar o dano na forma constante dos itens "a" e "c" da inicial.

Indexação: condenação, réu, indenização, dano ecológico, área de proteção ambiental. Existência, responsabilidade objetiva. Suficiência, nexo de causalidade, prova, dano. Aplicação, multa diária, hipótese, descumprimento, prazo, reflorestamento, desobstrução, área, rio.

Data publicação: 26.09.2001

Documento: 14 de 66
Acórdão
Origem: tribunal – quarta região
Classe: AG – agravo de instrumento – 71037
Processo: 200004011341385
UF: RS Órgão
Julgador: quarta turma
Data da decisão: 15.05.2001
Documento: TRF400081010
Fonte DJU DATA: 27.06.2001, p. 644
DJU DATA: 27.06.2001

Relator(a): Juíz Edgard A. Lippmann Junior
Decisão: a turma, por unanimidade, deu provimento ao recurso, nos termos do voto do relator.
Ementa: processual civil. Ação civil pública. Dano ambiental evidente por vazamento de ácido de embarcação. Monitoramento que não se confunde com produção de prova. Ônus do réu.

Restando evidenciado o dano ambiental causado por vazamento de produto ácido de navio, o monitoramento técnico da área afetada não deve ser confundido com produção de prova, o que obriga os réus a arcarem com seu ônus por se constituir em forma de reparação do dano além de ser sua a obrigação de proporcionar a recuperação natural do ecossistema afetado.

Indexação: empresa, contaminação, poluição, meio ambiente, responsabilidade, pagamento, despesa, monitoramento, destinação, verificação, extensão, dano ecológico.
Data publicação: 27.06.2001

Documento: 15 de 66
Acórdão
Origem: tribunal – quarta região
Relator(a): Juíz Edgard A. Lippmann Junior
Decisão: a turma, por unanimidade, deu provimento ao recurso, nos termos do voto do relator.
Ementa: processual civil. Obrigação de fazer. Possibilidade de efetivação da determinação judicial. Prazo exíguo. Imposição de multa diária. Prazo para o cumprimento. Razoabilidade. § 4º do art. 461 do CPC.

A imposição de multa diária pelo descumprimento de obrigação de fazer deve levar em consideração as condições de que dispõe a parte para sua efetivação, entre as quais a razoabilidade de prazo em função de fatores outros que possam influenciar no cumprimento ao que lhe foi exigido.

Em razão de adversidades externas, que tornem evidente ser impraticável a determinação judicial, não é de ser aplicada a multa imposta anteriormente, haja vista que o cumprimento do que foi determinado foge do alcance da parte.

A teor do que dispõe o § 4º do art. 461 do CPC, ao aplicar a multa o juíz deve fixar prazo razoável para o cumprimento do preceito.

Indexação: descabimento, fixação, prazo mínimo, objetivo, cumprimento, ordem judicial, descarga, alto-mar, produto tóxico, navio, avaria. Possibilidade, agravação, dano ecológico. Prejudicialidade, reexame, multa diária, incidência, hipótese, descumprimento, prazo.

Documento: 16 de 66
Acórdão
Origem: tribunal – quarta região
Classe: HC – *habeas corpus* – 1957
Processo: 199904011106148
UF: SC
Órgão julgador: segunda turma
Data da decisão: 16.12.1999
Documento: TRF400079818
Fonte DJU DATA: 26.01.2000, p. 53
Relator(a): juiza Tania Terezinha Cardoso Escobar
Decisão: a turma, por unanimidade, concedeu a ordem de *habeas corpus*, nos termos do voto do(a) juíz(a) relator(a).
Ementa: penal. Processo penal. *Habeas corpus*. Lei nº 9.605/98. Crime. Ambiental. Suspensão do processo. Composição do dano. Preponderância de proteção ao bem jurídico tutelado. Proposta alternativa viável e adequada e suficiente. Ordem concedida.

1 Já alcançados os benefícios penais ao réu através das disposições do art. 89 da lei nº 9.099/95, ato jurídico perfeito e acabado, e incomportável a transação penal por ausência de requisito essencial, não se há de falar de nulidade do processo.
2 Não obstante o zelo ministerial, buscando a preservação ambiental, matéria do âmbito de suas atribuições, penso que a solução legislativa encontrada, através do art. 28, da lei nº 9.605, que remete às disposições da legislação dos Juizados Especiais, com especialíssimos contornos no que diz com a reparação do dano ecológico, se mostra viável, adequada e suficiente como resposta penal ao delito denunciado.
3 Presente a coação ilegal pela ameaça de retomada do processo suspenso, concede-se a ordem nos limites da decisão.

Indexação: autorização, réu, gozo, suspensão condicional do processo, crime, dano ecológico, cumprimento, condição, recuperação, meio ambiente, diversidade, lugar do crime.
Data publicação: 26.01.2000

Documento: 17 de 66
Acórdão origem: tribunal – quarta região
Classe: AGA – agravo regimental no agravo de instrumento – 71221
Processo: 200004011354422
UF: SC
Órgão julgador: terceira turma
Data da decisão: 30.11.2000
Documento: TRF400079728
Fonte DJU DATA: 21.03.2001, p. 389
DJU DATA: 21.03.2001
Relator(a): juiza Luiza Dias Cassales

Decisão: apresentado em mesa com agravo regimental. A turma, por unanimidade, negou provimento ao agravo regimental.
Ementa: administrativo. Processo civil. Ação declaratória. Estudo de impacto ambiental. Realização de perícia. Terrenos de marinha. Interesse processual da união federal. Realização de perícia. Prevalência da preservação do meio ambiente.

1 Apesar de vedado o caráter condenatório da ação declaratória, sevo autor deduz sua pretensão de maneira clara e inequívoca, ainda que erre ao nominar a ação, não há razão para negar-lhe a prestação jurisdicional.
2 Tratando-se de empreendimento que envolve terrenos de marinha e seus acrescidos, bem como cobertura vegetal densa, além de manguezais, cujos ecossistemas restariam completamente destruídos, não há que se falar em falta de interesse processual da União Federal.
3 O interesse em proteger e preservar o meio ambiente, previsto na Constituição Federal em seu Capítulo vi, Título viii, deve prevalecer sobre qualquer tipo de interesse de empresas ou indivíduos, motivo pelo qual não há razão para ser indeferida a realização de perícia antes da aprovação de projeto ecológico pelo Ibama.
4 Agravo regimental improvido.

Indexação: interesse processual, união federal, perícia, objetivo, verificação, dano, meio ambiente, obra civil, abrangência, terreno de Marinha. cabimento, impugnação, relatório de impacto ambiental Rima, anterioridade, aprovação, autoridade competente.
Data publicação: 21.03.2001

Documento: 18 de 66
Acórdão
Origem: tribunal – quarta região
Classe: AMS – apelação em mandado de segurança – 43031
Processo: 9604075659

UF: RS
Órgão julgador: quarta turma
Data da decisão: 05.12.2000
Documento: TRF400079400
Fonte DJU DATA: 31.01.2001, p. 606
Relator(a): Juíz A. A. Ramos de Oliveira
Decisão: a turma, por unanimidade, não conheceu do recurso interposto pela autoridade impetrada e negou provimento ao apelo do município e à remessa oficial.
Ementa: mandado de segurança – projeto de lei complementar municipal criando "parque de eventos" que poderá causar impacto ambiental e embaraço a serviços públicos federais desenvolvidos no centro administrativo federal contíguo – legitimidade ativa da união – procedência da ação – descumprimento de norma da lei orgânica do município.

1 Não existe um "meio ambiente municipal", e sim o meio ambiente único, a cujo equilíbrio ecológico todos têm direito, cabendo ao Poder Público e à coletividade o dever de defendê-lo e preservá-lo para as presentes e futuras gerações (art. 225 da Constituição de 1988).

2 A proteção ao meio ambiente e o combate à poluição em qualquer de suas formas é da competência comum da União, dos Estados, do Distrito Federal e dos Municípios (art. 23 da CF/88), independentemente de a agressão ocorrer em próprio público federal, estadual ou municipal.

3 A União tem legitimidade para figurar no polo ativo de mandado de segurança contra a votação de lei municipal que possa causar impacto ambiental ou gerar qualquer forma de poluição, ou o embaraço de seus serviços, sem observância dos requisitos legais.

4 O direito ao meio ambiente ecologicamente equilibrado não diz respeito apenas à proteção das matas, da flora e da fauna, mas também ao espaço urbano onde vive a maioria da população, que sofre de grave degradação da qualidade de vida causada por todas as formas de polui-

ção, inclusive a sonora, não se podendo ignorar que a instalação de um Parque de Eventos, onde ocorrerão festejos, solenidades e manifestações de massa, ao lado de um Centro Administrativo, contribuirá para agravar ainda mais a poluição sonora a que já se encontram expostos os servidores e os usuários de seus serviços.

5 O art. 236 da lei Orgânica do Município de Porto Alegre estabelece que a votação de qualquer projeto de cuja implementação possa decorrer impacto ambiental será precedida de ampla divulgação para que a população possa se manifestar, podendo ocorrer, a requerimento de qualquer entidade interessada em oferecer opinião ou proposta alternativa (parágrafo único), uma audiência pública, formalidade essencial para que a coletividade e o Poder Público possam exercer a defesa do meio ambiente prevista no art. 225 da Constituição. Omitida essa formalidade, o mandado de segurança tem procedência.

6 Apelo da autoridade impetrada não conhecido. Apelo do Município e remessa oficial improvidos.

Indexação: legitimidade, recurso judicial, pessoa jurídica de direito público. ilegitimidade, autoridade coatora. Litisconsórcio ativo, união federal, mandado de segurança MS, objetivo, impedimento, construção civil, município. Interesse processual, decorrência, prejuízo, dano, meio ambiente. Competência jurisdicional, Justiça Federal. Impossibilidade, lei complementar, autorização, construção civil, descumprimento, lei orgânica, município.

Data publicação: 31.01.2001

Documento: 19 de 66
Acórdão
Origem: tribunal – quarta região
Classe: AC – apelação cível – 177584

Processo: 9704009097
UF: SC
Órgão julgador: quarta turma
Data da decisão: 29.08.2000
Documento: TRF400077889
Fonte DJU DATA: 18.10.2000, p. 220
Relator(a): juiza Silvia Goraieb
Decisão: a turma, por unanimidade, negou provimento ao recurso e à remessa oficial, considerada interposta, nos termos do voto da relatora. Ementa administrativo. Ação civil pública. Meio ambiente. Área de manguezal. Município de Florianópolis. Construção. Nulidade dos alvarás. Honorários advocatícios.

Tratando-se de área de preservação permanente, manguezal protegido pela lei 4.771/65, vedação legal e constitucional de construção de imóvel na área, que impõe a nulidade dos alvarás, como mera decorrência do julgamento de mérito da questão de fundo.

Honorários advocatícios a serem suportados pelo Município mantidos, porque os 10% fixados equivalem a aproximadamente a R$170,00, o que configura quantia razoável, que não afronta as disposições do art. 20 do CPC.

Apelação e remessa oficial, considerada interposta nos termos do art. 475, II, do CPC, improvidas.

Indexação: cabimento, sentença, ação civil pública, declaração de nulidade, licença, construção civil, concessão, município, hipótese, condenação, proprietário, paralisação, obra, área de proteção ambiental, recuperação, dano ecológico, reflorestamento, lugar. Honorários, advogado.
Data publicação: 18.10.2000

Documento: 20 de 66
Acórdão
Origem: tribunal – quarta região
Classe: AG – agravo de instrumento – 52866
Processo: 199904011307348
UF: RS
Órgão julgador: terceira turma
Data da decisão: 11.05.2000
Documento: TRF400076188
Fonte DJU DATA: 12.07.2000, p. 163
Relator(a): Juíz Teori Albino Zavascki
Decisão: apresentado em mesa, por ter sido adiado o julgamento na sessão de 04.05.2000. A turma, por unanimidade, negou provimento ao recurso.
Ementa: administrativo. Licitação. Serviço público. Continuidade. Cautelar. Requisitos.

1. Ausente o fumus boni iuris, um dos requisitos para a concessão da medida cautelar; não se defere o pedido liminar.
2. Não se defere pedido liminar quando a sua concessão implica suspensão de prestação de serviço público, ainda mais quando a interrupção coloca em risco equilíbrio ecológico.

Indexação: descabimento, suspensão, licitação, hipótese, possibilidade, prejuízo, funcionamento, obra pública. Inadmissibilidade, interrupção, serviço público, hipótese, risco, dano ecológico.
Data publicação: 12.07.2000

121.
Acórdão: REsp 300190/RJ; recurso especial 2001/0005523-0
Fonte DJ DATA: 18.03.2002
PG: 00256

Relator(a): Min. Sálvio de Figueiredo Teixeira (1088)
Ementa: responsabilidade civil. Transporte aéreo. Extravio de bagagem. Inaplicabilidade da convenção de varsóvia. Relação de consumo. Código de defesa do consumidor. Indenização ampla. Danos materiais e morais. Orientação do tribunal. Pagamento de bolsa de estudos. Dano incerto e eventual. Aprovação incerta. exclusão da indenização. Recurso acolhido parcialmente. Maioria.

I – Nos casos de extravio de bagagem ocorrido durante o transporte aéreo, há relação de consumo entre as partes, devendo a reparação, assim, ser integral, nos termos do Código de Defesa do Consumidor, e não mais limitada pela legislação especial.

II – Por se tratar de dano incerto e eventual, fica excluída da indenização por danos materiais a parcela correspondente ao valor da Bolsa que o recorrido teria se tivesse sido aprovado no exame para frequentar o curso de mestrado.

122.

Acórdão: REsp 256327/PR; recurso especial 2000/0039734-2
Fonte DJ DATA: 04.03.2002
PG: 00260
Relator(a): Min. Aldir Passarinho Junior (1110)
Ementa: civil. Ação de indenização. Atropelamento. Vítima fatal. Responsabilidade extracontratual. Dano moral devido aos filhos do de cujus. Juros de mora. Súmula nº 54-STJ.

I Injustificável o não reconhecimento, aos filhos do de cujus, do direito à indenização por dano moral, eis que patente a dor e sofrimento por eles padecidos em face da morte de seu genitor, vítima de atropelamento por ônibus da empresa transportadora ré.

II "Os juros moratórios fluem a partir do evento danoso, em caso de responsabilidade extracontratual" (Súmula nº 54 – STJ).

III Recurso especial conhecido e provido.

123.

Acórdão: REsp 237964/SP; recurso especial 1999/0102373-4
Fonte DJ DATA: 08.03.2000;
PG: 00127;
RJADCOAS VOL.: 00007;
PG: 00029;
RSTJ VOL.: 00134;
PG: 00411;
RT VOL.: 00779;
PG: 00208;
SJADCOAS VOL.: 00097
PG: 00049
Relator(a): Min. Ruy Rosado de Aguiar (1102)
Ementa: Código de Defesa do Consumidor. Lata de tomate Arisco. Dano na Abertura da lata. Responsabilidade civil da fabricante. O fabricante de massa de tomate que coloca no mercado produto acondicionado em latas cuja abertura requer certos cuidados, sob pena de risco à saúde do consumidor, e sem prestar a devida informação, deve indenizar os danos materiais e morais daí resultantes.

Rejeitada a denunciação da lide à fabricante da lata por falta de prova. Recurso não conhecido.

124.

Acórdão: REsp 157580/AM; recurso especial 1997/0087098-7
Fonte DJ DATA: 21.02.2000
PG: 00128
LEXSTJ VOL.: 00129
PG: 00107
Relator(a): Min. Sálvio de Figueiredo Teixeira (1088)

Ementa: direito civil. Responsabilidade civil. Infiltrações e vazamentos em imóvel. Mau uso e má conservação do apartamento superior. Legitimidade passiva. Indenização por danos morais. Locatário. Possibilidade. Natureza pessoal. Direito comum. art. 159, CC. Enunciado nº 7 da súmula/STJ. Recurso desacolhido.

I   A indenização por danos morais, nos termos do art. 159 do c/c fundada no direito comum, pode ser exigida contra qualquer pessoa que, por dolo ou culpa, tenha ocasionado ou contribuído para a ocorrência de uma dor, seja ela qual for.

II O locatário pode ser responsabilizado pelos danos morais que venha a causar a proprietário de apartamento vizinho, pelo mau uso do imóvel, causando perturbações, além de comprometer a segurança, o sossego ou a saúde do vizinho.

III Assentado, no caso, que a locatária não praticou qualquer ato danoso, e que não tinha conhecimento dos fatos, dado que anteriores à vigência da locação, o recurso especial, que pretende a sua condenação pelos **danos morais,** não prescindiria do revolvimento de matéria fática, o que encontra óbice no enunciado nº 7 da súmula/STJ.

125.
Acórdão: REsp 139779/RS; recurso especial 1997/0047933-1
Fonte DJ DATA: 15.12.1997
PG: 66281
Relator(a): Min. José Delgado (1105)
Ementa: administrativo. Responsabilidade civil. Indenização. Estado. Juros compostos. Ato ilícito.

1   Não se conhece de recurso especial quando inexiste prequestionamento no acórdão recorrido da matéria infraconstitucional apontada como violada.

2   Arts. 131, do CC, e 334, IV, do CPC, que não foram discutidos no aresto hostilizado. Apreciação de documentos para fixação de valor

de pensão. Impossível o reexame de tal prova em sede de recurso especial.

3 Inexistência de dissídio no tocante ao cabimento da cumulação de indenização por dano moral com indenização por dano material aos parentes da vítima, em caso de ato ilícito que resultou em morte de ser humano. Tema pacificado via sum. 37, do STJ. Recurso especial sujeito aos ditames da sum. 83, STJ.

4 Quantificação da indenização por dano moral. Inexistência, em tal definição, de divergência de tese jurídica. Valor fixado com vinculação a fatos. Impossível ser reapreciado em sede de recurso especial, quando não se afasta do critério da razoabilidade. no caso, o valor fixado foi de 500 (quinhentos) salários mínimos, o que se tem como não exagerado.

5 A fixação do limite temporal da indenização por dano material envolve, em cada caso, a apreciação de vários aspectos de fato: condições de vida que possuía a vítima, local de sua vivência, assistência à saúde, condições financeiras, tudo a influir em uma maior ou menor potencialidade de existência. Inexistência, portanto, de tese jurídica na fixação de tal tempo, a impossibilitar divergência jurisprudencial a ser conhecida pela via do especial.

6 Recurso conhecido, apenas, por dissídio jurisprudencial com referência ao art. 1.544, do CC. Os juros compostos só são devidos, em casos de indenização por atos ilícitos, pelo autor do ato, por se constituírem em espécie de pena, pelo que não se transfere tal obrigação ao preposto, mesmo que seja o estado. Provimento do recurso quanto a esse aspecto.

7 Recurso provido na parte em que foi conhecido.

126.
Acórdão: REsp 98539/RS; recurso especial 1996/0038115-1
Fonte DJ DATA: 09.12.1997

PG: 64685
Relator Min. Carlos Alberto Menezes Direito (1108)
Ementa: indenização de direito comum. Vítima menor de 19 anos. Situação econômica deficiente. Pensionamento. Fixação da verba de dano moral.

1 O pensionamento até a idade em que a vítima completaria 65 anos, sendo o único provedor da genitora, com saúde abalada que lhe impede de trabalhar, com situação econômica deficiente, está consentâneo com a realidade dos autos, sendo a melhor orientação nestes casos.
2 Não está fora do padrão de razoabilidade a fixação da verba de dano moral em 280 salários mínimos, considerando a perda do filho com as circunstâncias dos autos.
3 Recurso especial conhecido e improvido.

127.
Acórdão: REsp 13034/RJ; recurso especial 991/0015105-0
Fonte DJ DATA: 24.02.1992
PG: 01874;
LEXSTJ VOL.: 00038
PG: 00125;
RSTJ VOL.: 00030
PG: 00483
Relator(a): Min. Athos Carneiro (1083)
Ementa: acidente do trabalho. Indenização com base no direito comum. culpa do empregador. Súmula 229 do Supremo Tribunal Federal. Dano moral e dano material, indenizações cumuláveis. Não cabe, em recurso especial, perquirir quanto ao grau da culpa do empregador, reconhecida nas instâncias ordinárias, pois tal perquirição implicaria em reexame da prova, defesa em recurso especial. Empregado que sofre traumatismo cerebral, com grave e permanente comprometimento da **saúde** psíquica. Possibilidade de cumulação do ressarcimento pelos **danos**

materiais, a serem compostos através o pagamento de pensão mensal a partir do evento, com a indenização pelo dano moral, fixada pelo juíz em número certo de salários mínimos. recurso especial conhecido em parte, e não provido.

128.
Acórdão: REsp 330288/SP; recurso especial 2001/0082051-8
Fonte DJ DATA: 26.08.2002
PG: 00230
Relator Min. Aldir Passarinho Junior (1110)
Ementa: civil e processual. Ação de indenização. Acidente com coletivo. Morte de passageiros. Nulidade do acórdão não configurada. Dependência econômica. Fundamentação. Suficiência. Prova. Reexame. Impossibilidade. Dano moral devido aos filhos e irmãos. Tarifação pelo código brasileiro de telecomunicações inadequada. Valor fixado. Razoabilidade. Prescrição vintenária. Inincidência do art. 27 do CDC. Transação celebrada com a 1ª autora. Não prejudicialidade do direito dos demais autores. Inexistência de solidariedade.

I. Não se configura nulidade no acórdão quando a matéria controvertida foi suficientemente enfrentada, apenas que de modo desfavorável à pretensão da parte.

II. Concluindo as instâncias ordinárias sobre a dependência econômica do autor que, embora menor de idade, exercia modesta atividade profissional, a controvérsia recai no reexame da prova, incidindo o óbice da Súmula nº 7 do STJ.

III. Dano moral presumido dos autores, pela perda das vidas do pai e irmão acidentados, desimportando a circunstância de que duas delas já se achavam casadas, porquanto os laços afetivos na linha direta e colateral, por óbvio, não desaparecem em face do matrimônio daqueles que perderam seus entes queridos.

IV. Por defeito de serviço, na previsão do art. 14, § 1º, s I a III, do CDC, há que se entender, no caso do transporte de passageiros, aquele inerente ao curso comum da atividade comercial, em tal situação não se compreendendo acidente que vitima fatalmente passageiros de coletivo, uma vez que constitui circunstância extraordinária, alheia à expectativa dos contratantes, inserindo-se no campo da responsabilidade civil e, assim, sujeita à prescrição vintenária do art. 177 do Código Substantivo, e não à quinquenal do art. 27 da lei nº 8.078/90.

V. Não há solidariedade entre os parentes, de sorte que a transação feita pela esposa e mãe das vítimas com a ré não faz desaparecer o direito à indenização dos demais autores, filhos e irmãos dos extintos, em face da independência da relação de parentesco.

VI. Recurso especial conhecido em parte e improvido.

129.
Acórdão: REsp 332165/RJ; recurso especial 2001/0084645-8
Fonte DJ DATA: 26.08.2002
PG: 00231
Relator(a): Min. Aldir Passarinho Junior (1110)
Ementa: civil. Ação indenizatória. Trânsito. Atropelamento. Criança colhida na calçada. Dano moral. Redução. Inviabilidade. Constituição de capital. Prova. Reexame impossibilidade. Matéria de prova. Súmula nº 7-STJ.

Reconhecido pela Corte estadual o direito da autora, menor impúbere, à verba por dano moral, decorrente de atropelamento por coletivo urbano, quando aguardava na calçada de via pública, produzindo sequelas irreversíveis de caráter gravíssimo e deformantes, não se revela abusivo o quantum fixado àquele título, a justificar a intervenção do STJ a respeito.

Impossível o reexame da prova em sede especial, ao teor da Súmula nº 7 do STJ, o que inviabiliza a controvérsia sobre o porte da empresa recorrente, que pretende ser dispensada da constituição do capital para assegurar o pagamento das prestações vincendas da pensão.

Recurso conhecido em parte e desprovido.

130.
Acórdão: REsp 229278/PR; recurso especial 1999/0080789-8
Fonte DJ DATA: 07.10.2002
PG: 00260
Relator(a): Min. Aldir Passarinho Junior (1110)
Ementa: civil e processual. Ação de indenização. Dano moral. Inscrição no Serasa. Execução fiscal acusada em registro de distribuição da Justiça Federal. Fato verídico. Omissão na comunicação no cadastro da ré. Honorários advocatícios. Sucumbência recíproca. CDC, art. 43, § 2º. CPC, art. 21.

Constatado que a execução fiscal contra a autora apontada nos registros do Serasa era fato verdadeiro, não se configura o dever de indenizar pela simples omissão na comunicação à empresa, notadamente porque em se tratando de execução fiscal, tem o devedor prévia ciência da cobrança, pela preexistência da fase administrativa.

O êxito parcial da ação, consubstanciado pela determinação de exclusão da autora do cadastro da ré, enseja a compensação dos ônus sucumbenciais, nos termos do art. 21 da lei adjetiva civil.

Recurso especial conhecido em parte e provido.

131.
Recurso: apelação cível
Número: 595194176
Relator(a): Elaine Harzheim Macedo
Ementa: ação civil pública. Criação de cemitério apartado. e o ministério público parte legítima para propor ação civil pública, na proteção de interesses difusos, como o do respeito a seus mortos, pertencentes a

toda coletividade, afetado por ato administrativo sem finalidade, discriminatório, infringindo diversas disposições constitucionais e legais. A prestação buscada na ação civil pública não é necessáriamente de reparação pecuniária de dano, podendo visar tão-somente prestação de fazer ou não fazer, em tutela do dano moral. O município passa a ser parte legítima passiva, quando se busca o desfazimento de obra de sua administração. apelo improvido. (apelação cível nº 595194176, primeira câmara cível, tribunal de justiça do RS. Relator: des. Elaine Harzheim Macedo, julgado em 08.04.98)
Tribunal: Tribunal de Justiça do RS
Data de julgamento: 08.04.98
Orgao julgador: primeira câmara cível
Comarca de origem: Sapucaia do Sul
Seção: cível
Fonte: jurisprudência TJRS, c-cíveis, 1998, V-3, T-74, p. 120-129

132.
Recurso: apelação cível
Número 70001202555
Relator Luiz Ary Vessini de Lima
Ementa: responsabilidade civil bancos. Devolução de cheques. Danos materiais e morais. Valor. Os bancos, a luz do CDC, são responsáveis pelos defeitos na execução dos serviços postos a disposição dos clientes (art. 3, parag. 2). Tratando-se a prejudicada, de pessoa jurídica os danos morais correspondem ao abalo creditício difuso pela mesma enfrentada e decorrente da situação indigitada. Danos morais. Quando estes não puderem ser aferidos ou não forem suficientemente comprovados, restam subsumidos na indenização extrapatrimonial concedida. Valor. Capacidade financeira do ofensor que deve ser considerada, mas levada em conta a repercussão da ofensa no universo da vítima. Apelações improvidas. (7fls) (apelação cível nº 70001202555, décima

câmara cível, tribunal de justiça do RS. Relator: des. Luiz Ary Vessini de Lima, julgado em 19.10.00)
Tribunal: Tribunal de Justiça do RS
Data de julgamento: 19.10.00
Órgão julgador: décima câmara cível
Comarca de origem: Porto Alegre
Seção: cível
Assunto: danos causados por estabelecimento bancário. Devolução indevida de cheque. Responsabilidade. Quantum. Fixação. Pessoa jurídica. Dano moral. Inexistência de fundos. Incomprovada.
Referências legislativas: LF-8078 de 1990 art-3, par-2.

133.
Tipo de processo: Apelação Cível
Número acórdão: 99.005030-0
Comarca: Capital
Des. relator: Newton Trisotto
Órgão: Primeira Câmara Civil
Data decisão: 25 de maio de 1999
Publicado no Djesc:
Apelação Cível: nº 99.005030-0, da Capital
Relator(a): des. Newton Trisotto
Responsabilidade civil. Dano moral. Não-caracterização. Empregador Ato do preposto. Inexistência de relação com o trabalho. Indenização indevida.

1 Para que *"subsista a responsabilidade do patrão, por ato culposo do empregado, preciso será que este se encontre a serviço, no exercício do trabalho, ou por ocasião dele. Sem demonstração dessa circunstância, não é lícito concluir pela responsabilidade do preponente"* (Washington de Barros Monteiro).

2 O ressarcimento por danos morais não exsurge de mera suscetibilidade de alguém à conduta alheia.

Impropérios dirigidos num momento de justificável ira a um grupo de naturalistas, sem destinar-se especificamente a qualquer um dos manifestantes, não caracteriza dano moral.

Vistos, relatados e discutidos estes autos de Apelação Cível n.º 99.005030-0, da Comarca da Capital (2ª Vara Cível e Registro Público), em que é apelante Armando Luiz Gonzaga e apelado Márcio José Pereira de Souza:

Acordam, em Primeira Câmara Civil, por votação unânime, dar provimento ao recurso de apelação do réu Armando Luiz Gonzaga, prejudicado o recurso adesivo do autor Márcio José Pereira de Souza.

134.
Tipo de processo: Apelação cível
Número acórdão: 99.002729-5
Comarca: Capital
Des. relator: Carlos Prudêncio
Órgão julgador : Primeira Câmara Civil
Data decisão : 1º de junho de 1999
Publicado no Djesc :
Apelação cível nº 99.002729-5, da Capital.
Relator(a): Des. Carlos Prudêncio.
Indenização por danos morais. Desmatamento de área pela ré construtora. Autora que oferece *notitia criminis*. Imputação, à autora, de cometimento do crime previsto no art. 340 do código penal – comunicação falsa de crime. Denunciação caluniosa, por parte da ré, existente. Mero exercício regular de direito da autora. Dever de indenizar incontesto por parte da ré.

Age com desídia a ré que, diante de notícia crime levada pela autora ao conhecimento da autoridade policial, denotando o cometimento do crime de desmatamento por sua parte, imputa-lhe, de forma vingativa, a conduta do art. 340 do CP, qual seja, a comunicação falsa de crime. Configura-se, neste caso, a denunciação caluniosa, por ter dado causa à investigação policial contra a autora mesmo ciente de sua inocência.

Vistos, relatados e discutidos estes autos de apelação cível nº 99.002729-5, da comarca da Capital (3ª Vara), em que são apelantes e apelados Vania Mariani e Habitasul Empreendimentos Imobiliários Ltda.:

ACORDAM, em Primeira Câmara Civil, por votação unânime, negar provimento aos recursos.

Cont.

135.
Recurso adesivo. Lucros cessantes. Ausência de prova do prejuízo. Impossibilidade de indenização. Dano estético e moral. Nexo de causalidade. Ausente. Recurso improvido.

Os lucros cessantes são devidos a partir do momento em que se experimenta prejuízo, ou seja, deixa-se de auferir rendas em razão de ato ilícito praticado por outrem. Não são indenizáveis os danos eventuais, supostos ou abstratos se a parte não se desincumbiu do ônus de provar o prejuízo e sua extensão.

Não é passível de indenização o dano estético ou moral dele resultante, se ausente a prova do nexo de causalidade entre a omissão do agente e o resultado danoso.

Acórdão: Vistos, relatados e discutidos estes autos, acordam os juízes da Terceira Turma Cível do Tribunal de Justiça, na conformidade da ata de julgamentos e das notas taquigráficas, rejeitar a preliminar. No mérito, negaram provimento ao recurso principal e ao adesivo.

Votação unânime.

136.
1000.070744-8 – Julgado em 21.05.2002
Apelação Cível – Ordinário/Campo Grande
Exmo. Sr. Des. Hildebrando Coelho Neto – 1ª Turma Cível
Ementa: apelação cível. Ação de indenização por dano moral. Inexistência do nexo de causalidade entre a conduta e o suposto dano. Recurso improvido.

O supermercado que aceita cheque, para pagamento de compras do cliente, pratica constrangimento ilegal e coloca o consumidor em situação vexatória perante a coletividade, ao permitir que seus seguranças retirem as mercadorias que já se encontravam no automóvel do consumidor, ressurgindo daí o dever de indenizar o dano moral ocasionado.

Agravo retido. Arguição, de ofício, de preliminar de não-conhecimento do recurso. Acolhida. Recurso não conhecido.

Não se conhece do agravo retido se a apelante, em suas razões, não requer expressamente a sua apreciação pelo tribunal, segundo previsão do art. 523 do CPC.

Apelação cível. Ação de indenização moral. Aumento da condenação concedida a título de dano moral. Impossibilidade. Recurso improvido.

Mantém-se o valor fixado a título de dano moral se o juíz, ao arbitrá-lo, além de levar em conta a capacidade econômica do agente, sopesou as necessidades da vítima, balizando-se, ainda, no critério da equidade e prudência.

Acórdão: Vistos, relatados e discutidos estes autos, acordam os juízes da Primeira Turma Cível do Tribunal de Justiça, na conformidade da ata de julgamentos e das notas taquigráficas, por unanimidade, não conhecer do agravo retido e, por igual votação, negar provimento a ambos os recursos.

137.
2000.002413-9 – Julgado em 09.05.2001
Apelação Cível – Ordinário/Campo Grande
Exmo. Sr. Des. Oswaldo Rodrigues de Melo – 3ª Turma Cível

Ementa: apelação cível. Ação ordinária de indenização de **dano**s materiais e morais. Condenação por dano moral fixado em valor irrisório. Descumprimento da função punitiva da indenização. Pedido de majoração em valor excessivo. Impossibilidade. Caracterização de enriquecimento ilícito. Recurso provido em parte.

O cunho punitivo da indenização por dano moral tem por corolário despertar a reflexão do ofensor de modo a tornar-se mais cauteloso e mais prudente no exercício de seu trabalho, devendo o valor da indenização ser elevado revela-se insuficiente para proporcionar qualquer alívio ao sofrimento experimentado pelo ofendido. Porém, se o valor for fixado de forma escorchante, tão-somente porque o ofensor é detentor de patrimônio milionário, torna-se contrário ao direito por caracterizar enriquecimento ilícito.

Agravo retido. Preliminar de ilegitimidade ativa. Rejeitada.

Afasta-se a ilegitimidade ativa se ficou comprovado que os danos morais foram experimentados pelo autor em razão da devolução indevida de cheques de sua emissão na condição de pessoa física e correntista da entidade bancária e não como representante da pessoa jurídica da qual é sócio cotista.

Recurso adesivo à apelação cível. Preliminar em contra-razões de não-conhecimento de recurso adesivo por deficiência de preparo. Afastada. Devolução de cheques por insuficiência de fundos em conta corrente. Valores disponíveis em aplicação "BB títulos". Autorização do aplicador para resgate em conta corrente. Desnecessidade. Devolução indevida. Dano moral caracterizado. Litigância de má-fé. Não caracterizada. Redução do valor da indenização fixada. Impossibilidade. Recurso improvido.

Conquanto o valor atribuído à ação de indenização por dano moral seja inestimável e deve servir de parâmetro para o cálculo das custas judiciais, se tal valor foi impugnado e reduzido, por ter sido estimado ao alvedrio e de forma exorbitante pelo autor, deve prevalecer o valor fixado pelo juíz para o preparo do recurso, quando tal é exigido, máxime se, no seu apelo, o autor não recorre dessa parte da sentença, tornando-se, pois, matéria preclusa. Não há falar em necessidade de autorização expressa do cliente para resgate de suas aplicações para conta corrente se a própria entidade bancária declara expressamente a existência de valores suficientes em aplicações em BB-Títulos e disponíveis para saque em conta corrente, e, ainda, que por várias vezes procedeu à baixa automática para a conta bancária do correntista dos valores aplicados no BB-Títulos, para cobertura de cheques emitidos, o que revela a adoção de tal praxe.

Se por ocasião da emissão dos cheques devolvidos por insuficiência de fundos, o emitente detinha, no período, saldo suficiente em aplicações financeiras para as respectivas coberturas, fica caracterizado o dano moral causado ao correntista, a culpa do banco, e, por consequência, impõe-se a obrigação de indenizar.

Não há falar-se na redução da indenização fixada na sentença se, após bem sopesadas as consequências do **dano** e as condições sociais e econômicas das partes, foi estabelecida muito aquém do poder econômico do ofensor.

Acórdão: Vistos, relatados e discutidos estes autos, acordam os juízes da Terceira Turma Cível do Tribunal de Justiça, na conformidade da ata de julgamentos e das notas taquigráficas, rejeitar a preliminar de não-conhecimento do recurso adesivo. Votação unânime. Negaram provimento ao agravo retido. Votação unânime. Negaram provimento ao recurso adesivo.

Votação unânime. Quanto ao recurso principal, deram-lhe provimento parcial, na forma do voto do relator. Votação unânime.

138.
2000.002759-6 – Julgado em 18.06.2001
Apelação Cível – Ordinário/Campo Grande
Exmo. Sr. Des. Joenildo de Sousa Chaves – 2ª Turma Cível
Ementa: apelação cível. Ação anulatória de título cambiário C/C indenização por danos morais. Protesto indevido de título. Negligência na fiscalização dos funcionários. Dano moral. Prova. Desnecessária. Recurso conhecido e improvido.

Enseja a reparabilidade do dano moral o protesto de título que tenha ocorrido por total negligência do causador na fiscalização de seus funcionários. Em se tratando de reparabilidade de dano moral, torna-se desnecessária a produção de prova acerca da efetividade do dano, já que o protesto, por si só, tem o condão de ocasionar danos morais.

Culpa. Concorrência. Ausente. Indenização. Valor fixado que atende ao binômio punição + compensação. Majoração. Indevida. Recurso conhecido e parcialmente provido.

Tem-se como ausente a concorrência da culpa, se o protesto indevido do título aconteceu quando o débito já havia sido renegociado. Se o valor fixado para a indenização atende o binômio punição + compensação, tem-se que este atingiu o objetivo da reparabilidade do dano moral, já que impôs ao seu causador uma sanção e compensou a dor sofrida pela vítima.

Acórdão: Vistos, relatados e discutidos estes autos, acordam os juízes da Segunda Turma Cível do Tribunal de Justiça, na conformidade da ata de julgamentos e das notas taquigráficas, por unanimidade, improver os recursos, nos termos do voto do relator.

RE 579291 AGR/RJ – Rio de Janeiro
AG. reg. no recurso extraordinário
Relator(a): Min. Ellen Gracie
Julgamento: 12.05.2009
Órgão julgador: Segunda Turma
Publicação: DJE-104 divulg 04-06-2009 public 05-06-2009
ement vol-02363-10 pp-02046
Parte(s)
Agte.(s): Indústrias Cataguases de Papel LTDA
Adv.(a/s): César Monteiro Boya e outro(a/s)
Agdo.(a/s): Almir Bernardino da Silva
Adv.(a/s): Priscila Felipe de Souza Batista e outro(a/s)

Ementa: processual civil. Agravo regimental em recurso extraordinário. Responsabilidade por danos ambientais. Matéria infraconstitucional. fatos e provas.

1. O acórdão recorrido decidiu a lide com base na legislação infraconstitucional. Inadmissível o recurso extraordinário porquanto a ofensa à Constituição Federal, se existente, se daria de maneira reflexa.
2. Decidir de maneira diferente do que deliberado pelo tribunal a quo demandaria o reexame de fatos e provas da causa, ante a incidência da Súmula STF 279. 3. Agravo regimental a que se nega provimento.

Decisão: A Turma, à unanimidade, negou provimento ao agravo regimental, nos termos do voto da relatora. Ausente, licenciado, o Senhor Ministro Celso de Mello. Ausente, justificadamente, neste julgamento o Senhor Ministro Eros Grau. 2ª Turma, 12.05.2009.
Indexação: vide ementa
Legislação: LEG-FED SUM-000279
Súmula do Supremo Tribunal Federal – STF
Observação: Acórdãos citados: RE 558036 AgR, AI 655792 ED.

RE 559251 ED/RJ – Rio De Janeiro
emb. decl. no recurso extraordinário
Relator(a): Min. Ellen Gracie
Julgamento: 07.10.2008
Órgão julgador: segunda turma
Publicação
DJE-216 divulg 13-11-2008 public 14-11-2008
EMENT vol-02341-11 PP-02016
Parte(s)
Embte.(s): Indústria Cataguases de Papel LTDA e outro(a/s)
Adv.(a/s): José Vicente Cera Junior e outro(a/s)
Embdo.(a/s): Antônio Jorge Cosendey Figueira
Adv.(a/s): Jacyr Malhano Júnior
Ementa: processual civil. Embargos de declaração em recurso extraordinário. Conversão em agravo regimental. Pretensão de reforma do julgado. impossibilidade. 1. Embargos de declaração recebidos como agravo regimental, consoante iterativa jurisprudência do Supremo Tribunal Federal. 2. O acórdão recorrido decidiu a lide com base na legislação infraconstitucional. Inadmissível o recurso extraordinário porquanto a ofensa à Constituição Federal, se existente, se daria de maneira reflexa. 3. Decidir de maneira diferente do que deliberado pelo tribunal a quo demandaria o reexame de fatos e provas da causa, o que é afastado pela incidência da Súmula STF 279. 4. Agravo regimental a que se nega provimento.

RE 579291 AGR/RJ – Rio de Janeiro
Ag. reg. no recurso extraordinário
Relator(a): Min. Ellen Gracie
Julgamento: 12.05.2009
Órgão julgador: Segunda turma
Publicação: DJE-104 divulg 04-06-2009 public 05-06-2009

Ement vol-02363-10 PP-02046
Parte(s)
Agte.(s): Indústrias Cataguases de Papel LTDA
Adv.(a/s): César Monteiro Boya e outro(a/s)
Agdo.(a/s): Almir Bernardino da Silva
Adv.(a/s): Priscila Felipe de Souza Batista e outro(a/s)

Ementa: processual civil. Agravo regimental em recurso extraordinário. Responsabilidade por danos ambientais. Matéria infraconstitucional. Fatos e provas. 1. O acórdão recorrido decidiu a lide com base na legislação infraconstitucional. Inadmissível o recurso extraordinário porquanto a ofensa à Constituição Federal, se existente, se daria de maneira reflexa. 2. Decidir de maneira diferente do que deliberado pelo tribunal a quo demandaria o reexame de fatos e provas da causa, ante a incidência da Súmula STF 279. 3. Agravo regimental a que se nega provimento.
Decisão: A Turma, à unanimidade, negou provimento ao agravo regimental, nos termos do voto da relatora. Ausente, licenciado, o Senhor Ministro Celso de Mello. Ausente, justificadamente, neste julgamento o Senhor Ministro Eros Grau. 2ª Turma, 12.05.2009.
Indexação: vide ementa
Legislação
RE 579291 AGR/RJ – Rio de Janeiro
Ag. reg. no recurso extraordinário
Relator(a): Min. Ellen Gracie
Julgamento: 12.05.2009
Órgão julgador: Segunda turma
Publicação: DJE-104 divulg 04-06-2009 public 05-06-2009
ement vol-02363-10 PP-02046
Parte(s)
Agte.(s): Indústrias Cataguases de Papel ltda
Adv.(a/s): César Monteiro Boya e outro(a/s)

Agdo.(a/s): Almir Bernardino da Silva

Adv.(a/s): Priscila Felipe de Souza Batista e outro(a/s)

Ementa: processual civil. Agravo regimental em recurso extraordinário. Responsabilidade por danos ambientais. Matéria infraconstitucional. Fatos e provas. 1. O acórdão recorrido decidiu a lide com base na legislação infraconstitucional. Inadmissível o recurso extraordinário porquanto a ofensa à Constituição Federal, se existente, se daria de maneira reflexa. 2. Decidir de maneira diferente do que deliberado pelo tribunal a quo demandaria o reexame de fatos e provas da causa, ante a incidência da Súmula STF 279. 3. Agravo regimental a que se nega provimento.

Decisão: A Turma, à unanimidade, negou provimento ao agravo regimental, nos termos do voto da relatora. Ausente, licenciado, o Senhor Ministro Celso de Mello. Ausente, justificadamente, neste julgamento o Senhor Ministro Eros Grau. 2ª Turma, 12.05.2009.

Indexação: vide ementa

Legislação: LEG-FED SUM-000279
 súmula do Supremo Tribunal Federal – STF

Observação: Acórdãos citados: RE 558036 AgR, AI 655792 ED.

 Número de páginas: 5

RE 559251 ED/RJ – Rio de Janeiro

Emb. decl. no recurso extraordinário

Relator(a): Min. Ellen Gracie

Julgamento: 07.10.2008

Órgão julgador: Segunda turma

Publicação: DJE-216 divulg 13.11.2008 public 14.11.2008
 ement vol-02341-11 PP-02016

Parte(s)

Embte.(s): Indústria Cataguases de Papel LTDA e outro(a/s)

Adv.(a/s): José Vicente Cera Junior e outro(a/s)

Embdo.(a/s): Antônio Jorge Cosendey Figueira
Adv.(a/s): Jacyr Malhano Júnior
Ementa: processual civil. Embargos de declaração em recurso extraordinário. Conversão em agravo regimental. Pretensão de reforma do julgado. Impossibilidade. 1. Embargos de declaração recebidos como agravo regimental, consoante iterativa jurisprudência do Supremo Tribunal Federal. 2. O acórdão recorrido decidiu a lide com base na legislação infraconstitucional. Inadmissível o recurso extraordinário porquanto a ofensa à Constituição Federal, se existente, se daria de maneira reflexa. 3. Decidir de maneira diferente do que deliberado pelo tribunal a quo demandaria o reexame de fatos e provas da causa, o que é afastado pela incidência da Súmula STF 279. 4. Agravo regimental a que se nega provimento.
Decisão: A Turma, preliminarmente, por votação unânime, conheceu dos embargos de declaração como recurso de agravo, a que, também por unanimidade, negou provimento, nos termos do voto da relatora. Ausentes, justificadamente, neste julgamento, os Senhores Ministros Eros Grau e Joaquim Barbosa. 2ª Turma, 07.10.2008.
Indexação: Vide ementa e indexação parcial: descabimento, recurso extraordinário, exame, matéria infraconstitucional, verificação, responsabilidade, dano, acidente ambiental, decorrência, rompimento, barragem, resíduo.
Legislação: LEG-FED SUM-000279 súmula do Supremo Tribunal Federal – STF AP 439/SP – São Paulo
Relator(a): Min. Marco Aurélio
Revisor(a): Min. Gilmar Mendes
Julgamento: 12.06.2008
Órgão julgador: Tribunal Pleno
Publicação: DJE-030 divulg 12.02.2009 public 13.02.2009
ement vol-02348-01 PP-00037
RT V. 98, nº 883, 2009, p. 503-508

Parte(s)
Autor: Ministério Público Federal
Réu: Clodovil Hernandes
Adv.(a/s): Sandro Silva de Souza
Ementa: crime – insignificância – meio ambiente. Surgindo a insignificância do ato em razão do bem protegido, impõe-se a absolvição do acusado.
Decisão: O Tribunal, por unanimidade, nos termos do voto do relator e do revisor, Ministro Gilmar Mendes (Presidente), julgou improcedente a ação. Ausente, justificadamente, o Senhor Ministro Joaquim Barbosa. Plenário, 12.06.2008.
Indexação: vide ementa e indexação parcial: proteção, meio ambiente, ausência, obstáculo, aplicação, princípio da intervenção mínima. Desmatamento, vegetação rasteira, estágio inicial, ausência, configuração, tipicidade, suficiência, resultado, condenação criminal. Voto do revisor, Min. Gilmar Mendes: proteção, meio ambiente, justificação, aplicação, direito penal, restrição, hipótese, ocorrência, **dano** efetivo, **dano** potencial, configuração, risco, degradação, equilíbrio ecológico, motivo, aplicação, subsidiariedade, face, direito civil, direito administrativo, fundamento, direito penal mínimo. Necessidade, realização, juízo de ponderação, **dano,** comprovação, pena imposta.
Legislação: LEG-FED CF ano-1988
    ART-00225
    CF-1988 constituição federal
    LEG-FED DEL-003689 ano-1941
    ART-00043 INC-00001
    CPP-1941 código de processo penal
    LEG-FED lei-008038 ano-1990
    ART-00010 ART-00011
    Lei ordinária
    LEG-FED lei-009605 ano-1998
    ART-0038A ART-00040

Lei de crimes ambientais
Lei ordinária
Observação: Acórdãos citados: HC 83526, HC 84412, HC 84687, HC 88393

HC 92411, HC 92463.
Número de páginas: 14
Análise: 27.02.2009, KBP.
Revisão: 03.03.2009, JBM.

ADI 3378/DF – Distrito Federal
Ação direta de inconstitucionalidade
Relator(a): Min. Carlos Britto
Julgamento: 09.04.2008
Órgão julgador: Tribunal Pleno
Publicação: DJE-112 divulg 19.06.2008 public 20.06.2008
ement vol-02324-02 PP-00242
Parte(s)
Reqte.(s): Confederação Nacional da Indústria
Adv.(a/s): Cassio Augusto Muniz Borges
Reqdo.(a/s): Presidente da República
Adv.(a/s): Advogado-geral da União
Reqdo.(a/s): Congresso Nacional
Intdo.(a/s): Instituto Brasileiro de Petróleo e Gás – IBP
Adv.(a/s): Carlos Roberto Siqueira Castro e outros
Ementa: ação direta de inconstitucionalidade. Art. 36 e seus §§ 1º, 2º e 3º da lei nº 9.985, de 18 de julho de 2000. Constitucionalidade da compensação devida pela implantação de empreendimentos de significativo impacto ambiental. Inconstitucionalidade parcial do § 1º do art. 36. 1. O compartilhamento-compensação ambiental de que trata o art. 36 da lei nº 9.985/2000 não ofende o princípio da legalidade, dado haver sido a própria lei que previu o modo de financiamento dos gastos com

as unidades de conservação da natureza. De igual forma, não há violação ao princípio da separação dos Poderes, por não se tratar de delegação do Poder Legislativo para o Executivo impor deveres aos administrados. 2. Compete ao órgão licenciador fixar o quantum da compensação, de acordo com a compostura do impacto ambiental a ser dimensionado no relatório – EIA/RIMA. 3. O art. 36 da lei nº 9.985/2000 densifica o princípio usuário-pagador, este a significar um mecanismo de assunção partilhada da responsabilidade social pelos custos ambientais derivados da atividade econômica. 4. Inexistente desrespeito ao postulado da razoabilidade. Compensação ambiental que se revela como instrumento adequado à defesa e preservação do meio ambiente para as presentes e futuras gerações, não havendo outro meio eficaz para atingir essa finalidade constitucional. Medida amplamente compensada pelos benefícios que sempre resultam de um meio ambiente ecologicamente garantido em sua higidez. 5. Inconstitucionalidade da expressão "não pode ser inferior a meio por cento dos custos totais previstos para a implantação do empreendimento", no § 1º do art. 36 da lei nº 9.985/2000. O valor da compensação-compartilhamento é de ser fixado proporcionalmente ao impacto ambiental, após estudo em que se assegurem o contraditório e a ampla defesa. Prescindibilidade da fixação de percentual sobre os custos do empreendimento. 6. Ação parcialmente procedente.

Decisão: Após o voto do Senhor Ministro Carlos Britto (Relator), que julgava improcedente a ação direta, pediu vista dos autos o Senhor Ministro Marco Aurélio. Ausente, justificadamente, o Senhor Ministro Celso de Mello. Falaram, pela requerente, a Dra. Maria Luiza Werneck dos Santos; pelo amicus curiae, Instituto Brasileiro de Petróleo e Gás-IBP, o Dr. Torquato Jardim e, pelo Ministério Público Federal, o Dr. Antônio Fernando Barros e Silva de Souza, Procurador-Geral da República. Presidência da Senhora Ministra Ellen Gracie. Plenário, 14.06.2006.

Decisão: O Tribunal, por maioria, julgou parcialmente procedente a ação direta para declarar a inconstitucionalidade das expressões indicadas no voto reajustado do relator, constantes do § 1º do artigo 36 da lei nº 9.985/2000, vencidos, no ponto, o Senhor Ministro Marco Aurélio, que declarava a inconstitucionalidade de todos os dispositivos impugnados, e o Senhor Ministro Joaquim Barbosa, que propunha interpretação conforme, nos termos de seu voto. Votou o Presidente. Ausentes, justificadamente, a Senhora Ministra Ellen Gracie (Presidente) e o Senhor Ministro Cezar Peluso. Presidiu o julgamento o Senhor Ministro Gilmar Mendes (Vice-Presidente). Plenário, 09.04.2008.

Indexação: vide ementa e indexação parcial: Lei Federal, sistema nacional de unidades de conservação da natureza, criação, forma, compartilhamento, despesa, objetivo, prevenção, empreendimento, possibilidade, resultado, impacto ambiental. Princípio do usuário pagador, caracterização, compartilhamento, despesa, utilização, recurso, desnecessidade, comprovação, existência, ilicitude, comportamento, pagador. – fundamentação complementar, Min. Menezes Direito: declaração parcial, inconstitucionalidade, redução, texto, exclusão, percentual, permanência, possibilidade, órgão ambiental, atribuição, fixação, valor, conformidade, grau, impacto ambiental, avaliação, necessidade, garantia, reposição, meio ambiente. – fundamentação complementar, Min. Cármen Lúcia: Supremo Tribunal Federal, ausência, declaração, inconstitucionalidade, fixação, percentual, esclarecimento, necessidade, avaliação, órgão ambiental, existência, impacto ambiental, momento, fixação, valor. – Voto vencido, Min. Marco Aurélio: constituição federal, obrigatoriedade, explorador, recuperação, meio ambiente, pressuposto, ocorrência, degradação. Princípio do poluidor pagador, resultado, ocorrência, hipótese, atuação poluidora. Atuação, legislador ordinário, necessidade, harmonia, parâmetro constitucional. Inexistência, nexo de causalidade, dispositivo, Lei Federal, disciplina, impacto ambiental, atividade empresarial, base, custo total, implantação, empreendimento, comparação, dispositivo constitucional, meio ambiente, indenização, base, extensão, dano. caracterização, delegação imprópria, concessão, órgão ambiental, liberdade, fixação, valor, recurso, necessidade, obtenção, licença, respeito, limite mínimo, meio por cento, consideração, custo, totalidade, empreendimento. – Voto vencido, Min. Joaquim Barbosa: interpretação conforme, entendimento, percentual, fixação, Lei Federal, caracterização, patamar mínimo, patamar máximo.

Legislação: LEG-FED CF ano-1988
  ART-00005 INC-00073 ART-00023 INC-00006
  INC-00007 ART-00037 ART-00103 INC-00009
  ART-00129 INC-00003 ART-00170 INC-00002 INC-00003
  INC-00004 INC-00006
  ART-00225 *"caput"* INC-00004 PAR-00002 PAR-00003
  CF-1988 constituição federal
  LEG-FED lei-009868 ano-1999
  ART-00012
  lei ordinária
  LEG-FED lei-009985 ano-2000
  ART-00036 PAR-00001 PAR-00002 PAR-00003
  lei ordinária
  LEG-FED RGI ano-1980
  ART-00096 PAR-00004
  RISTF-1980 regimento interno do supremo tribunal federal
Observação: Acórdãos citados: ADI 3540.
  Número de páginas: 56
  Análise: 05.08.2008, JBM.

ACO 876 MC-AGR/BA – Bahia AG.REG. Na medida cautelar na ação cível originária
Relator(a): Min. Menezes Direito
Julgamento: 19.12.2007

Órgão julgador: Tribunal Pleno
Publicação: DJE-142 divulg 31-07-2008 public 01-08-2008
ement vol-02326-01 PP-00044
Parte(s)
Agte.(s): AATR – Associação de Advogados de Trabalhadores Rurais no Estado da Bahia
Agte.(s): Gambá – Grupo Ambientalista da Bahia
Agte.(s): Iamba – Instituto de Ação Ambiental da Bahia
Agte.(s): Associação Movimento Paulo Jackson – Ética, Justiça Cidadania
Agte.(s): Pangea – Centro De Estudos Socioambientais
Agte.(s): Aeaba – Associação dos Engenheiros Agrônomos da Bahia
Adv.(a/s): Ana Cacilda Rezende Reis e outro(a/s)
Agte.(s): Ordem dos Advogados do Brasil – seção Bahia
Adv.(a/s): Saul Quadros Filho
Agte.(s): Ministério Público Federal
Agdo.(a/s): União
Adv.(a/s): Advogado-geral da União
agdo.(a/s): Instituto Brasileiro do Meio Ambiente e dos Recursos Naturais Renováveis – Ibama
Autor(a/s)(es): Ministério Público do Estado da Bahia
Ementa: Agravo regimental. Medida liminar indeferida. Ação civil originária. Projeto de Integração do Rio São Francisco com as Bacias Hidrográficas do Nordeste Setentrional. Periculum in mora não evidenciado. 1. Como assentado na decisão agravada, a Ordem dos Advogados do Brasil – Seção da Bahia, AATR – Associação de Advogados de Trabalhadores Rurais no Estado da Bahia, Gamba – Grupo Ambientalista da Bahia, Iamba – Instituto de Ação Ambiental da Bahia, Associação Movimento Paulo Jackson – Ética, Justiça e Cidadania, Pangea – Centro de Estudos Socioambientais e da AEABA – Associação dos Engenheiros Agrônomos da Bahia, não detêm legitimidade ativa para

a ação prevista no art. 102, I, "f", da Constituição Federal. 2. A Licença de Instalação levou em conta o fato de que as condicionantes para a Licença Prévia estão sendo cumpridas, tendo o Ibama apresentado programas e planos relevantes para o sucesso da obra, dos quais resultaram novas condicionantes para a validade da referida Licença de Instalação. A correta execução do projeto depende, primordialmente, da efetiva fiscalização e empenho do Estado para proteger o meio ambiente e as sociedades próximas. 3. Havendo, tão-somente, a construção de canal passando dentro de terra indígena, sem evidência maior de que recursos naturais hídricos serão utilizados, não há necessidade da autorização do Congresso Nacional. 4. O meio ambiente não é incompatível com projetos de desenvolvimento econômico e social que cu*idem* de preservá-lo como patrimônio da humanidade. Com isso, pode-se afirmar que o meio ambiente pode ser palco para a promoção do homem todo e de todos os homens. 5. Se não é possível considerar o projeto como inviável do ponto de vista ambiental, ausente nesta fase processual qualquer violação de norma constitucional ou legal, potente para o deferimento da cautela pretendida, a opção por esse projeto escapa inteiramente do âmbito desta Suprema Corte. Dizer sim ou não à transposição não compete ao Juiz, que se limita a examinar os aspectos normativos, no caso, para proteger o meio ambiente.

6. Agravos regimentais desprovidos.

Decisão: O Tribunal, por maioria, nos termos do voto do Relator, negou provimento aos agravos regimentais interpostos por AATR – Associação de Advogados de Trabalhadores Rurais no Estado da Bahia; Gamba – Grupo Ambientalista da Bahia; Iamba – Instituto da Ação Ambiental da Bahia; Associação Movimento Paulo Jakcson – Ética, Justiça e Cidadania; Pangea – Centro de Estudos Socioambietais; AEABA – Associação dos Engenheiros Agrônomos da Bahia – AEABA e Ordem dos Advogados do Brasil – Seção Bahia, em razão do reconhecimento da ilegitimidade ativa dessas entidades, vencidos, no ponto, os Senhores Ministros Marco Aurélio, Carlos Britto, Cezar Peluso e Joaquim Barbosa, nos termos dos votos que proferiram. Também por maioria, nos termos do voto do Relator, o Tribunal negou provimento ao agravo regimental interposto pelo Ministério Público Federal, vencidos os Senhores Ministros Carlos Britto, Cezar Peluso e Marco Aurélio, que defeririam o pedido de liminar, considerando prejudicados os agravos, nos termos de seus votos. Votou a Presidente, Ministra Ellen Gracie. Ausentes, justificadamente, os Senhores Ministros Celso de Mello e Eros Grau. Plenário, 19.12.2007.

Indexação: vide ementa e indexação parcial: projeto de integração do rio São Francisco, bacia hidrográfica, nordeste setentrional, objetivo, atendimento, demanda, recurso hídrico, polígono das secas, nordeste, Brasil, necessidade, adequação, execução, programa ambiental, apresentação, propósito, viabilização, obra, proteção, meio ambiente, justificação, concessão, licença de instalação. descabimento, poder judiciário, intervenção, matéria, preservação, natureza, projeto, obediência, rigor, programa ambiental. Cabimento, poder executivo, avaliação, definição, execução, política pública. desnecessidade, autorização, congresso nacional, realização, obra hidráulica, hipótese, inexistência, confirmação, utilização, terras indígenas. Entendimento, existência, conflito federativo, resultado, ilegitimidade ativa, associação civil, inexistência, substituição processual, ente federado, legitimidade, interposição, ação originária. ilegitimidade ativa, conselho seccional, oab, motivo, caracterização, matéria, excesso, limite territorial, competência, seccional. – Voto vencido, Min. Marco Aurélio: provimento, agravo regimental, reconhecimento, legitimidade ativa, agravante. associação, finalidade, preservação, meio ambiente, reconhecimento, legitimidade ativa, ingresso, ação civil pública, existência, interesse jurídico, participação, processo, projeto de integração do rio São Francisco. Lei Federal, fixação, possibilidade, conselho seccional, OAB, personalidade jurídica própria, exercício, jurisdição, território, estado-membro. Deferimento, liminar, entendimENTO, relevância, discussão, matéria, aproveitamento, recursos hídricos, pesquisa, lavra, riqueza mineral, terra indígena, expectativa, realização, perícia, objetivo, demonstração, procedência, improcedência, alegação, ministério público. – Voto vencido, Min. Joaquim Barbosa: legitimidade ativa, associação, finalidade, preservação, meio ambiente. Ilegitimidade ativa, conselho seccional, ordem dos advogados do brasil. – Voto vencido, Min. Carlos Britto: geração, futuro, proteção constitucional, meio ambiente, aplicação, princípio da prevenção, princípio da precaução, hipótese, dúvida, possibilidade, prejuízo ambiental, opção, ausência, realização, obra ocorrência, *periculum in mora inverso*, desfavorecimento, união. – voto vencido, Min. Cezar Peluso: existência, dúvida, possibilidade, dano irreversível, desvio, volume, água, rio São Francisco, resultado, atraso, realização, obra, consequência, inferioridade, proporção, decorrência, necessidade, futuro, reversão, dano.

Observação: Acórdãos citados: ADC 9 (RTJ 189/838), ACO 869, ACO 871, AC 981, Rcl
3074 (RTJ 196/142), ADI 3540 MC (RTJ 198/939).

Número de páginas: 78
Análise: 25.08.2008, JBM.
HC 90023/SP – São Paulo *Habeas corpus*
Relator(a): Min. Menezes Direito
Julgamento: 06.11.2007
Órgão julgador: Primeira Turma
Publicação: DJE-157 divulg 06-12-2007 public 07-12-2007
DJ 07-12-2007 PP-00058 ement vol-02302-02 PP-00254
Parte(s): Pacte.(s): Maria Pia Esmeralda Matarazzo
Impte.(s): Luiz Fernando Sá e Souza Pacheco e outro(A/S)
Coator(a/s)(es): Superior Tribunal de Justiça

Ementa: *Habeas corpus*. Trancamento da ação penal. Crime contra o meio ambiente. Perigo de dano grave ou irreversível. Tipicidade da conduta. Exame de corpo de delito. Documentos técnicos elaborados pelas autoridades de fiscalização. Inépcia formal da denúncia. 1. O dano grave ou irreversível que se pretende evitar com a norma prevista no artigo 54, § 3º, da lei nº 9.605/98 não fica prejudicado pela degradação ambiental prévia. O risco tutelado pode estar relacionado ao agravamento das consequências de um dano ao meio ambiente já ocorrido e que se protrai no tempo. 2. O crime capitulado no tipo penal em referência não é daquele que deixa vestígios. Impossível, por isso, pretender o trancamento da ação penal ao argumento de que não teria sido realizado exame de corpo de delito. 3. No caso, há registro de diversos documentos técnicos elaborados pela autoridade incumbida da fiscalização ambiental assinalando, de forma expressa, o perigo de dano grave ou irreversível ao meio ambiente. 4. Não se reputa inepta a denúncia que preenche os requisitos formais do artigo 41 do Código de Processo Penal e indica minuciosamente as condutas criminosas em tese praticadas pela paciente, permitindo, assim, o exercício do direito de ampla defesa. 5. *Habeas corpus* em que se denega a ordem.

Decisão: A Turma indeferiu o pedido de *habeas corpus*. Unânime.
> Ausentes, justificadamente, o Ministro Carlos Britto e a Ministra Cármen Lúcia. 1ª Turma, 06.11.2007.

Indexação: vide ementa e indexação parcial: crime omissivo próprio, desnecessidade, dano, ocorrência, consumação, descabimento, exigência, condição, ação penal, exame, corpo de delito, incerteza, existência, objeto.

Legislação: LEG-FED DEL-002848 ano-1940
ART-00130
CP-1940 código penal
LEG-FED DEL-003689 ano-1941
ART-00041 ART-00043

CPP-1941 código de processo penal
LEG-FED lei-009605 ano-1998
ART-00003 par-único ART-00054 *"caput"*
PAR-00001 PAR-00002 PAR-00003
lei ordinária

Superior Tribunal de Justiça

Processo: REsp 1000731/RO recurso especial 2007/0254811-8
Relator(a): Min. Herman Benjamin (1132)
Órgão julgador: T2 – segunda turma
Data do julgamento: 25.08.2009

2. REsp 972902/RS recurso especial 2007/0175882-0
Relator(a): Ministra Eliana Calmon (1114)
Órgão julgador: T2 – segunda turma
Data do julgamento: 25.08.2009
Data da publicação/fonte: DJe 14.09.2009

Ementa: processual civil e ambiental – ação civil pública – dano ambiental – adiantamento de honorários periciais pelo parquet – matéria prejudicada – inversão do ônus da prova – art. 6º, VIII, da lei 8.078/1990 C/C o art. 21 da lei 7.347/1985 – princípio da precaução.

1. Fica prejudicada o recurso especial fundado na violação do art. 18 da lei 7.347/1985 (adiantamento de honorários periciais), em razão de o juízo de 1º grau ter tornado sem efeito a decisão que determinou a perícia.
2. O ônus probatório não se confunde com o dever de o Ministério Público arcar com os honorários periciais nas provas por ele requeridas, em ação civil pública. São questões distintas e juridicamente independentes.

3. Justifica-se a inversão do ônus da prova, transferindo para o empreendedor da atividade potencialmente perigosa o ônus de demonstrar a segurança do empreendimento, a partir da interpretação do art. 6º, VIII, da lei 8.078/1990 c/c o art. 21 da lei 7.347/1985, conjugado ao Princípio **Ambiental** da Precaução.
4. Recurso especial parcialmente provido.

Acórdão: Vistos, relatados e discutidos os autos em que são partes as acima indicadas, acordam os Ministros da Segunda Turma do Superior Tribunal de Justiça: "A Turma, por unanimidade, deu parcial provimento ao recurso, nos termos do voto do(a) Sr(a). Ministro(a)-Relator(a)." Os Srs. Ministros Castro Meira, Humberto Martins, Herman Benjamin e Mauro Campbell Marques votaram com a Sra. Ministra Relatora.

3. REsp 1056540/GO recurso especial 2008/0102625-1
Relator(a): Ministra Eliana Calmon (1114)
Órgão julgador: T2 – segunda turma
Data do julgamento: 25.08.2009
Data da publicação/fonte: DJe 14.09.2009
Ementa: processual civil e ambiental – ação civil pública – dano ambiental – construção de hidrelétrica – responsabilidade objetiva e solidária – arts. 3º, inc. IV, E 14, § 1º, da lei 6.398/1981 – irretroatividade da lei – prequestionamento ausente: súmula 282/STF – prescrição – deficiência na fundamentação: súmula 284/STF – inadmissibilidade.

1. A responsabilidade por danos ambientais é objetiva e, como tal, não exige a comprovação de culpa, bastando a constatação do dano e do nexo de causalidade.
2. Excetuam-se à regra, dispensando a prova do nexo de causalidade, a responsabilidade de adquirente de imóvel já danificado porque, independentemente de ter sido ele ou o dono anterior o real causador

dos estragos, imputa-se ao novo proprietário a responsabilidade pelos danos. Precedentes do STJ.

3. A solidariedade nessa hipótese decorre da dicção dos arts. 3º, inc. IV, e 14, § 1º, da lei 6.398/1981 (lei da Política Nacional do Meio Ambiente).

4. Se possível identificar o real causador do desastre **ambiental,** a ele cabe a responsabilidade de reparar o **dano,** ainda que solidariamente com o atual proprietário do imóvel danificado.

5. Comprovado que a empresa Furnas foi responsável pelo ato lesivo ao meio ambiente a ela cabe a reparação, apesar de o imóvel já ser de propriedade de outra pessoa jurídica.

6. É inadmissível discutir em recurso especial questão não decidida pelo Tribunal de origem, pela ausência de prequestionamento.

7. É deficiente a fundamentação do especial que não demonstra contrariedade ou negativa de vigência a tratado ou Lei Federal.

8. Recurso especial parcialmente conhecido e não provido.

Acórdão: Vistos, relatados e discutidos os autos em que são partes as acima indicadas, acordam os Ministros da Segunda Turma do Superior Tribunal de Justiça: "A Turma, por unanimidade, conheceu em parte do recurso e, nessa parte, negou-lhe provimento, nos termos do voto do(a) Sr(a). Ministro(a)-Relator(a)." Os Srs. Ministros Castro Meira, Humberto Martins, Herman Benjamin e Mauro Campbell Marques votaram com a Sra. Ministra Relatora.

Informações complementares: Aguardando análise.

4. AGRG no REsp 1038813/SP agravo regimental no recurso especial 2008/0053216-3
Relator(a): Min. Mauro Campbell Marques (1141)
Órgão julgador: T2 – segunda turma
Data do julgamento: 20.08.2009
Data da publicação/fonte: DJe 10.09.2009

Ementa: ambiental. Agravo regimental. Queima de palha de cana-de-açúcar. Prática que causa danos ao meio ambiente. Necessidade de prévia autorização dos órgãos públicos competentes.

1   Discute-se nos autos se a queimada de palha de cana-de-açúcar é medida que, em tese, pode causar **danos** ao meio ambiente e se se trata de prática possível a luz do ordenamento jurídico vigente.
2   Em decisão monocrática, foi dado provimento ao recurso especial do Ministério Público, interposto com fundamento nas alíneas "a" e "c" do permissivo constitucional, tendo sido (i) fixado que a queimada de palhas de cana-de-açúcar causa **danos** ao meio ambiente e, por isso, só pode ser realizada com a chancela do Poder Público e (ii) determinada a remessa dos autos à origem para que lá seja apreciada a causa com base nos elementos fixados na jurisprudência do STJ, vale dizer, levando-se em consideração a existência ou não de autorização do Poder Público, na forma do art. 27, p. ún., do Código Florestal.
3   No regimental, sustenta a agravante (i) a impossibilidade de julgamento da lide pelo art. 557 do Código de Processo Civil – CPC, (ii) a inexistência de prequestionamento dos dispositivos legais apontados no especial e a ausência de demonstração do dissídio jurisprudencial, (iii) a incidência da Súmula nº 7 desta Corte Superior, (iv) o não-cabimento de recurso especial, uma vez que a origem validou lei local em face da Constituição da República vigente (cabimento de recurso extraordinário), (v) a existência de lei local autorizando a prática da queimada.
4   Não assiste razão à parte agravante, sob qualquer perspectiva.
5   Em primeiro lugar, no âmbito da Segunda Turma desta Corte Superior, pacificou-se o entendimento segundo o qual a queimada de palha de cana-de-açúcar causa danos ao meio ambiente, motivo pelo qual sua realização fica na pendência de autorização dos órgãos ambientais competentes, sendo perfeitamente possível, portanto, o julgamento da lide com base no art. 557 do CPC. A título de exemplo, v. REsp 439.456/

SP, Rel. Min. João Otávio de Noronha, Segunda Turma, DJU 26.3.2007. Não fosse isso bastante, a apreciação do agravo regimental pela Turma convalida eventual vício.

6 Em segundo lugar, a instância ordinária enfrentou a questão da queima de palha de cana-se-açúcar e suas consequências ambientais, motivo pelo qual não cabe falar em ausência de prequestionamento do art. 27 do Código Florestal que trata justamente dessa temática no âmbito da legislação infraconstitucional federal. O enfrentamento da tese basta para o cumprimento do requisito constitucional.

7 Em terceiro lugar, não encontra óbice na Súmula nº 7 do Superior Tribunal de Justiça o provimento que assevera, em tese, quais são o entendimento da Corte Superior a respeito do tema e qual a norma aplicável à espécie, remetendo os autos à origem para que lá sejam reanalisados os fatos e as provas dos autos em cotejo com a jurisprudência do STJ. Inclusive, quando do julgamento monocrático, ficou asseverado que "não há menção, no acórdão recorrido, acerca da (in)existência de autorização ambiental própria no caso em comento, sendo vedado a esta Corte Superior a análise do conjunto fático-probatório (incidência da Súmula nº 7)". Por isso, foi determinada a remessa dos autos à origem para que lá venha a ser apreciada a causa levando-se em consideração a existência ou não de autorização do Poder Público, na forma do art. 27, p. ún., do Código Florestal.

8 Em quarto lugar, a origem, em momento algum, enfrentou a controvérsia dos autos confrontando a validade de lei local com a Constituição da República. Ao contrário, discutindo dispositivos de leis estaduais, chegou à conclusão de que a queima de palha de cana-de-açúcar era viável e não causava danos ao meio ambiente. Não há que se falar, portanto, em cabimento de recurso extraordinário, no lugar de recurso especial.

9 Em quinto e último lugar, a existência de lei estadual que prevê, genericamente, o uso do fogo como método despalhador desde que atendi-

dos certos requisitos não é suficiente para afastar a exigência prevista em legislação federal, que é a existência específica de autorização dos órgãos competentes. Não custa lembrar que a licença ambiental está inserida na esfera de competência do Executivo, e não do Legislativo (sob pena de violação ao princípio da separação de Poderes).
10 Agravo regimental não provido.

Acórdão: Vistos, relatados e discutidos estes autos em que são partes as acima indicadas, acordam os Ministros da Segunda Turma do Superior Tribunal de Justiça, na conformidade dos votos e das notas taquigráficas, por unanimidade, negar provimento ao agravo regimental, nos termos do voto do Sr. Ministro Relator. Os Srs. Ministros Eliana Calmon, Castro Meira, Humberto Martins e Herman Benjamin votaram com o Sr. Ministro Relator. Presidiu o julgamento o Sr. Ministro Humberto Martins 5 (11);

REsp 543952/BA recurso especial 2003/0093599-8

Relator(a): Min. Herman Benjamin (1132)
Órgão julgador: T2 – segunda turma
Data do julgamento: 23.06.2009
Data da publicação/fonte: DJe 27.08.2009
Ementa: ambiental. Multa prevista no art. 14 da lei 6.938/1981. Desmatamento. Aplicação.

1 O art. 14 da lei 6.938/1981 prevê a aplicação de multa pelo "não cumprimento das medidas necessárias à preservação ou correção dos inconvenientes e danos causados pela degradação da qualidade ambiental". A expressão "não cumprimento" inclui atos de degradação causados não só por omissão, mas também por ação.
2 No caso dos autos, o recorrido foi autuado pelo Ibama por ter desmatado área de 25 ha, extraindo estacas, toros, fabricando carvão vegetal em 34 fornos e comercializando esses produtos sem a autori-

zação da autarquia. A conduta amolda-se à tipologia do art. 14 da lei 6.938/1981, pelo que não há cogitar ausência de previsão legal para a imposição da penalidade.
3   Recurso Especial provido.

Acórdão: Vistos, relatados e discutidos os autos em que são partes as acima indicadas, acordam os Ministros da Segunda Turma do Superior Tribunal de Justiça: "A Turma, por unanimidade, deu provimento ao recurso, nos termos do voto do(a) Sr(a). Ministro(a)-Relator(a)." Os Srs. Ministros Mauro Campbell Marques, Eliana Calmon, Castro Meira e Humberto Martins votaram com o Sr. Ministro Relator.

Referência legislativa
LEG: FED lei: 006938 ano: 1981
art: 00014 inc: 00001 par: 00001

LEG:FED CFB: ano: 1988
CF-1988 Constituição Federal de 1988
art: 00225 PAR: 00003

6.
REsp 1113789/SP recurso especial 2009/0043846-2
Relator(a): Min. Castro Meira (1125)
Órgão julgador: T2 – segunda turma
Data do julgamento: 16.06.2009
Data da publicação/fonte: DJe 29.06.2009
Ementa: administrativo. Ação civil pública. Loteamento irregular. Dano ambiental. Responsabilidade do município. Art. 40 da lei nº 6.766/79. poder-dever. Precedentes.

1   O art. 40 da lei 6.766/79, ao estabelecer que o município "poderá regularizar loteamento ou desmembramento não autorizado ou executado sem observância das determinações do ato administrativo de licença", fixa, na verdade, um poder-dever, ou seja, um atuar vinculado da municipalidade. Precedentes.
2   Consoante dispõe o art. 30, VIII, da Constituição da República, compete ao município "promover, no que couber, adequado ordenamento territorial, mediante planejamento e controle do uso, do parcelamento e da ocupação do solo urbano".
3   Para evitar lesão aos padrões de desenvolvimento urbano, o Município não pode eximir-se do dever de regularizar loteamentos irregulares, se os loteadores e responsáveis, devidamente notificados, deixam de proceder com as obras e melhoramentos indicados pelo ente público.
4   O fato de o município ter multado os loteadores e embargado as obras realizadas no loteamento em nada muda o panorama, devendo proceder, ele próprio e às expensas do loteador, nos termos da responsabilidade que lhe é atribuída pelo art. 40 da lei 6.766/79, à regularização do loteamento executado sem observância das determinações do ato administrativo de licença.
5   No caso, se o município de São Paulo, mesmo após a aplicação da multa e o embargo da obra, não avocou para si a responsabilidade pela regularização do loteamento às expensas do loteador, e dessa omissão resultou um dano ambiental, deve ser responsabilizado, conjuntamente com o loteador, pelos prejuízos daí advindos, podendo acioná-lo regressivamente.
6   Recurso especial provido.

Acórdão: Vistos, relatados e discutidos os autos em que são partes as acima indicadas, acordam os Ministros da Segunda Turma do Superior Tribunal de Justiça, por unanimidade, dar provimento ao recurso nos termos do voto do Sr. Ministro Relator. Os Srs. Ministros Humberto

Martins, Herman Benjamin, Mauro Campbell Marques e Eliana Calmon votaram com o Sr. Ministro Relator.

7. (13)

REsp 1034426/RS recurso especial 2008/0043508-4
Relator(a): Min. Luiz Fux (1122)
Órgão julgador: T1 – primeira turma
Data do julgamento: 16.06.2009
Data da publicação/fonte: DJe 05.08.2009
Ementa: processual civil. Administrativo. Multa. Suspensão. Apreciação do projeto de recuperação de área degradada. Suspensão da multa. Art. 60 do decreto nº 3.179/99.

1. É legítima a imposição, pelo Poder Público, do pagamento referente a multas oriundas de infrações ambientais, sendo certo que o infrator pode se beneficiar com a suspensão da exigibilidade das multas administrativas que lhe foram imputadas, na hipótese de se obrigar, mediante a apresentação de projeto técnico, à adoção de medidas destinadas a corrigir o dano ambiental praticado.
2. É que o artigo 60, do Decreto nº 3.179/99, dispõe:

Art. 60. As multas previstas neste Decreto podem ter a sua exigibilidade suspensa, quando o infrator, por termo de compromisso aprovado pela autoridade competente, obrigar-se à adoção de medidas específicas, para fazer cessar ou corrigir a degradação ambiental.

§ 1º A correção do dano de que trata este artigo será feita mediante a apresentação de projeto técnico de reparação do dano.

§ 2º A autoridade competente pode dispensar o infrator de apresentação de projeto técnico, na hipótese em que a reparação não o exigir.

§ 3º Cumpridas integralmente as obrigações assumidas pelo infrator, a multa será reduzida em noventa por cento do valor atualizado, monetariamente.

§ 4° Na hipótese de interrupção do cumprimento das obrigações de cessar e corrigir a degradação ambiental, quer seja por decisão da autoridade ambiental ou por culpa do infrator, o valor da multa atualizado monetariamente será proporcional ao dano não reparado.

§ 5° Os valores apurados nos §§ 3° e 4° serão recolhidos no prazo de cinco dias do recebimento da notificação.

3 *In casu*, o Tribunal de origem manteve a sentença monocrática com os seguintes fundamentos: (...) No caso dos autos, o impetrante apresentou o PRAD (fls. 140-163), mas este não previa a recuperação da área total degradada e não foi elaborado de acordo com o padrão estabelecido pelo Ibama, segundo a informação técnica das fls. 175-176, devendo ser complementado e adequado aos moldes estabelecidos. (fls. 247 v.).

4 O descumprimento dos requisitos exigidos quando da apresentação do Projeto de Recuperação da Área Degradada – PRAD conduz a ausência de direito líquido e certo da suspensão da multa, impondo que a Administração analise o referido PRAD em prazo razoável, sem que isso acarrete a suspensão da exigibilidade das multas impostas pelos Autos de Infrações.

5 Recurso Especial provido.

Acórdão: Vistos, relatados e discutidos estes autos, os Ministros da Primeira Turma do Superior Tribunal de Justiça acordam, na conformidade dos votos e das notas taquigráficas a seguir, por unanimidade, dar provimento ao recurso especial, nos termos do voto do Sr. Ministro Relator. Os Srs. Ministros Teori Albino Zavascki, Denise Arruda (Presidenta), Benedito Gonçalves e Francisco Falcão votaram com o Sr. Ministro Relator.

8. (14)
REsp 951964/SP recurso especial 2007/0111081-6
Relator(a): Min. Herman Benjamin (1132)
Órgão julgador: T2 – segunda turma
Data do julgamento: 09.06.2009

Data da publicação/fonte: DJe 21.08.2009

Ementa: processual civil. Deficiência na fundamentação. Súmula 284/STF. Danos ambientais. Quantum indenizatório. Revisão. Súmula 7/STJ. Ausência de prequestionamento. Súmula 282/STF.

1. A deficiência na fundamentação de Recurso Especial que impeça a exata compreensão da controvérsia atrai, por analogia, a aplicação da Súmula 284/STF.
2. A revisão dos parâmetros dos quais a Corte de origem utilizou-se para mensurar o quantum indenizatório devido, a título de reparação pelos danos ambientais causados, in casu, pelo vazamento de óleo combustível, é medida vedada ante o óbice previsto na Súmula 7/STJ.
3. Não se conhece de Recurso Especial quanto a matéria não especificamente enfrentada pelo Tribunal de origem, dada a ausência de prequestionamento. Incidência, por analogia, da Súmula 282/STF.
4. Recursos Especiais não conhecidos.

Acórdão: Vistos, relatados e discutidos os autos em que são partes as acima indicadas, acordam os Ministros da Segunda Turma do Superior Tribunal de Justiça: "A Turma, por unanimidade, não conheceu de ambos os recursos, nos termos do voto do(a) Sr(a). Ministro(a)-Relator(a)." Os Srs. Ministros Mauro Campbell Marques, Eliana Calmon, Castro Meira e Humberto Martins votaram com o Sr. Ministro Relator.

9. (16)
Processo: AGRG na MC 15318/SP agravo regimental na medida cautelar 2009/0034263-0
Relator(a): Min. Luiz Fux (1122)
Órgão julgador: T1 – primeira turma
Data do julgamento: 19.05.2009
Data da publicação/fonte: DJe 29.06.2009

Ementa: processual civil. Agravo regimental. Medida cautelar. Concessão de efeito suspensivo ao agravo de instrumento pendente de análise. Recurso especial inadmitido na origem. (CPC, art. 544). *Fumus boni iuris* e *periculum in mora*. Inexistência. Ação civil pública. Dano ao meio ambiente. Laudo pericial. Indeferido. Cerceamento de defesa. Não configurado. Princípio da persuasão racional ou da livre convicção motivada.

1 A concessão de efeito suspensivo a agravo de instrumento pendente de análise em face de recurso especial inadmitido pelo Juízo a quo, em sede de medida cautelar, é medida excepcional.
2 É que nesses casos, o que se pretende é atribuir efeito suspensivo ao agravo, situação deveras excepcional, a reclamar o requisito da teratologia da decisão ou a sua consonância límpida com a jurisprudência predominante do E. STJ, mercê da admissibilidade prima facie do recurso especial (Precedentes do STJ: AgRg na MC 14.641/SP, Rel. Ministro Benedito Gonçalves, Primeira Turma, julgado em 04.11.2008, DJe 12.11.2008; AgRg na MC 14.616/SP, Rel. Ministro Fernando Gonçalves, Quarta Turma, julgado em 21.10.2008, DJe 03.11.2008; AgRg na MC 13.725/SP, Rel. Ministro Luiz Fux, Primeira Turma, julgado em 05.08.2008, DJe 11.09.2008; AgRg na MC 12.366/SP, Rel. Ministro Humberto Martins, Segunda Turma, julgado em 17.04.2007, DJ 02.05.2007).
3 O poder instrutório do juíz, a teor do que dispõem os arts. 130 e 330 do Código de Processo Civil, permite-lhe o indeferimento de provas que julgar inúteis.
4 A aferição acerca da necessidade ou não de realização de provas, impõe o reexame do conjunto fático exposto nos autos, o que é defeso ao Superior Tribunal de Justiça, face do óbice erigido pela Súmula 07/STJ, porquanto não pode atuar como Tribunal de Apelação reiterada ou Terceira Instância revisora. Precedentes jurisprudenciais desta Corte: AG 683627/SP, desta relatoria, DJ 29.03.2006, REsp 670.852/PR, desta relato-

ria, DJ de 03.03.2005 e REsp 445.340/RS, Relator Ministro José Delgado, DJ de 17.02.2003.

5 *In casu*, verifica-se que o acórdão recorrido manifestou-se, embora sucintamente, sobre os documentos hábeis a apontar ações ilegais do recorrente, prescindindo do laudo pericial mencionado, senão vejamos: "(...) O réu ocupa área de preservação permanente de modo irregular, sem as devidas licenças ambientais. Construiu às margens de um curso d'água o estabelecimento empresarial denominado Pousada da Almada, (...) Houve supressão de vegetação nativa e impermeabilização do solo, em área de preservação permanente (Código Florestal, art. 2º, alínea a), pois distante apenas 10 metros do referido curso d'água. Isso é comprovado pelo Relatório de Vistoria Técnica nº 65-00 ETU, de 21.02.00, elaborado pela Secretaria do Meio Ambiente – DEPRN, que teve como objeto as ocupações irregulares ao longo dos cursos d'água que margeiam a Estrada da Almada (fls. 13/17). Igualmente, por meio do Auto de Infração Ambiental nº 17262, de 08.05.2000, no qual imposta multa por corte de vegetação em estágio médio de regeneração, sem licença ambiental. Os documentos elaborados pela Prefeitura Municipal de Ubatuba, bem como o Relatório de Vistoria n 129 – DEPRN, de junho de 2005, apontam no mesmo sentido(...) (fl.125).

6 Ademais, o magistrado não está obrigado a rebater, um a um, os argumentos trazidos pela parte, desde que os fundamentos utilizados tenham sido suficientes para embasar a decisão.

5 Agravo regimental desprovido.

Acórdão: Vistos, relatados e discutidos estes autos, os Ministros da Pimeira Turma do Superior Tribunal de Justiça acordam, na conformidade dos votos e das notas taquigráficas a seguir, por unanimidade, negar provimento ao agravo regimental, nos termos do voto do Sr. Ministro Relator. Os Srs. Ministros Teori Albino Zavascki, Denise Arruda, Benedito Gonçalves e Francisco Falcão votaram com o Sr. Ministro Relator.

Informações Complementares
Aguardando análise.

10.

Ação Civil Pública. Dano ao Meio Ambiente. Derramamento de Óleo. Mata Atlântica. Bens Da União. Competência. Ausência De Prequestionamento Das Seguintes Matérias: Patrimônio Nacional, Violação Do Princípio Do Juiz Natural, Fatos Inovadores, Preclusão Da Questão Sobre A Inexistência De Interesse Da União E Missão Institucional Do Ministério Público. Súmula 282/Stf. Competência Do Juízo Federal. Prevenção Com Outra Ação Civil. Matéria Tratada No Cc Nº 98.565/Pr.

I Em autos de ação civil pública movida pelo Ministério Público Federal contra a Petrobrás visando à apuração de dano ambiental consubstanciado no derramamento de 57.000 litros de óleo diesel na Serra do Mar, componente da Mata Atlântica, o juízo federal declinou da competência para o juízo estadual, local do dano, tendo o autor interposto recurso de agravo de instrumento.

II O agravo foi provido, reformando o entendimento a quo, sob o fundamento de que tal derramamento se deu em área de Mata Atlântica, com repercussão em áreas consideradas como bens públicos da União, evidenciando-se a competência Federal para o processamento do feito.

III As matérias relativas à discussão sobre: a Mata Atlântica ser ou não patrimônio nacional; violação do princípio do juíz natural; fatos inovadores trazidos pelo recorrente no agravo de instrumento; preclusão da questão sobre a inexistência de interesse da União e que a missão institucional do Ministério Público não se dirige à proteção de bens da União, não foram debatidas na instância ordinária, ensejando a incidência da Súmula 282/STF.

iv Nem cabe argumentar que o Tribunal deveria ter discutido todas aquelas matérias no âmbito dos embargos declaratórios opostos, pois "(...) o magistrado não é obrigado a se manifestar sobre todas as teses suscitadas pelas partes, ademais quando já houver encontrado solução para o deslinde da controvérsia e o julgado apresentar-se devidamente fundamentado" (REsp nº 848.618/DF, Rel. Min. Felix Fischer, DJ de 23.04.07, p. 305). Essa é exatamente a hipótese dos autos, na qual o aresto recorrido considerou primordial o fato de que o dano ambiental em questão ocorreu em área de Mata Atlântica, com repercussão evidente em bens públicos da União.

v A competência para a presente demanda é realmente do Juízo Federal, em razão da natureza dos bens a serem tutelados. Precedentes: REsp nº 530.813/SC, Rel. Min. Francisco Peçanha Martins, DJ de 28.04.2006, REsp nº 440.002/SE, Rel. Min. Teori Zavascki, DJ de 06.12.2004.

vi Não procede a tese de prevenção com ação ajuizada no Juízo de Direito da Vara Cível de Morretes/PR, salientando que nos autos do c/c nº 98.565/PR restou decidido pela inexistência do invocado conflito positivo considerando: a inexistência de manifestação dos juízes envolvidos acerca da reunião dos processos; que já teria havido a decisão sobre a competência nestes autos pelo TRF da 4ª Região, e, por fim, determinou-se que ambos os feitos não ficassem sobrestados (DJe de 27.02.09).

vii Recurso parcialmente conhecido e, nessa parte, improvido.

11.
Processo: REsp 904324/RS recurso especial 2006/0258150-8
Relator(a): Ministra Eliana Calmon (1114)
Órgão julgador: T2 – segunda turma
Data do julgamento: 05.05.2009
Data da publicação/fonte: DJe 27.05.2009

Ementa: processual civil. Ação civil pública. Dano ao meio ambiente. Regeneração natural da área degradada e replantio aleatório de mudas de árvores. Perda do objeto. Impossibilidade.

1 A ocorrência de recuperação natural de área degradada não exime de responsabilidade o degradador do meio ambiente. Tampouco o mero replantio, aleatório e desacompanhado de supervisão técnica, tem o condão de afastar o interesse de agir do parquet estadual no julgamento de ação civil pública cujo objeto era mais amplo, visando, também, medidas compensatórias dos danos ambientais causados em decorrência da derrubada de árvores e de queimadas realizadas pelo recorrido.

2 Recurso especial parcialmente provido, para afastar a extinção do processo, sem resolução do mérito, e determinar o prosseguimento da ação civil pública.

Acórdão: Vistos, relatados e discutidos os autos em que são partes as acima indicadas, acordam os Ministros da Segunda Turma do Superior Tribunal de Justiça: "Retificando-se a proclamação do resultado de julgamento da sessão do dia 18.12.2008: a Turma, por unanimidade, deu parcial provimento ao recurso, sem resolução do mérito, nos termos do voto do(a) Sr(a). Ministro(a)-Relator(a)."Os Srs. Ministros Castro Meira, Humberto Martins, Herman Benjamin e Mauro Campbell Marques votaram com a Sra. Ministra Relatora.

12.
Processo: AGRG no REsp 711405/pragravo regimental no recurso especial 2004/0179014-0
Relator(a): Min. Humberto Martins (1130)
Órgão julgador: T2 – segunda turma
Data do julgamento: 28.04.2009
Data da publicação/fonte: DJe 15.05.2009

Ementa: processual civil. Administrativo. Ambiental. Multa. Conflito de atribuições comuns. Omissão de órgão estadual. Potencialidade de dano ambiental a bem da união. Fiscalização do Ibama. Possibilidade.

1. Havendo omissão do órgão estadual na fiscalização, mesmo que outorgante da licença ambiental, pode o Ibama exercer o seu poder de polícia administrativa, pois não há confundir competência para licenciar com competência para fiscalizar.
2. A contrariedade à norma pode ser anterior ou superveniente à outorga da licença, portanto a aplicação da sanção não está necessariamente vinculada à esfera do ente federal que a outorgou.
3. O pacto federativo atribuiu competência aos quatro entes da federação para proteger o meio ambiente através da fiscalização.
4. A competência constitucional para fiscalizar é comum aos órgãos do meio ambiente das diversas esferas da federação, inclusive o art. 76 da Lei Federal nº 9.605/98 prevê a possibilidade de atuação concomitante dos integrantes do SISNAMA.
5. Atividade desenvolvida com risco de dano ambiental a bem da União pode ser fiscalizada pelo Ibama, ainda que a competência para licenciar seja de outro ente federado. Agravo regimental provido.

Acórdão: Vistos, relatados e discutidos os autos em que são partes as acima indicadas, acordam os Ministros da Segunda Turma do Superior Tribunal de Justiça: "A Turma, por unanimidade, deu provimento ao agravo regimental, nos termos do voto do(a) Sr(a). Ministro(a)-Relator(a)." Os Srs. Ministros Herman Benjamin, Mauro Campbell Marques e Castro Meira votaram com o Sr. Ministro Relator. Ausente, justificadamente, a Sra. Ministra Eliana Calmon.

Referência legislativa
LEG: FED CFB: ano:1988
CF-1988 Constituição Federal DE 1988
ART: 00020 INC: 00005 INC: 00006 INC: 00007 ART: 00023

INC: 00006
LEG:FED lei: 005172 ano: 1966
CTN-66 código tributário nacional
ART: 00078
LEG: FED lei: 006938 ano: 1981
ART: 00010 PAR: 00003
Veja
(legitimidade – Ibama – bens da união – dano)
STJ – REsp 588022-SC (LEXSTJ 178/174)

13. (26)
Processo: REsp 771619/recurso especial 2005/0128457-7
Relator(a): Ministra Denise Arruda (1126)
Órgão julgador: T1 – primeira turma
Data do julgamento: 16.12.2008
Data da publicação/fonte: DJe 11.02.2009
Ementa: processual civil. Recurso especial. Ação civil pública. Dano ambiental. Litisconsórcio passivo necessário. Inexistência. Precedentes do STJ. Provimento do recurso especial.
1 No caso dos autos, o Ministério Público Estadual ajuizou ação civil pública por dano ambiental contra o Estado de Roraima, em face da irregular atividade de exploração de argila, barro e areia em área degradada, a qual foi cedida à Associação dos Oleiros Autônomos de Boa Vista sem a realização de qualquer procedimento de proteção ao meio ambiente. Por ocasião da sentença, os pedidos foram julgados procedentes, a fim de condenar o Estado de Roraima à suspensão das referidas atividades, à realização de estudo de impacto ambiental e ao pagamento de indenização pelo dano ambiental causado. O Tribunal de origem, ao analisar a controvérsia, reconheceu a existência de litisconsórcio passivo necessário em relação aos particulares (oleiros) que

exerciam atividades na área em litígio e anulou o processo a partir da citação.

2   Na hipótese examinada, não há falar em litisconsórcio passivo necessário, e, consequentemente, em nulidade do processo, mas tão-somente em litisconsórcio facultativo, pois os oleiros que exercem atividades na área degradada, embora, em princípio, também possam ser considerados poluidores, não devem figurar, obrigatoriamente, no polo passivo na referida ação. Tal consideração decorre da análise do inciso IV do art. 3º da lei 6.938/81, que considera "poluidor, a pessoa física ou jurídica, de direito público ou privado, responsável, direta ou indiretamente, por atividade causadora de degradação ambiental". Assim, a ação civil pública por dano causado ao meio ambiente pode ser proposta contra o responsável direto ou indireto, ou contra ambos, em face da responsabilidade solidária pelo dano ambiental.

3   Sobre o tema, a lição de Hugo Nigro Mazzilli (*"A defesa dos interesses difusos em juízo"*, 19ª. ed., São Paulo: Ed. Saraiva, 2006, p. 148), ao afirmar que, "quando presente a responsabilidade solidária, podem os litisconsortes ser acionados em litisconsórcio facultativo (CPC, art. 46, I); não se trata, pois, de litisconsórcio necessário (CPC, art. 47), de forma que não se exige que o autor da ação civil pública acione a todos os responsáveis, ainda que o pudesse fazer".

4   Nesse sentido, os precedentes desta Corte Superior: REsp 1.060.653/SP, 1ª Turma, Rel. Min. Francisco Falcão, DJe de 20.10.2008; REsp 884.150/MT, 1ª Turma, Rel. Min. Luiz Fux, DJe de 7.8.2008; REsp 604.725/PR, 2ª Turma, Rel. Min. Castro Meira, DJ de 22.8.2005.

5   Recurso especial provido, a fim de afastar a nulidade reconhecida e determinar ao Tribunal de origem o prosseguimento no julgamento do recurso de apelação.

Acórdão: Vistos, relatados e discutidos estes autos, acordam os Ministros da Primeira Turma do Superior Tribunal de Justiça: "A Turma, por maioria, vencido o Sr. Ministro Teori Albino Zavascki, deu provimento ao recurso especial, nos termos do voto da Sra. Ministra Relatora." Os Srs. Ministros Benedito Gonçalves e Luiz Fux votaram com a Sra. Ministra Relatora. Ausente, ocasionalmente, o Sr. Ministro Francisco Falcão.

Referência legislativa
LEG: FED lei: 006938 ano: 1981
ART: 00003 INC: 00004
LEG: FED lei: 005869 ano: 1973
CPC-73 código de processo civil de 1973
ART: 00046 INC: 00001 ART: 00047
Doutrina
Obra: a defesa dos interesses difusos em juízo, 19ª ed., São Paulo: Saraiva, 2006, p. 148.
Autor: Hugo Nigro Mazzilli
Veja

14. (32)
REsp 35534/SP recurso especial 2005/0047076-4
Relator(a): Min. Castro Meira (1125)
Órgão julgador: T2 – segunda turma
Data do julgamento: 20.11.2008
Data da publicação/fonte: DJe 12.12.2008
Ementa: processual civil e administrativo. Dano ambiental. Derramamento de óleo no mar. Indenização. Reexame probatório. Súmula 7/STJ.

1 Não se configura violação ao artigo 535 do Código de Processo Civil quando há resposta aos temas postos em discussão na instância ordinária.
2 Não cabe reexaminar as premissas fáticas de julgamento que justificaram a conclusão de haver dano ambiental irreversível causado por

derrame de óleo combustível e os critérios adotados para fixação do valor a ser indenizado. Aplicação da Súmula 7/STJ.
3 A falta de análise dos dispositivos tidos por violados – 3º e 4º da lei 6.938/81 e art. 1º da Convenção Internacional sobre Responsabilidade Civil em Danos Causados por Poluição de Óleo (CLC-69) – importa na incidência da Súmula 211/STJ.
4 Recurso especial conhecido em parte e não provido.

Acórdão: Vistos, relatados e discutidos os autos em que são partes as acima indicadas, acordam os Ministros da Segunda Turma do Superior Tribunal de Justiça, por unanimidade, conhecer em parte do recurso e, nessa parte, negar-lhe provimento nos termos do voto do Sr. Ministro Relator. Os Srs. Ministros Humberto Martins, Herman Benjamin, Mauro Campbell Marques e Eliana Calmon votaram com o Sr. Ministro Relator.

Referência legislativa
LEG: FED lei: 005869 ano: 1973
CPC-73 código de processo civil de 1973
ART: 00535
LEG: FED SUM: SUM(STJ) súmula do Superior Tribunal de Justiça
SUM: 000007 SUM: 000211
LEG: FED lei: 006938 ano: 1981
ART: 00003 ART: 00004
LEG: FED DEC: 079437 ano:1977
(convenção internacional sobre responsabilidade civil em danos causados por poluição por óleo – CLC –69)

15.
REsp 735534/SP recurso especial 2005/0047076-4
Relator(a): Min. Castro Meira (1125)

Órgão julgador: T2 – segunda turma
Data do julgamento: 20.11.2008
Data da publicação/fonte: DJe 12.12.2008
Ementa: processual civil e administrativo. Dano ambiental. Derramamento de óleo no mar. Indenização. Reexame probatório. Súmula 7/STJ.

1. Não se configura violação ao artigo 535 do Código de Processo Civil quando há resposta aos temas postos em discussão na instância ordinária.
2. Não cabe reexaminar as premissas fáticas de julgamento que justificaram a conclusão de haver dano ambiental irreversível causado por derrame de óleo combustível e os critérios adotados para fixação do valor a ser indenizado. Aplicação da Súmula 7/STJ.
3. A falta de análise dos dispositivos tidos por violados – 3º e 4º da lei 6.938/81 e art. 1º da Convenção Internacional sobre Responsabilidade Civil em Danos Causados por Poluição de Óleo (CLC-69) – importa na incidência da Súmula 211/STJ.
4. Recurso especial conhecido em parte e não provido.

Acórdão: Vistos, relatados e discutidos os autos em que são partes as acima indicadas, acordam os Ministros da Segunda Turma do Superior Tribunal de Justiça, por unanimidade, conhecer em parte do recurso e, nessa parte, negar-lhe provimento nos termos do voto do Sr. Ministro Relator. Os Srs. Ministros Humberto Martins, Herman Benjamin, Mauro Campbell Marques e Eliana Calmon votaram com o Sr. Ministro Relator.

Referência legislativa
LEG: FED lei: 005869 ano: 1973
CPC-73 código de processo civil de 1973
ART: 00535

LEG: FED SUM: SUM(STJ) súmula do Superior Tribunal de Justiça
SUM: 000007 SUM: 000211
LEG: FED lei: 006938 ano: 1981
ART: 00003 ART: 00004
LEG: FED DEC: 079437 ano: 1977
(convenção internacional sobre responsabilidade civil em danos causados por poluição por óleo – CLC-69)

16.
REsp 620872/DF embargos de divergência no recurso especial 2007/0160344-7
Relator(a): Min. Castro Meira (1125)
Órgão julgador: S1 – primeira seção
Data do julgamento: 10.09.2008
Data da publicação/fonte: DJe 17.11.2008
Ementa: processual civil. Dano ambiental. Responsabilidade objetiva. Nexo de causalidade. Imprescindibilidade. Acórdão paradigma. Área de reserva ambiental. Circunstância ausente no acórdão embargado. Inexistência de similitude.

1. O acórdão embargado aplicou a Súmula 7/STJ ao entender que, firmado na instância ordinária o entendimento quanto à ausência de nexo de causalidade entre a ação do ora embargado e os danos ambientais, o acolhimento da pretensão recursal para se concluir por sua responsabilidade demandaria o reexame de fatos e provas acostados aos autos, inviável na via estreita do especial.
2. A seu turno, o acórdão paradigma concluiu que a comprovação do nexo causal é prescindível para se responsabilizar o proprietário de área em reserva ambiental, com restrições impostas por lei, quanto ao danos sofridos pelo meio ambiente.
3. O acórdão paradigma encerra uma peculiaridade que foi determinante à conclusão pela dispensabilidade do nexo causal, a saber, a

localização do imóvel em área rural com limitação estabelecida em lei, circunstância esta que não se encontra discutida no aresto embargado, restando caracterizada a ausência de similitude entre os julgados confrontados.
4 Embargos de divergência não conhecidos.

Acórdão: Vistos, relatados e discutidos os autos em que são partes as acima indicadas, acordam os Ministros da Primeira Seção do Superior Tribunal de Justiça, prosseguindo no julgamento, por unanimidade, não conhecer dos embargos nos termos do voto do Sr. Ministro Relator. Os Srs. Ministros Humberto Martins, Herman Benjamin (voto-vista), Eliana Calmon e Teori Albino Zavascki votaram com o Sr. Ministro Relator. Não participaram do julgamento a Sra. Ministra Denise Arruda e os Srs. Ministros Mauro Campbell Marques e Francisco Falcão (RISTJ, art. 162, § 2º).

Referência legislativa
LEG: FED SUM: SUM(STJ) súmula do Superior Tribunal de Justiça
SUM: 000007
LEG: FED lei: 006938 ano: 1981

17.
Processo: REsp 873655/PR recurso especial 2006/0170148-0
Relator(a): Min. Luiz Fux (1122)
Órgão julgador: T1 – primeira turma
Data do julgamento: 19.08.2008
Data da publicação/fonte: DJE 15.09.2008 LEXSTJ vol. 230 p. 172
Ementa: processual civil. Administrativo. Dano ambiental. Efluentes lançados por abatedouro no rio verde. Cumulação das sanções de multa e embargo. Possibilidade. Proporcionalidade e razoabilidade da sanção. Súmula 07. Violação dos arts. 7º da lei 1533/51 e art. 28 da lei 6437/77. Ausência de prequestionamento. Súmulas 282 e 356/STF.

1 A aferição da suposta violação de princípios constitucionais; in casu contraditório e ampla defesa, não enseja recurso especial.
2 A proporcionalidade da pena, imposta à luz da gravidade da infração, dos antecedentes do infrator e da situação econômica deste, com supedâneo no art. 6º da lei nº 9.605/98, demanda reexame de matéria fática, insindicável por esta Corte, em sede de recurso especial, ante a incidência da Súmula 07/STJ
3 A simples indicação dos dispositivos tidos por violados (art. 7º da lei 1533/51 e art. 28 da lei 6437/77), sem referência com o disposto no acórdão confrontado, obsta o conhecimento do recurso especial. Incidência dos verbetes das Súmula 282 e 356 do STF.
4 A título de argumento obiter dictum, cumpre destacar que na exegese dos arts. 6º e 21 da lei 9.605/98, mercê do necessário temperamento na dosimetria na aplicação da sanção administrativa, porquanto possibilita à autoridade competente, observando os elementos fáticos enumerados nos incisos I, II e II do art. 6º, adequar, de forma exemplar, a reprimenda a ser aplicada ao agente poluidor, não afasta a imposição cumulativa das sanções administrativas, posto expressamente prevista no art. 21 da legislação in foco.
5 Deveras, a violação a decreto tout court não enseja a interposição de Recurso Especial, uma vez que esses atos normativos não se enquadram no conceito de "Lei Federal" inserto no art. 105, III, "a", da Constituição Federal. Precedentes do STJ: REsp 861.045/RS, Segunda Turma, DJ 19.10.2006 e REsp 803.290/RN, Segunda Turma, DJ 17.08.2006.
6 Recurso especial não conhecido.

Acórdão: Vistos, relatados e discutidos estes autos, os Ministros da Primeira Turma do Superior Tribunal de Justiça acordam, na conformidade dos votos e das notas taquigráficas a seguir, por unanimidade, não conhecer do recurso especial, nos termos do voto do Sr. Ministro Relator. Os Srs. Ministros Teori Albino Zavascki, Denise Arruda (Presidenta), Hamilton Carvalhido e Francisco Falcão votaram com o Sr. Ministro Relator.

Referência legislativa
LEG: FED SUM: SUM(STF) súmula do Supremo Tribunal Federal
SUM: 000282 SUM: 000356
LEG: FED SUM: SUM(STJ) súmula do Superior Tribunal de Justiça
SUM: 000007
LEG: FED lei: 009605 ano: 1998
ART: 00006 INC: 00001 INC: 00003 INC: 00003 ART: 00021
LEG: FED DEC: 003179 ano: 1999
ART: 00002
veja
(recurso especial – violação a decreto)
STJ – REsp 861045-RS, REsp 803290-RN

18.
CC 90722/BA conflito de competência 2007/0244194-7
Relator(a): Min. José Delgado (1105)
Relator(a) p/ acórdão: Min. Teori Albino Zavascki (1124)
Órgão julgador: S1 – primeira seção
Data do julgamento: 25.06.2008
Data da publicação/fonte: DJe 12.08.2008
Ementa: conflito positivo de competência. Justiça federal e justiça estadual. Ação cautelar, civil pública e declaratória. Danos ao meio ambiente. Continência. Competência da Justiça Federal.

1 A competência da Justiça Federal, prevista no art. 109, I, da Constituição, tem por base um critério subjetivo, levando em conta, não a natureza da relação jurídica litigiosa, e sim a identidade dos figurantes da relação processual. Presente, no processo, um dos entes ali relacionados, a competência será da Justiça Federal.

2 É da natureza do federalismo a supremacia da União sobre Estados-membros, supremacia que se manifesta inclusive pela obrigatoriedade de respeito às competências da União sobre a dos Estados. Decorre do princípio federativo que a União não está sujeita à jurisdição de um Estado-membro, podendo o inverso ocorrer, se for o caso. Precedente: c/c 90.106-ES, 1ª S., Min. Teori Albino Zavascki, DJ de 10.03.2008.

3 Estabelecendo-se relação de continência entre ação cautelar e ação civil pública de competência da Justiça Federal, com demanda declaratória, em curso na Justiça do Estado, a reunião das ações deve ocorrer, por força do princípio federativo, perante o Juízo Federal. Precedente: c/c 56.460-RS, 1ª S., Min. José Delgado, DJ de 19.03.07

4 Ademais, (a) não se aplica a orientação contida na Súmula 183/STJ em razão do seu cancelamento (EDcl no c/c 27676/BA, 1ª Seção, Min. José Delgado, DJ de 05.03.2001); (b) o Juízo Federal suscitado também tem competência territorial e funcional (Resolução nº 600-17, do TRF da 1ª Região de 28.06.2005) sobre o local onde ocorreu o dano (art. 2º da lei nº 7.347/85).

5 Conflito conhecido para declarar a competência do Juízo Federal para as ações aqui discutidas, divergindo do relator.

Acórdão: Vistos e relatados estes autos em que são partes as acima indicadas, decide a Egrégia Primeira Seção do Superior Tribunal de Justiça, por maioria, vencido o Sr. Ministro Relator, conhecer do conflito e declarar competente o Juízo Federal de Eunápolis-SJ/BA, o primeiro suscitado, nos termos do voto do Sr. Ministro Teori Albino Zavascki. Votaram com o Sr. Ministro Teori Albino Zavascki a Sra. Ministra Eliana Calmon e os Srs. Ministros Castro Meira, Sra. Ministra Denise Arruda e Humberto Martins. Não participou do julgamento o Sr. Ministro Mauro Campbell Marques (RISTJ, art. 62, § 2º). Ausentes, justificadamente, os Srs. Ministros Hamilton Carvalhido e Francisco Falcão e, ocasionalmente, o Sr. Ministro Herman Benjamin.

Informações Complementares: (voto vencido) (Min. José Delgado) competência jurisdicional, justiça estadual, julgamento, ação civil pública, medida cautelar inominada, e, ação declaratória/hipótese, ação civil pública, e, medida cautelar inominada, ajuizamento, em, Justiça Federal, pelo, Ministério Público Federal, Iphan, e, Ibama, contra, pessoa física, por, crime contra o meio ambiente, dano ambiental; ocorrência, ajuizamento, ação declaratória, em, justiça estadual, por, pessoa física, com, objetivo, declaração, validade, termo de ajustamento de conduta, celebração, com, ministério público estadual, em, data, anterior, ajuizamento, mais de uma, ação judicial, âmbito, Justiça Federal; existência, confirmação, eficácia, termo de ajustamento de conduta, pelo, ministério público estadual, a partir, assinatura; juíz de direito, vara estadual, declaração, competência, para, julgamento, ação judicial, em, atendimento, pedido, ministério público estadual/decorrência, caracterização, conexão, entre, totalidade, ação judicial; aplicação, artigo, Lei Federal, 1985, previsão, competência, foro, lugar, dano, para, apreciação, ação civil pública, por, dano ambiental, motivo, existência, anterior, execução, termo de ajustamento de conduta; observância, artigo, constituição federal, previsão, competência, justiça estadual, hipótese, inexistência, sede, Justiça Federal, lugar.

Referência legislativa
LEG: FED CFB: ano: 1988
CF-1988 Constituição Federal de 1988
ART: 00109 INC: 00001 PAR: 00003
LEG: FED SUM: SUM(STJ) súmula do Superior Tribunal de Justiça
SUM: 000150 SUM: 000183
(súmula 183 cancelada)
LEG: FED LEI: 007347 ano:1985

LACP-85 lei de ação civil pública
ART: 00002
LEG: FED RES: 000600 ano: 2005
(Tribunal Regional Federal da 1ª região)
LEG: FED lei: 005869 ano: 1973
***** CPC-73 código de processo civil de 1973
ART: 00105 ART: 00115 INC: 00001 INC:00002
veja
(Justiça Federal e Justiça Estadual – supremacia da união)
STJ – CC 90106-ES, CC 56460-RS (LEXSTJ 212/12)
(cancelamento da súmula nº 183 do stj)
STJ – EDcl no CC 27676-BA (JBCC 189/79)
(STF – interpretação do § 3º do artigo 109 da cf)
STF – RE 228955/RS

19.
CC 90722/BA conflito de competência 2007/0244194-7
Relator(a): Min. José Delgado (1105)
Relator(a) p/ acórdão: Min. Teori Albino Zavascki (1124)
Órgão julgador: S1 – Primeira seção
Data do julgamento: 25.06.2008
Data da publicação/fonte: DJe 12.08.2008
Ementa: conflito positivo de competência. Justiça Federal e Justiça Estadual. Ação cautelar, civil pública e declaratória. Danos ao meio ambiente. Continência. Competência da Justiça Federal.

1   A competência da Justiça Federal, prevista no art. 109, i, da Constituição, tem por base um critério subjetivo, levando em conta, não a natureza da relação jurídica litigiosa, e sim a identidade dos figurantes da relação processual. Presente, no processo, um dos entes ali relacionados, a competência será da Justiça Federal.

2 É da natureza do federalismo a supremacia da União sobre Estados-membros, supremacia que se manifesta inclusive pela obrigatoriedade de respeito às competências da União sobre a dos Estados. Decorre do princípio federativo que a União não está sujeita à jurisdição de um Estado-membro, podendo o inverso ocorrer, se for o caso. Precedente: c/c 90.106-ES, 1ª S., Min. Teori Albino Zavascki, DJ de 10.03.2008.

3 Estabelecendo-se relação de continência entre ação cautelar e ação civil pública de competência da Justiça Federal, com demanda declaratória, em curso na Justiça do Estado, a reunião das ações deve ocorrer, por força do princípio federativo, perante o Juízo Federal. Precedente: c/c 56.460-RS, 1ª S., Min. José Delgado, DJ de 19.03.07

4 Ademais, (a) não se aplica a orientação contida na Súmula 183/STJ em razão do seu cancelamento (EDcl no c/c 27676/BA, 1ª Seção, Min. José Delgado, DJ de 05.03.2001); (b) o Juízo Federal suscitado também tem competência territorial e funcional (Resolução nº 600-17, do TRF da 1ª Região de 28.06.2005) sobre o local onde ocorreu o dano (art. 2º da lei nº 7.347/85).

5 Conflito conhecido para declarar a competência do Juízo Federal para as ações aqui discutidas, divergindo do relator.

Acórdão: Vistos e relatados estes autos em que são partes as acima indicadas, decide a Egrégia Primeira Seção do Superior Tribunal de Justiça, por maioria, vencido o Sr. Ministro Relator, conhecer do conflito e declarar competente o Juízo Federal de Eunápolis-SJ/BA, o primeiro suscitado, nos termos do voto do Sr. Ministro Teori Albino Zavascki. Votaram com o Sr. Ministro Teori Albino Zavascki a Sra. Ministra Eliana Calmon e os Srs. Ministros Castro Meira, Denise Arruda e Humberto Martins. Não participou do julgamento o Sr. Ministro Mauro Campbell Marques (RISTJ, art. 62, § 2º). Ausentes, justificadamente, os Srs. Ministros Hamilton Carvalhido e Francisco Falcão e, ocasionalmente, o Sr. Ministro Herman Benjamin.

Informações Complementares: (voto vencido) (Min. José Delgado) competência jurisdicional, justiça estadual, julgamento, ação civil pública, medida cautelar inominada, e, ação declaratória/hipótese, ação civil pública, e, medida cautelar inominada, ajuizamento, em, Justiça Federal, pelo, ministério público federal, Iphan, e, Ibama, contra, pessoa física, por, crime contra o meio ambiente, dano ambiental; ocorrência, ajuizamento, ação declaratória, em, justiça estadual, por, pessoa física, com, objetivo, declaração, validade, termo de ajustamento de conduta, celebração, com, Ministério Público Estadual, em, data, anterior, ajuizamento, mais de uma, ação judicial, âmbito, Justiça Federal; existência, confirmação, eficácia, termo de ajustamento de conduta, pelo, Ministério Público Estadual, a partir, assinatura; juíz de direito, vara estadual, declaração, competência, para, julgamento, ação judicial, em, atendimento, pedido, ministério público estadual/decorrência, caracterização, conexão, entre, totalidade, ação judicial; aplicação, artigo, Lei Federal, 1985, previsão, competência, foro, lugar, dano, para, apreciação, ação civil pública, por, dano ambiental, motivo, existência, anterior, execução, termo de ajustamento de conduta; observância, artigo, constituição federal, previsão, competência, justiça estadual, hipótese, inexistência, sede, Justiça Federal, lugar.

Referência legislativa
LEG: FED CFB: ano: 1988
CF-1988 Constituição Federal de 1988
ART: 00109 INC: 00001 PAR: 00003
LEG: FED SUM: SUM(STJ) Súmula do Superior tribunal De Justiça
SUM: 000150 SUM: 000183
(súmula 183 cancelada)
LEG: FED lei: 007347 ano: 1985
LACP-85 lei de ação civil pública

ART: 00002
LEG: FED RES: 000600 ano: 2005
(Tribunal Regional Federal da 1ª região)
LEG: FED LEI: 005869 ano: 1973
CPC-73 código de processo civil de 1973
ART: 00105 ART: 00115 INC: 00001 INC: 00002
Veja
(Justiça Federal e Justiça Estadual – supremacia da união)
STJ – CC 90106-ES, CC 56460-RS (LEXSTJ 212/12)
(cancelamento da súmula nº 183 do STJ)
STJ – EDcl no CC 27676-BA (JBCC 189/79)
(STF – interpretação do § 3º do artigo 109 da CF)
STF – RE 228955/RS

20.
Documento 52
Processo: REsp 997538/RN recurso especial 2007/0244187-1
Relator(a): Min. José Delgado (1105)
Órgão julgador: T1 – primeira turma
Data do julgamento: 03.06.2008
Data da publicação/fonte: DJe 23.06.2008
Ementa: direito ambiental. Recursos especiais. Projetos de carcinicultura em manguezal. Dano ao meio ambiente. Recuperação da área.
1 O ente público, que concedeu licença para a exploração de atividade econômica em zona ambiental, sem as exigências legais, responde solidariamente com o infrator pelos danos produzidos.
2 Existência de dano ambiental comprovada. Obrigação de recomposição da área.
3 Inexistência de afronta ao devido processo legal.

4 Área de manguezal, considerada de proteção ambiental. Instalação, em seu meio, de atividades que, comprovadamente, afetam a estrutura tradicional da natureza.
5 Recursos especiais conhecidos e não-providos.

Acórdão: Vistos, relatados e discutidos os autos em que são partes as acima indicadas, acordam os Ministros da Primeira Turma do Superior Tribunal de Justiça, por unanimidade, conhecer dos recursos especiais, mas negar-lhes provimento, nos termos do voto do Sr. Ministro Relator. Os Srs. Ministros Francisco Falcão, Luiz Fux, Teori Albino Zavascki e Denise Arruda (Presidenta) votaram com o Sr. Ministro Relator.

Referência legislativa
LEG: FED LEI: 004771 ano: 1965
CFLO-65 CÓDIGO FLORESTAL
ART: 00002 LET: F
LEG: FED RES: 000312 ano: 2002
ART: 00001
LEG: FED LEI: 006938 ANO: 1981
Veja
(dano causado ao meio ambiente – responsabilidade do estado)
STJ – REsp 604725-PR,
REsp 578797-RS (RNDJ 60/92, LEXSTJ 183/161)

BIBLIOGRAFIA

ALONSO, Lineu Rodrigues. "Desenvolvimento, controle da poluição e meio ambiente". *São Paulo em Perspectiva. Desenvolvimento e Meio Ambiente*. São Paulo: Fundação Sistema Estadual de Análise de Dados (Seade), vol. 6, nº 1 e 2. jan.-jun. 1992, p. 82-92.

ALPA, Guido. *Il diritto dei consumatori*. 4ª ed. Roma-Bari: Laterza, 1999.

_____. *Responsabilità civile e danno.* Lineamenti e questioni. Imola: Il Mulino, 1991.

_____. *Responsabilità dell'impresa e tutela del consumatore.* Milão: Giùfre, 1975.

_____; DE ACUTIS, Maurizio; ZENCOVICH, Vincenzo. *La nuova giurisprudenza civile commentata.* Casi scelti in tema di principi generali. Padova: Cedam, 1993.

_____; ZATTI, Paolo. *Il danno biologico*. 2ª ed. Padova: Cedam, 1993.

ALTERINI, Atílio Aníbal; CABANA, Roberto M. Löpez, *et al. La responsabilidad*. Buenos Aires: Abeledo-Perrot, 1995.

ALVES, J. A. Lindgren. *Os direitos humanos como tema global*. São Paulo: Perspectiva, 1994.

ALVIM, Agostinho. *Da inexecução das obrigações e suas consequências*. 2ª ed. São Paulo: Saraiva, 1955.

AMENDOLA, Gianfranco. "Inquinamenti". *Codice commentato e giurisprudenza* – Acqua, rifiuti, aria, rumore. 2ª ed. Roma: EPC, 1997.

ANDORNO, Luis O. "Responsabilidad por daño a la salud o la seguridad del consumidor". In: ALTERINI, Atílio Aníbal; CABANA, Roberto M. Löpez (coords.). *La responsabilidad*. Buenos Aires: Abeledo-Perrot, 1995.

ANDRADE, Fillipe Augusto. *Legislação ambiental*. 2ª ed. São Paulo: Imesp, 1999.

ANTUNES, Paulo de Bessa. *Dano ambiental*: uma abordagem conceitual. Rio de Janeiro: Lumen Juris, 2000.

ART, Henry W. *Dicionário de ecologia e ciências ambientais*. São Paulo: Melhoramentos, 1998.

ARAUJO, Luiz Alberto David. *A proteção constitucional da própria imagem*. Belo Horizonte: Del Rey, 1996.

_____. *A proteção das pessoas portadoras de deficiência física*. Dissertação (Mestrado) inédita.

_____. "Direito constitucional e meio ambiente". *Revista do Advogado*, São Paulo, nº 37, p. 63-70.

BACHELET, Michel. *Ingerência ambiental*. Direito ambiental em questão. Lisboa: Instituto Piaget, 1995.

BANDEIRA DE MELLO, Celso Antônio. *Elementos de direito administrativo*. São Paulo: RT, 1984.

BARBIERI, José Carlos. *Desenvolvimento e meio ambiente*. As estratégias de mudança da Agenda 21. Petrópolis: Vozes, 1997.

BARROSO, Luís Roberto. *Interpretação e aplicação da Constituição*. São Paulo: Saraiva, 1996.

BASTOS, Celso. "Tutela dos interesses difusos no direito constitucional brasileiro". *Revista de Processo*, São Paulo, nº 23, 1981.

BECK, Ulrich. *Risk society and the provident state*. Londres: Sage, 1995.

BENJAMIN, Antônio Herman V. A proteção do consumidor nos países menos desenvolvidos: a experiência da Amércia Latina. *Revista de Direito do Consumidor*, São Paulo, nº 8, 1993.

_____ (org.). "A proteção jurídica das florestas tropicais". In: CONGRESSO INTERNACIONAL DE DIREITO AMBIENTAL, 3, 1999. São Paulo. *Anais...* São Paulo: Procuradoria Geral de Justiça, Instituto O Direito por um Planeta Verde, Imesp, 1999. vol. 1.

_____ (org.). 10 anos da ECO-92: o direito e o desenvolvimento sustentável. In: CONGRESSO INTERNACIONAL DE DIREITO AMBIENTAL, 6, 2002. São Paulo. *Anais...* São Paulo: Imesp, 2002.

_____ (coord.). *Dano ambiental:* prevenção, reparação e repressão. São Paulo: RT, 1993.

BITTAR, Carlos Alberto. *Responsabilidade civil*: teoria e prática. 3ª ed. atual. por Eduardo C. B. Bittar. Rio de Janeiro: Forense Universitária, 1999.

BOBBIO, F. O. *Introdução à química dos alimentos*. 2ª ed. São Paulo: Varela, 1995.

_____. *Química do processo de alimentos*. São Paulo: Varela, 1994.

BOBBIO, Norberto. *A era dos direitos*. 6ª reimp. Rio de Janeiro: Campus, 1992.

BOFF, Leonardo. *Saber cuidar*. Petrópolis: Vozes, 2000.

BOLOGNA, Gianfranco. *Italia capace di futuro*. Bologna: Sermis, 2000.

BORGES, José Souto Maior. "Princípio da isonomia e sua significação na Constituição de 1988". *Revista de Direito Público*, São Paulo, nº 93.

BUSNELLI, Francesco D. "Il danno alla salute; un'esperienza italiana; un modello per l'Europa?". *Rivistta di Responsabilittà Civile e Previdenza*, 2000, p. 851-867.

BUSTOS, Francisco Luis López. *La organización administrativa del medio ambiente*. Madrid: Civitas, 1992.

CAHALI, Yussef Said. *Dano moral*. 2ª ed. São Paulo: RT, 1998.

CALIXTO, José Robson. *Poluição marinha*: origens e gestão. Brasília: Ambiental, 2000.

CAMPILONGO, Celso Fernandes; DI GIORGI, Beatriz; PIOVESAN, Flávia. *Direito, cidadania e justiça*. São Paulo: RT, 1995.

_____; FARIA, José Eduardo. *A sociologia jurídica no Brasil*. Porto Alegre: Fabris, 1991.

CANOTILHO, J. J. Gomes. *Protecção do ambiente e direito de propriedade (crítica de jurisprudência ambiental)*. Coimbra: Coimbra Ed., 1995.

CAPPELLETTI, Mauro. *O controle judicial de constitucionalidade das leis no direito comparado*. 2ª ed. Porto Alegre: Fabris, 1992.

CAPPONI, Bruno; GASPARINETTI, Marco; VERARDI, Carlo Maria. *La tutela collettiva dei consumatori*. Napoli: Edizioni Scientifiche Italiane, 1995.

CAVALIERI FILHO, Sergio. "O direito do consumidor no limiar do século xxi". In: CONGRESSO MINEIRO DE DIREITO DO CONSUMIDOR, 3, 2000; CONGRESSO BRASILEIRO, 5, 2000. Belo Horizonte, *Anais*... Belo Horizonte, 2000.

COSTA, Helder. Projeto Planagua Sema/GTZ de Cooperação Técnica Brasil-Alemanha, do Governo do Estado do Rio de Janeiro, Secretaria de Estado de Meio Ambiente. *Uma avaliação da qualidade das águas costeiras do Estado do Rio de Janeiro*. Rio de Janeiro: Fundação Estudos do Mar (Femar), 1998.

CRUZ, Ana Paula Fernandes Nogueira da. "A compensação ambiental diante de danos irreparáveis". *Revista de Direito Ambiental*, São Paulo, nº 21, 2000, p. 279-285.

CRUZ, Fernando Castro da. *Código de Águas anotado*. São Paulo: Palpite, 1998.

CUNHA, Belinda Pereira da. A antecipação da tutela no Código de Defesa do Consumidor. *Tutela individual e coletiva*. São Paulo: Saraiva, 1999.

_____. *Acesso à justiça*: efetividade e tutela no Código de Defesa do Consumidor. Dissertação (Mestrado). São Paulo: PUC, 1998.

DELL'ANNO, *Paolo. Manuale di diritto ambientale*. 3ª ed. Padova: Cedam, 2000.

DIAS, *José de Aguiar. Da responsabilidade civil*. 10ª ed. Rio de Janeiro: Forense, 1995.

DOMINGO, *Elena Vicente. Los danos corporales*: tipologia y valoración. Barcelona: Bosch, 1994.

DONATO, Maria Antonieta Zanardo. *Proteção ao consumidor, conceito e extensão.* São Paulo: RT, 1994.

DURÇO, Roberto. "A problemática da poluição". *Revista do Ministério Público, Justitia*, nº 100, p. 19 e ss., 1º trimestre 1978.

ECO, Umberto. *Como se faz uma tese.* São Paulo: Perspectiva, 1996.

FARIA, José Eduardo. *Direito e justiça, a função social do judiciário.* São Paulo: Ática, 1989.

FELDMANN, Fábio (coord.). *Consumo sustentável.* São Paulo: Secretaria Estadual do Meio Ambiente, 1998.

FIORATI, Jete Jane. *A disciplina jurídica dos espaços marítimos na Convenção das Nações Unidas sobre Direito do Mar de 1982 e na jurisprudência internacional.* Tese de Livre-Docente – Faculdade de Direito. São Paulo: Unesp, 1998.

FIORILLO, Celso Antonio Pacheco. "A ação civil pública e a defesa dos direitos constitucionais difusos". *Ação civil pública – lei 7.347/85 – Reminiscências e reflexões após dez anos de aplicação.* São Paulo: RT, 1995.

_____. "A ação popular e a defesa do meio ambiente". *Revista do Advogado.* São Paulo, nº 37, p. 27-35, 1992.

_____. "Fundamentos constitucionais da política nacional do meio ambiente: comentários ao art. 1º da lei 6.938/81". *Tribunal Regional Federal da 3ª Região. Caderno Especial.* São Paulo: Escola de Magistrados, 1998.

_____. *Os sindicatos e a defesa dos interesses difusos no direito processual civil brasileiro.* São Paulo: Editora Revista dos Tribunais, 1995.

_____; ABELHA RODRIGUES, Marcelo. *Direito ambiental e patrimônio genético.* Belo Horizonte: Del Rey, 1996.

_____; _____; NERY, Rosa Maria de Andrade. *Direito processual ambiental brasileiro.* Belo Horizonte: Del Rey, 1996.

FREITAS, José Lebre de. "A acção popular ao serviço do ambiente". *Revista de Direito Ambiental*, São Paulo, nº 1, jan. – mar. 1996.

FUENZALIDA, Rafael Valenzuela. "Responsabilidad civil por daño ambiental en la legislación chilena". *Revista de Direito Ambiental*, São Paulo, nº 20, 2000, p. 20-36.

GOMES, Carla Amado. *A prevenção à prova no direito do ambiente*. Coimbra: Coimbra Ed., 2001.

GONÇALVES, Carlos Roberto. *Responsabilidade civil*. 6ª ed. São Paulo: Saraiva, 1995.

GRINOVER, Ada Pellegrini. "Ações ambientais de hoje e de amanhã". In: BENJAMIN, Antônio Herman V. (coord.). *Dano ambiental:* prevenção, reparação e repressão. São Paulo: RT, 1993.

_____ et al. *Código Brasileiro de defesa do consumidor comentado pelos autores do anteprojeto*. Rio de Janeiro: Forense Universitária, 1991.

GUEDES, Armando M. Marques. *Direito do mar*. Coimbra: Coimbra Ed., 1998.

JOLLY, Richard (coord.). *Relatório do desenvolvimento humano 1998*. Lisboa: Trinova, 1998. Publicado para o Programa das Nações Unidas para o Desenvolvimento.

JORGE, Fernando Pessoa. *Ensaio sobre os pressupostos da responsabilidade civil*. Coimbra: Livraria, 1999.

LEITE, Eduardo de Oliveira. *A monografia jurídica*. 5ª ed. São Paulo: RT, 2001.

LIMA, Alvino. *A responsabilidade civil pelo fato de outrem*. 2ª ed. Rev. e atual. por Nelson Nery Junior. São Paulo: RT, 2000.

_____. *Culpa e risco*. 2ª ed. Rev. e atual. por Ovídio Rocha Barros Sandoval. 2. tir. São Paulo: RT, 1999.

LUCAN, M. A. Parra. *Daños por productos y protección del consumidor*. Barcelona: Bosch, 1990.

MACHADO, Paulo Affonso Leme. *Direito ambiental brasileiro*, 10ª ed. São Paulo: Malheiros, 2002.

_____. "Auditoria ambiental – Instrumento para o desenvolvimento sustentável". *Desenvolvimento sustentado*: problemas e estratégias. [s. l.]: Elisabete Gabriela Castellano Ed. [s. d.]

MAGLIA, Stefano; SANTOLOCI, Maurizio. *Il codice dell'ambiente*. Illustrato con il commento, la giurisprudenza ed il formulario. 12ª ed. Piacenza: La Tribuna, 2001.

MARINS, James. *Responsabilidade da empresa pelo fato do produto*. São Paulo: RT, 1993.

MARQUES, Claudia Lima. "A responsabilidade do transportador aéreo pelo fato do serviço e o Código de Defesa do Consumidor". *Revista de Direito do Consumidor*, São Paulo, nº 3, set. – dez. 1992.

MARTINES JUNIOR, Eduardo. "A educação como direito fundamental do ser humano no Brasil". *Revista de Direito Social*, Porto Alegre, nº 6, ano 2, 2000, p. 77-120.

MASULLO, Andrea. *Il pianeta di tutti*. Bologna: Missionaria Italiana, 1998.

MATHEUS, Carlos Eduardo. Poluição, policultivo de peixes e ecotecnologia. *Desenvolvimento sustentado*: problemas e estratégias. In: Elisabete Gabriela Castellano; Fazal Hussain Chaudhry. (org.). *Desenvolvimento sustentado: problemas e estratégias*. 1ª ed. São Carlos: EESC-USP, 2000.

MATTEI, Ugo; PULITINI, Francesco. *Consumatore ambiente concorrenza analisi economica del diritto*. Milão: Giuffrè, 1994.

MILARÉ, Édis. *Direito do ambiente*, 2ª ed. São Paulo: Editora Revista dos Tribunais, 2001.

_____; MAGRI, Ronald Victor Romero."Cubatão: um modelo de desenvolvimento não-sustentável". *São Paulo em Perspectiva. Desenvol-*

vimento e Meio Ambiente. São Paulo: Fundação Sistema Estadual de Análise de Dados (Seade), vol. 6, nº 1 e 2, jan. – jun. 1992 p. 99-105.

MORATO LEITE, José Rubens. *Dano ambiental*: do individual ao coletivo extrapatrimonial. São Paulo: RT, 2000.

MORETTO, E. *Óleos gorduras e verduras*: processamento e análise. Santa Catarina: UFSC, 1989.

NALINI, José Renato. *Ética ambiental*. Campinas: Millenium, 2001.

NATIVIDADE, Genésio Felipe de; SOROTUIK, Vitório *et al*.. "Vazamento de petróleo que atingiu rios. Caracterização de graves ambientais e de saúde. Suspensão da licença de operação da refinaria, condicionando nova licença a regime de testes, com elaboração de Rima pela Petrobras e após audiência pública. Indenização por danos morais ambientais". *Revista de Direito Ambiental*, São Paulo, nº 20, 2000, p. 215-223.

NERY JUNIOR, Nelson. "Os princípios gerais do Código Brasileiro de Defesa do Consumidor". *Revista de Direito do Consumidor*, São Paulo, nº 3, set. – dez. 1992.

_____.*Princípios do processo civil na Constituição Federal*. 3ª ed. São Paulo: RT, 1996.

_____; NERY, Rosa Maria de Andrade. *Código de Processo Civil comentado*. 2ª ed. São Paulo: RT, 1996.

_____; _____. *Novo Código Civil e legislação extravagante anotados*. São Paulo: RT, 2002.

_____; _____. "Responsabilidade civil, meio ambiente e ação coletiva ambiental". In: BENJAMIN, Antônio Herman V. (coord.). *Dano ambiental:* prevenção, reparação e repressão. São Paulo: RT, 1993.

PASQUALOTTO, Adalberto. Os serviços públicos no Código de Defesa do Consumidor. *Revista de Direito do Consumidor*. São Paulo, nº 1, 1992.

_____. "Responsabilidade civil por dano ambiental: considerações de ordem material e processual". In: BENJAMIN, Antônio Herman V.

(coord.). *Dano ambiental:* prevenção, reparação e repressão. São Paulo: RT, 1993.

PERALES, Carlos de Miguel. *La responsabilidad civil por daños al medio ambiente.* 2ª ed. Madrid: Civitas, 1997.

PEREIRA, Caio Mario da Silva. *Instituições de direito civil.* 4ª ed. Rio de Janeiro: Forense, 1995. vol. 3.

_____. *Responsabilidade civil.* 8ª ed. Rio de Janeiro: Forense, 1997.

PIOVESAN, Flávia et al. "A atual dimensão dos direitos difusos na Constituição de 1988". *Direito, cidadania e justiça.* São Paulo: RT, 1995.

PRADO, Luiz Regis. *Direito penal ambiental* – Problemas fundamentais. São Paulo: RT, 1992.

PRATI, Luca. *Autorizzazioni, controlli, responsabilità.* Milão: Ipsoa, 2001.

RATTNER, Henrique. "Meio ambiente e desenvolvimento sustentável. *São Paulo em Perspectiva. Desenvolvimento e Meio Ambiente.* São Paulo: Fundação Sistema Estadual de Análise de Dados (Seade), vol. 6, nº 1 e 2, jan.-jun. 1992, p. 30-34.

REMÉDIO, José Antonio; FREITAS, José Fernando Seifarth de; LOZANO JÚNIOR, José Júlio. *Dano moral.* Doutrina, jurisprudência e legislação. São Paulo: Saraiva, 2000.

RIZZATTO NUNES, Luiz Antonio. *Comentários ao Código de Defesa do Consumidor* – Direito material (arts. 1º a 54). São Paulo: Saraiva, 2000.

_____; CALDEIRA, Mirella D'Angelo. *O dano moral e sua interpretação jurisprudencial.* São Paulo: Saraiva, 1999.

RIVERO, José. "Necessidades básicas de aprendizagem e educação do consumidor". *Revista de Direito do Consumidor.* São Paulo, nº 8, 1993.

RIZZO, Vito. "Trasparenza e contratti del consumatore". *Quaderni della Rassegna di diritto civile diretta da Pietro Perlingieri.* Napoli: Edizione Scientifiche Italiane, 1997.

ROCHA, Maria Isabel de Matos. "Reparação de danos ambientais. *Revista de Direito Ambiental*", São Paulo: nº 19, 1999, p. 130.

ROCHA, Julio Cesar de Sá da. *Direito ambiental e meio ambiente do trabalho.* Dano, prevenção e proteção jurídica. São Paulo: LTr, 1997.

ROCHA, Silvio Luís Ferreira da. "A responsabilidade pelo fato do produto no Código de Defesa do Consumidor". *Revista de Direito do Consumidor*, São Paulo, nº 5, jan. – mar. 1993.

_____. *Responsabilidade civil do fornecedor pelo fato do produto no direito brasileiro.* 2ª ed. São Paulo: RT, 2000.

ROLIM, Maria Helena Fonseca de Souza. *A tutela jurídica dos recursos vivos do mar na zona econômica exclusiva.* São Paulo: Max Limonad, 1998.

ROSSETTI, Marco. *Il danno da lesione della salute* – Biologico, patrimoniale, morale. Padova: Cedam, 2001.

SANTOS, Antonio Silveira R. dos. "Dignidade humana: trajetória e situação atual". *Revista de Direito Social*, São Paulo, nº 2, 2001, p. 26-31.

SCHALCH, Valdir; LEITE, Wellington Cyro de Almeida. "Resíduos sólidos (lixo) e meio ambiente". *Desenvolvimento sustentado*: problemas e estratégias. [s. l.]: Elisabete Gabriela Castellano Ed. [s. d.].

SCOVAZZI, Tullio. *Elementi di diritto internazionale del mare.* 3ª ed. Milão: Giuffrè, 2002.

_____; ANGELONE, Claudio. "Ambiente marino e disciplina delle risorse. Osservatorio internazionale". *Rivista Giuridica dell'Ambiente*, Milão, nº 1, 2000.

SENDIM, José de Sousa Cunhal. *Responsabilidade civil por danos ecológicos* – Da reparação do dano através de restauração natural. Coimbra: Coimbra Ed., 1998.

SILVA, José Afonso da. *Direito ambiental constitucional.* 2ª ed. São Paulo: Malheiros, 1997.

_____. *Direito urbanístico brasileiro.* São Paulo: RT, 1981.

SMANIO, Gianpaolo Poggio. "A tutela constitucional do meio ambiente". *Revista de Direito Ambiental.* São Paulo, nº 21, 2002, p. 286-290.

SOARES, Guido F. Silva. *As responsabilidades do direito internacional do meio ambiente*. Tese (Professor Titular) – Faculdade de Direito. São Paulo: Fadusp, 1995.

_____. *Direito internacional do meio ambiente*. Emergência, obrigações e responsabilidades. São Paulo: Atlas, 2001.

STOCO, Rui. *Responsabilidade civil*. 2ª ed. São Paulo: RT, 1995.

TIEZZI, Enzo; MARCHETTINI, Nadia. *Che cos'è lo sviluppo sostenibile. Le basi scientifiche della sostenibilità e i guasti del pensiero unico*. Roma: Donzelli, 1999.

TOMASETTI JR., Alcides. "O objetivo de transparência e o regime jurídico dos deveres e riscos de informação nas declarações negociais para consumo". *Revista de Direito do Consumidor*. São Paulo, nº 4, 1992.

TREVES, Tullio. *Il diritto del mare e l'Italia*. Milão: Giuffrè, 1995.

TRINDADE, Cançado A. A. *Direitos humanos e meio ambiente*. Porto Alegre: Fabris, 1993.

VEIGA, José Eli da (org.). *Ciência ambiental*. Primeiros mestrados. São Paulo: Annablume, Fapesp, 1998.

VENOSA, Sílvio de Salvo. *Direito civil*. Responsabilidade civil. 2. ed. São Paulo: Atlas, 2002. vol. 4.

WAINER, Ann Helen. *Legislação ambiental brasileira*. Rio de Janeiro: Forense, 1991.

ZICARI, Giuseppe. *L'igiene degli alimenti*. Napoli: Esselibri, 2001.

ZSÖGÖN, Silvia Jaquenod de. *El derecho ambiental y sus principios rectores*. Madrid: Dykinson, 1991.

DOCUMENTOS

Documento que reproduz a Agenda 21 – Rio-92. Agenda 21. Conferência das Nações Unidas sobre Meio Ambiente e Desenvolvimento.

Rio de Janeiro: Secretaria do Meio Ambiente, Governo do Estado de São Paulo, 1992.

Relatório de Desenvolvimento Humano, do Programa das Nações Unidas para o Desenvolvimento. Edição em língua portuguesa. Lisboa: Trinova, 1998.

"A água em situações de emergência". Organização Pan-Americana da Saúde – Repartição Sanitária Pan-Americana Escritório Regional para as Américas, Escritório Regional para Europa, Organização Mundial da Saúde.

Consumo Sustentável. Consumers International. Programa das Nações Unidas para o Desenvolvimento. Trad. Admond Ben Meir. São Paulo: Secretaria do Meio Ambiente: IDEC: CI, 1998.

SITES

http://www.dhnet.org.br/educar/redeedh/bib/dallari.3htm – Rede Brasileira de Educação em Direitos Humanos – Direito à Saúde.

http://www.greenpeace.org.br/toxicos/pdf/cisp-agua.pdf

http://www.sustain.org/biotech/News/news.cfm?News_ID=3202

http://www.transnationale.org/anglais/sources/environnement/eau__ága_ontrol.htm.

AGRADECIMENTOS

Meus agradecimentos pelo apoio e colaboração

Dos professores e amigos Sérgio Seiji Shimura, Celso Antonio Pacheco Fiorillo, Nelson Nery Junior, Paulo Affonso Leme Machado.

Dos professores italianos Guido Alpa, Pietro Maria Putti, Vitto Rizzo, Tullio Scovazzi, Enzo Tiezzi, Giovanna Cappilli, Riccardo Cassoli, Anna Poeti, Piepaolo Cassoni.

Do Instituto de Matemática da Universidade de Campinas – Unicamp, professor João Frederico da Costa Meyer.

Ao Idec – Instituto Brasileiro de Direito do Consumidor.

Ao Brasilcon e Planeta Verde.

Ao Instituto de Hidrobiologia de Roma, biólogo Vincenzo Hull, Greenpeace Brasil, Greenpeace Itália, WWF Itália, Legambiente, Comitato Consumatori, Altroconsumo, Unione Nazionale Consumatori, professora Serena Romagnoli.

Ao Departamento de Direito Privado da Faculdade de Direito da Universidade de Roma La Sapienza.

Ao Departamento de Direitos Difusos e Coletivos da Faculdade de Direito da Pontifícia Universidade Católica de São Paulo (PUC-SP).

À Capes – Fundação Coordenação de Aperfeiçoamento de Pessoal de Nível Superior.

Ao Vitor Moraes Andrade e João Roberto Salazar Junior, meus amigos e dedicados professores assistentes.

Aos meus alunos, sempre.

Este livro foi impresso em Santa Catarina no verão de 2011 pela Nova Letra Gráfica & Editora. No texto foi utilizada a fonte Palatino Linotype, em corpo 11 e entrelinha de 17 pontos.